中国工会统计年鉴

CHINESE TRADE UNIONS STATISTICS YEARBOOK

2000

中华全国总工会政策研究室编

Edited by Policy Research Department of All China Federation of Trade Unions

中国统计出版社
China Statistics Press

（京）新登字 041 号

图书在版编目（CIP）数据

中国工会统计年鉴. 2000 汉英对照/中华全国总工会政策研究室编. —北京：中国统计出版社，2000.11
ISBN 7-5037-3412-4

Ⅰ. 中…
Ⅱ. 中…
Ⅲ. 工会工作－统计资料－中国－2000－年鉴
Ⅳ. D412.6-54

中国版本图书馆 CIP 数据核字（2000）第 77401 号

责任编辑/范仲实
封面设计/张建民
出版发行/中国统计出版社
通信地址/北京市西城区月坛南街 75 号　邮政编码/100826
办公地址/北京市丰台区西三环南路甲 6 号
电　　话/（010）63459084、63266600－22500（发行部）
印　　刷/科伦克三莱印务（北京）有限公司
经　　销/新华书店
开　　本/880×1230mm　1/16
印　　张/18
印　　数/400 册
字　　数/450 千字
版　　别/2001 年 3 月第 1 版
版　　次/2001 年 3 月北京第 1 次印刷
书　　号/ISBN 7-5037-3412-4/D·116
定　　价/280.00 元

编委会及编辑人员名单

Editorial Board and Staff

编 者 说 明

一、《中国工会统计年鉴》2000年卷是一部全面反映中国职工各方面情况和中国工会工作发展情况的资料性年刊。本年鉴以1999年为主，收录了最新的中国国民经济发展状况和中国职工状况，以及各省、自治区、直辖市总工会工作情况普查的大量统计数据。

二、本年鉴全书内容分为八个部分。(一)国民经济综合指标统计。介绍了国民经济主要指标的发展状况、发展速度和比例关系，以及人民物质文化生活的提高情况。(二)职工状况统计。介绍了有关中国职工人数、就业、工资和劳动争议仲裁等方面的情况。(三)各省、自治区、直辖市工会工作统计。介绍了建有工会组织的基层单位中职工就业状况、职工生活保障状况、职工民主管理状况、职工群众性生产技术活动状况、工会经审、女职工工作等组织建设状况、。还介绍了各级工会职工民主及社会参与、建立集体合同制度、参与处理劳动争议、劳动法律监督、以及兴办经济企事业等方面的工作情况。(四)35个大中城市职工家庭生活状况调查资料。介绍了1999年35个大中城市职工家庭基本状况、现金收支、家庭生活费用支出构成、耐用消费品拥有量等情况。(五)香港特别行政区主要社会经济指标。介绍了香港特别行政区主要社会、经济发展等方面的情况。(六)澳门主要社会经济指标。反映了澳门特别行政区主要社会、经济发展情况。(七)中国国民经济和社会发展、劳动事业发展的统计公报。(八)附录部分。介绍了我国台湾省社会经济发展情况和世界主要国家就业、工资。

三、本年鉴所涉及的全国性工会统计数据，均未包括香港特别行政区、台湾省和澳门。该项统计内容只包括已建立工会组织的基层单位的情况。

四、本年鉴的资料主要来自工会定期统计报表。有关国民经济综合指标数据和全国职工状况的统计数据来自国家统计局和劳动和社会保障部；有关台湾省的统计数据来自于中国台湾省的《统计月报》。

五、本年鉴表中的符号使用说明：

“…”表示数据不足本表最小单位数；

“—”表示无该项统计指标数据。

Preface

Ⅰ. "China Trade Unions Statistics Yearbook" 2000 is an annual publication reflecting the overall status of staff and workers in China and the development status of China trade unions. This yearbook takes 1999 as the dominant factor and collects the newest statistics data of China national economic development status and China staff and workers' status, and the statistics data of the general survey of the work of provincial, autonomous region and municipal federation of trade unions.

II. This yearbook is divided into eight chapters. (1) Statistics of National Economy Indicators, introducing the development status of the main indicators of national economy, the development speed and the proportion relationship, and the raising of people's material and cultural life. (2) Statistics of Staff and Workers State, introducing the status of the number of staff and workers, employment, wages and labor dispute arbitration. (3) Statistics of Trade Unions Work in Each Province, Autonomous Region and Municipality Directly under Central Government, introducing the organization construction status, such as the employment status of staff and workers in grass-root units with trade unions, living security status of staff and workers, democratic management status of staff and workers, mass production and technical activities of staff and workers, fund auditing of trade unions, female staff and workers' status, as well as the work status of the staff and workers democratic and social participation in trade unions at each level, the establishment of collective contract system, participation in solving labor dispute and labor legal supervision and the set-up of economic enterprises and institutions. (4) Materials of Staff and Workers Household Living Conditions in 35 Big and Medium-sized Cities, introducing the basic household conditions, cash income and expenditure, composition of household living expenses and the number of household durable consumer goods in 35 big and medium-sized cities in 1999. (5) Main Social and Economic Indicators in Hong Kong Special Administration Region (SAR), introducing the main social and economic development status of Hong Kong SAR. (6) Main Social and Economic Indicators in Macao Special Administration Region (SAR), introducing the main social and economic development status of Macao SAR. (7) Statistics Bulletin of China National Economy and Social Development and Labor Undertakings Development. (8) Anne, introducing the social and economic development status of Taiwan province and the employment and wages in the major countries of the world.

Ⅲ. The nation-wide statistics data of trade unions in this yearbook does not include Hong Kong SAR, Taiwan province and Macao SAR. It only includes the status of grass-root units with trade unions.

Ⅳ. The materials in this yearbook are mainly from the periodical statistics report forms of trade unions. The related comprehensive indicator data of national economy and the statistics data of the national staff and workers sate are from Sate Statistics Bureau and Ministry of Labor and Social Security. The related statistics data of Taiwan province is from "Statistics Monthly Report" of Taiwan province.

Ⅴ. Explanation of the symbols in this yearbook:

"…"indicates that the figure is not large enough to be measured with the smallest unit in the table.

"—"indicates that the data is not available.

目　　录
CONTENTS

一、国民经济综合统计指标
STATISSTICS OF NATIONAL ECONOMY INDICATORS

二、职工状况统计
STATISSTICS OF STAFF AND WORKERS STATE

三、各省、自治区、直辖市工会工作统计
STATISTICS OF TRADE UNIONS WORK IN EACH PROVINCE，AUTONOMOUS REGION AND MUNICIPALITY DIRECTLY UNDER THE CENTRAL GOVERNMENT

四、35 个大中城市职工家庭生活状况资料
MATERIALS OF STAFF AND WORKERS HOUSEHOLD LIVING CONDITIONS IN 35 BIG AND MEDIUM-SIZDE CITIES

五、香港特别行政区主要社会经济指标
MAIN SOCIAL AND ECONOMIC INDICATORS IN HONGKONG SPECIAL ADMINISTRTIVE REGION

六、澳门特别行政区主要社会经济指标
MAIN SOCIAL AND ECONOMIC INDICATORS IN MACAU SPECIAL CENTRAL GOVERNMENT

七、中国国民经济和社会发展、劳动事业发展状况统计公报
STATISTICS BULLETIN OF NATIONAL ECONOMY AND SOCIAL DEVELOPMENT，LABOUR UNDERTAKINGS DEVELOPMENT

附录一、台湾省主要社会经济指标
MAIN SOCIAL AND ECONOMIC INDICATORS IN TAIWAN PROVINCE

附录二、国际劳工统计资料
STATISTICS DATA OF INTERNATIONAL LABOURER

一、国民经济综合统计指标
Chapter 1 STATISSTICS OF NATIONAL ECONOMY INDICATORS

1.1 全国行政区划(1999 年底)

Divisions of Administrative Areas in China (End of 1999)

单位：个

省级单位名称 Provinces, Municipalities and Autonomous Regions		地级单位数 Number of Prefectures	#地级市 #Cities at Prefectural Level	县级单位数 Number of Counties	#县级市 #Cities at County Level	各级市单位数 Number of Cities at All LevelS	市辖区数 Number of Districts Under the Jurisdiction of Cities
全　　国	**National Total**	**331**	**236**	**2109**	**427**	**663**	**749**
北京市	Beijing			5			13
天津市	Tiqanjin			5			13
河北省	Hebei	11	11	138	23	34	34
山西省	Shanxi	11	7	100	15	22	19
内蒙古自治区	Inner Mongolia	12	5	84	15	20	17
辽宁省	Liaoning	14	14	44	17	31	56
吉林省	Jilin	9	8	41	20	28	19
黑龙江省	Heilongjiang	13	12	66	19	31	64
上海市	Shanghai			3			17
江苏省	Jiangsu	13	13	64	31	44	44
浙江省	Zhejiang	11	10	64	25	35	24
安徽省	Anhui	16	14	64	8	22	42
福建省	Fujian	9	9	60	14	23	24
江西省	Jiangxi	11	7	85	14	21	14
山东省	Shandong	17	15	94	33	48	45
河南省	Henan	17	15	112	23	38	46
湖北省	Hubei	12	11	67	25	36	34
湖南省	Hunan	14	13	88	16	29	34
广东省	Guangdong	21	21	79	33	54	43
广西壮族自治区	Guangxi	14	9	81	10	19	29
海南省	Hainan	2	2	17	7	9	3
重庆市	Chongqing			27	4	4	13
四川省	Sichuan	21	14	144	17	31	36
贵州省	Guizhou	9	3	79	10	13	7
云南省	Yunnan	16	3	121	12	15	7
西藏自治区	Tibet	7	1	72	1	2	1
陕西省	Shaanxi	10	8	88	5	13	19
甘肃省	Gansu	14	5	76	9	14	10
青海省	Qinghai	8	1	39	2	3	4
宁夏回族自治区	Ningxia	4	3	17	2	5	7
新疆维吾尔自治区	Xinjiang	15	2	85	17	19	11
香港特别行政区	Hong Kong						
澳门特别行政区	Macao						
台湾省	Taiwan						

1.2 自然状况及自然资源
Natural Conditions and Resources

项　目	Item		1999
一、自然状况	I. Natural Conditions		
1. 国土	Territory		
国土面积（万平方公里）	Area of Territory	(10 000 sq. km)	960
海域面积（万平方公里）	Area of Sea	(10 000 sq. km)	473
海洋平均深度（米）	Average Depth of Sea	(m)	961
海洋最大深度（米）	Maximum Depth of Sea	(m)	5377
岸线总长度（公里）	Length of Coastline	(km)	32000
大陆岸线长度（公里）	Mainland Shore	(km)	18000
岛屿岸线长度（公里）	Island Shore	(km)	14000
岛屿个数（个）	Number of Islands		5400
岛屿面积（万平方公里）	Area of Islands	(10 000 sq. km)	3.87
2. 气候	Climate		
热量分布（积温≥0℃）	Distribution of Heat (Accumulated Temperature≥0℃)		
黑龙江北部及青藏高原	Northern Heilongjiang and Tibet Plateau		2000—2500
东北平原	Northeast Plain		3000—4000
华北平原	North China Plain		4000—5000
长江流域及以南地区	Changjiang (Yangtze) River Drainage Area and the Area to the south of it		5800—6000
南岭以南地区	Area to the South of Nanling Mountain		7000—8000
降水量（毫米）	Precipitation	(mm)	
台湾中部山区	Mid-Taiwan Mountain Area		≥ 4000
华南沿海	Southern China Coastal Area		1600—2000
长江流域	Changjiang River Valley		1000—1500
华北、东北	Northern and Northeastern Area		400—800
西北内陆	Northwestern Inland		100—200
塔里木盆地、吐鲁番盆地和柴达木盆地	Tarim Basin, Turpan Basin and Qaidam Basin		≤25
气候带面积比例（国土面积=100）	Percentage of Climatic Zones to Total Area of Territory		
湿润地区（干燥度<1.0）	Humid Zone (aridity<1.0)		32
半湿润地区（干燥度=1.0—1.5）	Semi-Humid Zone (aridity 1.0—1.5)		15
半干旱地区（干燥度=1.5—2.0）	Semi-Arid Zone (aridity 1.5—2.0)		22
干旱地区（干燥度>2.0）	Arid Zone (aridity>2.0)		31

注：1. 气候资料为多年平均值。　2. 岛屿面积未包括台湾省和港澳地区。
a) The climate data refers to the average figures in many years.
b) Island area does not include that of Taiwan, Hong Kong SAR and Macao SAR.

1.2 续表
Continued

项　　目	Item		1999
二、自然资源	Ⅱ. Natural Resources		
1.土地资源(万公顷)	1. Land Resources	(10 000 hectares)	
耕地面积	Area of Cultivated Land		13004
荒地面积	Area of Undeveloped Land		10800
#宜农荒地	Useable for Agricultural Production		3535
林业用地面积	Area of Afforestated Land		26330
#宜林荒山荒地	Undeveloped Land Usable for Afforestation		6303
草地面积	Grassland		40000
#可利用草地	Utilizable		31333
2.林木资源	2. Forest Resources		
活立木总蓄积量(亿立方米)	Total Standing Stock Volume	(100 million cu. m)	124.9
森林面积(万公顷)	Forest Area	(10 000 hectares)	15894
森林蓄积量(亿立方米)	Stock Volume of the Forest	(100 million cu. m)	112.7
森林覆盖率(%)	Forest-coverage Rate	(%)	16.55
3.水利资源	3. Water Resources		
大陆	Land		
地表水资源总量(亿立方米)	Surface Water Volume	(100 million cu. m)	28124
地表径流	Surface Runoff		27115
#冰川融水量	Melt-Water Volume of Glaciers		560
地下(浅层)水量	Shallow Ground Water Volume		8287
水力资源蕴藏量(亿千瓦)	Hydropower Resources	(100 million kw)	6.76
#可开发量	Developable Resources		3.79
内陆水域总面积(万公顷)	Inland Water Area	(10 000 hectares)	1747
#可养殖面积	Cultivatable Area		675
#已养殖面积	Cultivated Area		467
海洋	Sea		
海洋能源理论蕴藏量(亿千瓦)	Theoretical Sea-energy Reserves	(100 million kw)	6.3
海岸带面积(万平方公里)	Coastal Area	(10 000 sq. km)	28
滩涂面积(万平方公里)	Sea-beach Area	(10 000 sq. km)	2.08
海水可养殖面积(万公顷)	Cultivatable Area in Marine Areas	(10 000 hectares)	260.01
#已养殖面积(万公顷)	Cultivated Area	(10 000 hectares)	109.49
浅海滩涂可养殖面积(万公顷)	Cultivable Area in Shallow Sea and Sea-beaches	(10 000 hectares)	242
#已养殖面积(万公顷)	Cultivated Area	(10 000 hectares)	89.37
4.矿产资源(保有储量)(亿吨)	4. Mineral Resources (Ensured Reserves)	(100 million tons)	
煤	Coal		10071
铁矿石	Iron Ore		458.9
磷矿石	Phosphate Ore		132.7
钾盐	Sylvite		4.6
盐	Salt		4048.2

注:1.自然资源部分未包括台湾省。
2.土地、水利资源为以前清查数,有待进一步勘测;耕地面积为1996年农业普查数据。
3.森林资源为1994—1998年调查数。

a) Figures on natural resources do not includeTaiwan Province.

b) Figures on land and water resources in this table were obtained from surveys in pervious years. The figures are subject to further verification. Figures on area of cultivated land were taken from the 1996's agricultural census. The same as in the following table.

c) Figures on forest resources were taken from the Third Forest Census(1994—1998).

1.3 各部门机构数
Grassroots Units in Various Sectors

部门	Sector	机构数 Grassroots Units 1998	机构数 Grassroots Units 1999	1999年比上年增长% Increase Rate in 1999 over 1998
农村基层单位	Rural Grassroot Units			
基层组织（万个）	Basic Units (10 000 units)			
乡政府	Township Governments	2.64	2.56	−3.0
镇政府	Town Governments	1.91	1.92	0.5
村民委员会	Village Committees	74	73.74	−0.4
乡村户数	Numbers of Rural Households	23678	23811	0.6
国营农场	State-owned Farms	0.21	0.21	0.0
乡镇企业（万个）	Township Enterprises (10 000 units)	2003.9	2070.9	3.3
工业企业（万个）	Industrial Enterprises (10 000 units)	797.46	792.99	−0.6
#国有及国有控股工业	State-owned and State Holding Majority Shares	6.47	6.13	−5.3
#集体工业	Collective Owned	179.78	165.92	−7.7
城乡个体工业	Urban and Rural Private	603.38	612.68	1.5
其他工业	Others	8.57	9.18	7.1
建筑企业（个）	Construction Enterprises and Units (unit)	90926	96648	6.3
国有企业	Construction Enterprises	9458	9394	−0.7
城镇集体企业	Affiliated Construction Units	26970	25443	−5.7
农村建筑队	Rural Construction Teams	45292	49414	9.1
邮电业（个）	Establishments of Postal and Telecommunications Services (unit)			
邮电局所	Post and Telecommunications Offices	102225	66649	
卫生（个）	Health Care (unit)	314097	310996	−1.0
#医院、卫生院	Urban and Township Hospitals	67081	66935	−0.2
疗养院	Sanatoriums	503	503	0.0
门诊部、所	Clinics	229349	226588	−1.2
专科防治所、站	Specialized Prevention & Treatment Stations	1889	1877	−0.6
卫生防疫站	Sanitation and Antiepidemic Stations	4018	4023	0.1
妇幼保健所、站	Maternity and Childcare Centers	2724	2630	−3.5
社会福利（个）	Social Welfare Establishments (unit)			
社会福利事业单位	Social Welfare Institutions	54029	41489	−23.2
#收养性福利事业单位	Social Welfare Institutions for Adoption	42131	40430	−4.0
#优抚收养机构	Convalescent Homes and Sanatoriums	1390	1415	1.8
社会福利企业单位	Social Welfare Enterprises	50514	44628	−11.7
教育事业	Education			
普通高等学校（所）	Regular Institutions of Higher Education	1022	1071	4.8
中等学校（万所）	Secondary Schools (10 000 units)	9.21	9.53	3.5
#普通中学	Regular Secondary Schools	7.79	7.72	−0.9
小学（万所）	Primary Schools (10 000 units)	60.96	58.23	−4.5
幼儿园（万所）	Kindergartens (10 000 units)	18.14	18.11	−0.2
艺术事业（个）	Art Institutions (unit)	4581	5131	12.0
艺术表演团体	Art Performance Troupes	2652	2632	−0.8
话剧、儿童剧、滑稽剧团	Drama, Children's Plays and Comedy Troupes	88	86	−2.3
歌剧、舞剧、歌舞剧团	Opera Troupes, Ballet and Song and Dance Drama Ensembles	65	74	13.8
文工团、文宣团、乌兰牧骑	Cultural and Performance Troupes and Ulanmuchi (Equestrian art) Troupes	424	410	−3.3
戏曲剧团	Traditional Opera Troupes	1562	1541	−1.3
曲艺、杂技、木偶、皮影团	Chinese Folk Art, Acrobatic, Puppet Show and Shadow Play Troupes	210	209	−0.5

1.3 续表
Continued

部　门	Sector		机构数 Grassroots Units		1999年比上年增长% Increase Rate in 1999 over 1998
			1998	1999	
艺术表演场所	Art Show Centers		1929	1911	−0.9
#剧场、影剧院	Theaters		1893	1875	−1.0
艺术创作机构	Art Creation Institutions		401	414	3.2
艺术研究机构	Art Research Institutions		171	184	7.6
艺术展览机构	Art Exhibition Institutions		41	47	14.6
文化艺术经纪与代理业	Brokers and Agents for Cultural and Arts Activities		234	242	3.4
图书馆（个）	Libraries	(unit)	2731	2767	1.3
群众文化事业（个）	Mass Cultural Establishments	(unit)	45834	45837	0.0
群众艺术馆	Mass Art Centers		386	389	0.8
文化馆	Cultural Centers		2901	2905	0.1
文化站	Cultural Stations		42547	42534	0.0
#乡镇文化站	Township Cultural Centers		38911	39719	2.1
出版、发行事业（个）	Publishing and Distribution Establishments	(unit)	14501	14407	−0.6
出版社	Publishing Houses		530	530	0.0
书刊印刷厂	Printing Houses		346	304	−12.1
书店	Book Stores		13625	13573	−0.4
文物事业（个）	Cultural Relic Establishments	(unit)	3496	3553	1.6
博物馆	Museums		1339	1364	1.9
文物机构	Cultural Relic Agencies		2035	2068	1.6
文物商店	Cultural Relic Shops		122	121	−0.8
广播电视（座）	Broadcasting and Television Stations	(unit)			
广播电台	Radio Stations		298	296	−0.7
电视台	Television Stations		347	357	2.9
县有线广播站	Wired Broadcast Stations in Counties		1403	1562	11.3
科学研究（县以上国有单位）（个）	Scientific Research Institutions (State-owned Units at/and above County Level)	(unit)	5778	5573	−3.5
自然科学和技术领域	Natural Sciences and Technology		5076	4853	−4.4
社会、人文科学领域	Social Sciences and the Humanities		298	310	4.0
科学技术情报和文献机构	Scientific and Technical Information and Literature Institutions		404	410	1.5
金融、保险业（个）	Banking and Insurance	(unit)	126452	120858	−4.4
银行系统合计	Sub-total of Banking System		117707	112141	−4.7
保险系统合计	Sub-total of Insurance System		8745	8717	−0.3

注：1999年邮电局所为邮政局所，与上年不可比。

a) Number of post and telecommunications offices just refers to post offices in 1999, so it is not comparable with the previous years.

1.4 国民经济和社会发展总量指标

Principal Aggregate Indicators on National Economic and Social Development and Their Related Indices and Growth Rates

指　标	Item	1985	1990	1995	1998	1999
人　口（万人）	Population (10 000 persons)					
年底总人口	Population at the Year-end	105851	114333	121121	124810	125909
就　业（万人）	Employment (10 000 persons)					
从业人员数	Number of the Employed	49873	63909	67947	69957	70586
#职工人数	Staff and Workers	12358	14059	14908	12337	11773
城镇登记失业人数	Registered Unemployed in Urban Areas	239	383	520	571	575
国民核算（亿元）	National Accounting (100 million yuan)					
国民生产总值	Gross National Product	8989	18598	57495	76967	80423
国内生产总值	Gross Domestic Product	8964	18548	58478	78345	81911
第一产业	Primary Industry	2542	5017	11993	14552	14457
第二产业	Secondary Industry	3867	7717	28538	38619	40418
第三产业	Tertiary Industry	2556	5814	17947	25174	27036
固定资产投资（亿元）	Investment in Fixed Assets (100 million yuan)					
全社会固定资产投资总额	Total Investment in Fixed Assets	2543.2	4517	20019.3	28406.2	29854.7
#国有单位	State-Owned Units	1680.5	2986.3	10898.2	15369.3	15947.8
集体单位	Collective-Owned Units	327.5	529.5	3289.4	4192.2	4338.6
个体经济	Individuals	535.2	1001.2	2560.2	3744.4	4195.7
财　政（亿元）	Public Finance (100 million yuan)					
国家财政收入	Government Revenue	2004.8	2937.1	6242.2	9876.0	11444.1
中　央	Central Government	769.6	992.4	3256.6	4892	5849.2
地　方	Local Governments	1235.2	1944.7	2985.6	4984	5594.9
国家财政支出	Government Expenditures	2004.3	3083.6	6823.7	10798.2	13187.7
中　央	Central Government	795.3	1004.5	1995.4	3125.6	4152.3
地　方	Local Governments	1209.0	2079.1	4828.3	7672.6	9035.3
物价总指数(上年=100)	Price Indices (previous year=100)					
商品零售价格总指数	General Retail Price Index	108.8	102.1	114.8	97.4	97.0
居民消费价格总指数	General Consumer Price Index	109.3	103.1	117.1	99.2	98.6
利用外资（亿美元）	Utilization of Foreign Capital (USD 100 million)					
签订利用外资协议额	Amount of Foreign Capital for Utilization Through Signed Contracts or Agreements	98.7	120.9	1032.1	632	520.1
实际利用外资额	Amount of Foreign Capital Actually Utilized	46.5	102.9	481.3	585.6	526.6
能源生产与消费(万吨标准煤)	Production and Consumption of Energy (10 000 tons of Standard Coal)					
能源生产总量	Total Energy Production	85546	103922	129034	124250	110000
能源消费总量	Total Energy Consumption	76682	98703	131176	132214	122000
农　业	Agriculture					
农林牧渔业劳动力（万人）	Number of Labors Engaged in Farming, Forestry, Animal Husbandry and Fishery (10 000 persons)	30352	33336	32335	32626	32912
农林牧渔业总产值（亿元）	Gross Output Value of Farming, Forestry, Animal Husbandry and Fishery (100 million yuan)	3619.5	7662.1	20340.9	24541.9	24519.1
主要农产品产量（万吨）	Output of Major Farm Products (10 000 tons)					
粮　食	Grain	37911	44624	46662	51230	50839
棉　花	Cotton	414.7	450.8	476.8	450.1	382.9
油　料	Oil-bearing Crops	1578.4	1613.2	2250.3	2313.9	2601.2
肉　类	Meat	1926.5	2857	5260.1	5723.8	5949.0
水　产	Aaquatic Products	705.2	1237	2517.2	3906.5	4122.4

1.4 续表
Continued

指 标	Item	1985	1990	1995	1998	1999
工 业	Industry					
工业总产值（亿元）	Gross industrial Output Value (100 million yuan)	9717	23924	91894	119048	126111
主要工业产品产量	Output of Major Industrial Products					
原 煤（亿吨）	Coal (100 million tons)	8.7	10.8	13.6	12.5	10.5
原 油（万吨）	Crude Oil (10 000 tons)	12490	13831	15005	16100	16000
发电量（亿千瓦小时）	Electricity (100 million kwh)	4107	6212	10070	11670	12393
钢（万吨）	Steel (10 000 tons)	4679	6635	9536	11559	12426
水 泥（万吨）	Cement (10 000 tons)	14595	20971	47561	53600	57300
国有及限额以上非国有工业企业利润总额（亿元）	Total Amount of Profits of State-owned and Non-state-owned Industrial Enterprises Above Designated Size (100 million yuan)		560	1635	1458	2288
建筑业	Construction					
建筑业企业人数（万人）	Number of Employed Persons (10000 persons)	1701	1717	2512	2779	2766
建筑业总产值（亿元）	Gross Output Value (100 million yuan)	985.1	1947.6	9505	13740.7	15151.5
交通运输	Transportation					
货运量（万吨）	Freight Traffic (10 000 tons)	745763	970602	1234810	1267200	1292650
客运量（万人）	Passenger Traffic (10 000 persons)	620206	772682	1172596	1378717	1394413
沿海主要港口吞吐量（万吨）	Volume of Freight Handled at Major Coastal Ports (10 000 tons)	31154	48321	80166	92237	105162
邮电通信业	Postal and Telecommunications Services					
邮电业务总量（亿元）	Total Business Revenue (100 million yuan)	56.39	155.54	988.85	2431.21	3330.82
国内商业	Domestic Trade					
社会消费品零售总额（亿元）	Total Retail Sales of Consumer Goods (100 million yuan)	3801	7250	20620	29153	31135
对外经济贸易	Foreign Trade					
进出口总额（亿美元）	Total Exports and Imports (USD 100 million)	696	1154.4	2808.6	3240.5	3606.3
进口额	Imports	422.5	533.5	1320.8	1402.4	1657
出口额	Exports	273.5	620.9	1487.7	1838.1	1949.3
教 育	Education					
教育经费支出（亿元）	Government Expenditures on Education (100 million yuan)			1878	2949	
生活、福利	People's Livelihood and Social Welfare					
城市居民人均居住面积（平方米）	Per Capita Net Floor Space of Urban Residents (sq. m)	5.2	6.7	8.1	9.3	9.8
农村居民人均居住面积（平方米）	Per Capita Net Floor Space of Rural Residents (sq. m)	14.7	17.8	21	23.3	24.2
城镇居民人均可支配收入（元）	Per Capita Annual Disposable Income of Urban Households (yuan)	739	1510	4283	5425	5854
农村居民人均纯收入（元）	Per Capita Net Income of Rural Residents (yuan)	398	686	1578	2162	2210
城乡储蓄存款余额（亿元）	Outstanding Amount of Saving Deposits in Urban and Rural	1622.6	7034.2	29662.3	53407.5	59621.8
工资总额（亿元）	Total Wages (100 million yuan)	1383	2951	8100	9297	9876
职工平均工资（元）	Average Wage of Staff and Workers (yuan)	1148	2140	5500	7479	8346
职工保险福利费（亿元）	Insurance and Welfare Funds for Staff and Workers (100 million yuan)	331.6	937.9	2361.3	3360.7	
离休、退休、退职职工人数（万人）	Number of Retired & Resigned Staff and Workers (10 000 persons)	1637	2301	3094	3594	3727

注：1. 本表总量指标中的价值量指标除邮电业务总量指标外均按当年价格计算。
2. 邮电业务总量按 1990 年不变价格计算。
3. 1998 年职工人数为在岗人数，1997 年及以前为全部职工人数，故不可比。

a) The data in value terms in the table are calculated at current prices.

b) Figures on postal and telecommunication services before 1990 were calculated at 1980 constant prices, and those since 1991 were calculated at constant prices.

c) 1998 figures on workers and staff refer to fully employed workers and staff, while figures for previous years refer to total workers and staff. Therefore, they are not comparable.

1.5 国民经济和社会发展速度指标
Indicators of National Economic and Social Development Speed

指　　标	Item	1999年为以下各年% (1999 as percentage of the following years) 1985	1990	1995	1998	平均增长% Average annual Growth Rate 1986—1990	1991—1999
人　　口	Population						
年底总人口	Population at the Year-end	118.9	110.1	104.0	100.9	1.6	1.1
就　　业	Employment						
从业人员	Employment	141.5	110.4	103.9	100.9	5.1	1.1
#职工人数	Staff and Workers	95.3	83.7	79.0	95.4	2.6	−2.0
城镇登记失业人数	Registered Unemployed in Urban Areas	241.1	150.1	110.7	100.7	9.9	4.6
国民核算	National Accounting						
国民生产总值	Gross National Product	347.8	237.8	137.6	107.1	7.9	10.1
国内生产总值	Gross Domestic Product	354.4	242.7	137.7	107.1	7.9	10.4
第一产业	Primary Industry	174.0	141.8	115.7	102.8	4.2	4.0
第二产业	Secondary Industry	499.3	324.9	145.8	108.1	9.0	14.0
第三产业	Tertiary Industry	344.9	220.4	137.1	107.5	9.4	9.2
固定资产投资	Investment in Fixed Assets						
全社会固定资产投资总额	Total Investment in Fixed Assets	1173.9	660.9	149.1	105.1	12.2	23.3
#国有单位	State-Owned Units	949.0	534.0	146.3	103.8	12.2	20.5
集体单位	Collective-Owned Units	1324.8	819.4	131.9	103.5	10.1	26.3
个体经济	Individuals	783.9	419.1	163.9	112.1	13.3	17.3
财　　政	Public Finance						
国家财政收入	Government Revenue	570.8	389.6	183.3	115.9	7.9	16.3
中　央	Central Government	760.0	589.4	179.6	119.6	5.2	21.8
地　方	Local Governments	453.0	287.7	187.4	112.3	9.5	12.5
国家财政支出	Government Expenditures	658.0	427.7	193.3	122.1	9.0	17.5
中　央	Central Government	522.1	413.4	208.1	132.8	4.8	17.1
地　方	Local Governments	747.3	434.6	187.1	117.8	11.5	17.7
物价总指数(上年=100)	Price Indices (previous year=100)						
商品零售价格总指数	General Retail Price Index						
居民消费价格总指数	General Consumer Price Index						
利用外资	Utilization of Foreign Capital						
签订利用外资协议额	Amount of Foreign Capital for Utilization Through Signed Contracts or Agreements	527.0	430.2	50.4	82.3	4.1	17.6
实际利用外资额	Amount of Foreign Capital Actually Utilized	1132.5	511.8	109.4	89.9	17.2	19.9
能源生产与消费(标准煤)	Production and Consumption of Energy (10 000 tons of SCE)						
能源生产总量	Total Energy Production	128.6	105.8	85.2	88.5	4.0	0.6
能源消费总量	Total Energy Consumption	159.1	123.6	93.0	92.3	5.2	2.4
农　　业	Agriculture						
农林牧渔业劳动力	Number of Persons Engaged in Farming, Forestry, Animal Husbandry and Fishery (10 000 persons)	108.4	98.7	101.8	100.9	1.9	
农林牧渔业总产值	Gross Output Value of Farming Forestry, Animal Husbandry and Fishery (100 million yuan)	233.8	185.3	129.5	104.7	4.8	7.1
主要农产品产量	Output of Major Farm Products (10 000 tons)						
粮　食	Grain	134.1	113.9	109.0	99.2	3.3	1.5
棉　花	Cotton	92.3	84.9	80.3	85.1	1.7	
油　料	Oil-bearing Crops	164.8	161.2	115.6	112.4	0.4	5.5
肉　类	Meat				103.9		
水产品	Aquatic Products	584.6	333.3	163.8	105.5	11.9	14.3

1.5 续表
Continued

指 标	Item	1999年为以下各年%				平均增长%	
		1985	1990	1995	1998	1986—1990	1991—1999
工 业	Industry						
工业总产值	Gross industrial Output Value	823.8	443.6	162.9	111.6	13.2	18.0
主要工业产品产量	Output of Major Industrial Products						
原 煤	Coal	120.7	97.2	77.2	84.0	4.4	
原 油	Crude Oil	128.1	115.7	106.6	99.4	2.1	1.6
发电量	Electricity	301.8	199.5	123.1	106.2	8.6	8.0
钢	Steel	265.6	187.3	130.3	107.5	7.2	7.2
水 泥	Cement	392.6	273.2	120.5	106.9	7.5	11.8
国有及限额以上非国有工业企业	Principal Financial Item of Industrial Enterprises of State Ownership and Nonstate-owned Above Designated Size						
利润总额	Profits		408.6	140.0	156.9		16.9
建 筑 业	Construction						
建筑业企业人数	Number of Employed Persons	162.6	161.1	110.1	99.5	0.2	5.4
建筑业总产值	Gross Output Value	1538.1	778.0	159.4	110.3	14.6	25.6
交通运输	Transportation						
货运量	Freight Traffic	173.3	133.2	104.7	102.0	5.4	3.2
客运量	Passenger Traffic	224.8	180.5	118.9	101.1	4.5	6.8
沿海主要港口吞吐量	Volume of Freight Handled at Major Coastal Ports	337.6	217.6	131.2	114.0	9.2	9.0
邮电通信业	Postal and Telecommunications Services						
邮电业务总量	Total Business Revenue	5906.8	2141.5	336.8	137.0	22.5	40.6
国内商业	Domestic Trade						
社会消费品零售总额	Total Retail Sales of Consumer Goods	819.1	429.4	151.0	106.8	13.8	17.6
对外经济贸易	Foreign Trade						
进出口总额	Total Exports and Imports	518.1	312.4	128.4	111.3	10.6	13.5
进口额	Imports	392.2	310.6	125.5	118.2	4.8	13.4
出口额	Exports	712.7	313.9	131.0	106.0	17.8	13.6
生活、福利	Family, People's Livelihood and Environment						
城市居民人均居住面积	Per Capita Net Floor Space of Urban Residents	188.1	146.0	120.7	105.2	5.2	4.3
农村居民人均居住面积	Per Capita Net Floor Space of Rural Residents	164.8	136.1	115.4	104.0	3.9	3.5
城镇居民人均生活费收入	Per Capita Annual Disposable Income of Urban Households	224.8	182.0	124.2	109.3	4.3	6.9
农村居民人均纯收入	Per Capita Net Income of Rural Residents	176.1	152.2	123.4	103.8	3.0	4.8
城乡储蓄存款余额	Outstanding Amount of Saving Deposits in Urban and Rural	3674.5	847.6	201.0	111.6	34.1	26.8
工资总额	Total Wages	714.1	334.7	121.9	106.2	16.4	14.4
职工平均工资	Average Wage of Staff and Workers	190.2	168.7	127.1	121.1	2.4	6.0
职工保险福利费	Insurance and Welfare Funds for Staff and Workers					23.1	
离休、退休、退职职工人数	Number of Retired & Resigned Staff and Workers	227.7	162.0	120.5	103.7	7.0	5.5

注：本表速度指标中，国民生产总值、国内生产总值及三次产业、物价指数、农林牧渔业总产值、工业总产值、邮电业务总量、城乡居民收入和平均工资指标均按可比价计。

a) The indices and growth rates of the follow indicators are calculated at comparable prices: GNP, GDP, price indices, gross output value of farming, forestry, animal husbandry and fishery, gross output value of industry, business volume of post and telecommunications total retail sales, per capita income of urban and rural residents, wages and welfare.

1.6 国民经济结构指标

Structural Indicators on National Economic and Social Development

单位：%　　　　(%)

指　　标	Item	1985	1990	1995	1999
人口	Population				
城乡结构	Urban and Rural Structure				
城镇	Urban	23.7	26.4	29.0	30.9
乡村	Rural	76.3	73.6	71.0	69.1
就业	Employment				
产业结构	Industrial Structure				
第一产业	Primary Industry	62.4	60.1	52.2	50.1
第二产业	Secondary Industry	20.9	21.4	23.0	23.0
第三产业	Tertiary Industry	16.7	18.5	24.8	26.9
宏观经济	Macro Economy				
国内生产总值产业结构	Industrial Structure				
第一产业	Primary Industry	28.4	27.1	20.5	17.7
第二产业	Secondary Industry	43.1	41.6	48.8	49.3
第三产业	Tertiary Industry	28.5	31.3	30.7	33.0
财政	Government Finance				
财政收入结构	Structure of Government Revenue				
中央	Central Government	38.4	33.8	52.2	51.1
地方	Local Governments	61.6	66.2	47.8	48.9
财政支出结构	Structure of Government Expenditures				
中央	Central Government	39.7	32.6	29.2	31.5
地方	Local Governments	60.3	67.4	70.8	68.5
利用外资	Utilization of Foreign Capital				
实际利月外资结构	Structure of Foreign Capital Actually Utilized				
外商直接投资	Direct Investment by Foreign Entrepreneurs	35.7	33.9	77.9	76.6
外商其他投资	Other Investment by Foreign Entrepreneurs	6.4	2.6	0.6	4.0
农业	Agriculture				
农林牧渔业产值结构	Structure of Gross Output Value				
农业	Farming	69.3	64.7	58.4	57.5
林业	Forestry	5.2	4.3	3.5	3.6
牧业	Animal Husbandry	22.1	25.7	29.7	28.5
渔业	Fishery	3.5	5.4	8.4	10.4
工业	Industry				
轻工业	Light Industry	47.1	49.4	47.3	49.2
重工业	Heavy Industry	52.9	50.6	52.7	50.8
福利	Social Welfare				
职工保险福利费结构	Structure of Insurance Contribution and Welfare Funds of Stuff and Workers				
国有单位	State-owned Units	82.5	82.9	83.9	
城镇集体单位	Urban Collective Owned Units	17.1	16.3	12.5	
其他单位	Others	0.4	0.8	3.7	
离退休人员结构	Structure of Retired Staff and Workers				
国有单位	State-owned Units	71.2	75.7	77.6	
城镇集体单位	Urban Collective Owned Units	28.5	24.6	20.1	
其他单位	Others	0.3	0.5	2.3	

1.7 平均每天主要社会经济活动

Selected Indicators on Average Daily Social and Economic Activities

指　标	Item	1985	1990	1995	1999
每天创造的财富	Daily Production				
国内生产总值（亿元）	Gross Domestic Product (100 million yuan)	24.6	50.8	160.2	224.4
第一产业	Primary Industry	7.0	13.7	32.9	39.6
第二产业	Secondary Industry	10.6	21.1	78.2	110.7
#工业	Industry	9.4	18.8	67.7	95.8
建筑业	Construction	1.1	2.4	10.5	14.9
第三产业	Tertiary Industry	7.0	15.9	49.2	74.1
#运输邮电业	Transportation, Postal & Telecommunications Services	1.1	3.1	8.4	12.2
商业	Commerce	2.4	3.9	13.5	18.7
财政收入（亿元）	Government Revenue (100 million yuan)	5.5	8.0	17.1	31.4
财政支出（亿元）	Government Expenditures (100 million yuan)	5.5	8.4	18.7	36.1
粮食（万吨）	Grain (10 000 tons)	103.9	122.3	127.8	139.3
棉花（万吨）	Cotton (10 000 tons)	1.1	1.2	1.3	1.0
油料（万吨）	Oil-bearing Crops (10 000 tons)	4.3	4.4	6.2	7.1
原　煤（万吨）	Coal (10 000 tons)	238.4	295.9	372.6	287.7
发电量（亿千瓦小时）	Electricity (100 million kwh)	11.3	17.0	27.6	34.0
原　油（万吨）	Crude Oil (10 000 tons)	34.2	37.9	41.1	43.8
钢（万吨）	Steel (10 000 tons)	12.8	18.2	26.1	34.0
成品钢材（万吨）	Steel Products (10 000 tons)	10.1	14.1	24.6	33.2
水　泥（万吨）	Cement (10 000 tons)	40.0	57.5	130.3	157.0
每天消费量	Daily National Consumption				
最终消费（亿元）	Final Consumption Expenditure (100 million yuan)	15.8	31.1	92.2	136.1
居民消费	Resident Consumption	12.6	25.0	73.8	107.9
农民	Peasants Consumption	8.0	14.1	36.3	49.6
非农业居民	Non-agricultural Residents' Consumption	4.6	10.9	37.5	58.4
政府消费	Government Consumption Expenditure	3.2	6.2	18.3	28.2
能源消费量（万吨标准煤）	Energy Consumption (10 000 tons of SCE)	210.1	270.4	359.4	334.2
社会消费品零售总额（亿元）	Total Retail Sales of Consumer Goods (100 million yuan)	10.4	19.9	56.5	85.3
每天其他经济活动	Other Daily Economic Activities				
城镇新建住宅面积（万平方米）	Residential Buildings Completed in Urban Areas (10 000 sq. m)	51.5	47.4	102.7	153.2
农民个人新建住宅面积（万平方米）	Private Residential Buildings Completed in Rural Areas (10 000 sq. m)	190.5	185.8	181.5	228.5
货运量（万吨）	Freight Traffic (10 000 tons)	2043.0	2659.0	3383.0	3541.5
客运量（万人）	Passenger Traffic (10 000 persons)	1699.0	2117.0	3213.0	3820.3
进出口总额（亿美元）	Total Imports and Exports (USD 100 million)	1.9	3.2	7.7	9.9
出口总额	Total Exports	0.7	1.7	4.1	5.3
进口总额	Total Imports	1.2	1.5	3.6	4.5
实际利用外资额（亿美元）	Foreign Capital Actually Used (USD 100 million)	0.1	0.3	1.3	1.4
居民储蓄额（亿元）	Outstanding Amount of Savings Deposit (100 million yuan)	1.1	5.2	22.3	17.1
每天人口变动	Daily Population Changes				
出　生（万人）	Births (10 000 persons)	6.1	6.5	5.7	5.3
死　亡（万人）	Deaths (10 000 persons)	2.0	2.1	2.1	2.2

注："城镇新建住宅面积"从 1990 年起包括城镇及工矿区个人新建住宅面积。

a) Since 1990, residential buildings completed in urban areas included private residential buildings completed in towns, cities, industrial and mining areas.

1.8 人均主要工农业产品产量
Per Capita Output of Major Industrial and Agricultural Products

年 份 Year	粮 食 (公斤) Grain (kg)	棉 花 (公斤) Cotton (kg)	油 料 (公斤) Oil-bearing Crops (kg)	糖 料 (公斤) Sugar Crops (kg)	茶 叶 (公斤) Tea (kg)	水 果 (公斤) Fruits (kg)	猪牛羊肉 (公斤) Pork, Beef and Mutton (kg)	水产品 (公斤) Aquatic Products (kg)
1952	288.13	2.29	7.37	13.35	0.14	4.29		2.94
1957	306.01	2.57	6.58	18.66	0.18	5.09		4.89
1962	240.32	1.13	3.01	5.68	0.11	4.07		3.42
1965	272.00	2.93	5.07	21.50	0.14	4.53		4.17
1970	293.24	2.78	4.61	19.01	0.17	4.58		3.89
1975	310.48	2.60	4.93	20.89	0.23	5.87		4.81
1978	318.74	2.27	5.46	24.91	0.28	6.87		4.87
1980	326.69	2.76	7.84	29.67	0.31	6.92		4.59
1985	360.70	3.95	15.02	57.53	0.41	11.07		6.71
1987	371.74	3.92	14.09	51.20	0.47	15.39		8.81
1988	357.72	3.77	11.98	56.17	0.49	15.12		9.63
1989	364.32	3.39	11.58	51.88	0.48	16.38		10.30
1990	393.10	3.97	14.21	63.55	0.48	16.51		10.90
1991	378.26	4.93	14.24	73.16	0.47	18.91		11.74
1992	379.97	3.87	14.09	75.61	0.48	20.95		13.37
1993	387.37	3.17	15.31	64.70	0.51	25.55		15.47
1994	373.46	3.64	16.69	61.63	0.49	29.36		17.98
1995	387.28	3.96	18.67	64.96	0.49	34.98		20.89
1996	414.39	3.45	18.16	68.66	0.49	38.21	30.35	23.10
1997	401.74	3.74	17.54	76.31	0.50	41.37	34.55	29.28
1998	412.42	3.62	18.63	78.82	0.54	43.90	37.02	31.45
1999	405.55	3.05	20.75	66.48	0.54	49.76	37.99	32.88

1.8 续表
Continued

年 份 Year	布 (米) Cloth (m)	机制纸及纸板 (公斤) Machine-made Paper and Paperboard (kg)	纱 (公斤) Yarn (kg)	原 煤 (吨) Coal (ton)	原 油 (公斤) Crude Oil (kg)	发电量 (千瓦小时) Electricity (kwh)	钢 (公斤) Steel (kg)	水 泥 (公斤) Cement (kg)
1952	6.73	0.65	1.15	0.12	0.77	12.83	2.37	5.03
1957	7.92	1.43	1.32	0.21	2.29	30.28	8.39	10.76
1962	3.80	1.68	0.82	0.33	8.64	68.79	10.02	9.01
1965	8.78	2.42	1.82	0.32	15.81	94.52	17.10	22.85
1970	11.18	2.95	2.51	0.43	37.46	141.63	21.74	31.47
1975	10.26	3.72	2.30	0.53	84.09	213.66	26.08	50.48
1978	11.54	4.59	2.49	0.65	108.82	268.36	33.24	68.23
1980	13.73	5.45	2.98	0.63	107.98	306.35	37.83	81.39
1985	13.96	8.67	3.36	0.83	118.83	390.76	44.52	138.86
1987	15.96	10.53	4.03	0.86	123.74	458.75	51.92	171.81
1988	17.06	11.53	4.23	0.89	124.41	494.90	53.95	190.75
1989	16.92	11.92	4.26	0.94	123.04	522.78	55.05	187.99
1990	16.63	12.08	4.07	0.95	121.84	547.22	58.45	184.74
1991	15.79	12.85	4.00	0.94	122.52	588.77	61.70	219.51
1992	16.37	14.81	4.31	0.96	121.97	647.18	69.47	264.57
1993	17.23	16.24	4.26	0.98	123.25	712.34	76.00	312.18
1994	17.73	17.94	4.11	1.04	122.57	778.72	77.70	353.39
1995	21.59	23.34	4.50	1.13	124.54	835.81	79.15	394.74
1996	17.17	21.67	4.21	1.15	129.22	888.10	83.15	403.42
1997	20.23	22.22	4.55	1.12	130.68	923.16	88.57	416.02
1998	19.40	17.11	4.36	1.01	129.61	939.48	93.05	431.50
1999	19.94	17.22	4.52	0.08	127.63	98.86	99.12	457.09

1.9 国内生产总值
Gross Domestic Product

单位：亿元 (100 million yuan)

年份 Year	国民生产总值 Gross National Product	国内生产总值 Gross Domestic Product	第一产业 Primary Industry	第二产业 Secondary Industry	#工业 Industry	#建筑业 Construction	第三产业 Tertiary Industry	#运输仓储邮电业 Transportation, Post and Telecommunications	#批发零售贸易餐饮业 Wholesale, Retail and Catering Trade	人均国内生产总值（元） Per Capita GDP (yuan)
1952	679.0	679.0	342.9	141.8	119.8	22.0	194.3	29.0	80.3	119
1953	824.0	824.0	378.0	192.5	163.5	29.0	253.5	35.0	115.5	142
1954	859.0	859.0	392.0	211.7	184.7	27.0	255.3	38.0	120.3	144
1955	910.0	910.0	421.0	222.2	191.2	31.0	266.8	39.0	119.8	150
1956	1028.0	1028.0	443.9	280.7	224.7	56.0	303.4	46.0	131.4	165
1957	1068.0	1068.0	430.0	317.0	271.0	46.0	321.0	49.0	133.0	168
1958	1307.0	1307.0	445.9	483.5	414.5	69.0	377.6	71.0	136.6	200
1959	1439.0	1439.0	383.8	615.5	538.5	77.0	439.7	94.0	145.7	216
1960	1457.0	1457.0	340.7	648.2	568.2	80.0	468.1	104.0	133.1	218
1961	1220.0	1220.0	441.1	388.9	362.1	26.8	390.0	69.2	110.8	185
1962	1149.3	1149.3	453.1	359.3	325.4	33.9	336.9	57.4	80.5	173
1963	1233.3	1233.3	497.5	407.6	365.6	42.0	328.2	55.0	76.1	181
1964	1454.0	1454.0	559.0	513.5	461.1	52.4	381.5	58.4	94.0	208
1965	1716.1	1716.1	651.1	602.2	546.5	55.7	462.8	77.4	118.3	240
1966	1868.0	1868.0	702.2	709.5	648.6	60.9	456.3	85.1	148.1	254
1967	1773.9	1773.9	714.2	602.8	544.9	57.9	456.9	72.3	153.5	235
1968	1723.1	1723.1	726.3	537.3	490.3	47.0	459.5	70.5	138.9	222
1969	1937.9	1937.9	736.2	689.1	626.1	63.0	512.6	84.9	163.6	243
1970	2252.7	2252.7	793.3	912.2	828.1	84.1	547.2	100.2	178.1	275
1971	2426.4	2426.4	826.3	1022.8	926.6	96.2	577.3	108.4	178.3	288
1972	2518.1	2518.1	827.4	1084.2	989.9	94.3	606.5	118.0	194.3	292
1973	2720.9	2720.9	907.5	1173.0	1072.5	100.5	640.4	125.5	211.0	309
1974	2789.9	2789.9	945.2	1192.0	1083.6	108.4	652.7	126.1	206.6	310
1975	2997.3	2997.3	971.1	1370.5	1244.9	125.6	655.7	141.6	175.8	327
1976	2943.7	2943.7	967.0	1337.2	1204.6	132.6	639.5	139.6	147.2	316
1977	3201.9	3201.9	942.1	1509.1	1372.4	136.7	750.7	156.9	213.8	339
1978	3624.1	3624.1	1018.4	1745.2	1607.0	138.2	860.5	172.8	265.5	379
1979	4038.2	4038.2	1258.9	1913.5	1769.7	143.8	865.8	184.2	220.2	417
1980	4517.8	4517.8	1359.4	2192.0	1996.5	195.5	966.4	205.0	213.6	460
1981	4860.3	4862.4	1545.6	2255.5	2048.4	207.1	1061.3	211.1	255.7	489
1982	5301.8	5294.7	1761.6	2383.0	2162.3	220.7	1150.1	236.7	198.6	525
1983	5957.4	5934.5	1960.8	2646.2	2375.6	270.6	1327.5	264.9	231.4	580
1984	7206.7	7171.0	2295.5	3105.7	2789.0	316.7	1769.8	327.1	412.4	692
1985	8989.1	8964.4	2541.6	3866.6	3448.7	417.9	2556.2	406.9	878.4	853
1986	10201.4	10202.2	2763.9	4492.7	3967.0	525.7	2945.6	475.6	943.2	956
1987	11954.5	11962.5	3204.3	5251.6	4585.8	665.8	3506.6	544.9	1159.3	1104
1988	14922.3	14928.3	3831.0	6587.2	5777.2	810.0	4510.1	661.0	1618.0	1355
1989	16917.8	16909.2	4228.0	7278.0	6484.0	794.0	5403.2	786.0	1687.0	1512
1990	18598.4	18547.9	5017.0	7717.4	6858.0	859.4	5813.5	1147.5	1419.7	1634
1991	21662.5	21617.8	5288.6	9102.2	8087.1	1015.1	7227.0	1409.7	2087.0	1879
1992	26651.9	26638.1	5800.0	11699.5	10284.5	1415.0	9138.6	1681.8	2735.0	2287
1993	34560.5	34634.4	6882.1	16428.5	14143.8	2284.7	11323.8	2123.2	3090.7	2939
1994	46670.0	46759.4	9457.2	22372.2	19359.6	3012.6	14930.0	2685.9	4050.4	3923
1995	57494.9	58478.1	11993.0	28537.9	24718.3	3819.6	17947.2	3054.7	4932.3	4854
1996	66850.5	67884.6	13844.2	33612.9	29082.6	4530.5	20427.5	3494.0	5560.3	5576
1997	73142.7	74462.6	14211.2	37222.7	32412.1	4810.6	23028.7	3797.2	6159.9	6053
1998	76967.1	78345.2	14552.4	38619.3	33387.9	5231.4	25173.5	4121.3	6579.1	6307
1999	80422.8	81910.9	14457.2	40417.9	34975.2	5442.7	27035.8	4459.5	6842.3	6534

注：1. 本表按当年价格计算。
2. 1980年以后一、二、三产业之和与国民生产总值的差额为国外净要素收入。

a) Data in value terms in this table are calculated at current pieces.
b) Since 1980, the difference between the total of primary, secondary and tertiary industries and the gross national product has been the net factor income from abroad.

1.10 国内生产总值指数

Indices of Gross Domestic Product

（上年＝100） (preceding year＝100)

年 份 Year	国民生产总 值 Gross National Product	国内生产总 值 Gross Domestic Product	第一产业 Primary Industry	第二产业 Secondary Industry	#工业 Industry	#建筑业 Construction	第三产业 Tertiary Industry	#运输仓储邮电业 Transportation, Post and Tlelcommunications	#批发零售贸易餐饮业 Wholesale, Retail and Catering Trade	人均国内生产总值 Per Capita GDP
1953	115.6	115.6	101.9	135.8	135.7	136.4	127.3	124.1	138.0	113.1
1954	104.2	104.2	101.7	115.7	119.3	96.7	99.4	110.8	101.8	101.8
1955	106.8	106.8	107.9	107.6	106.6	113.8	104.6	102.5	99.9	104.5
1956	115.0	115.0	104.7	134.5	128.6	170.0	114.1	121.8	108.5	112.7
1957	105.1	105.1	103.1	108.0	111.4	92.9	104.8	107.2	98.9	102.4
1958	121.3	121.3	100.4	152.9	153.4	150.0	117.9	146.7	103.6	118.3
1959	108.8	108.8	84.1	125.8	129.1	105.7	115.2	131.0	105.9	106.7
1960	99.7	99.7	83.6	105.6	106.1	101.4	104.8	110.4	91.2	99.5
1961	72.7	72.7	101.4	57.9	61.0	34.6	74.3	65.0	73.0	73.4
1962	94.4	94.4	104.5	89.2	86.7	123.8	90.8	81.1	96.0	93.6
1963	110.2	110.2	111.3	114.5	113.3	125.9	104.4	98.4	108.2	107.5
1964	118.3	118.3	112.9	125.6	125.6	125.6	115.5	105.4	113.2	115.5
1965	117.0	117.0	109.7	124.2	125.8	110.6	115.8	134.5	99.5	114.3
1966	110.7	110.7	107.2	122.4	123.8	109.4	98.2	110.3	120.4	107.7
1967	94.3	94.3	101.9	85.7	84.9	95.0	100.5	86.0	104.1	91.9
1968	95.9	95.9	98.4	90.8	91.8	81.1	100.6	97.7	90.7	93.4
1969	116.9	116.9	100.8	133.1	133.0	134.5	113.3	122.7	119.2	113.7
1970	119.4	119.4	107.7	134.8	135.2	130.4	107.1	116.8	109.4	116.1
1971	107.0	107.0	101.9	112.3	112.3	112.1	105.8	108.3	99.9	104.1
1972	103.8	103.8	99.1	106.7	107.6	97.9	105.0	109.6	108.8	101.2
1973	107.9	107.9	109.0	108.3	108.8	103.4	105.5	106.3	109.0	105.4
1974	102.3	102.3	104.1	101.4	101.0	106.2	101.6	100.3	98.0	100.2
1975	108.7	108.7	102.0	115.8	116.0	113.8	104.9	111.4	99.9	106.8
1976	98.4	98.4	98.2	97.5	96.9	104.3	100.4	98.4	96.3	96.9
1977	107.6	107.6	97.8	113.3	114.4	101.7	109.5	112.6	113.4	106.2
1978	111.7	111.7	104.1	115.0	116.4	99.4	113.7	108.9	123.1	110.2
1980	107.8	107.8	98.5	113.6	112.7	126.7	105.9	105.7	98.7	106.5
1985	113.2	113.5	101.8	118.6	118.2	122.2	118.3	113.5	128.9	111.9
1987	111.5	111.6	104.7	113.7	113.2	117.9	114.4	110.0	113.5	109.8
1988	111.3	111.3	102.5	114.5	115.3	108.0	113.2	113.3	114.3	109.5
1989	104.2	104.1	103.1	103.8	105.1	91.6	105.4	104.7	91.7	102.5
1990	104.2	103.8	107.3	103.2	103.4	101.2	102.3	108.6	95.2	102.3
1991	109.1	109.2	102.4	113.9	114.4	109.6	108.8	111.2	104.5	107.7
1992	114.1	114.2	104.7	121.2	121.2	121.0	112.4	110.5	113.1	112.8
1993	113.1	113.5	104.7	119.9	120.1	118.0	110.7	112.4	106.6	112.2
1994	112.6	112.6	104.0	118.4	118.9	113.7	109.6	109.5	107.7	111.4
1995	109.0	110.5	105.0	113.9	114.0	112.4	108.4	112.0	105.9	109.3
1996	109.8	109.6	105.1	112.1	112.5	108.5	107.9	111.4	105.4	108.4
1997	108.5	108.8	103.5	110.5	111.3	102.6	109.1	110.8	108.5	107.7
1998	107.8	107.8	103.5	108.9	108.9	109.0	108.3	110.6	107.7	106.7
1999	107.1	107.1	102.8	108.1	108.5	104.3	107.5	109.3	107.2	106.1

注：本表指数按可比价格计算。

a) The indices in this table are calculated at comparable prices.

1.11 国内生产总值指数
Indices of Gross Domestic Product

(1978＝100)

年 份 Year	国民生产总值 Gross National Product	国内生产总值 Gross Domestic Product	第一产业 Primary Industry	第二产业 Secondary Industry	#工业 Industry	#建筑业 Construction	第三产业 Tertiary Industry	#运输仓储邮电业 Transportation, Post and Tlelcommunications	#批发零售贸易餐饮业 Wholesale, Retail and Catering Trade	人均国内生产总值 Per Capita GDP
1978	100.0	100.0	100.0	100.0	100.0	100.0	100.0	100.0	100.0	100.0
1979	107.6	107.6	106.1	108.2	108.7	102.0	107.8	107.7	108.8	106.1
1980	116.0	116.0	104.6	122.9	122.4	129.2	114.2	113.8	107.4	113.0
1981	122.0	122.1	111.9	125.2	124.5	133.3	126.2	116.0	139.6	117.5
1982	133.3	133.1	124.8	132.1	131.7	137.9	142.6	129.5	145.1	126.2
1983	148.2	147.6	135.1	145.8	144.5	161.4	164.3	142.5	176.8	137.9
1984	170.9	170.0	152.6	166.9	166.0	179.0	196.1	163.8	214.8	156.8
1985	193.5	192.9	155.4	197.9	196.2	218.7	231.9	185.9	276.8	175.5
1986	209.9	210.0	160.5	218.2	215.2	253.4	260.0	209.7	306.1	188.2
1987	234.1	234.3	168.1	248.1	243.6	298.7	297.4	230.7	347.3	206.6
1988	260.5	260.7	172.3	284.1	280.8	322.5	336.7	261.5	396.9	226.3
1989	271.5	271.3	177.6	294.8	295.0	295.3	354.8	273.8	363.8	231.9
1990	283.0	281.7	190.7	304.1	304.9	298.8	363.0	297.2	346.5	237.3
1991	308.8	307.6	195.2	346.3	348.8	327.4	395.0	330.5	362.1	255.6
1992	352.2	351.4	204.4	419.5	422.6	396.2	444.0	365.2	409.4	288.4
1993	398.4	398.8	214.0	502.8	507.5	467.5	491.3	410.5	436.4	323.6
1994	448.7	449.3	222.6	595.2	603.5	531.5	538.3	449.5	469.9	360.4
1995	489.1	496.5	233.7	677.7	688.2	597.4	583.4	503.4	497.6	394.0
1996	536.8	544.1	245.6	759.8	7743.0	648.2	629.4	561.1	524.3	427.1
1997	582.4	592.0	254.2	839.4	861.9	665.2	687.1	621.4	568.8	460.3
1998	628.4	638.4	263.1	914.1	938.6	725.1	744.1	687.3	612.6	491.6
1999	673.0	683.7	270.5	988.1	1018.4	756.2	799.9	751.2	656.7	521.6

注：本表指数按可比价格计算。
a) The indices in this table are calculated at comparable prices.

1.12 各地区国内生产总值和人均国内生产总值(1999 年)

Gross Domestic Product by Region(1999)

单位：亿元 (100 millon yuan)

地区	Region	国内生产总值 Domestic Product (100 million yuan)	第一产业 Primary Industry	第二产业 Secondary Industry	#工业 Industry	建筑业 Construction	第三产业 Tertiary Industry	农、林牧、渔服务业 Farming, Forestry, Husbandry and Fishery Services	地质勘查业、水利管理业 Geological and Water Conservancy	交通运输仓储及邮电通信业 Transportation, Storage, Postal and Telecommunications Services	批发零售贸易及餐饮业 Wholesale, Retail Trade and Catering Services
北京	Beijing	2174.46	87.48	840.23	649.34	190.89	1246.75	2.27	4.60	167.54	210.43
天津	Tiqanjin	1450.06	71.01	711.93	640.21	71.72	667.12	0.69	7.63	155.82	142.54
河北	Hebei	4569.19	805.97	2243.59	1950.21	293.38	1519.63	6.82	18.41	359.85	411.54
山西	Shanxi	1506.78	159.96	760.72	650.62	110.10	586.10	6.98	11.80	137.67	124.61
内蒙古	Inner Mongolia	1268.20	342.91	515.46	428.33	87.13	409.83	4.32	5.33	116.64	102.99
辽宁	Liaoning	4171.69	520.80	2001.48	1795.71	205.77	1649.41	12.68	8.86	314.48	575.78
吉林	Jilin	1669.56	423.48	671.74	552.34	119.40	574.34	3.04	4.03	121.77	139.13
黑龙江	Heilongjiang	2897.41	377.23	1587.76	1399.85	187.91	932.42	9.64	13.51	169.95	255.70
上海	Shanghai	4034.96	80.00	1953.98	1758.68	195.30	2000.98	3.93	7.51	271.97	445.77
江苏	Jiangsu	7697.82	1003.51	3920.15	3387.99	532.16	2774.16	33.86	20.76	484.86	782.38
浙江	Zhejiang	5364.89	631.94	2902.81	2630.00	272.81	1830.14	6.27	6.68	364.90	712.42
安徽	Anhui	2908.59	741.14	1278.91	1135.98	142.93	888.54	5.17	10.19	162.94	283.55
福建	Fujian	3550.24	628.86	1507.29	1268.95	238.34	1414.09	5.53	5.79	392.88	353.48
江西	Jiangxi	1962.98	464.40	758.15	613.12	145.03	740.43	7.16	7.83	167.74	161.63
山东	Shandong	7662.10	1221.00	3705.44	3251.77	453.67	2735.66	13.11	13.47	490.90	720.56
河南	Henan	4576.10	1123.14	2070.88	1788.84	282.04	1382.08	5.80	22.28	333.49	339.08
湖北	Hubei	3857.99	653.99	1887.93	1692.46	195.47	1316.07	5.01	8.26	215.85	403.66
湖南	Hunan	3326.75	778.25	1297.74	1096.56	201.18	1250.76	7.96	12.75	240.40	315.04
广东	Guangdong	8464.31	1021.30	4264.32	3705.88	558.44	3178.69	18.15	24.94	745.15	866.83
广西	Guangxi	1953.27	554.48	695.83	579.26	116.57	702.96	4.97	4.05	145.30	260.33
海南	Hainan	471.23	176.42	94.95	59.43	35.52	199.86	0.92	2.34	42.37	63.74
重庆	Chongqing	1479.71	284.28	604.39	492.39	112.00	591.04	4.53	2.50	87.22	145.32
四川	Sichuan	3711.61	941.02	1556.68	1293.53	263.15	1213.91	12.41	10.31	220.25	348.12
贵州	Guizhou	911.86	267.57	348.59	284.16	64.43	295.70	2.67	1.95	51.33	75.34
云南	Yunnan	1855.74	412.17	825.12	680.01	145.11	618.45	7.42	7.88	107.95	179.57
西藏	Tibet	105.61	34.19	24.00	9.97	14.03	47.42	2.08	1.25	7.37	12.71
陕西	Shaanxi	1487.61	267.51	641.90	487.26	154.64	578.20	5.68	10.77	130.32	102.57
甘肃	Gansu	931.98	191.21	423.79	327.68	96.11	316.98	4.37	8.43	42.89	108.32
青海	Qinghai	238.39	40.54	97.88	69.96	27.92	99.97	1.49	3.72	16.21	19.58
宁夏	Ningxia	241.49	48.01	102.68	80.70	21.98	90.80	1.37	2.34	18.03	20.52
新疆	Xinjiang	1168.55	268.51	460.71	317.93	142.78	439.33	5.26	11.58	108.88	108.72

1.12 续表
Continued

单位：亿元 (100 millon yuan)

地区	Region	金融、保险业 Banking and Insurance	房地产业 Real Estate Trade	社会服务业 Social Services	卫生体育和社会福利业 Health Care, Sports and Social Welfare	教育、文化艺术和广播电影电视业 Education, Culture, Arts, Radio, Film and Television	科学研究和综合技术服务业 Scientific Research and Polytechnical Services	国家机关、政党机关和社会团体 Government Agencies, Party Agencies and Social Organizations	其他行业 Others	人均国内生产总值(元) Per Capita GDP (yuan)
北京	Beijing	316.37	69.45	147.74	33.59	119.95	101.17	57.91	15.73	19846
天津	Tiqanjin	109.32	47.23	91.96	17.48	41.28	17.58	31.77	3.82	15976
河北	Hebei	199.40	85.71	95.48	39.14	95.71	15.74	146.37	45.46	6932
山西	Shanxi	95.79	26.06	39.41	15.75	42.95	6.65	75.68	2.75	4727
内蒙古	Inner Mongolia	23.37	14.75	36.86	15.27	34.18	5.02	39.98	11.12	5350
辽宁	Liaoning	125.12	89.62	210.37	67.49	101.06	35.54	95.40	13.01	10086
吉林	Jilin	65.44	34.08	40.67	22.36	48.27	27.22	52.45	15.88	6341
黑龙江	Heilongjiang	117.75	57.61	84.20	37.55	69.78	14.73	78.78	23.22	7660
上海	Shanghai	577.56	210.53	191.77	54.72	115.69	55.46	58.68	7.39	30805
江苏	Jiangsu	392.18	314.86	231.44	80.50	168.13	26.65	213.22	25.32	10665
浙江	Zhejiang	190.91	92.87	166.26	59.29	102.84	12.93	104.21	10.56	12037
安徽	Anhui	89.24	93.66	86.65	31.42	63.64	7.53	51.25	3.30	4707
福建	Fujian	175.70	103.95	143.71	36.73	87.39	9.61	90.97	8.35	10797
江西	Jiangxi	101.15	76.31	47.79	19.09	54.13	5.77	73.33	18.50	4661
山东	Shandong	435.96	283.31	147.93	100.72	169.61	24.00	209.20	126.89	8673
河南	Henan	140.33	137.12	93.27	58.58	98.15	15.30	126.76	11.92	4894
湖北	Hubei	193.68	76.23	118.47	65.23	90.63	24.30	113.24	1.51	6514
湖南	Hunan	129.76	86.98	66.31	61.50	124.12	14.79	172.20	18.95	5105
广东	Guangdong	283.47	426.66	371.07	79.03	161.52	25.41	160.42	16.04	11728
广西	Guangxi	16.75	42.64	49.11	34.58	64.27	5.57	60.83	14.56	4148
海南	Hainan	31.08	8.54	21.66	4.50	13.16	1.40	9.86	0.29	6383
重庆	Chongqing	69.79	40.68	92.39	20.53	48.78	23.91	54.42	0.97	4826
四川	Sichuan	155.32	93.17	112.29	48.41	83.08	17.62	102.13	10.80	4452
贵州	Guizhou	30.86	18.60	30.61	15.08	30.20	3.16	30.33	5.57	2475
云南	Yunnan	68.96	54.47	43.31	32.93	57.53	9.98	42.42	6.03	4452
西藏	Tibet	2.13	0.34	3.11	3.30	5.41	1.02	8.51	0.19	4262
陕西	Shaanxi	38.56	28.51	56.04	23.34	63.49	14.76	59.18	44.98	4101
甘肃	Gansu	54.08	21.48	13.01	9.98	18.84	7.62	19.87	8.09	3668
青海	Qinghai	17.95	3.56	3.63	3.58	10.58	1.42	16.95	1.30	4662
宁夏	Ningxia	15.32	4.59	4.61	3.31	7.70	1.20	8.31	3.50	4473
新疆	Xinjiang	48.50	10.24	36.47	14.12	42.80	4.83	44.29	3.64	6470

注：本表绝对数按当年价格计算。

a) Absolute figures in this table are calculated at current prices while indices are calculated at comparable prices.

1.13 各地区国内生产总值构成和指数(1999年)

Composition of Gross Domestic Product and Indices by Region (1999)

地区	Region	构成% Composition			指数 Indices 1998=100			
		第一产业 Primary Industry	第二产业 Secondary Industry	第三产业 Tertiary Industry	国内生产总值 Gross Domestic Product	第一产业 Primary Industry	第二产业 Secondary Industry	第三产业 Tertiary Industry
北京	Beijing	4.0	38.7	57.3	110.2	102.5	112.0	109.1
天津	Tianjin	4.9	49.1	46.0	110.0	100.1	111.7	108.9
河北	Hebei	17.6	49.1	33.3	109.1	104.3	110.6	109.0
山西	Shanxi	10.6	50.5	38.9	105.1	83.3	109.3	106.4
内蒙古	Inner Mongolia	27.0	40.6	32.3	107.8	101.0	110.3	110.0
辽宁	Liaoning	12.5	48.0	39.5	108.2	105.1	108.5	108.9
吉林	Jilin	25.4	40.2	34.4	108.1	101.4	110.6	109.7
黑龙江	Heilongjiang	13.0	54.8	32.2	107.5	103.0	107.6	109.9
上海	Shanghai	2.0	48.4	49.6	110.2	102.2	109.0	113.0
江苏	Jiangsu	13.0	50.9	36.1	110.1	104.5	111.3	110.0
浙江	Zhejiang	11.8	54.1	34.1	110.0	103.3	111.4	109.8
安徽	Anhui	25.5	44.0	30.5	108.1	108.0	106.8	110.7
福建	Fujian	17.7	42.5	39.8	110.0	105.7	111.6	109.8
江西	Jiangxi	23.7	38.6	37.7	107.8	106.0	106.7	110.7
山东	Shandong	15.9	48.4	35.7	110.1	104.7	112.2	109.3
河南	Henan	24.5	45.3	30.2	108.0	107.2	107.8	109.3
湖北	Hubei	17.0	48.9	34.1	108.3	101.9	109.7	109.9
湖南	Hunan	23.4	39.0	37.6	108.3	103.3	109.3	110.9
广东	Guangdong	12.1	50.4	37.6	109.5	104.0	110.4	109.6
广西	Guangxi	28.4	35.6	36.0	107.7	107.0	106.8	109.5
海南	Hainan	37.4	20.1	42.4	108.6	110.8	108.0	107.0
重庆	Chongqing	19.2	40.8	39.9	107.6	100.4	110.3	108.1
四川	Sichuan	25.4	41.9	32.7	105.6	103.2	104.4	109.5
贵州	Guizhou	29.3	38.2	32.4	108.3	103.4	109.6	111.1
云南	Yunnan	22.2	44.5	33.3	107.2	104.6	107.1	109.0
西藏	Tibet	32.4	22.7	44.9	109.6	105.3	116.0	110.3
陕西	Shaanxi	18.0	43.1	38.9	108.4	98.2	111.3	109.9
甘肃	Gansu	20.5	45.5	34.0	108.3	99.4	109.5	111.6
青海	Qinghai	17.0	41.1	41.9	108.2	101.0	109.4	109.8
宁夏	Ningxia	19.9	42.5	37.6	108.7	104.3	109.7	110.1
新疆	Xinjiang	23.0	39.4	37.6	107.1	102.7	107.3	110.9

注：本表指数按可比价格计算。

a) The Indices are calculated at comparable prices.

1.14 各地区国内生产总值和指数
Gross Domestic Product and Its Indices by Region

地区	Region	国内生产总值(亿元) Gross Domestic Product (100 million yuan)				指数(上年=100) Indices (preceding year=100)			
		1996	1997	1998	1999	1996	1997	1998	1999
北京	Beijing	1615.73	1810.09	2011.31	2174.46	109.2	109.6	109.8	110.2
天津	Tianjin	1102.40	1235.28	1336.38	1450.06	114.3	112.1	109.3	110.0
河北	Hebei	3452.97	3953.78	4256.01	4569.19	113.5	112.5	110.7	109.1
山西	Shanxi	1308.01	1480.13	1486.08	1506.78	111.0	110.5	109.0	105.1
内蒙古	Inner Mongolia	984.78	1099.77	1192.29	1268.20	112.7	109.7	109.6	107.8
辽宁	Liaoning	3157.69	3582.46	3881.73	4171.69	108.6	108.9	108.3	108.2
吉林	Jilin	1337.16	1446.91	1557.78	1669.56	113.7	109.2	109.0	108.1
黑龙江	Heilongjiang	2402.58	2708.46	2798.89	2897.41	110.5	110.0	108.3	107.5
上海	Shanghai	2902.20	3360.21	3688.20	4034.96	113.0	112.7	110.1	110.2
江苏	Jiangsu	6004.21	6680.34	7199.95	7697.82	112.2	112.0	111.0	110.1
浙江	Zhejiang	4146.06	4638.24	4987.50	5364.89	112.7	111.1	110.1	110.0
安徽	Anhui	2339.25	2669.95	2805.45	2908.59	114.4	112.7	108.5	108.1
福建	Fujian	2583.83	3000.36	3286.56	3550.24	115.4	114.5	111.4	110.0
江西	Jiangxi	1517.26	1715.18	1851.98	1962.98	113.4	111.5	108.2	107.8
山东	Shandong	5960.42	6650.02	7162.20	7662.10	112.2	111.2	110.8	110.1
河南	Henan	3661.18	4079.26	4356.60	4576.10	113.9	110.4	108.7	108.0
湖北	Hubei	2970.20	3450.24	3704.21	3857.99	113.2	113.0	110.3	108.3
湖南	Hunan	2647.16	2993.00	3118.09	3326.75	112.6	110.8	109.1	108.3
广东	Guangdong	6519.14	7315.51	7919.12	8464.31	110.7	110.6	110.2	109.5
广西	Guangxi	1697.90	1817.25	1903.04	1953.27	110.3	108.1	109.1	107.7
海南	Hainan	389.53	409.86	438.92	471.23	104.8	106.7	108.3	108.6
重庆	Chongqing	1179.09	1350.10	1429.26	1479.71	111.2	111.0	108.4	107.6
四川	Sichuan	2985.15	3320.11	3580.26	3711.61	110.1	110.2	109.1	105.6
贵州	Guizhou	713.70	792.98	841.88	911.86	108.9	109.0	108.5	108.3
云南	Yunnan	1491.62	1644.23	1793.90	1855.74	110.4	109.4	108.0	107.2
西藏	Tibet	64.76	76.98	91.18	105.61	113.2	111.3	110.2	109.6
陕西	Shaanxi	1175.38	1300.03	1381.53	1487.61	110.2	109.2	109.1	108.4
甘肃	Gansu	714.18	781.34	869.75	931.98	111.5	108.5	109.2	108.3
青海	Qinghai	183.57	202.05	220.16	238.39	108.6	109.0	109.0	108.2
宁夏	Ningxia	193.62	210.92	227.46	241.49	118.1	107.6	108.5	108.7
新疆	Xinjiang	912.15	1050.14	1116.67	1168.55	106.4	111.0	107.3	107.1

注：本表绝对值按当年价格计算，指数按可比价格计算。

a) Absolute figures in this table are calculated at current prices while indices are calculated at comparable prices.

1.15 各地区总人口和出生率、死亡率、自然增长率(1999年)
Total Population and Birth Rate, Death Rate and Natural Growth Rate by Region (1999)

地区	Region	年底总人口(万人) Total Population of Year-end (10000 person)	出生率 Birth Rate (‰)	死亡率 Death Rate (‰)	自然增长率 Natural Growth Rate (‰)
全国	**National Total**	**125909**	**15.23**	**6.46**	**8.77**
北京	Beijing	1257	6.50	5.60	0.90
天津	Tianjin	959	9.68	6.73	2.95
河北	Hebei	6614	12.99	6.26	6.73
山西	Shanxi	3204	15.93	6.07	9.86
内蒙古	Inner Mongolia	2362	13.32	6.08	7.24
辽宁	Liaoning	4171	10.38	7.05	3.33
吉林	Jilin	2658	10.68	5.45	5.23
黑龙江	Heilongjiang	3792	10.55	5.49	5.06
上海	Shanghai	1474	5.40	6.50	−1.10
江苏	Jiangsu	7213	10.50	6.94	3.56
浙江	Zhejiang	4475	10.64	6.35	4.29
安徽	Anhui	6237	15.10	6.50	8.60
福建	Fuji＋B19an	3316	11.06	5.85	5.21
江西	Jiangxi	4231	16.51	7.02	9.49
山东	Shandong	8883	11.08	6.27	4.81
河南	Henan	9387	14.07	6.35	7.72
湖北	Hubei	5938	11.57	6.37	5.20
湖南	Hunan	6532	11.72	7.12	4.60
广东	Guangdong	7270	15.32	5.40	9.92
广西	Guangxi	4713	14.96	6.93	8.03
海南	Hainan	762	17.26	5.23	12.03
重庆	Chongqing	3075	11.90	6.94	4.96
四川	Sichuan	8550	13.80	7.02	6.78
贵州	Guizhou	3710	21.92	7.68	14.24
云南	Yunnan	4192	19.48	7.82	11.66
西藏	Tibet	256	23.20	7.40	15.80
陕西	Shaanxi	3618	12.51	6.38	6.13
甘肃	Gansu	2543	15.61	6.44	9.17
青海	Qinghai	510	20.68	6.78	13.90
宁夏	Ningxia	543	17.97	5.65	12.32
新疆	Xinjiang	1774	18.76	6.96	11.80

注：1. 全国总人口包括现役军人数，分地区数字中则未包括。
2. 全国数据未包括香港、澳门特别行政区和台湾省人口数据。
3. 全国数据根据抽样误差和调查误差进行了修正。

a) The military personnel were included in the national total population, but excluded in the regional total population.
b) The national total population excluded the population of Hong Kong, Macao and Taiwan.
c) The national total population was adjusted for the sampling error and investigation error.

1.16 按三次产业分的年底从业人员数
Number of Employed Persons at the Year-end by Type of Industry

年 份 Year	经济活动人口（万人） Economically Active Population (10000 persons)	从业人员（万人） Total (10000 persons)	第一产业 Primary Industry	第二产业 Secondary Industry	第三产业 Tertiary Industry	构成（合计=100）Composition in Percentage 第一产业 Primary Industry	第二产业 Secondary Industry	第三产业 Tertiary Industry
1952	21106	20729	17317	1531	1881	83.5	7.4	9.1
1957	23971	23771	19309	2142	2320	81.2	9.0	9.8
1962		25910	21276	2059	2575	82.1	7.9	9.9
1965		28670	23396	2408	2866	81.6	8.4	10.0
1970		34432	27811	3518	3103	80.8	10.2	9.0
1975		38168	29456	5152	3560	77.2	13.5	9.3
1978	40682	40152	28318	6945	4890	70.5	17.3	12.2
1980	42903	42361	29122	7707	5532	68.7	18.2	13.1
1985	50112	49873	31130	10384	8359	62.4	20.8	16.8
1986	51546	51282	31254	11216	8811	60.9	21.9	17.2
1987	53060	52783	31663	11726	9395	60.0	22.2	17.8
1988	54630	54334	32249	12152	9936	59.3	22.4	18.3
1989	55707	55329	33225	11976	10129	60.1	21.6	18.3
1990	64483	63909	38428	13654	11828	60.1	21.4	18.5
1991	65399	64799	38685	13867	12247	59.7	21.4	18.9
1992	66184	65554	38349	14226	12979	58.5	21.7	19.8
1993	67033	66373	37434	14868	14071	56.4	22.4	21.2
1994	67879	67199	36489	15254	15456	54.3	22.7	23.0
1995	68737	67947	35468	15628	16851	52.2	23.0	24.8
1996	69665	68850	34769	16180	17901	50.5	23.5	26.0
1997	70580	69600	34730	16495	18375	49.9	23.7	26.4
1998	71407	69957	34838	16440	18679	49.8	23.5	26.7
1999	71983	70586	35364	16235	18987	50.1	23.0	26.9

1.17 各地区按三次产业分的年底从业人员数（1999）
Number of Employed Persons at the Year-end by Type of Industry and Region (1999)

地区	Region	从业人员（万人） Total (10000 persons)	第一产业 Primary Industry	第二产业 Secondary Industry	第三产业 Tertiary Industry	构成（合计=100） Composition in Percentage 第一产业 Primary Industry	第二产业 Secondary Industry	第三产业 Tertiary Industry
全国	**National Total**	**70586.0**	**35364.0**	**16235.0**	**18987.0**	**50.1**	**23.0**	**26.9**
北京	Beijing	621.9	74.3	209.3	338.3	11.9	33.7	54.4
天津	Tianjin	421.1	82.6	171.7	166.8	19.6	40.8	39.6
河北	Hebei	3399.9	1653.3	876.3	870.3	48.6	25.8	25.6
山西	Shanxi	1434.3	659.1	363.5	411.7	46.0	25.3	28.7
内蒙古	Inner Mongolia	1017.0	555.4	172.5	289.1	54.6	17.0	28.4
辽宁	Liaoning	1796.4	675.6	491.9	628.9	37.6	27.4	35.0
吉林	Jilin	1102.8	544.4	223.4	335.0	49.4	20.3	30.4
黑龙江	Heilongjiang	1679.9	812.5	375.9	491.5	48.4	22.4	29.3
上海	Shanghai	677.3	93.5	299.8	284.0	13.8	44.3	41.9
江苏	Jiangsu	3595.8	1529.0	1075.1	991.7	42.5	29.9	27.6
浙江	Zhejiang	2660.9	1080.1	789.9	790.9	40.6	29.7	29.7
安徽	Anhui	3312.5	2007.5	509.8	795.1	60.6	15.4	24.0
福建	Fujian	1630.9	789.9	390.5	450.5	48.4	23.9	27.6
江西	Jiangxi	1961.3	1082.6	292.7	586.0	55.2	14.9	29.9
山东	Shandong	4698.6	2485.9	1101.1	1111.5	52.9	23.4	23.7
河南	Henan	5205.0	3310.2	912.6	982.2	63.6	17.5	18.9
湖北	Hubei	2572.4	1259.1	495.3	818.0	48.9	19.3	31.8
湖南	Hunan	3496.1	2111.5	509.7	874.9	60.4	14.6	25.0
广东	Guangdong	3760.5	1550.7	985.5	1224.3	41.2	26.2	32.6
广西	Guangxi	2481.5	1622.4	256.5	602.6	65.4	10.3	24.3
海南	Hainan	326.2	198.8	31.7	95.7	60.9	9.7	29.3
重庆	Chongqing	1639.4	958.9	249.3	431.2	58.5	15.2	26.3
四川	Sichuan	4482.3	2747.1	633.8	1101.4	61.3	14.1	24.6
贵州	Guizhou	1975.9	1432.9	185.2	357.9	72.5	9.4	18.1
云南	Yunnan	2273.4	1677.1	211.9	384.4	73.8	9.3	16.9
西藏	Tibet	122.2	92.7	6.0	23.5	75.9	4.9	19.2
陕西	Shaanxi	1780.9	1016.4	304.0	460.5	57.1	17.1	25.9
甘肃	Gansu	1185.6	698.2	169.3	318.2	58.9	14.3	26.8
青海	Qinghai	241.2	146.9	33.7	60.6	60.9	14.0	25.1
宁夏	Ningxia	270.8	158.5	46.4	65.9	58.5	17.1	24.3
新疆	Xinjiang	669.6	385.2	98.9	185.6	57.5	14.8	27.7

1.18 按城乡分的从业人员(年底数)

Number of Employed Persons by Residence in Urban and Rural Areas (End of Year)

单位：万人 (10000 persons)

年份 year	合计 Total	城镇 Urban Area						
		小计 Sub-total	#国有单位 State-owned Units	#集体单位 Collective-owned Units	#股份合作单位 Share Holding Units	#联营单位 Joint-owned Units	#有限责任公司 Limited Liability Corporations	#股份有限公司 Share Holding Corporations
1952	20729	2486	1580	23				
1957	23771	3205	2451	650				
1962	25910	4537	3309	1012				
1965	28670	5136	3738	1227				
1970	34432	6312	4792	1424				
1975	38168	8222	6426	1772				
1978	40152	9514	7451	2048				
1980	42361	10525	8019	2425				
1985	49873	12808	8990	3324		38		
1987	52783	13783	9654	3488		50		
1988	54334	14267	9984	3527		63		
1989	55329	14390	10108	3502		82		
1990	63909	16616	10346	3549		96		
1991	64799	16977	10664	3628		49		
1992	65554	17241	10889	3621		56		
1993	66373	17589	10920	3393		66		164
1994	67199	18413	11214	3285		52		292
1995	67947	19093	11261	3147		53		317
1996	68850	19815	11244	3016		49		363
1997	69600	20207	11044	2883		44		468
1998	69957	20678	9058	1963	136	48	484	410
1999	70586	21014	8572	1712	144	46	603	420

1.18 续表

Continued

年份 year	城镇 B29 Urban Area				乡村 Rural Area			
	#私营企业 Private Enterprises	#港澳台商投资单位 (E)	#外商投资单位 Foreign Funded Economic Units	#个体 Self-employed Individuals	小计 Sub-total	#乡镇企业 Township and Village Enterprises	#私营企业 Private Enterprises	#个体 Self-employed individuals
1952								
1957				104	20566			
1962				216	21373			
1965				171	23534			
1970				96	28120			
1975				24	29946			
1978				15	30638	2827		
1980				81	31836	3000		
1985			6	450	37065	6979		
1987		1	20	569	39000	8805		
1988		2	29	659	40067	9545		
1989		4	43	648	40939	9367		
1990	57	4	62	614	47293	9265	113	1491
1991	68	69	96	692	47822	9609	116	1616
1992	98	83	138	740	48313	10625	134	1728
1993	186	155	133	930	48784	12345	187	2010
1994	332	211	195	1225	48786	12017	316	2551
1995	485	272	241	1560	48854	12862	471	3054
1996	620	265	275	1709	49035	13508	551	3308
1997	750	281	300	1919	49393	13050	600	3522
1998	973	294	293	2259	49279	12537	737	3855
1999	1053	306	306	2414	49572	12704	969	3827

1.19 分行业年底从业人员数
Number of Employed Persons at the Year-end by Sector

单位：万人 (10,000 persons)

年 份 year	合 计 Total	农、林、牧、渔业 Farming, Forestry, Animal Husbandry and Fishery	采掘业 Mining and Quarrying	制造业 Manufacturing	电力、煤气及水的生产和供应业 Production and Supply of Electricity Gas and Water	建筑业 Construction	地质勘查业水利管理业 Geological Prospecting and Water Conservancy	交通运输仓储和邮电通信业 Transport, Storage, Post & Telecommunications
1978	40152	28318	652	5332	107	854	178	750
1980	42361	29122	697	5899	118	993	188	805
1985	49873	31130	795	7412	142	2035	197	1279
1986	51282	31254	809	8019	152	2236	197	1376
1987	52783	31663	819	8359	164	2384	200	1453
1988	54334	32249	832	8652	177	2491	204	1521
1989	55329	33225	842	8547	180	2407	199	1522
1990	63909	34117	882	8624	192	2424	197	1566
1991	64799	34956	905	8839	203	2482	199	1617
1992	65554	34795	898	9106	215	2660	202	1674
1993	66373	33966	932	9295	240	3050	144	1688
1994	67199	33386	915	9613	246	3188	139	1864
1995	67947	33018	932	9803	258	3322	135	1942
1996	68850	32910	902	9763	273	3408	129	2013
1997	69600	33095	868	9612	283	3449	129	2062
1998	69957	33232	721	8319	283	3327	116	2000
1999	70586	33493	667	8109	285	3412	111	2022

1.19 续表
Continued

年 份 year	批发零售贸易和餐饮业 Wholesale and Retail Trade & Catering Services	金融、保险业 Banking and Insurance	房地产业 Real Estate Trade	社会服务业 Social Services	卫生体育和社会福利业 Health Care, Sports & Social Welfare	教育、文化艺术和广播电影电视业 Education, Culture and Art, Radio, Film and Television	科学研究和综合技术服务业 Scientific Research and Polytechnical Services	国家机关、政党机关和社会团体 Government Agencies, Party Agencies and Social Organizations	其 他 Others
1978	1140	76	31	179	363	1093	92	467	521
1980	1363	99	37	276	389	1147	113	527	588
1985	2306	138	36	401	467	1273	144	799	1319
1986	2413	152	38	466	482	1324	152	873	1338
1987	2576	170	39	501	496	1375	158	925	1502
1988	2743	194	42	534	508	1403	161	971	1655
1989	2770	205	43	550	518	1426	165	1022	1709
1990	2839	218	44	594	536	1457	173	1079	1798
1991	2998	234	48	604	553	1497	179	1136	1910
1992	3209	248	54	643	565	1520	183	1148	2313
1993	3459	270	66	543	416	1210	173	1030	3740
1994	3921	264	74	626	434	1436	178	1033	4155
1995	4292	276	80	703	444	1476	182	1042	4484
1996	4511	292	84	747	458	1513	183	1093	4563
1997	4795	308	87	810	471	1557	186	1093	4862
1998	4645	314	94	868	478	1573	178	1097	5118
1999	4751	328	96	923	482	1568	173	1102	4969

1.20 各地区分行业从业人员数(1999 年底)

Number of Employed Persons at the Year-end by Sector and Region (1999)

单位：万人 (10,000 persons)

地区	Region	合计 Total	农、林、牧、渔业 Farming, Forestry, Animal Husbandry and Fishery	采掘业 Mining and Quarrying	制造业 Manufacturing	电力、煤气及水的生产和供应业 Production and Supply of Electricity Gas and Water	建筑业 Construction	地质勘查业水利管理业 Geological Prospecting and Water Conservancy	交通运输仓储和邮电通信业 Transport, Storage, Post & Telecommunications
全国	**National Total**	**70586**	**33493**	**667**	**8109**	**285**	**3412**	**111**	**2022**
北京	Beijing	621.9	74.3	2.9	139.3	4.2	62.9	1.7	32.1
天津	Tianjin	421.1	82.6	8.8	133.4	3.9	25.7	1.9	25.7
河北	Hebei	3399.9	1653.3	36.4	586.2	14.7	239.0	8.3	131.0
山西	Shanxi	1434.3	659.1	57.3	220.1	10.9	75.2	3.3	81.0
内蒙古	Inner Mongolia	1017.0	555.4	30.7	94.6	8.5	38.6	3.2	40.5
辽宁	Liaoning	1796.4	675.6	37.6	333.5	18.5	102.3	7.0	93.9
吉林	Jilin	1102.8	544.4	36.4	135.0	8.4	43.6	2.9	48.8
黑龙江	Heilongjiang	1679.9	812.5	90.6	200.5	14.6	70.2	6.8	69.1
上海	Shanghai	677.3	93.5	0.1	262.8	5.8	31.1	0.9	32.1
江苏	Jiangsu	3595.8	1529.0	20.5	756.4	13.0	285.2	5.6	143.6
浙江	Zhejiang	2660.9	1080.1	3.2	627.6	9.0	150.1	1.8	94.2
安徽	Anhui	3312.5	2007.5	31.2	291.4	8.3	178.9	4.8	90.7
福建	Fujian	1630.9	789.9	5.9	277.4	7.2	100.0	1.5	55.6
江西	Jiangxi	1961.3	1082.6	15.4	192.5	9.3	75.5	3.1	46.0
山东	Shandong	4698.6	2485.9	65.8	691.3	19.6	324.4	4.8	154.0
河南	Henan	5205.0	3310.2	53.5	542.1	21.0	296.0	5.1	141.2
湖北	Hubei	2572.4	1259.1	14.3	332.8	12.4	135.9	7.5	95.3
湖南	Hunan	3496.1	2111.5	18.8	331.8	10.6	148.5	5.1	94.8
广东	Guangdong	3760.5	1550.7	7.5	705.1	19.2	253.7	4.4	129.0
广西	Guangxi	2481.5	1622.4	7.4	145.0	7.8	96.2	2.8	57.5
海南	Hainan	326.2	198.8	2.1	15.5	2.2	11.8	0.5	11.8
重庆	Chongqing	1639.4	958.9	11.4	137.8	5.4	94.7	1.3	35.9
四川	Sichuan	4482.3	2747.1	27.4	342.9	14.4	249.1	5.0	84.4
贵州	Guizhou	1975.9	1432.9	10.7	120.5	5.2	48.8	1.7	32.5
云南	Yunnan	2273.4	1677.1	11.5	120.9	7.1	72.5	2.8	56.4
西藏	Tibet	122.2	92.7	0.4	2.5	0.6	2.6	0.3	3.6
陕西	Shaanxi	1780.9	1016.4	20.7	179.5	8.0	95.8	6.2	64.7
甘肃	Gansu	1185.6	698.2	10.6	97.0	7.0	54.6	4.2	32.6
青海	Qinghai	241.2	146.9	2.4	18.8	1.4	11.1	2.3	8.9
宁夏	Ningxia	270.8	158.5	6.4	24.0	2.0	14.1	1.0	11.4
新疆	Xinjiang	669.6	385.2	20.0	50.5	5.0	23.4	3.6	24.0

1.20 续表
Continued

地　区	Region	批发零售贸易和餐饮业 Wholesale and Retail Trade & Catering Services	金融、保险业 Banking and Insurance	房地产业 Real Estate Trade	社会服务业 Social Services	卫生体育和社会福利业 Health Care, Sports & Social Welfare	教育、文化艺术和广播电影电视业 Education, Culture and Art, Radio, Film and Television	科学研究和综合技术服务业 Scientific Research and Polytechnical Services	国家机关、政党机关和社会团体 Government Agencies, Party Agencies and Social Organizations	其　他 Others
全　国	**National Total**	**4751**	**328**	**96**	**923**	**482**	**1568**	**173**	**1102**	**4969**
北　京	Beijing	79.6	7.4	10.4	60.5	13.5	42.6	28.8	30.1	31.7
天　津	Tianjin	55.6	4.1	2.5	16.6	7.2	19.9	4.7	12.2	16.4
河　北	Hebei	280.0	16.5	2.3	38.2	20.7	86.1	4.9	63.6	218.7
山　西	Shanxi	120.2	10.0	1.2	19.0	13.5	47.5	4.2	41.7	70.1
内蒙古	Inner Mongolia	90.5	7.7	1.6	22.5	10.6	36.8	3.0	29.7	43.0
辽　宁	Liaoning	218.3	17.5	7.9	57.9	23.3	59.5	8.9	40.3	94.4
吉　林	Jilin	113.4	9.6	3.5	27.7	14.4	42.6	4.9	25.3	41.9
黑龙江	Heilongjiang	172.3	12.5	5.3	48.9	18.3	52.5	5.4	39.5	61.0
上　海	Shanghai	85.1	9.4	7.5	38.2	15.6	32.2	9.2	15.3	38.5
江　苏	Jiangsu	279.5	17.4	6.2	46.1	29.8	86.2	8.1	45.6	323.6
浙　江	Zhejiang	242.3	15.7	3.9	38.5	20.7	50.3	4.5	34.6	284.4
安　徽	Anhui	237.3	10.3	2.3	38.9	16.3	60.8	3.8	39.9	290.1
福　建	Fujian	126.4	9.7	2.9	23.0	11.2	46.8	2.9	28.4	141.9
江　西	Jiangxi	119.8	8.8	1.7	18.9	12.9	46.7	3.4	34.9	289.7
山　东	Shandong	375.4	21.9	4.5	53.5	32.9	111.2	6.3	76.5	270.5
河　南	Henan	312.7	21.5	3.2	43.6	29.3	104.1	7.5	78.9	235.1
湖　北	Hubei	253.4	14.6	3.5	45.5	26.4	75.1	7.1	53.3	236.1
湖　南	Hunan	241.9	14.8	2.3	42.5	22.5	73.6	5.4	52.6	319.4
广　东	Guangdong	378.2	28.8	10.7	74.5	32.5	92.9	6.9	68.9	397.6
广　西	Guangxi	134.6	8.5	1.8	21.7	14.5	60.5	3.6	35.4	261.5
海　南	Hainan	30.6	2.3	0.9	9.7	3.2	9.2	1.3	8.0	18.2
重　庆	Chongqing	95.9	5.9	1.5	14.0	8.7	32.2	4.9	19.8	211.1
四　川	Sichuan	229.4	16.3	2.7	32.7	26.2	84.1	9.8	59.9	550.8
贵　州	Guizhou	68.4	5.2	1.1	10.8	8.8	35.4	2.0	26.9	165.2
云　南	Yunnan	101.4	7.6	1.2	20.7	12.6	48.7	5.3	38.5	89.2
西　藏	Tibet	4.7	0.6		1.4	1.3	3.1	0.2	4.8	3.3
陕　西	Shaanxi	135.7	9.3	1.2	23.9	13.3	50.4	9.2	37.8	108.8
甘　肃	Gansu	75.7	5.5	1.3	12.5	7.5	29.3	3.1	22.5	124.0
青　海	Qinghai	16.7	1.7	0.2	3.5	2.3	6.6	0.8	6.2	11.3
宁　夏	Ningxia	18.6	1.9	0.4	3.5	2.5	8.0	0.8	6.4	11.3
新　疆	Xinjiang	57.0	5.4	0.9	14.3	9.3	32.7	2.6	24.7	11.1

1.21 人民物质文化生活情况
People's Material and Cultural Life

项　目	Item	1985	1990	1995	1999
就业	Employment				
每一农村劳动力负担人数(人)	Number of Dependents per Rural Laborer (persons)	1.74	1.64	1.56	1.54
每一城镇就业者负担人数(人)	Number of Dependents per Urban Employee (persons)	1.81	1.77	1.73	1.77
城镇登记失业率(%)	Urban Unemployment Rate (%)	1.8	2.5	2.9	3.1
收入	Income of Rural and Urban Residents				
农村居民家庭人均纯收入(元)	Annual Per Capita Net Income of Rural Residents (yuan)	397.6	686.31	1577.74	2210.34
农村居民家庭人均纯收入指数（1978=100）	Index of Annual Per Capita Net Income of Rural Residents (1978=100)	268.9	311.2	383.7	437.5
城镇居民家庭人均可支配收入（元）	Annual Per Capita Disposable Income of Urban Residents (yuan)	739.1	1510.2	4283	5854.02
城镇居民家庭人均可支配收入指数（1978=100）	Index of Annual Per Capita Disposable Income Urban Residents (1978=100)	160.4	198.1	290.3	360.6
职工年平均工资(元)	Annual Average Wages of Staff and Workers (yuan)	1148	2140	5500	8346
消费水平（元）	Annual Per Capita Consumption (yuan)				
全国居民	Per Capita Consumption of All Residents	437	803	2236	3143
农村居民	Agricultural Residents	347	571	1434	1918
城镇居民	Non-agricultural Residents	802	1686	4874	6750
储蓄	Savings				
城乡居民年底储蓄存款余额（亿元）	Balance of Savings Deposit of Rural and Urban Residents (year-end) (100 million yuan)	1622.6	7034.2	29662.3	59621.8
平均每人储蓄存款余额(元)	Per Capita Balance of Saving Deposit (yuan)	153.29	615.24	2448.98	4735.31
住房面积（平方米）	Per Capita Floor Space of Residential Buildings (sq. m)				
农村平均每人居住	Rural Areas (Net)	14.7	17.83	21.01	24.23
城市平均每人使用	Urban Areas (Gross)		9.9	11.8	14.19
城市平均每人居住	Urban Areas (Net)	5.2	6.7	8.1	9.78
交通	Traffic				
城镇每百户拥有摩托车(辆)	Number of Motor Cycles per 100 Households in Urban Areas			6.3	15.12
城市每万人拥有公共车辆(辆)	Number of Buses per 10 000 Persons in Cities	3.9	4.8	7.3	9.4
城市公用事业	Public Utilities in Urban Areas				
自来水普及率（%）	Rate of Access to Tap Water (%)	81	89.2	93	96.3
用气普及率（%）	Rate of Access to Gas (%)	22.4	42.2	70	81.7
每万人拥有绿地（公顷）	Green Area per 10 000 Persons (hectare)	13.7	32.2	36.7	38.6
文化	Culture				
城镇每百户有彩色电视机(台)	Number of Color TV Sets per 100 Households in Urban Areas	17.2	59	89.79	111.57
农村每百户有电视机（台）	Number of TV sets per 100 Households in Rural Areas	11.74	44.44	80.73	100.59
广播综合人口覆盖率（%）	Broadcast Covering Rate of Population (%)	68.3	74.7	78.8	90.5
电视综合人口覆盖率（%）	TV Covering Rate of Population (%)	68.4	79.4	84.5	91.7
教育	Education				
学龄儿童入学率(%)	Enrollment Ratio of School-Age Children (%)	95.95	97.83	98.5	99.1
每万人口中在校大学生数(人)	Number of University Students per 10 000 Persons (person)	16.1	18	24	32.8
卫生	Public Health				
每万人有医院、卫生院病床(张)	Number of Hospital Beds per 10 000 Persons	21.1	23	23.4	23.9
每万人有医生数(人)	Number of Doctors per 10 000 Persons (person)	13.3	15.4	15.8	16.7

注：城市平均每人使用面积和居住面积为建设部统计数字。

a) Data on the per capital floor space of residential buildings in urban areas are obtained from the Ministry of Construction

1.22 城镇居民家庭基本情况
Basic Conditions of Urban Households

项　目	Item	1985	1990	1995	1998	1999
调查户数(户)	Number of Households Surveyed (household)	24338	35660	35520	39080	40044.01
平均每户家庭人口(人)	Average Household Size (person)	3.89	3.50	3.23	3.16	3.14
平均每户就业人口(人)	Average Number of Employed Persons per Household (persons)	2.15	1.98	1.87	1.80	1.77
平均每户就业面(%)	Percentage of Employment per Household (%)	55.27	56.57	57.89	56.98	56.43
平均每一就业者负担人数(包括就业者本人)(人)	Number of Persons Supported by Each Employee including the employee himself or herself (person)	1.81	1.77	1.73	1.75	1.77
平均每人全部年收入(元)	Per Capita Annual Income (yuan)	748.92	1522.79	4288.09	5458.34	5888.77
#可支配收入	Disposable Income	739.08	1510.16	4283.00	5425.05	5854.02
国有单位职工工资	Wages of Staff & Workers in State-owned Units	455.88	857.59	2590.03	3288.71	3448.40
集体及其它经济类型单位职工工资	Wages of Staff and Workers in Collective-owned Units and Units of Other Type of Ownership	113.52	170.39	400.40	517.49	560.00
职工从工作单位得到的其他收入	Other Income of Staff and Workers from Their Working Units	44.88	99.11	228.67		
个体经营劳动者收入	Income of Individual Laborers	10.20	18.71	90.60	186.65	221.92
被聘用或留用的离退休人员收入	Income of Re-employed Retirees	4.56	15.51	42.86	57.34	60.39
其他就业者收入	Income of Other Employees	1.95	3.79	8.44	11.79	15.58
其他劳动收入	Part-time Income	12.36	22.61	96.91	174.00	190.87
财产性收入	Property Income	3.74	15.60	90.43	132.87	128.65
转移性收入	Transfer Income	65.88	250.01	734.83	1083.04	1257.17
其他收入	Other Income	35.95	69.46	4.92	6.45	5.79
平均每人消费性支出(元)	Per Capita Annual Living Expenditures for Consumption (yuan)	673.20	1278.89	3537.57	4331.61	4615.91
#食　品	Food	351.72	693.77	1766.02	1926.89	1932.10
衣　着	Clothing	98.04	170.90	479.20	480.86	482.37
家庭设备用品及服务	Household Facilities, Articles and Service	57.87	108.45	296.94	356.83	395.48
医疗保健	Medicine and Medical Service	16.71	25.67	110.11	205.16	245.59
交通通讯	Transportation and Communications	14.39	40.51	171.01	257.15	310.55
娱乐教育文化服务	Recreation, Education & Cultural Service	55.01	112.26	312.71	499.39	567.05
居住	Residence	32.23	60.86	250.18	408.39	453.99
杂项商品与服务	Miscellaneous Commodities and Services	47.23	66.57	151.39	196.95	228.79

注：1. 本表至 1.23 表为城镇居民家庭收支抽样调查材料。
2. 自 1997 年起，取消职工从工作单位得到的其他收入项，其值被计入相应的国有、集体单位职工收入中。
3. 自 1992 年起，取消特别收入项，其中主要内容计入转移性收入项中，另外少部分内容计入其他收入项中。

a) Data in Tables 5 to 14 are obtained from the sample survey on income and expenditures of urban households.
b) From 1997, other income of staff and workers from their working units was canceled and its value had been divided in the wages of staff and workers in state-owned units or in collective owned units.
c) From 1992, Special income was canceled. Its main value had been divided in the transfer income and other minor value had in other income.

1.23 城镇居民家庭基本情况(1999 年)
Basic Conditions of Urban Households (1999)

项目	Item	全国 Total in China	按收入等级分(Grouped by Percentile of Households) 最低收入户 Lowest Income Households	#困难户 #Difficult Households	低收入户 Low Income Households	中等偏下户 Lower Middle Income Households	中等收入户 Middle Income Households	中等偏上户 Upper Middle Income Households	高收入户 High Income Households	最高收入户 Highest Income Households
调查户数(户)	Number of Households Surveyed (household)	40044	4004	2093	4005	8009	8008	8009	4005	4004
比重(%)	Proportion (%)	100.0	10.0	5.0	10.0	20.0	20.0	20.0	10.0	10.0
平均每户家庭人口(人)	Average Household Size (person)	3.1	3.5	3.5	3.4	3.3	3.2	3.0	2.9	2.7
平均每户就业人口(人)	Average Number of Employees per Household (person)	1.8	1.7	1.7	1.8	1.8	1.8	1.8	1.8	1.7
平均每户就业面(%)	Percentage of Employed Persons per Household (%)	56.4	48.5	47.7	52.1	54.4	57.7	59.5	61.1	62.4
平均每一就业者负担人数(包括就业者本人)(人)	Number of Persons Supported by Each Employee (including the employee himself or herself) (person)	1.8	2.1	2.1	1.9	1.8	1.7	1.7	1.6	1.6
平均每人全部年收入(元)	Per Capita Annual Income (yuan)	5888.8	2646.7	2356.5	3518.4	4391.6	5543.2	6942.0	8674.9	12147.8
平均每人可支配收入(元)	Per Capita Disposable Income (yuan)	5854.0	2617.8	2325.7	3492.3	4363.8	5512.1	6905.0	8631.9	12083.8
平均每人消费性支出(元)	Per Capita Annual Living Expenditure (yuan)	4615.9	2523.1	2327.5	3137.3	3694.5	4432.5	5347.1	6443.3	8262.4

1.24 居民消费水平
Household Consumption

年 份 Year	绝对数(元) Value (yuan)			指数(1978=100) Indices (1978=100)		
	全国居民 All Households	农村居民 Agricultural Households	城镇居民 Nonagricultural Households	全国居民 All Households	农村居民 Agricultural Households	城镇居民 Nonagricultural Households
1978	184	138	405	100.0	100.0	100.0
1980	236	178	496	115.8	115.5	111.9
1985	437	347	802	181.3	194.4	147.5
1987	550	417	1089	200.0	207.9	172.0
1988	693	508	1431	214.9	220.4	187.3
1989	762	553	1568	213.8	218.8	184.4
1990	803	571	1686	221.0	219.5	198.1
1991	896	621	1925	239.4	234.2	216.6
1992	1070	718	2356	270.3	257.2	249.9
1993	1331	855	3027	292.2	272.8	272.1
1994	1746	1118	3891	304.8	285.4	276.7
1995	2236	1434	4874	327.7	308.7	289.6
1996	2641	1768	5430	357.5	351.9	296.7
1997	2834	1876	5796	372.4	363.6	307.0
1998	2972	1895	6217	393.1	370.2	332.4
1999	3143	1918	6750	422.3	384.2	365.1

1.25 城乡新建住宅面积和居民住房情况
Floor Space Completed and Housing Conditions of Urban and Rural Residents

年 份 Year	城镇新建住宅面积(亿平方米) Floor Space of New Residential Buildings in Urban Areas (100 million sq. m)	#城镇个人 Constructed by Urban Individuals	农村新建房屋面积(亿平方米) Floor Space of Newly-Built Houses in Rural Areas (100 million sq. m)	城市人均使用面积(平方米) Per Capita Gross Living Space in Urban Areas (sq. m)	城市人均居住面积(平方米) Per Capita Net Living Space in Urban Areas (sq. m)	农村人均居住面积(平方米) Per Capita Net Living Space in Rural Areas (sq. m)
1978	0.38		1.00		3.6	8.1
1980	0.92		5.00		3.9	9.4
1985	1.88	0.63	7.22		5.2	14.7
1986	1.93	0.72	9.84	8.8	6.0	15.3
1987	1.93	0.83	8.84	9.0	6.1	16.0
1988	2.03	0.94	8.45	9.3	6.3	16.6
1989	1.56	0.78	6.76	9.7	6.6	17.2
1990	1.73	0.65	6.91	9.9	6.7	17.8
1991	1.93	0.68	7.54	10.3	6.9	18.5
1992	2.40	0.86	6.19	10.7	7.1	18.9
1993	3.07	0.98	4.81	11.0	7.5	20.7
1994	3.57	1.23	6.18	11.4	7.8	20.2
1995	3.75	1.33	6.99	11.8	8.1	21.0
1996	3.94	1.46	8.28	12.3	8.5	21.7
1997	4.05	1.53	8.06	13.0	8.8	22.4
1998	4.77	1.82	7.99	13.6	9.3	23.3
1999	5.59	2.08	8.34	14.2	9.80	24.2

注：城市平均每人使用面积和居住面积为建设部统计数字。

a) Data on per capita gross and net living space in urban areas are statistics from the ministry of construction.

1.26 各地区居民消费价格指数和商品零售价格指数
Consumer Price Indices and Retail Price Indices of Commodities by Region

(上年=100) (preceding year=100)

地区	Region	居民消费价格指数 Consumer Price Index			商品零售价格指数 Retail Price Index of commodities		
		全省(区、市) Province	城市 Urban Areas	农村 Rural Areas	全省(区、市) Province	城市 Urban Areas	农村 Rural Areas
北京	Beijing	100.6			98.8		
天津	Tianjin	98.9			97.5		
河北	Hebei	98.1	98.7	97.6	97.8	98.0	97.7
山西	Shanxi	99.6	100.4	98.5	96.8	97.2	96.1
内蒙古	Inner Mongolia	99.8	100.3	99.1	97.7	97.9	97.4
辽宁	Liaoning	98.6	98.7	98.3	96.1	95.9	97.2
吉林	Jilin	98.0	97.9	98.6	96.7	96.4	97.6
黑龙江	Heilongjiang	96.8	97.0	96.3	96.1	96.4	95.3
上海	Shanghai	101.5			97.3		
江苏	Jiangsu	98.7	98.6	98.8	96.9	96.7	97.3
浙江	Zhejiang	98.8	99.5	98.5	97.7	97.7	97.7
安徽	Anhui	97.8	97.6	98.0	96.6	96.6	96.6
福建	Fujian	99.1	98.7	99.2	96.5	96.2	96.9
江西	Jiangxi	98.6	99.1	98.1	96.8	97.3	96.3
山东	Shandong	99.3	100.0	98.6	97.1	97.1	97.1
河南	Henan	96.9	96.6	97.1	96.2	95.7	96.6
湖北	Hubei	97.8	97.2	98.3	95.9	95.2	96.7
湖南	Hunan	100.5	99.6	101.4	97.6	97.8	97.5
广东	Guangdong	98.2	98.4	97.7	96.7	96.7	96.6
广西	Guangxi	97.7	97.2	98.2	97.2	96.8	97.6
海南	Hainan	98.3	99.1	97.3	96.6	98.0	95.2
重庆	Chongqing	99.3			96.5		
四川	Sichuan	98.5	98.1	99.0	97.3	96.9	97.6
贵州	Guizhou	99.2	98.9	99.7	97.9	97.7	97.9
云南	Yunnan	99.7	98.8	100.7	98.3	97.4	99.3
西藏	Tibet	100.0	99.4	100.5	98.8	98.5	99.0
陕西	Shaanxi	97.8	97.2	98.4	97.5	97.4	97.7
甘肃	Gansu	97.6	97.2	98.2	97.2	97.3	97.2
青海	Qinghai	99.5	99.5	99.6	98.5	98.4	98.8
宁夏	Ningxia	98.7	99.1	98.1	97.9	98.4	97.0
新疆	Xinjiang	97.4	97.7	96.8	96.2	96.6	95.6

1.27 工业总产值
Gross Industrial Output Value

年 份 Year	工业总产值 Total Industrial Output Value	#国有及国有控股企业 State-owned or Controlling Share Hold Industries	#集体企业 Collective-owned Industries	#个体企业 Individual Owned Industries	#其他经济类型企业 Industries of Other Types of Ownership
	绝对值 Absolute Value			(亿元)(100 million yuan)	
1952	349	145	11	72	121
1957	704	378	134	6	186
1962	920	808	112		
1965	1402	1263	139		
1970	2117	1855	262		
1975	3207	2601	606		
1978	4237	3289	948		
1980	5154	3916	1213	1	24
1985	9716	6302	3117	180	117
1990	23924	13064	8523	1290	1047
1991	26625	14955	8783	1287	1600
1992	34599	17824	12135	2006	2634
1993	48402	22725	16464	3861	5352
1994	70176	26201	26472	7082	10421
1995	91894	31220	33623	11821	15231
1996	99595	36173	39232	15420	16582
1997	113733	35968	43347	20376	20982
1998	119048	33621	45730	20372	27270
1999	126111	35571	44607	22928	32962
	指数 Indices			(上年=100)(Preceding year=100)	
1978	113.55	114.44	110.58		
1979	108.81	108.88	108.57		
1980	109.27	105.61	119.24		
1981	104.29	102.53	109.01	234.57	131.60
1982	107.82	107.05	109.54	178.95	127.73
1983	111.19	109.39	115.53	220.59	133.90
1984	116.28	108.92	134.85	197.47	156.81
1985	121.39	112.94	132.69	189.60	139.54
1986	111.67	106.18	117.97	167.57	134.16
1987	117.69	111.30	123.24	156.59	166.39
1988	120.79	112.61	128.16	147.34	161.53
1989	108.54	103.86	110.48	123.77	142.68
1990	107.76	102.96	109.02	121.11	139.33
1991	114.77	108.62	118.40	125.29	150.11
1992	124.70	112.40	133.30	147.00	164.80
1993	127.30	105.70	135.00	166.20	192.50
1994	124.20	106.50	124.90	156.30	174.30
1995	120.30	108.20	115.20	151.50	137.20
1996	116.59	105.13	120.88	120.00	123.77
1997	113.10	101.03	110.21	115.38	130.18
1998	110.75	100.10	109.10	114.70	125.29
1999	111.58	108.80	106.00	114.35	127.60

注：1. 1949—1957 年其他经济类型工业为公私合营和私营工业的数字。
2. 1991—1994 年工业总产值数据根据 1995 年第三次工业普查数据作相应调整，故与以往年鉴数据不同。
3. 为了与以往年份可比，1998 年及以后年份部分经济类型及其数据做了调整。
4. 本表绝对数按当年价格计算，指数按可比价格计算。

a) Industry of other types of ownership in 1949—1957 referred to joint state-private enterprises and private enterprises. Similarly in following tables.

b) Data of the gross industrial output value in 1991—1994 were adjusted in accordance with the data of the 1995 Industrial Census, therefore were different from the data in the previous yearbooks.

c) Adjustment was made on data by different types of ownership since 1998 to make them comparable with data of previous years. Similarly in following tables.

d) Data in this table are calculated at current prices. Data in this table are calculated at comparable prices.

1.28 各地区全部国有及规模以上非国有工业企业单位数和工业总产值（1999 年）

Number of All State-owned and Non-state-owned above Designated Size Industrial Enterprises and their Gross Output Value by Region (1999)

单位：个、亿元 100 million yuan

地区	Region	全部国有及规模以上非国有企业 All States-owned and Non-state-owned Enterprises above Designated Size			国有及国有控股企业 State-owned Enterprises		
		企业单位数 单位数 Number of Enterprises	总产值 Gross Output Value		企业单位数 单位数 Number of Enterprises	总产值 Gross Output Value	
			1990 年不变价格 At 1990 Constant Prices	当年价格 At Current Prices		1990 年不变价格 At 1990 Constant Prices	当年价格 At Current Prices
全 国	**National Total**	**162033**	**64776.75**	**72707.04**	**61301**	**29151.63**	**35571.18**
北 京	Beijing	5225	1864.59	1999.97	3309	1343.20	1465.62
天 津	Tianjin	5213	2205.87	2261.49	1831	592.07	732.13
河 北	Hebei	7418	2444.38	2994.58	3051	1235.08	1618.68
山 西	Shanxi	3345	857.14	1096.83	1853	532.56	733.23
内蒙古	Inner Mongolia	1392	472.60	640.68	955	376.62	543.71
辽 宁	Liaoning	5816	2811.22	3390.14	2609	1660.38	2208.77
吉 林	Jilin	2793	1212.97	1366.92	1824	975.35	1118.62
黑龙江	Heilongjiang	2957	1127.11	1854.57	2015	856.98	1560.75
上 海	Shanghai	9323	5267.09	5452.91	2728	2709.69	2817.44
江 苏	Jiangsu	18004	8132.88	8915.04	3154	2481.14	2817.57
浙 江	Zhejiang	13301	5452.21	5191.56	1872	1045.37	1183.56
安 徽	Anhui	3784	1306.21	1533.90	1414	762.65	996.23
福 建	Fujian	5549	2075.55	2210.28	1578	657.35	759.05
江 西	Jiangxi	3730	698.10	854.65	2861	546.44	691.55
山 东	Shandong	11391	5882.64	6944.52	3049	2277.21	2871.61
河 南	Henan	9922	2410.93	3109.18	3177	1288.04	1689.77
湖 北	Hubei	6874	2510.83	2834.35	3363	1522.26	1749.64
湖 南	Hunan	4790	1072.98	1414.12	2531	724.22	948.85
广 东	Guangdong	18879	10376.36	10538.17	4337	2857.66	3025.68
广 西	Guangxi	3142	802.83	911.00	2143	554.10	636.77
海 南	Hainan	579	155.95	188.67	428	114.36	134.09
重 庆	Chongqing	1975	842.88	858.55	976	580.06	611.63
四 川	Sichuan	4538	1691.28	1895.82	2065	1039.80	1200.66
贵 州	Guizhou	2119	467.30	551.93	1518	374.95	453.49
云 南	Yunnan	2133	664.99	988.53	1402	504.41	801.26
西 藏	Tibet	329	7.43	14.98	218	5.37	11.20
陕 西	Shaanxi	2587	882.85	1035.88	1738	686.19	801.91
甘 肃	Gansu	2245	468.95	667.53	1180	342.54	525.24
青 海	Qinghai	559	100.52	160.77	470	86.05	143.44
宁 夏	Ningxia	496	139.18	197.66	329	96.38	151.09
新 疆	Xinjiang	1625	370.94	631.84	1323	323.16	567.92

注：全部国有及规模以上非国有工业系指全部国有工业企业及年销售收入 500 万元以上非国有工业企业。

a) All state-owned and non-state-owned industrial enterprises above designated size refer to all state-owned industrial enterprises plus the non-state-owned industrial enterprises with an annual sales income of over 5 million yuan.

1.29 各地区国有及国有控股工业企业主要经济效益指标（1999年）
Main Indicators on Economic Benefit of State-owned and State Holding Majority Shares Industrial Enterprises by Region (1999)

地区	Region	工业增加值率 Ratio of Value Added to Gross Industrial Output Value (%)	总资产贡献率 Ratio of Total Assets to Industrial Output Value (%)	资产负债率 Assets-Liability Ratio (%)	流动资产周转次数（次/年）Number of Times of Turnover of Circulating Fund (times/year)	工业成本费用利润率 Ratio of Profits to Industrial Cost (%)	全员劳动生产率（元/人.年）Overall Labor Productivity (yuan-person-year)	产品销售率 Proportion of Products Sold (%)
全　国	**National Total**	**34.11**	**6.77**	**61.98**	**1.20**	**2.89**	**35740.57**	**98.15**
北　京	Beijing	29.09	6.01	60.16	1.25	3.63	47313.13	98.06
天　津	Tianjin	30.56	3.60	65.92	0.97	−1.60	34081.98	99.56
河　北	Hebei	35.88	6.35	59.92	1.29	3.20	31777.03	98.49
山　西	Shanxi	37.41	3.91	65.54	0.83	0.59	19880.10	97.98
内蒙古	Inner Mongolia	37.49	5.16	61.54	1.09	−0.65	26181.91	99.13
辽　宁	Liaoning	28.76	4.64	59.96	1.14	0.76	29363.68	98.47
吉　林	Jilin	29.42	6.01	66.78	1.07	1.55	27708.10	98.65
黑龙江	Heilongjiang	54.54	13.40	64.88	1.19	15.43	45015.65	97.14
上　海	Shanghai	31.82	7.57	50.95	1.24	5.57	79161.53	99.04
江　苏	Jiangsu	28.48	6.59	60.30	1.44	2.61	37108.07	98.17
浙　江	Zhejiang	32.15	7.61	52.24	1.37	5.25	50394.72	99.17
安　徽	Anhui	34.52	6.64	61.31	1.38	0.83	30735.25	98.16
福　建	Fujian	36.22	9.83	60.62	1.54	6.36	53442.57	98.89
江　西	Jiangxi	29.56	4.73	70.34	1.07	−1.09	20008.69	97.72
山　东	Shandong	35.43	7.61	62.87	1.51	3.24	37968.35	98.16
河　南	Henan	34.10	5.62	65.56	1.09	1.12	25968.13	98.53
湖　北	Hubei	34.24	5.89	65.03	1.13	1.94	34426.80	97.54
湖　南	Hunan	35.47	8.13	70.21	1.19	0.12	25835.40	98.57
广　东	Guangdong	30.76	8.39	57.22	1.42	5.80	72617.01	97.34
广　西	Guangxi	31.87	5.84	69.81	1.22	−0.02	27284.36	97.73
海　南	Hainan	29.61	4.77	73.73	1.06	−0.63	39535.51	97.22
重　庆	Chongqing	28.85	4.67	67.50	0.98	−2.36	23553.96	98.03
四　川	Sichuan	35.56	5.39	63.66	0.93	0.57	26714.14	97.44
贵　州	Guizhou	36.20	7.01	69.02	0.82	0.36	27180.99	95.96
云　南	Yunnan	54.52	17.40	52.81	1.24	8.80	71220.27	99.37
西　藏	Tibet	54.94	4.67	35.60	0.78	14.42	29342.96	85.21
陕　西	Shaanxi	34.29	5.04	69.77	0.94	−0.95	23620.42	97.04
甘　肃	Gansu	33.48	4.46	69.83	0.99	−1.85	24409.41	97.71
青　海	Qinghai	37.23	4.81	66.48	0.95	−0.75	32104.75	97.56
宁　夏	Ningxia	31.39	4.26	67.78	1.03	−0.90	23852.87	95.66
新　疆	Xinjiang	42.27	5.96	63.35	1.11	−0.16	43514.83	97.83

1.30 乡镇企业基本情况(1999 年)
Basic Status of Town and Township Enterprises(1999)

地　区	Region	乡镇企业单位数(个) Number of Town and Township Enterprises	乡镇集体企业 Number of Town and Township Collective-owned Enterprises	乡镇企业职工人数(人) Number of Staff and Workers in Town and Township Enterprises (person)	乡镇集体企业职工 Number of Staff and Workers in Town and Township Collective-owned Enterprises	乡镇企业增加值(万元) Value Added of Town and Township Enterprises (10,000 yuan)	乡镇集体企业增加值 Value Added of Town and Township Collective-owned Enterprises
全　国	**National Total**	**20708863**	**940752**	**127040877**	**43688186**	**248825571**	**99132604**
北　京	Beijing	102448	13428	959716	693013	1773363	1277182
天　津	Tianjin	112497	10629	1140457	631654	3097687	1672717
河　北	Hebei	974061	37256	7874663	1980469	17632282	4564167
山　西	Shanxi	342514	23851	3172264	1177718	5014931	1995808
内蒙古	Inner Mongolia	866174	12525	3852910	482004	7304779	761200
辽　宁	Liaoning	995218	20874	4385442	1092544	15695977	3022051
吉　林	Jilin	733877	13074	2487412	441248	4746539	1120158
黑龙江	Heilongjiang	241048	14109	1491053	482728	2548985	1037614
上　海	Shanghai	32060	13289	1497857	1190498	5017782	4153521
江　苏	Jiangsu	867321	61170	8214022	3946124	22362480	13487821
浙　江	Zhejiang	1030856	55632	8136722	3142588	24423570	9808196
安　徽	Anhui	666455	42484	4961012	1806330	7863989	2774156
福　建	Fujian	790516	48101	5296867	1641794	12395958	4266218
江　西	Jiangxi	716043	32833	3069133	848823	3837792	1224420
山　东	Shandong	1909250	66330	12805631	4630547	23585550	13368665
河　南	Henan	1007454	44462	8577129	2621984	14978608	5190337
湖　北	Hubei	954150	103796	6574177	2923434	13740739	6839370
湖　南	Hunan	2228539	89037	9219079	2518822	16681729	3979232
广　东	Guangdong	1411493	106906	11784736	5535927	21679516	11702760
广　西	Guangxi	823184	14671	3439975	589769	3600639	608146
海　南	Hainan	37631	1388	274269	53183	345935	73312
重　庆	Chongqing	108890	12676	1439665	777601	1921124	891812
四　川	Sichuan	1307148	40185	5862913	1717741	7306455	1870246
贵　州	Guizhou	325276	9424	1282512	330770	1444500	487564
云　南	Yunnan	570915	9846	2354363	769026	2381052	847224
西　藏	Tibet	1023	760	18311	13744	21876	15440
陕　西	Shaanxi	864734	25164	3913107	846256	4884167	1322926
甘　肃	Gansu	215120	8683	1491829	502983	1382057	453499
青　海	Qinghai	52109	1559	225108	57869	148932	51712
宁　夏	Ningxia	123712	1954	489338	71318	326776	58198
新　疆	Xinjiang	297147	4656	749205	169677	679802	206932

注：本表数据来自农业部乡镇企业局。
a) The data in this table is from Town and Township Enterprise Bureau of Ministry of Agriculture.

1.31 沿海开放城市和经济特区城市社会经济指标（1999年）

Main Social and Economic Indicators of Open Coastal Cities and Cities in Special Economic Zones（1999）

指标	Item	沿海开放城市合计 Total of Open Coastal Cities		经济特区城市合计 Total of Cities in Special Economic Zone	
		包括市辖县 Counties Included	不包括市辖县 Counties Excluded	包括市辖县 Counties Included	不包括市辖县 Counties Excluded
年底人口数（万人）	Population（year-end）（10 000 persons）	9186.0	3604.4	769.2	407.2
#非农业人口	Non-agricultural Population	3756.0	2697.2	356.4	284.1
单位从业者人数（万人）	Number of Employed Persons（10 000 persons）	2081.5	1365.5	380.1	223.8
#职工人数	Staff and Workers	1394.2	1022.8	202.4	187.1
按产业分	Grouped by industry				
第一产业	Primary Industry	301.4	80.7	76.0	8.7
第二产业	Secondary Industry	875.1	627.0	168.8	118.6
第三产业	Tertiary Industry	905.0	657.9	135.4	96.5
土地面积（万平方公里）	Total Area（10 000 sq. km）	14.1	2.4	0.7	0.5
国内生产总值（亿元）	Gross Domestic Product（100 million yuan）	15263.3	9555.7	2636.0	2359.0
第一产业	Primary Industry	1370.0	227.9	96.5	46.7
第二产业	Secondary Industry	7350.9	4582.9	1349.4	1202.9
第三产业	Tertiary Industry	6542.4	4744.9	1190.1	1109.4
农林牧渔业总产值（当年价格.亿元）	Gross Agricultural Output Value of Agriculture，Forestry，Husbandry and Fishery（at current prices，100 million yuan）	2467.1		149.3	
年末实有耕地面积（万公顷）	Area of Cultivated Land（year-end 10 000 hectares）	423.1		10.4	
主要农产品产量	Output of Major Agricultural Products				
猪肉（万吨）	Pork（10 000 tons）	200.4		16.3	
牛羊肉（万吨）	Beef and Mutton（10 000 tons）	23.0		0.2	
水果（万吨）	Fruits（10 000 tons）	738.3		24.6	
水产品（万吨）	Aquatic Products（10 000 tons）	1331.2		63.9	
工业企业单位数（限额以上）	Number of Industrial Enterprises above Designated Size	32975	19067	4231	3773
#内资企业	Domestic Funded Enterprises	23458	12672	1448	1128
工业总产值（限额以上、当年价格.亿元）	Gross Agricultural Output Value（Above Designed Size at current prices）（100 million yuan）	17156.2	11857.8	3379.2	3175.9
#内资企业	Domestic Funded Enterprises	9979.5	6413.9	799.6	675.2
产品销售收入	Product Sales	16282.3	11629.5	3327.9	3135.3
利税总额	Pre-tax Profits	1552.9	1175.9	283.1	276.3
资产总额	Total Assets	19290.6	15137.3	3413.2	3247.4
每百元资产提供利税（元）	Pre-tax Profits per 100 Yuan Assets（yuan）	8.1	7.8	8.3	8.5

1.31 续表
Continued

指　标	Item	沿海开放城市合计 Total of Open Coastal Cities		经济特区城市合计 Total of Cities in Special Economic Zone	
		包括市辖县 Counties Included	不包括市辖县 Counties Excluded	包括市辖县 Counties Included	不包括市辖县 Counties Excluded
运输邮电	Transportation, Postal and Telecommunications Services				
客运量(发送)(亿人)	Passenger Traffic (100 million persons)	13.6	8.1	1.8	1.7
货运量(发送)(亿吨)	Freight Traffic (100 million tons)	18.1	13.9	1.2	1.1
年底邮电局所数(个)	Number of Post and Telecommunications Offices (year-end)	6212	2646	1017	877
用电量(亿千瓦小时)	Annual Electricity Consumption (100 million kwh)	1546.4	1157.6	249.0	232.0
固定资产投资额(亿元)	Total Investment in Fixed Assets (100 million yuan)	4503.6	3845.9	926.1	897.2
房地产开发投资额(亿元)	Total Investment in Real Estate Development (100 million yuan)	1280.2	1171.2	343.6	340.0
#住宅	Residential Buildings	833.6	753.6	220.1	217.5
社会消费品零售总额(亿元)	Total Retail Sales of Consumer Goods (100 million yuan)	5963.6	4207.1	934.7	816.8
实际利用外资金额(亿美元)	Amount of Foreign Capital Actually Utilized (USD 100 million)	131.3	84.4	45.4	43.0
在校学生数(万人)	Student Enrollment (10 000 persons)				
普通高等学校	Number of Regular Institutes of Higher Education (unit)	68.1	66.5	3.9	3.9
中等专业学校	Number of Specialized Secondary Schools (unit)	63.1	55.1	3.1	2.8
普通中学	Number of Regular Secondary Schools (unit)	530.3	208.3	49.2	26.9
小学	Number of Primary Schools (unit)	853.9	286.1	111.8	60.9
成人高等学校	Number of Schools of Higher Education for Aduals (unit)	42.6	41.3	3.0	2.8
医院、卫生院数(个)	Number of Hospitals (unit)	4053	1459	242	169
医院、卫生院床位数(万张)	Number of Beds in Hospitals (10 000 beds)	29.5	19.5	2.3	2.0
医生数(万人)	Number of Doctors (10 000 persons)	20.0	13.5	1.8	1.5
在岗职工工资总额(亿元)	Total Wages of Staff and Workers (100 million yuan)	1713.9	1393.2	332.6	317.7
年底全国城乡储蓄存款余额(亿元)	Outstanding Amount of Savings Deposit in Urban and Rural Areas (year-end) (100 million yuan)	10413.7	7646.2	1721.1	1590.0

注：沿海开放城市系指上海、天津、大连、秦皇岛、青岛、烟台、威海、连云港、南通、宁波、温州、福州、广州、湛江、北海共 15 个城市；经济特区城市系指深圳、珠海、汕头和厦门 4 个城市。

a) Open coastal cities refer to following 15 cities: Sh + A16anghai, Tianjin, Dalian, Qinhuangdao, Qingdao, Yantai, Weihai, Lianyungang, Nantong, Ningbo, Wenzhou, Fuzhou, Guangzhou, Zhanjiang and Beihai. Cities in special economic zones refer to following 4 cities: Shenzhen, Zhuhai, Shantou and Xiamen.

1.32 利用外资概况
Utilization of Foreign Capital

项目单位：个；金额单位：亿美元 USD 100 million

年 份 Year	总计 Total 项目 Number of Projects	总计 Total 金额 Value	对外借款 Foreign Loans 项目 Number of Projects	对外借款 Foreign Loans 金额 Value	外商直接投资 Direct Foreign Investments 项目 Number of Projects	外商直接投资 Direct Foreign Investments 金额 Value	外商其他投资额 Other Foreign Investments
签订利用外资协议(合同)额 Total Amount of Foreign Capital to Be Utilized through the Signed Agreements and Contracts							
1979－1983	1471	239.78	79	150.62	1392	77.42	11.74
1984	1894	47.91	38	19.16	1856	26.51	2.24
1985	3145	98.67	72	35.34	3073	59.32	4.01
1986	1551	117.37	53	84.07	1498	28.34	4.96
1987	2289	121.36	56	78.17	2233	37.09	6.10
1988	6063	160.04	118	98.13	5945	52.97	8.94
1989	5909	114.79	130	51.85	5779	56.00	6.94
1990	7371	120.86	98	50.99	7273	65.96	3.91
1991	13086	195.83	108	71.61	12978	119.77	4.45
1992	48858	694.39	94	107.03	48764	581.24	6.12
1993	83595	1232.73	158	113.06	83437	1114.36	5.31
1994	47646	937.56	97	106.68	47549	826.80	4.08
1995	37184	1032.05	173	112.88	37011	912.82	6.35
1996	24673	816.10	117	79.62	24556	732.77	3.71
1997	21138	610.58	137	58.72	21001	510.04	41.82
1998	19850	632.01	51	83.85	19799	521.02	27.14
1999	17022	520.09	104	83.60	16918	412.23	24.26
实际利用外资额 Total Amount of Foreign Other Foreign Investments							
1979－1983		144.38		117.55		18.02	8.81
1984		27.05		12.86		12.58	1.61
1985		46.47		26.88		16.61	2.98
1986		72.58		50.14		18.74	3.70
1987		84.52		58.05		23.14	3.33
1988		102.26		64.87		31.94	5.45
1989		100.59		62.86		33.92	3.81
1990		102.89		65.34		34.87	2.68
1991		115.54		68.88		43.66	3.00
1992		192.02		79.11		110.07	2.84
1993		389.60		111.89		275.15	2.56
1994		432.13		92.67		337.67	1.79
1995		481.33		103.27		375.21	2.85
1996		548.04		126.69		417.25	4.10
1997		644.08		120.21		452.57	71.30
1998		585.57		110.00		454.63	20.94
1999		526.59		102.12		403.19	21.28

1.33 各地区外商投资企业年末登记情况
Basic Indicators of Registered Foreign-Funded Enterprises by Region at the Year-end

地区	Region	企业数(户) Number of Registered Enterprises		投资总额(万美元) Total Investment (USD 10000)		注册资本(万美元) Registered Capital (USD 10000)		#外方 Capital Invested by Foreign Partner	
		1998	1999	1998	1999	1998	1999	1998	1999
全　国	**National Total**	**227807**	**212436**	**77422942**	**77856752**	**46728674**	**46354938**	**31371224**	**31668235**
北　京	Beijing	9629	8621	3260834	3933398	1735335	2098591	1099342	1383035
天　津	Tianjin	9384	9924	2366252	2941212	1469352	1696650	1074510	1284473
河　北	Hebei	4403	4011	1522261	1458345	910030	860228	496513	467343
山　西	Shanxi	1279	1204	369091	470185	258602	253339	127267	127215
内蒙古	Inner Mongolia	977	919	217813	226772	150301	157492	76172	83686
辽　宁	Liaoning	14136	13825	4280750	4308454	2542367	2584599	1450157	1524605
吉　林	Jilin	3049	2931	725301	725728	512480	506102	289900	285978
黑龙江	Heilongjiang	3858	3788	992520	904922	696680	612968	368563	351655
上　海	Shanghai	17622	15059	9176529	9073365	4986774	4940130	3423721	3453171
江　苏	Jiangsu	21403	18843	7173029	7290850	4099344	4029616	2704816	2761820
浙　江	Zhejiang	10106	9646	2772694	2748640	1632261	1602594	961903	960244
安　徽	Anhui	2737	2439	871280	906091	585374	582506	315734	320714
福　建	Fujian	18071	17965	4789113	4942246	2958128	3050255	2483582	2579989
江　西	Jiangxi	2383	2149	565742	485298	388978	313552	237078	199568
山　东	Shandong	14204	12358	3930432	3814482	2499818	2327187	1395792	1303472
河　南	Henan	4254	3772	1219357	1195165	836356	790302	446671	431165
湖　北	Hubei	6041	5407	1715109	1628750	1081642	1016187	631481	603077
湖　南	Hunan	2673	2513	780941	721367	480187	442332	296162	266023
广　东	Guangdong	57665	53644	22173596	21523898	13435618	12893567	9918075	9593830
广　西	Guangxi	3452	3018	1197218	1089032	708138	640533	441813	400820
海　南	Hainan	6784	6993	2280439	2315054	1347394	1366865	1084730	1100250
重　庆	Chongqing	2155	2150	662997	725845	459147	498381	288097	313228
四　川	Sichuan	3633	3730	962684	1004273	665223	701051	327026	357784
贵　州	Guizhou	1112	947	239431	200569	186469	153188	116652	100574
云　南	Yunnan	1575	1596	418319	436213	269669	279746	152102	160825
西　藏	Tibet	74	70	28449	25648	13814	11552	6569	5839
陕　西	Shaanxi	2452	2604	684762	769359	428746	471904	258914	291090
甘　肃	Gansu	840	759	182245	182533	119608	119222	66013	64779
青　海	Qinghai	97	83	40124	87951	23232	37805	15256	19727
宁　夏	Ningxia	430	392	57882	81855	47084	62402	27514	32961
新　疆	Xinjiang	597	447	151932	127708	103586	83853	55668	46796
国家工商行政管理局	State Administration for Industry and Commercce	732	629	1613816	1511544	1096937	1170239	733431	792499

二、职工状况统计

Chapter 2 STATISSTICS OF STAFFAND WORKERS STATE

2.1 分经济类型职工年末人数及构成

Number of Staff and Workers and Indices at the Year-end by Types of Ownership

单位：万人　　10,000 persons

年份 Year	合计 Total	国有经济 State-owned	城镇集体经济 Urban Collective-owned	其他各种经济 Other Types of Ownership	构成(以合计为100) Index (Preceding year=100)		
					国有经济 State-owned	城镇集体经济 Urban Collective-owned	其他各种经济 Other Types of Ownership
1952	1603	1580	23	—	98.6	1.4	—
1953	1856	1826	30	—	98.4	1.6	—
1954	2002	1881	121	—	94.0	6.0	—
1955	2162	1908	254	—	88.3	11.7	—
1956	2977	2423	554	—	81.4	18.6	—
1957	3101	2451	650	—	79.0	21.0	—
1958	5194	4532	662	—	87.3	12.7	—
1959	5275	4561	714	—	86.5	13.5	—
1960	5969	5044	925	—	84.5	15.5	—
1961	5171	4171	1000	—	80.7	19.3	—
1962	4321	3309	1012	—	76.6	23.4	—
1963	4372	3293	1079	—	75.3	24.7	—
1964	4601	3465	1136	—	75.3	24.7	—
1965	4965	3738	1227	—	75.3	24.7	—
1966	5198	3934	1264	—	75.7	24.3	—
1967	5305	4006	1299	—	75.5	24.5	—
1968	5504	4170	1334	—	75.8	24.2	—
1969	5714	4335	1379	—	75.9	24.1	—
1970	6216	4792	1424	—	77.1	22.9	—
1971	6787	5318	1469	—	78.4	21.6	—
1972	7134	5610	1524	—	78.6	21.4	—
1973	7337	5758	1579	—	78.5	21.5	—
1974	7651	6007	1644	—	78.5	21.5	—
1975	8198	6426	1772	—	78.4	21.6	—
1976	8673	6860	1813	—	79.1	20.9	—
1977	9112	7196	1916	—	79.0	21.0	—
1978	9499	7451	2048	—	78.4	21.6	—
1979	9967	7693	2274	—	77.2	22.8	—
1980	10444	8019	2425	—	76.8	23.2	—
1981	10940	8372	2568	—	76.5	23.5	—
1982	11281	8630	2651	—	76.5	23.5	—
1983	11515	8771	2744	—	76.2	23.8	—
1984	11890	8637	3216	37	72.6	27.0	0.3
1985	12358	8990	3324	44	72.7	26.9	0.4
1986	12809	9333	3421	55	72.9	26.7	0.4
1987	13214	9654	3488	72	73.1	26.4	0.5
1988	13608	9984	3527	97	73.4	25.9	0.7
1989	13742	10108	3502	132	73.5	25.5	1.0
1990	14059	10346	3549	164	73.6	25.2	1.2
1991	14508	10664	3628	216	73.5	25.0	1.5
1992	14792	10889	3621	282	73.6	24.5	1.9
1993	14849	10920	3393	536	73.5	22.9	3.6
1994	14849	10890	3211	747	73.3	21.6	5.1
1995	14908	10955	3076	877	73.5	20.6	5.9
1996	14845	10949	2954	942	73.8	19.9	6.3
1997	14668	10766	2817	1085	73.4	19.2	7.4
1998	12337	8809	1900	1628	71.4	15.4	13.2
1999	11773	8336	1651	1785	70.8	14.0	15.2

2.2 分行业职工年末人数

Number of Staff and Workers at the Year-end by Sector

单位：万人 10,000 persons

年份 Year	合计 Total	农、林、牧、渔业 Farming, Forestry, Animal Husbandry and Fishery	采掘业 Mining and Quarrying	制造业 Manufacturing	电力、煤气及水的生产和供应业 Production and Supply of Electricity Gas and Water	建筑业 Construction	地质勘查业水利管理业 Geological Prospecting and Water Conservancy	交通运输仓储和邮电通信业 Transport, Storage, Post & Telecommunications
1978	9499	830	652	3595	107	623	178	669
1979	9967	799	670	3754	112	682	185	699
1980	10444	788	697	3947	118	710	188	714
1981	10940	797	728	4130	125	730	188	741
1982	11281	797	747	4240	128	762	191	761
1983	11515	801	758	4316	131	798	193	771
1984	11890	787	767	4442	134	845	197	793
1985	12358	777	795	4620	142	900	197	823
1986	12809	784	809	4820	152	922	197	846
1987	13214	792	819	4988	164	946	200	860
1988	13608	789	832	5149	177	955	204	874
1989	13742	782	842	5206	180	900	199	874
1990	14059	780	882	5304	192	896	197	895
1991	14508	769	905	5443	203	940	199	916
1992	14792	758	898	5508	215	995	202	921
1993	14849	708	925	5469	232	1153	144	826
1994	14849	680	904	5434	244	1072	137	835
1995	14908	660	914	5439	257	1053	134	824
1996	14845	617	886	5293	272	1035	128	830
1997	14668	612	851	5083	282	1004	128	824
1998	12337	546	702	3769	281	846	115	701
1999	11773	519	650	3496	283	778	110	682

2.2 续表
Continued

单位：万人 10,000 persons

年份 Year	批发和零售贸易、餐饮业 Wholesale and Retail Trade & Catering Services	金融、保险业 Finance and Insurance	房地产业 Real Estate Trade	社会服务业 Social Services	卫生体育和社会福利业 Health Care, Sporting and Social Welfare	教育、文化艺术和广播电影电视业 Education, Culture and Arts, Radio, Film and Television	科学研究和综合技术服务业 Scientific Research and Polytech-nical Services	国家机关、政党机关和社会团体 Government Agencies, Party Agencies and Social Organizations	其他 Others
1978	1079	65	31	166	247	736	92	430	
1979	1161	75	34	191	269	769	100	468	
1980	1239	89	37	218	287	817	105	490	
1981	1337	97	38	239	302	857	111	520	
1982	1388	102	38	253	311	868	118	577	
1983	1424	106	37	268	322	878	121	591	
1984	1454	115	36	276	335	915	125	669	
1985	1518	126	36	271	342	962	131	718	
1986	1544	138	38	289	354	1008	137	770	
1987	1578	154	39	304	365	1059	142	805	
1988	1643	174	42	318	375	1091	144	843	
1989	1675	184	43	327	382	1117	147	885	
1990	1715	195	44	344	392	1143	152	929	
1991	1786	208	48	369	410	1181	156	974	
1992	1844	223	54	386	421	1212	159	996	
1993	1796	239	66	422	416	1205	166	1030	55
1994	1833	261	72	447	428	1249	174	1017	63
1995	1828	273	77	449	438	1291	178	1027	66
1996	1807	288	82	458	451	1345	176	1075	103
1997	1774	298	84	480	464	1403	179	1080	125
1998	1256	301	89	451	469	1451	168	1084	108
1999	1110	300	90	453	473	1480	165	1088	96

2.3 各地区分行业职工人数(1999 年)

Number of Staff and Workers by Region and by Sector(1999)

单位：万人

10,000 persons

地区	Region	合计 Total	农、林、牧、渔业 Farming, Forestry, Animal Husbandry and Fishery	采掘业 Mining and Quarrying	制造业 Manufacturing	电力、煤气及水的生产和供应业 Production and Supply of Electricity Gas and Water	建筑业 Construction	地质勘查业水利管理业 Geological Prospecting and Water Conservancy	交通运输仓储和邮电通信业 Transport, Storage, Post & Telecommunications
全国总计	**National Total**	**11773**	**519**	**650**	**3496**	**283**	**778**	**110**	**682**
北　京	Beijing	403.0	3.1	2.9	97.5	4.1	47.0	1.6	18.7
天　津	Tianjin	202.7	1.1	8.3	81.3	3.8	12.6	1.8	13.2
河　北	Hebei	563.8	11.2	35.3	167.8	14.7	36.1	8.3	29.5
山　西	Shanxi	379.4	4.2	56.8	98.6	10.9	21.1	3.2	24.0
内蒙古	Inner Mongolia	278.2	27.4	29.4	59.1	8.5	16.2	3.2	19.6
辽　宁	Liaoning	631.0	30.8	37.0	217.5	18.4	46.6	7.0	40.8
吉　林	Jilin	352.6	17.0	35.6	98.5	8.4	21.9	2.9	24.5
黑龙江	Heilongjiang	574.7	50.9	90.0	131.4	14.5	43.5	6.8	35.8
上　海	Shanghai	327.1	2.3	0.1	129.9	5.6	16.1	0.9	23.9
江　苏	Jiangsu	717.1	22.9	20.3	272.2	12.9	31.7	5.6	45.9
浙　江	Zhejiang	396.8	5.6	3.0	127.2	8.9	42.2	1.7	22.6
安　徽	Anhui	408.9	14.1	30.6	113.9	8.3	23.2	4.7	22.6
福　建	Fujian	320.4	9.3	5.7	126.6	7.1	21.1	1.5	14.8
江　西	Jiangxi	305.9	20.6	14.5	83.6	9.2	15.4	3.1	18.0
山　东	Shandong	809.1	9.3	65.6	292.3	19.5	31.9	4.8	33.8
河　南	Henan	723.2	9.8	53.0	206.9	21.0	50.3	5.0	37.2
湖　北	Hubei	568.0	43.2	12.5	172.7	12.3	29.5	7.4	35.4
湖　南	Hunan	459.4	33.0	17.9	115.7	10.5	24.3	5.0	28.3
广　东	Guangdong	780.9	18.7	6.9	266.5	19.1	60.0	4.4	48.4
广　西	Guangxi	295.2	17.1	6.8	71.5	7.7	15.2	2.8	17.1
海　南	Hainan	80.4	25.5	1.7	8.4	2.2	3.5	0.5	4.0
重　庆	Chongqing	222.3	3.6	11.0	69.1	5.3	19.3	1.3	15.9
四　川	Sichuan	547.2	11.5	26.6	152.5	14.3	50.3	5.0	27.5
贵　州	Guizhou	197.8	4.8	10.2	50.1	5.2	17.0	1.6	9.7
云　南	Yunnan	284.5	20.5	10.8	58.7	7.0	20.6	2.8	17.5
西　藏	Tibet	15.8	0.7	0.3	1.0	0.6	0.9	0.3	1.5
陕　西	Shaanxi	335.4	6.6	19.4	100.5	7.9	20.5	6.2	21.3
甘　肃	Gansu	205.4	8.2	10.3	60.3	7.0	12.8	4.1	11.9
青　海	Qinghai	52.4	2.7	2.3	11.4	1.4	5.1	2.3	3.6
宁　夏	Ningxia	64.1	5.5	6.2	15.1	2.0	4.4	1.0	3.3
新　疆	Xinjiang	270.9	77.6	18.7	37.7	4.9	17.9	3.6	12.2

2.3 续表
Continued

单位：万人 | 10,000 persons

地区	Region	批发和零售贸易、餐饮业 Wholesale and Retail Trade & Catering Services	金融、保险业 Finance and Insurance	房地产业 Real Estate Trade	社会服务业 Social Services	卫生体育和社会福利业 Health Care, Sporting and Social Welfare	教育、文化艺术和广播电影电视业 Education, Culture and Arts, Radio, Film and Television	科学研究和综合技术服务业 Scientific Research and Polytechnical Services	国家机关、政党机关和社会团体 Government Agencies, Party Agencies and Social Organizations	其他 Others
全国总计	**National Total**	**1110**	**300**	**90**	**453**	**473**	**1480**	**165**	**1088**	**96**
北京	Beijing	46.8	7.2	9.0	50.2	13.2	40.7	25.2	29.6	6.1
天津	Tianjin	19.3	3.7	2.3	10.3	7.0	19.3	4.4	11.6	2.6
河北	Hebei	53.8	15.6	2.3	17.2	20.6	80.2	4.9	63.3	3.0
山西	Shanxi	33.3	9.1	1.1	11.8	13.3	42.8	4.1	41.4	3.6
内蒙古	Inner Mongolia	17.6	7.3	1.6	7.5	10.5	34.5	2.9	29.5	3.3
辽宁	Liaoning	46.1	16.0	7.4	30.1	22.9	56.9	8.6	39.5	5.3
吉林	Jilin	28.9	8.9	3.4	13.3	14.3	41.4	4.9	25.1	3.8
黑龙江	Heilongjiang	45.1	11.5	5.1	23.0	18.2	49.6	5.3	39.1	5.1
上海	Shanghai	35.6	8.0	5.7	27.0	14.3	30.0	8.5	13.7	5.5
江苏	Jiangsu	87.1	15.6	5.9	24.5	29.0	84.5	7.9	44.7	6.5
浙江	Zhejiang	39.0	14.1	3.6	18.3	20.0	49.2	4.2	33.8	3.3
安徽	Anhui	48.0	9.1	2.2	13.7	15.9	57.3	3.7	39.3	2.1
福建	Fujian	22.3	8.7	2.7	10.6	11.0	45.3	2.8	28.1	2.8
江西	Jiangxi	29.6	8.1	1.6	6.9	12.7	43.4	3.3	34.7	1.3
山东	Shandong	80.3	19.7	4.4	23.0	32.5	102.9	6.2	76.2	6.8
河南	Henan	79.5	19.1	3.1	22.4	28.9	95.8	7.4	78.2	5.8
湖北	Hubei	61.7	14.1	3.5	17.8	26.2	67.8	7.0	53.0	3.9
湖南	Hunan	42.7	12.4	2.2	13.1	22.2	71.7	5.3	52.1	3.0
广东	Guangdong	79.2	27.7	10.5	36.7	32.0	88.5	6.7	68.5	7.2
广西	Guangxi	27.1	8.2	1.7	10.6	14.4	54.5	3.5	35.1	1.8
海南	Hainan	5.5	2.2	0.9	4.4	3.1	8.8	1.3	7.9	0.5
重庆	Chongqing	19.6	5.0	1.5	6.0	8.7	31.2	4.7	19.7	0.4
四川	Sichuan	50.4	14.2	2.7	14.6	25.7	81.2	9.7	59.2	1.8
贵州	Guizhou	17.0	5.0	1.0	4.5	8.5	33.0	2.0	26.4	1.8
云南	Yunnan	26.4	7.4	1.1	9.4	12.3	47.1	3.6	37.7	1.4
西藏	Tibet	0.8	0.6		0.6	1.1	2.7	0.2	4.4	0.1
陕西	Shaanxi	27.2	8.0	1.2	9.5	13.1	45.3	9.2	37.4	2.0
甘肃	Gansu	17.2	5.1	1.3	5.9	7.5	27.2	3.0	22.3	1.3
青海	Qinghai	4.0	1.5	0.2	1.7	2.2	6.3	0.8	6.2	0.5
宁夏	Ningxia	4.5	1.7	0.4	1.8	2.4	8.0	0.8	6.3	0.6
新疆	Xinjiang	14.8	5.2	0.8	6.5	9.2	32.4	2.5	24.6	2.4

2.4 分登记注册类型和细行业年底职工人数(1999年)

Number of Staff and Workers at the Year-end by Status of Registration and Sector in Detail (1999)

单位：万人 10,000 persons

项目	Item	合计 Total	国有经济 State-owned	城镇集体经济 Urban Collective-owned	其他各种经济 Other Types of Ownership
全国总计	**National Total**	**11773.4**	**8336.1**	**1651.9**	**1785.4**
按企、事业和机关分组	Grouped by Enterprises, Institutions and Agencies				
企业	Enterprises	8036.3	4733.2	1519.4	1783.7
事业	Institutions	2682.5	2552.9	127.9	1.7
机关	Agencies & Organizations	1054.6	1049.9	4.6	
按国民经济行业分组	Grouped by Sector				
农、林、牧、渔业	Farming, Forestry, Animal Husbandry and Fishery	518.8	499.9	14.3	4.6
农业	Farming	286.8	282.4	2.9	1.5
林业	Forestry	77.5	76.8	0.5	0.2
畜牧业	Animal Husbandry	36.0	34.2	0.8	1.1
渔业	Fishery	12.1	10.3	0.6	1.3
农林牧渔服务业	Services	106.4	96.3	9.5	0.6
采掘业	Mining and Quarrying	649.5	525.1	41.7	82.8
制造业	Manufacturing	3495.7	1648.2	622.2	1225.2
电力、煤气及水的生产和供应业	Production and Supply of Electricity, Gas and Water	283.2	238.8	9.6	34.8
建筑业	Construction	778.2	398.5	278.3	101.4
土木工程建筑业	Civil Engineering	672.7	342.2	245.0	85.5
线路管道和设备安装业	Circuit, Pipelines and Equipment Installation	89.0	52.8	26.8	9.4
装修装饰业	Buildings Fitting up and Decoration	16.5	3.6	6.5	6.4
地质勘查、水利管理业	Geological Prospecting and Water Conservancy	110.5	108.3	1.9	0.2
地质勘查业	Geological Prospecting	52.9	52.3	0.6	0.1
水利管理业	Water Conservancy	57.6	56.1	1.4	0.1
交通运输、仓储及邮电通信业	Transport, Storage, Post and Telecommunications	682.4	568.1	66.6	47.8
铁路运输业	Railway Transport	185.2	176.3	3.4	5.6
公路运输业	Highway Transport	129.0	84.8	27.2	17.0
管道运输业	Pipeline Transport	2.9	2.6	0.2	0.1
水上运输业	Water Way Transport	44.3	23.9	15.6	4.8
航空运输业	Air Transport	12.5	9.9	0.1	2.5
交通运输辅助业	Transport Supporting and Auxiliary Services	151.2	129.1	13.9	8.2
其他交通运输业	Other Transport	2.5	1.3	0.8	0.5
仓储业	Storage	37.0	32.8	2.2	2.1
邮电通信业	Post and Telecommunications	117.7	107.3	3.2	7.2
批发零售贸易和餐饮业	Wholesale and Retail Trade & Catering Services	1110.4	608.0	345.4	157.0
食品饮料烟草和家庭用品批发业	Wholesale Trade of Food, Beverages, Tobacco and Household Goods	359.2	250.2	73.6	35.4
能源材料和机械电子设备批发业	Wholesale Trade of Energy, Materials and Electronic Equipment	144.1	96.3	28.0	19.8
其他批发业	Other Wholesale Trade	87.2	33.9	46.8	6.5
零售业	Retail Trade	455.8	197.9	182.0	75.9
商业经纪与代理业	Commercial Brokerage and Agencies	4.3	3.3	0.3	0.7
餐饮业	Catering Services	59.9	26.5	14.6	18.8

2.4 续表
Continued

单位：万人 10,000 persons

项目	Item	合计 Total	国有经济 State-owned	城镇集体经济 Urban Collective-owned	其他各种经济 Other Types of Ownership
金融、保险业	Finance and Insurance	300.0	205.3	69.6	25.1
金融业	Finance	279.2	189.6	69.4	20.2
保险业	Insurance	20.8	15.7	0.1	4.9
房地产业	Real Estate Trade	90.4	61.2	7.0	22.1
房地产开发与经营业	Real Estate Development and Operation	42.7	23.6	4.8	14.3
房地产管理业	Real Estate Management	45.5	35.8	2.1	7.6
房地产代理与经纪业	Real Estate Brokerage and Agencies	2.2	1.8	0.2	0.2
社会服务业	Social Services	452.9	318.8	65.0	69.1
公共设施服务业	Public Facilities Services	204.2	176.3	15.4	12.5
居民服务业	Resident Services	33.1	13.8	16.1	3.3
旅馆业	Hotels	120.2	73.3	13.3	33.6
租赁服务业	leasing Services	2.7	1.3	0.7	0.7
旅游业	Tourism	11.2	8.5	0.7	2.0
娱乐服务业	Recreational Services	7.1	2.0	1.0	4.1
信息、咨询服务业	Information and Consultancy Services	22.3	13.8	3.0	5.5
计算机应用服务业	Computer Application Services	6.9	1.9	0.7	4.3
其他社会服务业	Other Social Services	45.1	27.9	14.0	3.3
卫生体育和社会福利业	Health Care, Sporting and Social Welfare	473.1	415.4	56.7	1.1
卫生	Health Care	446.1	390.0	55.6	0.5
体育	Sports	8.2	7.8	…	0.4
社会福利保障业	Social Welfare	18.7	17.6	1.0	0.1
教育、文化艺术和广播电影电视业	Education, Culture and Arts, Radio, Film and Television	1479.5	1432.5	45.0	2.0
教育	Education	1373.4	1330.6	41.7	1.0
#普通高等学校	Regular Institution of Higher Education	107.2	107.0	0.1	0.1
普通中学	Regular Secondary Schools	459.4	457.3	1.7	0.3
小学校	Primary Schools	621.7	586.3	35.3	0.1
文化艺术业	Culture and Arts	60.2	57.4	2.3	0.5
广播、电影、电视业	Radio, Film and Television	46.0	44.5	1.0	0.5
科学研究和综合技术服务业	Scientific Research and Polytechnical Services	164.7	152.5	5.8	6.4
科学研究业	Scientific Research	74.4	74.0	0.2	0.2
自然科学研究	Natural Science Research	59.1	58.9	0.2	0.1
社会科学研究	Social Science Research	3.4	3.4	…	…
其他科学研究	Other Science Research	11.8	11.7	…	0.1
综合技术服务业	Polytechnical Services	90.3	78.5	5.6	6.2
#气象	Meteorology	5.3	5.3	…	…
地震	Seismology	1.5	1.5	…	…
测绘	Survey and Mapping	4.2	4.1	0.1	…
技术监督	Technological Supervision	15.6	15.0	0.3	0.3
海洋环境	Oceanic Environment	0.5	0.5	…	…
环境保护	Environmental Protection	7.2	6.9	0.2	0.1
技术推广和科技交流服务业	Technology Application & Dissemination as well as Science & Technology Exchange Services	9.3	6.3	2.2	0.9
工程设计业	Engineering Design	29.2	27.6	0.8	0.8
其他综合技术服务业	Other Polytechnical Services	17.2	11.0	2.0	4.2
国家机关、政党机关和社会团体	Government Agencies, Party Agencies and Social Organizations	1088.4	1083.7	4.7	
#国家机关	Government Agencies	1017.1	1013.6	3.6	
政党机关	Party Agencies	51.5	51.5	…	
其他	Others	95.7	71.8	18.3	5.6
#企业管理机构	Enterprise Management Organizations	53.2	37.9	13.2	2.2

2.5 国有单位分行业职工人数
Number of Staff and Workers in State-owned Units by Sector

单位：万人　　10,000 persons

年份 Year	合计 Total	农、林、牧、渔业 Farming, Forestry, Animal Husbandry and Fishery	采掘业 Mining and Quarrying	制造业 Manufact-uring	电力、煤气及水的生产和供应业 Production and Supply of Electricity Gas and Water	建筑业 Construction	地质勘查业水利管理业 Geological Prospecting and Water Conservancy	交通运输仓储和邮电通信业 Transport, Storage, Post & Telecom-munications
1978	7451	774	588	2449	102	447	177	465
1980	8019	740	621	2601	112	475	187	498
1984	8637	732	680	2862	127	518	196	559
1985	8990	726	706	2975	134	545	196	585
1986	9333	736	715	3096	144	557	196	604
1987	9654	744	722	3209	155	566	200	618
1988	9983	743	735	3327	167	568	204	636
1989	10109	736	757	3344	172	541	199	640
1990	10346	737	786	3395	183	538	194	660
1991	10664	727	797	3482	193	557	196	682
1992	10889	717	792	3526	203	577	199	693
1993	10920	672	834	3444	220	663	142	664
1994	10890	653	820	3321	230	629	135	677
1995	10955	634	834	3326	237	605	132	677
1996	10949	592	809	3218	250	595	126	684
1997	10766	588	772	3011	257	577	125	681
1998	8809	525	596	1883	242	444	113	584
1999	8336	500	525	1648	239	399	108	568

2.5 续表
Continued

单位：万人 10,000 persons

年份 Year	批发和零售贸易、餐饮业 Wholesale and Retail Trade & Catering Services	金融、保险业 Finance and Insurance	房地产业 Real Estate Trade	社会服务业 Social Services	卫生体育和社会福利业 Health Care, Sporting and Social Welfare	教育、文化艺术和广播电影电视业 Education, Culture and Arts, Radio, Film and Television	科学研究和综合技术服务业 Scientific Research and Polytech-nical Services	国家机关、政党机关和社会团体 Government Agencies, Party Agencies and Social Organizations	其他 Others
1978	907	42	28	107	183	674	91	417	
1980	1005	63	33	130	217	757	104	476	
1984	780	84	31	165	264	873	124	642	
1985	800	93	32	181	272	925	129	691	
1986	824	101	34	193	283	973	135	742	
1987	851	113	34	203	296	1025	140	778	
1988	900	128	37	214	306	1059	142	817	
1989	923	136	38	221	314	1086	144	859	
1990	947	145	40	236	323	1112	148	903	
1991	993	154	43	251	340	1151	151	946	
1992	1037	166	48	269	356	1183	153	969	
1993	1014	182	55	293	356	1180	153	1014	34
1994	1054	196	59	308	368	1227	165	1007	40
1995	1061	203	61	315	379	1265	167	1019	42
1996	1055	208	63	329	390	1322	166	1068	74
1997	1037	210	64	345	402	1362	167	1074	95
1998	694	280	63	322	410	1408	155	1079	84
1999	608	205	61	319	415	1433	153	1084	72

2.6 城镇集体单位分行业职工人数

Number of Staff & Workers in Urban Collective-owned Units by Sector

单位：万人　　　　10,000 persons

年份 Year	合计 Total	农、林、牧、渔业 Farming, Forestry, Animal Husbandry and Fishery	采掘业 Mining and Quarrying	制造业 Manufacturing	电力、煤气及水的生产和供应业 Production and Supply of Electricity Gas and Water	建筑业 Construction	地质勘查业水利管理业 Geological Prospecting and Water Conservancy	交通运输仓储和邮电通信业 Transport, Storage, Post & Telecommunications
1978	2048	56	64	1146	5	176	0.5	204
1980	2425	48	76	1346	6	235	1	216
1984	3216	55	87	1547	7	326	1	233
1985	3324	51	89	1608	8	354	1	237
1986	3421	48	93	1680	8	364	0.7	241
1987	3488	47	96	1724	8	379	0.3	241
1988	3527	45	96	1745	9	385	0.2	237
1989	3502	45	84	1754	7	357	0.4	232
1990	3549	42	95	1773	8	357	3.3	232
1991	3628	41	107	1782	9	380	3.4	232
1992	3621	39	105	1747	10	414	3.2	226
1993	3393	34	89	1595	8	479	2.1	154
1994	3211	24	81	1515	9	427	2	149
1995	3076	23	77	1417	9	427	2	138
1996	2954	22	72	1346	11	412	2	134
1997	2817	20	72	1244	11	393	3	125
1998	1900	15	46	742	11	311	2	79
1999	1652	14	42	622	10	278	1.9	67

2.6 续表
Continued

单位：万人　　　　10,000 persons

年份 Year	批发和零售贸易、餐饮业 Wholesale and Retail Trade & Catering Services	金融、保险业 Finance and Insurance	房地产业 Real Estate Trade	社会服务业 Social Services	卫生体育和社会福利业 Health Care, Sporting and Social Welfare	教育、文化艺术和广播电影电视业 Education, Culture and Arts, Radio, Film and Television	科学研究和综合技术服务业 Scientific Research and Polytech-nical Services	国家机关、政党机关和社会团体 Government Agencies, Party Agencies and Social Organizations	其他 Others
1978	172	23	3	59	64	62	1	13	
1980	234	26	4	88	70	60	1	14	
1984	672	31	5	111	71	42	1	27	
1985	716	33	4	87	70	37	2	27	
1986	718	37	4	91	71	35	2	28	
1987	722	41	5	93	69	34	2	27	
1988	738	45	4	94	69	32	2	26	
1989	748	49	4	94	68	32	3	26	
1990	762	51	4	93	69	32	3	26	
1991	786	54	5	98	70	30	4	28	
1992	796	57	4	96	65	28	5	27	
1993	744	55	5	101	60	24	9	15	20
1994	716	62	6	102	59	21	7	9	22
1995	693	67	6	94	59	26	8	8	23
1996	667	73	7	86	60	22	7	7	27
1997	637	76	7	87	62	40	8	6	27
1998	414	71	7	68	58	41	7	5	20
1999	345	70	7	65	57	45	6	5	18

2.7 其他单位分行业职工人数

Number of Staff and Workers in Units of other Types of Ownership by Sector

单位：万人 10,000 persons

年份 Year	合计 Total	农、林、牧、渔业 Farming, Forestry, Animal Husbandry and Fishery	采掘业 Mining and Quarrying	制造业 Manufact-uring	电力、煤气及水的生产和供应业 Production and Supply of Electricity Gas and Water	建筑业 Construction	地质勘查业水利管理业 Geological Prospecting and Water Conservancy	交通运输仓储和邮电通信业 Transport, Storage, Post & Telecom-munications
1984	36.7	33.1	0.5	0.9				
1985	43.7	0.2	36.8	0.6	0.9			
1986	55.3	0.2	45.6	0.6	0.9			
1987	71.9	0.5	58.3	0.8	1.5			
1988	96.7	0.6	1.0	77.0	1.0	1.3	1.0	
1989	131.7	0.7	1.0	108.0	1.0	1.5	1.6	
1990	163.8	1.1	1.0	135.0	1.0	1.6	0.0	1.6
1991	216.0	1.4	1.0	180.0	1.2	2.7	0.1	2.0
1992	281.8	1.5	1.0	236.0	1.6	4.1	0.1	2.4
1993	535.7	2.2	1.8	429.5	3.7	11.1	0.0	7.7
1994	747.4	2.6	3.2	598.1	5.9	16.3	0.1	9.0
1995	876.9	3.2	4.0	696.0	10.3	21.0	0.1	9.7
1996	941.7	3.9	4.3	728.4	10.7	28.2	0.1	11.8
1997	1085.5	4.1	6.8	826.7	13.8	33.7	0.1	17.1
1998	1627.6	5.1	57.0	1143.6	28.7	91.5	0.1	37.7
1999	1785.4	4.6	82.8	1225.3	34.8	101.4	0.2	47.8

2.7 续表
Continued

单位：万人

10,000 persons

年份 Year	批发和零售贸易、餐饮业 Wholesale and Retail Trade & Catering Services	金融、保险业 Finance and Insurance	房地产业 Real Estate Trade	社会服务业 Social Services	卫生体育和社会福利业 Health Care, Sporting and Social Welfare	教育、文化艺术和广播电影电视业 Education, Culture and Arts, Radio, Film and Television	科学研究和综合技术服务业 Scientific Research and Polytech-nical Services	国家机关、政党机关和社会团体 Government Agencies, Party Agencies and Social Organizations	其他 Others
1984	2.1	0.3							
1985	2.3	2.9							
1986	2.6	5.2							
1987	3.8	7.5							
1988	4.4	0.1	10.6	0.0					
1989	4.9	0.1	12.6	0.2					
1990	6.0	0.1	0.5	15.0	0.1	0.3	0.2		
1991	7.5	0.1	0.8	18.8	0.1	0.4	0.5		
1992	11.0	0.0	1.4	21.1	0.1	0.7	0.9		
1993	38.1	1.9	6.3	28.2	0.2	0.6	3.1	0.3	1.0
1994	62.9	2.3	7.2	36.6	0.4	0.7	1.4	…	0.8
1995	74.4	3.8	9.3	39.7	0.4	0.9	2.9	…	1.4
1996	85.0	7.7	11.2	44.1	0.5	1.2	3.2	—	1.4
1997	100.1	12.5	12.8	48.9	0.5	1.3	4.6	—	2.6
1998	148.9	21.9	19.3	61.0	1.0	1.5	6.4	—	4.0
1999	157.0	25.1	22.2	69.1	1.1	2.0	6.4	—	5.7

2.8 分行业女职工人数
Number of Female Staff and Workers by Sector

单位：万人 10,000 persons

年份 Year	合计 Total	农、林、牧、渔业 Farming, Forestry, Animal Husbandry and Fishery	采掘业 Mining and Quarrying	制造业 Manufact-uring	电力、煤气及水的生产和供应业 Production and Supply of Electricity Gas and Water	建筑业 Construction	地质勘查业水利管理业 Geological Prospecting and Water Conservancy	交通运输仓储和邮电通信业 Transport, Storage, Post & Telecom-munications
1978	3128	295	134	1416	41	138	29	127
1980	3698	285	158	1666	49	176	31	153
1983	4199	299	176	1860	54	194	34	170
1984	4325	293	181	1908	56	203	34	172
1985	4500	287	189	1998	58	204	33	175
1986	4688	289	198	2090	61	204	35	180
1987	4869	294	206	2174	63	205	36	183
1988	5036	293	213	2251	66	203	37	186
1989	5137	292	217	2287	67	199	36	187
1990	5294	292	223	2352	69	199	36	192
1991	5483	288	229	2417	70	205	35	199
1992	5586	280	231	2439	71	209	35	203
1993	5542	264	229	2418	71	204	35	209
1994	5646	254	226	2426	75	201	34	217
1995	5755	248	237	2458	81	204	33	218
1996	5745	232	231	2366	86	205	32	224
1997	5687	231	221	2263	90	201	32	227
1998	4678	204	180	1636	90	156	29	194
1999	4613	201	174	1542	92	151	29	197

注：1999 年为城镇单位女性从业人员，不含城镇私营个体从业人员。

a) The data in 1999 is number of female employed in urban units, uncluded number of employed persons in urban private enterprises and self-employed individuals.

2.8 续表
Continued

单位：万人 10,000 persons

年份 Year	批发和零售贸易、餐饮业 Wholesale and Retail Trade & Catering Services	金融、保险业 Finance and Insurance	房地产业 Real Estate Trade	社会服务业 Social Services	卫生体育和社会福利业 Health Care, Sporting and Social Welfare	教育、文化艺术和广播电影电视业 Education, Culture and Arts, Radio, Film and Television	科学研究和综合技术服务业 Scientific Research and Polytech-nical Services	国家机关、政党机关和社会团体 Government Agencies, Party Agencies and Social Organizations	其他 Others
1978	385	16		85	116	251	29	65	
1980	496	26		118	141	284	36	79	
1983	612	34		147	165	306	41	106	
1984	633	38		150	172	317	44	124	
1985	678	42		141	177	335	46	136	
1986	699	47		149	184	354	48	149	
1987	722	52		156	192	378	49	158	
1988	756	61		165	198	391	50	166	
1989	777	66		171	203	406	51	179	
1990	807	70	14	166	210	422	52	191	
1991	845	76	16	175	221	445	54	207	
1992	874	83	17	182	227	465	55	215	
1993	799	92	22	191	226	476	56	233	20
1994	840	103	24	207	235	495	59	227	23
1995	847	109	26	209	244	522	60	232	25
1996	846	118	28	216	253	559	60	251	39
1997	830	123	29	224	261	591	61	252	51
1998	580	125	30	209	265	625	57	255	42
1999	528	140	33	211	274	681	57	266	37

注：1999 年为城镇单位女性从业人员，不含城镇私营个体从业人员。

a) The data in 1999 is number of female employed in urban units, uncluded number of employed persons in urban private enterprises and self-employed individuals.

2.9 城镇私营企业和个体分行业从业人数

Number of Employed Persons in Urban Private Enterprises and Self-Employed Individuals by Sector

单位：万人　　10,000 persons

年份 Year	合计 Total	农、林、牧、渔业 Farming, Forestry, Animal Husbandry and Fishery	采掘业 Mining and Quarrying	制造业 Manufacturing	电力、煤气及水的生产和供应业 Production and Supply of Electricity Gas and Water	建筑业 Construction	地质勘查业水利管理业 Geological Prospecting and Water Conservancy	交通运输仓储和邮电通信业 Transport, Storage, Post & Telecommunications
1978	15.0			3.0		1.0		1.0
1980	81.4	0.2		9.5		0.4		0.8
1983	230.7	0.2		23.7		1.3		
1984	339.4	1.1		37.8		3.5		12.5
1985	450.1	1.9		51.4		5.1		22.3
1986	483.1	1.9		60.0		5.1		24.4
1987	568.8	1.7		74.3		6.5		30.6
1988	659.3	4.2		90.3		9.7		39.5
1989	648.2	2.6		84.5		4.9		34.1
1990	670.5	0.6		91.3		4.6		36.4
1991	759.5	0.4		128.0		7.8	0.1	46.1
1992	837.9			129.6		5.9		47.5
1993	1115.7		6.7	167.3	8.1	10.8		62.3
1994	1557.4	5.4		271.8		17.9		95.7
1995	2045.0	13.4	10.2	339.0		28.1		111.0
1996	2328.8	17.7	10.3	400.1		33.9		131.8
1997	2669.0	31.8	10.8	450.6		38.8		153.6
1998	3231.9	43.4	13.9	563.9		55.2		190.3
1999	3466.9	44.0	12.4	601.7		64.9		202.3

2.9 续表
Continued

单位：万人 | 10,000 persons

年份 Year	批发和零售贸易、餐饮业 Wholesale and Retail Trade & Catering Services	金融、保险业 Finance and Insurance	房地产业 Real Estate Trade	社会服务业 Social Services	卫生体育和社会福利业 Health Care, Sporting and Social Welfare	教育、文化艺术和广播电影电视业 Education, Culture and Arts, Radio, Film and Television	科学研究和综合技术服务业 Scientific Research and Polytech-nical Services	国家机关、政党机关和社会团体 Government Agencies, Party Agencies and Social Organizations	其他 Others
1978	9.0			1.0					
1980	57.1			13.0	0.4				
1984	241.7			40.8	1.0	1.0			
1985	325.0			40.9	2.8	0.7			
1986	336.7			50.6	3.1	1.2	0.1		
1987	390.7			58.6	4.0	2.3	0.1		
1988	442.9			65.6	4.1	2.8	0.2		
1989	443.1			71.7	3.9	3.1	0.3		
1990	431.2			94.3	7.0	3.9	1.2		
1991	489.0			78.2	4.2	4.9	0.8		
1992	550.7			90.9			2.7	10.6	
1993	714.9			120.8		5.0	7.0	12.8	
1994	973.5			167.2				26.0	
1995	1265.8			241.9				35.6	
1996	1419.1			274.5				41.4	
1997	1617.7			315.7				50.1	
1998	1896.2			397.2				71.8	
1999	2024.7			447.2				69.7	

2.10 各地区私营企业从业人员(1999年底)

Number of Employed Persons in Private Enterprises at the Year-end by Region (End of 1999)

地区	Region	合计 Total			城镇 Urban Areas			乡村 Rural Areas		
		户数(万户) Number of Enterprises	从业人员(万人) Number of Employed Persons	#投资者 #Employers	户数(万户) Number of Enterprises	从业人员(万人) Number of Employed Persons	#投资者 #Employers	户数(万户) Number of Enterprises	从业人员(万人) Number of Employed Persons	#投资者 #Employers
全国总计	**National Total**	**150.9**	**2021.5**	**322.4**	**89.4**	**1052.6**	**198.9**	**61.5**	**968.9**	**123.5**
北京	Beijing	8.3	8.4	0.9	6.8	4.3	0.5	1.5	4.1	0.4
天津	Tianjin	3.1	34.4	6.9	2.3	24.4	5.1	0.8	9.9	1.8
河北	Hebei	7.9	169.8	17.5	2.2	37.2	4.5	5.7	132.6	13
山西	Shanxi	2.5	42.1	6.0	1.7	25.2	4.2	0.8	16.9	1.8
内蒙古	Inner Mongolia	2.5	38.7	6.6	1.7	25.0	4.3	0.8	13.7	2.2
辽宁	Liaoning	6.6	103.9	11.5	4.6	69.0	8.6	2.0	34.8	2.9
吉林	Jilin	2.4	28.5	4.5	1.5	18.4	2.7	0.9	10.1	1.8
黑龙江	Heilongjiang	4.1	51.3	7.7	2.9	38.0	6.1	1.2	13.3	1.6
上海	Shanghai	11.0	116.3	22.2	4.2	43.9	9.0	6.8	72.4	13.2
江苏	Jiangsu	13.6	175.8	26.8	5.7	66.3	12.9	7.9	109.6	13.9
浙江	Zhejiang	14.6	191.9	34.0	5.9	68.4	15.6	8.7	123.5	18.4
安徽	Anhui	3.7	55.1	9.1	2.4	32.8	6.2	1.3	22.3	2.9
福建	Fujian	4.1	58.3	10.3	2.8	36.5	6.9	1.2	21.7	3.4
江西	Jiangxi	2.5	45.6	6.5	1.5	25.0	4.2	1.0	20.6	2.3
山东	Shandong	12.1	174.3	26.4	6.9	87.6	16.1	5.2	86.7	10.3
河南	Henan	4.5	61.8	11.7	2.4	27.4	7.0	2.1	34.3	4.7
湖北	Hubei	5.3	83.7	11.7	3.7	51.5	8.6	1.7	32.2	3.2
湖南	Hunan	2.6	55.6	8.2	1.9	34.5	5.7	0.7	21.1	2.5
广东	Guangdong	16.1	195.4	35.5	12.1	132.9	28.6	4.0	62.4	6.9
广西	Guangxi	1.9	28.6	4.9	1.4	18.2	3.5	0.5	10.4	1.4
海南	Hainan	2.0	16.8	4.8	1.9	15.2	4.5	0.1	1.6	0.3
重庆	Chongqing	2.6	43.1	6.6	1.9	30.0	5.2	0.7	13.1	1.5
四川	Sichuan	4.8	71.7	11.7	2.8	37.4	7.4	2.0	34.3	4.3
贵州	Guizhou	1.8	22.7	4.8	1.3	14.3	3.9	0.5	8.4	1
云南	Yunnan	1.7	31.7	4.1	1.3	21.0	3.3	0.4	10.8	0.8
西藏	Tibet	0.1	0.7	0.1	…	0.4	…	…	0.4	0.1
陕西	Shaanxi	4.7	62.8	11.0	2.6	31.8	6.3	2.1	31.0	4.6
甘肃	Gansu	1.5	20.8	3.8	1.2	14.8	3.0	0.3	6.0	0.8
青海	Qinghai	0.4	6.2	0.9	0.3	3.8	0.6	0.1	2.5	0.2
宁夏	Ningxia	0.5	8.3	1.4	0.4	5.3	1.1	0.1	3.0	0.3
新疆	Xinjiang	1.5	17.4	4.1	1.0	12.0	3.2	0.4	5.4	0.9

2.11 各地区个体从业人员(1999年底)

Number of Self-Employed Individuals at the Year-end by Region (End of 1999)

地区	Region	合计 Total		城镇 Urban Areas		乡村 Rural Areas	
		户数(万户) Number of Households	从业人员(万人) Number of Employed Individuals	户数(万户) Number of Households	从业人员(万人) Number of Employed Individuals	户数(万户) Number of Households	从业人员(万人) Number of Employed Individuals
全国总计	**National Total**	**3160.1**	**6240.9**	**1253.9**	**2414.2**	**1906.1**	**3826.7**
北京	Beijing	25.7	35.9	14.2	19.9	11.6	16.0
天津	Tianjin	24.3	34.6	12.4	15.6	11.9	19.1
河北	Hebei	283.8	678.6	63.3	133.3	220.5	545.3
山西	Shanxi	57.4	102.8	21.4	38.3	35.9	64.5
内蒙古	Inner Mongolia	75.6	147.7	47.2	87.9	28.4	59.7
辽宁	Liaoning	134.2	244.6	76.8	141.9	57.4	102.6
吉林	Jilin	116.0	184.3	55.8	99.1	60.2	85.1
黑龙江	Heilongjiang	146.2	300.3	75.6	150.1	70.6	150.1
上海	Shanghai	18.9	23.4	6.6	8.5	12.2	14.8
江苏	Jiangsu	167.7	322.3	46.6	84.1	121.0	238.2
浙江	Zhejiang	164.4	281.4	57.7	93.9	106.8	187.5
安徽	Anhui	146.1	337.4	61.1	135.7	84.9	201.7
福建	Fujian	57.7	118.8	27.4	51.5	30.3	67.2
江西	Jiangxi	72.4	182.0	30.9	76.5	41.5	105.5
山东	Shandong	299.5	671.9	76.3	165.8	223.2	506.0
河南	Henan	204.0	381.8	68.5	124.5	135.6	257.3
湖北	Hubei	157.0	357.7	71.3	168.8	85.7	189.0
湖南	Hunan	170.5	404.3	74.7	175.8	95.7	228.5
广东	Guangdong	159.5	317.8	85.4	169.3	74.1	148.5
广西	Guangxi	114.8	163.8	52.0	76.3	62.8	87.5
海南	Hainan	12.7	23.5	7.2	14.2	5.5	9.3
重庆	Chongqing	51.4	107.6	18.1	40.2	33.3	67.3
四川	Sichuan	172.4	237.7	61.6	86.0	110.8	151.7
贵州	Guizhou	43.3	66.6	16.6	29.0	26.7	37.7
云南	Yunnan	76.6	127.4	29.3	48.9	47.3	78.5
西藏	Tibet	4.1	5.9	2.5	3.6	1.6	2.3
陕西	Shaanxi	92.8	194.6	35.2	77.0	57.7	117.6
甘肃	Gansu	52.3	96.6	21.8	40.7	30.5	55.8
青海	Qinghai	9.1	13.6	6.3	10.6	2.7	3.0
宁夏	Ningxia	8.8	15.1	4.6	8.0	4.2	7.1
新疆	Xinjiang	40.8	61.2	25.5	39.2	15.3	22.0

2.12 职工工资总额及指数
Total Wages of Staff and Workers and Related Index

年份 Year	工资总额（亿元） Total Wages (100 million yuan)				指数(上年=100) Index (Preceding year=100)			
	合计 Total	国有经济 State-owned	城镇集体经济 Urban Collective-owned	其他各种经济 Other Types of Ownership	合计 Total	国有经济 State-owned	城镇集体经济 Urban Collective-owned	其他各种经济 Other Types of Ownership
1952	68.3	67.5	0.8	—				
1953	90.0	88.9	1.1	—	131.8	131.7	137.5	—
1954	98.8	95.3	3.5	—	109.8	107.2	318.2	—
1955	108.8	100.3	8.5	—	110.1	105.2	242.9	—
1956	158.6	136.5	22.1	—	145.8	136.1	260.0	—
1957	190.8	156.4	34.4	—	120.3	114.6	155.7	—
1958	210.8	180.0	30.8	—	110.5	115.1	89.5	—
1959	263.1	233.5	29.6	—	124.8	129.7	96.1	—
1960	296.7	263.2	33.5	—	112.8	112.7	113.2	—
1961	280.7	244.1	36.6	—	94.6	92.7	109.3	—
1962	254.3	213.6	40.7	—	90.6	87.5	111.2	—
1963	249.9	211.1	38.8	—	98.3	98.8	95.3	—
1964	263.7	224.0	39.7	—	105.5	106.1	102.3	—
1965	282.3	235.3	47.0	—	107.1	105.0	118.4	—
1966	296.3	243.6	52.7	—	105.0	103.5	112.1	—
1967	308.3	250.0	58.3	—	104.0	102.6	110.6	—
1968	312.0	254.0	58.0	—	101.2	101.6	99.5	—
1969	322.6	263.0	59.6	—	103.4	103.5	102.8	—
1970	334.3	277.5	56.8	—	103.6	105.5	95.3	—
1971	364.0	302.0	62.0	—	108.9	108.8	109.2	—
1972	409.6	340.0	69.6	—	112.5	112.6	112.3	—
1973	429.1	353.3	75.8	—	104.8	103.9	108.9	—
1974	441.9	370.9	71.0	—	103.0	105.0	93.7	—
1975	463.5	386.1	77.4	—	104.9	104.1	109.0	—
1976	489.2	406.1	83.1	—	105.5	105.2	107.4	—
1977	514.8	425.7	89.1	—	105.2	104.8	107.2	—
1978	568.9	468.7	100.2	—	110.5	110.1	112.5	—
1979	646.7	529.5	117.2	—	113.7	113.0	117.0	—
1980	772.4	627.9	144.5	—	119.4	118.6	123.3	—
1981	820.0	660.4	159.6	—	106.2	105.2	110.4	—
1982	882.0	708.9	173.1	—	107.6	107.3	108.5	—
1983	934.6	748.1	186.5	—	106.0	105.5	107.7	—
1984	1133.4	875.8	254.0	3.6	121.3	117.1	136.2	—
1985	1383.0	1064.8	312.3	5.9	122.0	121.6	123.0	163.9
1986	1659.7	1288.5	362.8	8.4	120.0	121.0	116.2	142.4
1987	1881.1	1459.3	409.1	12.6	113.3	113.3	112.8	151.2
1988	2316.2	1807.1	487.6	21.5	123.1	123.8	119.2	169.3
1989	2618.5	2050.2	534.4	33.9	113.1	113.5	109.6	157.7
1990	2951.1	2324.1	581.0	46.0	112.7	113.4	108.7	135.7
1991	3323.9	2594.9	658.6	70.4	112.6	111.7	113.4	153.0
1992	3939.2	3090.4	743.2	105.6	118.5	119.1	112.8	150.0
1993	4916.2	3812.7	849.9	253.6	124.8	123.4	114.4	240.2
1994	6656.4	5177.4	1023.3	455.6	135.4	135.8	120.4	179.7
1995	8100.0	6080.2	1182.0	637.8	121.7	117.4	115.5	140.0
1996	9080.0	6792.7	1241.0	761.4	112.1	111.7	105.0	119.4
1997	9405.3	7211.0	1253.4	940.8	103.6	106.2	101.0	123.6
1998	9296.5	6812.5	1021.6	1462.4	100.2	95.8	83.1	156.9
1999	9875.5	7160.8	962.7	1752.0	106.2	105.1	94.2	119.8

2.13 各地区职工工资总额及指数(1999年)
Total Wages of Staff and Workers and Related Index by Region (1999)

地区	Region	工资总额(亿元) Total Wages (100 million yuan)				指数(上年=100) Index (Preceding year=100)			
		合计 Total	国有经济 State-owned	城镇集体经济 Urban Collective-owned	其他各种经济 Other Types of Ownership	合计 Total	国有经济 State-owned	城镇集体经济 Urban Collective-owned	其他各种经济 Other Types of Ownership
全国总计	**National Total**	**9875.5**	**7160.8**	**962.7**	**1752.0**	**106.2**	**105.1**	**94.2**	**119.8**
北京	Beijing	577.3	404.0	39.5	133.9	108.9	106.7	100.1	119.3
天津	Tianjin	225.4	128.8	19.8	76.9	103.4	90.5	87.9	144.7
河北	Hebei	397.9	322.8	33.3	41.9	105.9	106.3	95.3	113.1
山西	Shanxi	229.1	178.2	18.8	32.0	102.9	103.1	93.0	108.0
内蒙古	Inner Mongolia	178.0	137.9	14.2	25.9	101.9	100.3	87.6	123.3
辽宁	Liaoning	507.6	372.3	59.2	76.1	100.6	99.9	86.1	120.8
吉林	Jilin	253.3	197.0	24.2	32.1	102.7	100.1	90.2	140.1
黑龙江	Heilongjiang	406.9	324.2	38.5	44.2	107.7	107.6	99.7	116.7
上海	Shanghai	560.5	352.2	38.5	169.9	114.2	110.8	97.2	127.3
江苏	Jiangsu	666.3	443.4	91.9	131.0	106.0	105.0	92.4	122.8
浙江	Zhejiang	446.0	268.4	64.1	113.5	107.7	106.4	88.0	127.4
安徽	Anhui	267.1	197.4	32.1	37.6	101.7	100.1	92.6	121.8
福建	Fujian	301.6	173.9	25.9	101.8	106.9	107.1	95.0	110.1
江西	Jiangxi	205.8	167.6	17.1	21.1	118.3	119.7	112.2	113.1
山东	Shandong	620.1	475.9	60.1	84.1	107.8	107.1	97.4	121.3
河南	Henan	445.6	307.2	62.3	76.1	103.4	102.5	98.3	112.1
湖北	Hubei	400.0	322.0	38.1	39.9	103.1	103.2	94.0	112.7
湖南	Hunan	333.2	281.1	32.3	19.7	106.8	108.1	94.7	110.6
广东	Guangdong	959.6	559.4	100.4	299.7	107.7	106.8	96.3	114.1
广西	Guangxi	199.8	159.8	15.1	25.0	105.1	106.0	90.5	109.4
海南	Hainan	55.3	44.8	2.6	7.9	105.8	105.2	103.2	109.9
重庆	Chongqing	160.7	120.7	18.5	21.5	104.3	102.6	91.9	131.5
四川	Sichuan	398.6	307.6	39.9	51.1	105.3	105.8	94.0	112.5
贵州	Guizhou	129.7	104.8	10.3	14.6	109.7	108.7	100.3	126.9
云南	Yunnan	235.9	196.0	17.6	22.4	104.4	101.5	94.0	157.2
西藏	Tibet	20.2	19.3	0.5	0.4	112.8	112.5	85.2	229.6
陕西	Shaanxi	231.7	193.9	13.6	24.2	113.3	113.4	98.0	123.3
甘肃	Gansu	153.6	130.1	15.0	8.5	100.5	100.3	98.5	106.8
青海	Qinghai	48.6	45.3	2.5	0.8	105.3	105.6	95.4	122.3
宁夏	Ningxia	48.1	39.2	3.2	5.7	102.9	103.6	93.0	104.5
新疆	Xinjiang	211.9	185.8	13.7	12.4	101.1	100.3	93.2	128.4

注：1998年及以后工资总额为在岗职工工资总额，1998年及以后指数按可比口径计算。(以下各表同)。

a) Data on total wages since 1998 refer to wages of fully employed staff and workers, and the index since 1998 was calculated on the basis of comparable coverage. (Similarly in the following tables).

2.14 各地区职工平均工资及指数(1999年)
Average Wage of Staff and Workers and Related Indices by Region (1999)

地区	Region	平均货币工资(元) Average Wage in Money Terms				指数(上年=100) Index (Preceding year=100)			
		合计 Total	国有经济 State-owned	城镇集体经济 Urban Collective-owned	其他各种经济 Other Types of Ownership	合计 Total	国有经济 State-owned	城镇集体经济 Urban Collective -owned	其他各种经济 Other Types of Ownership
全国总计	**National Total**	**8346**	**8543**	**5774**	**9829**	**111.6**	**111.4**	**108.3**	**109.6**
北　京	Beijing	14054	14162	8839	16555	112.9	114.7	103.2	108.0
天　津	Tianjin	11056	11082	6920	13004	111.2	108.3	113.1	106.1
河　北	Hebei	7022	7354	4836	7107	111.4	111.6	110.9	106.2
山　西	Shanxi	6065	6310	3731	7151	107.5	106.3	108.7	107.5
内蒙古	Inner Mongolia	6347	6580	4548	6526	109.6	110.1	108.7	102.5
辽　宁	Liaoning	7895	8370	5161	8122	110.2	110.1	103.8	110.1
吉　林	Jilin	7158	7368	5000	8424	109.3	108.1	104.6	115.3
黑龙江	Heilongjiang	7094	7435	4471	8582	113.7	113.8	109.7	113.0
上　海	Shanghai	16641	16852	11127	18214	122.5	122.6	119.1	119.9
江　苏	Jiangsu	9171	9855	6452	9763	111.1	111.1	106.9	110.1
浙　江	Zhejiang	11201	12232	9007	10549	114.8	116.7	114.3	108.1
安　徽	Anhui	6516	7092	4409	6396	106.5	107.0	105.8	101.2
福　建	Fujian	9490	9867	7320	9587	111.2	113.6	109.9	106.5
江　西	Jiangxi	6749	6930	4692	7913	125.4	126.6	126.1	111.4
山　东	Shandong	7656	8389	4988	6882	111.7	112.3	109.4	108.4
河　南	Henan	6194	6594	4639	6384	107.1	106.3	108.9	106.8
湖　北	Hubei	6991	7381	5001	6681	108.6	108.8	105.3	108.4
湖　南	Hunan	7269	7522	5487	7685	110.8	110.7	109.0	109.5
广　东	Guangdong	12245	12624	8156	13791	111.0	111.8	106.4	109.0
广　西	Guangxi	6776	6805	5108	8159	109.1	109.0	105.2	109.6
海　南	Hainan	6865	6586	5672	9913	109.9	110.3	113.0	101.7
重　庆	Chongqing	7182	7541	5200	7641	111.6	112.0	106.3	110.6
四　川	Sichuan	7249	7771	4927	6992	110.2	110.3	106.2	110.0
贵　州	Guizhou	6595	6695	5008	7456	114.2	115.1	113.1	102.3
云　南	Yunnan	8276	8449	6505	8566	107.9	107.2	107.9	113.2
西　藏	Tibet	12962	13566	5364	10692	118.0	118.4	99.7	122.8
陕　西	Shaanxi	6931	7162	4318	7554	115.0	114.5	112.9	113.9
甘　肃	Gansu	7427	7806	5639	6280	109.1	109.5	107.8	106.6
青　海	Qinghai	9081	9664	4570	6851	113.4	113.5	107.6	110.7
宁　夏	Ningxia	7392	7654	5568	7018	108.4	109.0	103.6	105.6
新　疆	Xinjiang	7611	7614	6815	8681	106.9	106.2	109.2	110.6

2.15 分行业职工平均工资

Average Wage of Staff and Workers by Sector

单位：元 Yuan

年份 Year	合计 Total	农、林、牧、渔业 Farming, Forestry, Animal Husbandry and Fishery	采掘业 Mining and Quarrying	制造业 Manufacturing	电力、煤气及水的生产和供应业 Production and Supply of Electricity Gas and Water	建筑业 Construction	地质勘查业水利管理业 Geological Prospecting and Water Conservancy	交通运输仓储和邮电通信业 Transport, Storage, Post & Telecommunications
1978	615	470	676	597	850	714	708	694
1980	762	616	854	752	1035	855	895	832
1983	826	691	880	789	1104	954	1016	895
1984	974	770	1066	955	1321	1154	1179	1082
1985	1148	878	1324	1112	1239	1362	1406	1275
1986	1329	1048	1569	1275	1497	1536	1604	1476
1987	1459	1143	1663	1418	1677	1684	1768	1621
1988	1747	1280	1964	1710	1971	1959	2025	1941
1989	1935	1389	2378	1900	2241	2166	2199	2197
1990	2140	1541	2718	2073	2656	2384	2465	2426
1991	2340	1652	2942	2289	2922	2649	2707	2686
1992	2711	1828	3209	2635	3392	3066	3222	3114
1993	3371	2042	3711	3348	4319	3779	3717	4273
1994	4538	2819	4679	4283	6155	4894	5450	5690
1995	5500	3522	5757	5169	7843	5785	5962	6948
1996	6210	4050	6482	5642	8816	6249	6581	7870
1997	6470	4311	6833	5933	9649	6655	7160	8600
1998	7479	4528	7242	7064	10478	7456	7951	9808
1999	8346	4832	7521	7794	11513	7982	8821	10991

2.15 续表
Continued

单位：元 Yuan

年份 Year	批发和零售贸易、餐饮业 Wholesale and Retail Trade & Catering Services	金融、保险业 Finance and Insurance	房地产业 Real Estate Trade	社会服务业 Social Services	卫生体育和社会福利业 Health Care, Sporting and Social Welfare	教育、文化艺术和广播电影电视业 Education, Culture and Arts, Radio, Film and Television	科学研究和综合技术服务业 Scientific Research and Polytech-nical Services	国家机关、政党机关和社会团体 Government Agencies, Party Agencies and Social Organizations	其他 Others
1978	551	610	548	392	573	545	669	655	
1980	692	720	694	475	718	700	851	800	
1983	724	779	737	508	867	836	990	923	
1984	859	973	919	588	948	920	1072	989	
1985	1007	1154	1028	777	1124	1166	1272	1127	
1986	1148	1353	1216	980	1343	1330	1492	1356	
1987	1270	1458	1327	1085	1446	1409	1620	1468	
1988	1556	1739	1715	1719	1752	1747	1931	1707	
1989	1660	1867	1925	1926	1959	1883	2118	1874	
1990	1818	2097	2243	2170	2209	2117	2403	2113	
1991	1981	2255	2507	2431	2370	2243	2573	2275	
1992	2204	2829	3106	2844	2812	2715	3115	2768	
1993	2679	3740	4320	3588	3413	3278	3904	3505	3371
1994	3537	6712	6288	5026	5126	4923	6162	4962	5213
1995	4248	7376	7330	5982	5860	5435	6846	5526	6295
1996	4661	8406	8337	6778	6790	6144	8048	6340	7184
1997	4845	9734	9190	7553	7599	6759	9049	6981	6838
1998	5865	10633	10302	8333	8493	7474	10241	7773	8481
1999	6417	12046	11505	9263	9664	8510	11601	8978	10068

2.16 各地区分行业职工平均工资(1999 年)
Average Wage of Staff and Workers by Sector and by Region (1999)

单位：元　　　　Yuan

地区	Region	合计 Total	农、林、牧、渔业 Farming, Forestry, Animal Husbandry and Fishery	采掘业 Mining and Quarrying	制造业 Manufacturing	电力、煤气及水的生产和供应业 Production and Supply of Electricity Gas and Water	建筑业 Construction	地质勘查业水利管理业 Geological Prospecting and Water Conservancy	交通运输仓储和邮电通信业 Transport, Storage, Post & Telecommunications
全国总计	**National Total**	**8346**	**4832**	**7521**	**7794**	**11513**	**7982**	**8821**	**10991**
北京	Beijing	14054	9539	10006	12683	16534	12043	13308	15485
天津	Tianjin	11056	8468	14650	10292	13954	11200	13910	14981
河北	Hebei	7022	4610	7962	6363	10757	6582	10232	9023
山西	Shanxi	6065	4523	6392	5546	9103	6337	5597	9570
内蒙古	Inner Mongolia	6347	4632	5734	5612	10556	5719	6308	9296
辽宁	Liaoning	7895	4198	7517	7372	11058	7165	10573	10577
吉林	Jilin	7158	4065	6105	6932	10915	6695	5895	9134
黑龙江	Heilongjiang	7094	4585	6123	6425	10670	6291	12792	10105
上海	Shanghai	16641	12448	20433	15644	22536	15334	16164	20560
江苏	Jiangsu	9171	6086	8993	8152	14348	8571	9066	10749
浙江	Zhejiang	11201	9258	8253	9366	16597	10813	11162	13425
安徽	Anhui	6516	4699	7387	5963	9193	6123	6693	7087
福建	Fujian	9490	5222	6477	8854	13414	9706	8790	12566
江西	Jiangxi	6749	4461	5601	6232	8015	6072	7187	9563
山东	Shandong	7656	6705	10442	6282	11608	7057	7662	10215
河南	Henan	6194	4487	7234	5416	8665	5816	5936	8499
湖北	Hubei	6991	4265	7010	6479	9882	7552	7555	8796
湖南	Hunan	7269	4252	5618	6702	10419	7319	6623	9400
广东	Guangdong	12245	6005	7822	11317	15631	10345	9581	17234
广西	Guangxi	6776	4318	5588	6703	10421	6970	6352	9730
海南	Hainan	6865	3501	6749	7636	10564	6197	6882	12254
重庆	Chongqing	7182	5296	6899	6862	9690	7181	9898	7550
四川	Sichuan	7249	5481	6337	6873	9760	7066	8697	8936
贵州	Guizhou	6595	4696	6895	6733	10788	6715	6247	9121
云南	Yunnan	8276	5597	6845	8416	11530	7988	8078	10134
西藏	Tibet	12962	10405	8236	6361	9465	8136	17338	14551
陕西	Shaanxi	6931	5008	7660	6280	9931	6566	8495	10294
甘肃	Gansu	7427	6203	7890	6892	11155	7379	8182	10290
青海	Qinghai	9081	6864	9991	6902	15031	7003	18301	12829
宁夏	Ningxia	7392	5008	8274	6828	12607	6707	7409	10853
新疆	Xinjiang	7611	4480	14253	7402	11055	7078	7779	11290

2.16 续表
Continued

单位：元 Yuan

地区	Region	批发和零售贸易、餐饮业 Wholesale and Retail Trade & Catering Services	金融、保险业 Finance and Insurance	房地产业 Real Estate Trade	社会服务业 Social Services	卫生体育和社会福利业 Health Care, Sporting and Social Welfare	教育、文化艺术和广播电影电视业 Education, Culture and Arts, Radio, Film and Television	科学研究和综合技术服务业 Scientific Research and Polytechnical Services	国家机关、政党机关和社会团体 Government Agencies, Party Agencies and Social Organizations	其他 Others
全国总计	**National Total**	**6417**	**12046**	**11505**	**9263**	**9664**	**8510**	**11601**	**8978**	**10068**
北　京	Beijing	12475	23862	17161	14344	17898	15256	15744	14270	21226
天　津	Tianjin	9063	14980	12364	9877	12149	10358	11894	11721	8836
河　北	Hebei	4471	9289	7874	7715	7716	7085	8886	7744	6898
山　西	Shanxi	3618	7993	6743	4768	6025	5969	6992	6055	5701
内蒙古	Inner Mongolia	4261	8750	7139	5668	7251	6710	7405	7040	7852
辽　宁	Liaoning	5936	11917	8610	7555	8826	8565	10252	9213	7542
吉　林	Jilin	5134	10363	8462	7139	7735	7508	9502	8274	10229
黑龙江	Heilongjiang	5757	11716	8859	6627	8342	8240	9901	8630	6903
上　海	Shanghai	13979	26401	20054	14582	18440	17526	18168	18315	17892
江　苏	Jiangsu	6746	12521	12030	10350	11041	10475	13704	12499	10685
浙　江	Zhejiang	9282	14617	13945	10949	14758	12109	14581	13282	11446
安　徽	Anhui	4489	8584	7635	5630	7994	7172	8968	7878	7774
福　建	Fujian	7587	14173	12109	9295	10350	9617	12284	10474	12031
江　西	Jiangxi	4974	10197	6877	6088	7773	7581	7694	7667	7069
山　东	Shandong	4815	10703	8843	7656	9447	8593	10640	8696	7309
河　南	Henan	4275	8856	6608	5965	7108	6240	8799	6861	6860
湖　北	Hubei	4735	8825	8504	7010	7961	8040	9777	8380	9366
湖　南	Hunan	5947	10744	8359	7225	8915	7687	9711	7937	8427
广　东	Guangdong	10106	17680	16458	14636	13481	11845	17348	13267	12527
广　西	Guangxi	4991	8878	7312	7167	8159	6020	8536	7207	7591
海　南	Hainan	5536	13354	9566	7781	9694	8242	7825	9066	7381
重　庆	Chongqing	5188	10745	7463	6803	8225	7159	8896	8050	8421
四　川	Sichuan	5051	11249	8679	7392	8538	6860	9623	8059	7996
贵　州	Guizhou	5106	8869	7011	6167	6421	5652	8748	6324	7682
云　南	Yunnan	7506	10057	9238	7912	9320	8325	10009	8300	9397
西　藏	Tibet	7615	17950	0	9580	14604	14445	15130	15109	7108
陕　西	Shaanxi	4543	9320	6685	6169	7153	6572	10072	7119	6279
甘　肃	Gansu	4841	8492	7896	6564	7832	7510	8530	7785	9795
青　海	Qinghai	5129	12817	10724	6034	10115	9910	11646	9547	11267
宁　夏	Ningxia	5778	10994	7712	6224	7897	7078	8990	7500	9136
新　疆	Xinjiang	7034	12485	10526	7502	8808	8328	10093	8485	9574

2.17 分细行业职工平均工资(1999年)

Average Wage of Staff and Workers by Sector in Detail (1999)

单位：元　　Yuan

项目	Item	合　计 Total	国有经济 State-owned	城镇集体经济 Urban Collective-owned	其他各种经济 Other Types of Ownership
全国总计	**National Total**	**8346**	**8543**	**5774**	**9829**
按企、事业和机关分组	Grouped by Enterprises, Institutions and Agencies				
企业	Enterprises	8168	8350	5670	9828
事业	Institutions	8665	8748	6970	10913
机关	Agencies & Organizations	8925	8930	7827	
按国民经济行业分组	Grouped by Sector				
农、林、牧、渔业	Farming, Forestry, Animal Husbandry and Fishery	4832	4813	4878	6740
农业	Farming	4383	4376	4592	5367
林业	Forestry	4580	4570	3896	11446
畜牧业	Animal Husbandry	4651	4524	5697	7722
渔业	Fishery	6542	6570	4979	7139
农林牧渔服务业	Services	6114	6228	4940	6257
采掘业	Mining and Quarrying	7521	7732	4545	7651
制造业	Manufacturing	7794	7611	5327	9316
电力、煤气及水的生产和供应业	Production and Supply of Electricity, Gas and Water	11513	11239	9834	13856
建筑业	Construction	7982	8734	6296	9540
土木工程建筑业	Civil Engineering	7585	8306	5991	9151
线路管道和设备安装业	Circuit, Pipelines and Equipment Installation	10844	11525	8934	12262
装修装饰业	Buildings Fitting up and Decoration	8557	7954	6862	10728
地质勘查、水利管理业	Geological Prospecting and Water Conservancy	8821	8843	7636	8439
地质勘查业	Geological Prospecting	10613	10615	10419	10138
水利管理业	Water Conservancy	7155	7170	6523	7365
交通运输、仓储及邮电通信业	Transport, Storage, Post and Telecommunications	10991	11345	5707	14241
铁路运输业	Railway Transport	12639	12638	4485	17731
公路运输业	Highway Transport	6210	6300	5359	7118
管道运输业	Pipeline Transport	15051	15066	11835	19351
水上运输业	Water Way Transport	10880	14687	4953	11391
航空运输业	Air Transport	19726	18824	7714	24152
交通运输辅助业	Transport Supporting and Auxiliary Services	10465	10395	6204	19072
其他交通运输业	Other Transport	9297	10687	6381	10293
仓储业	Storage	7899	7434	7386	16013
邮电通信业	Post and Telecommunications	14424	14081	9921	21687
批发零售贸易和餐饮业	Wholesale and Retail Trade & Catering Services	6417	6678	4802	9001
食品饮料烟草和家庭用品批发业	Wholesale Trade of Food, Beverages, Tobacco and Household Goods	6464	6438	5152	9430
能源材料和机械电子设备批发业	Wholesale Trade of Energy, Materials and Electronic Equipment	7953	8137	6294	9451
其他批发业	Other Wholesale Trade	6367	8329	4377	10914
零售业	Retail Trade	5746	5918	4457	8394
商业经纪与代理业	Commercial Brokerage and Agencies	13194	12206	6512	20720
餐饮业	Catering Services	7167	6528	5811	9150

2.17 续表
Continued

单位：元 Yuan

项目	Item	合计 Total	国有经济 State-owned	城镇集体经济 Urban Collective-owned	其他各种经济 Other Types of Ownership
金融、保险业	Finance and Insurance	12046	12249	9088	18648
金融业	Finance	12028	12332	9071	19405
保险业	Insurance	12288	11236	17444	15513
房地产业	Real Estate Trade	11505	10475	10516	14693
房地产开发与经营业	Real Estate Development and Operation	12249	11192	10313	14672
房地产管理业	Real Estate Management	10865	10033	11192	14739
房地产代理与经纪业	Real Estate Brokerage and Agencies	10121	9758	8747	14454
社会服务业	Social Services	9263	9054	6621	12785
公共设施服务业	Public Facilities Services	9413	9418	7500	11788
居民服务业	Resident Services	7126	8740	5352	9533
旅馆业	Hotels	8560	7795	6251	11144
租赁服务业	leasing Services	9406	9507	6660	11703
旅游业	Tourism	9739	9446	7904	11748
娱乐服务业	Recreational Services	9692	8898	7187	10711
信息、咨询服务业	Information and Consultancy Services	13979	11388	10015	23065
计算机应用服务业	Computer Application Services	19150	14357	9902	23006
其他社会服务业	Other Social Services	8135	8597	6533	11072
卫生体育和社会福利业	Health Care，Sporting and Social Welfare	9664	9899	7826	16618
卫生	Health Care	9648	9896	7844	16680
体育	Sports	11540	11272	6897	16898
社会福利保障业	Social Welfare	9244	9361	6942	14673
教育、文化艺术和广播电影电视业	Education，Culture and Arts，Radio，Film and Television	8510	8590	5750	12871
教育	Education	8392	8474	5681	11709
#普通高等学校	Regular Institution of Higher Education	11679	11683	7064	11779
普通中学	Regular Secondary Schools	8385	8390	6321	11945
小学校	Primary Schools	7413	7540	5267	11574
文化艺术业	Culture and Arts	10658	10797	6148	14612
广播、电影、电视业	Radio，Film and Television	9188	9176	7709	13549
科学研究和综合技术服务业	Scientific Research and Polytechnical Services	11601	11543	8771	15671
科学研究业	Scientific Research	11784	11786	9034	14518
自然科学研究	Natural Science Research	11474	11470	9347	17411
社会科学研究	Social Science Research	11247	11250	10634	5000
其他科学研究	Other Science Research	13476	13517	7500	10809
综合技术服务业	Polytechnical Services	11448	11312	8761	15706
#气象	Meteorology	9740	9739	9651	11379
地震	Seismology	10031	10028	16571	
测绘	Survey and Mapping	10524	10546	9562	
技术监督	Technological Supervision	10298	10256	9486	13708
海洋环境	Oceanic Environment	12376	12375	7500	14143
环境保护	Environmental Protection	8996	9046	7179	10751
技术推广和科技交流服务业	Technology Application & Dissemination as well as Science & Technology Exchange Services	9380	8868	7815	17320
工程设计业	Engineering Design	13139	13098	10434	17210
其他综合技术服务业	Other Polytechnical Services	12579	12225	9133	15292
国家机关、政党机关和社会团体	Government Agencies，Party Agencies and Social Organizations	8978	8982	7985	
#国家机关	Government Agencies	8965	8969	8078	
政党机关	Party Agencies	8932	8932	6645	
其他	Others	10068	9762	8135	20548
#企业管理机构	Enterprise Management Organizations	9359	9746	7258	15499

2.18 国有单位分行业职工平均工资

Average Wage of Staff and Workers in State-owned Units by Sector

单位：元 Yuan

年份 Year	合计 Total	农、林、牧、渔业 Farming, Forestry, Animal Husbandry and Fishery	采掘业 Mining and Quarrying	制造业 Manufacturing	电力、煤气及水的生产和供应业 Production and Supply of Electricity Gas and Water	建筑业 Construction	地质勘查业水利管理业 Geological Prospecting and Water Conservancy	交通运输仓储和邮电通信业 Transport, Storage, Post & Telecommunications
1978	644	482	704	663	873	760	712	720
1979	705	536	786	726	971	819	787	808
1980	803	628	891	821	1073	924	895	902
1981	812	645	890	820	1074	941	925	905
1982	836	670	905	835	1095	979	955	927
1983	865	701	915	847	1134	1018	1016	949
1984	1034	785	1112	1028	1357	1275	1180	1164
1985	1213	892	1384	1190	1272	1532	1408	1383
1986	1414	1062	1638	1382	1518	1731	1607	1610
1987	1546	1154	1734	1543	1692	1882	1773	1773
1988	1853	1291	2038	1872	1994	2192	2025	2140
1989	2055	1401	2449	2081	2248	2419	2199	2423
1990	2284	1559	2763	2289	2648	2667	2463	2697
1991	2477	1665	2982	2505	2883	2924	2718	2967
1992	2878	1845	3239	2889	3354	3406	3235	3452
1993	3532	2043	3856	3562	4317	4182	3729	4604
1994	4797	2821	4863	4508	6124	5498	5476	6212
1995	5625	3527	5944	5352	7734	6512	5987	7572
1996	6280	4038	6709	5798	8701	6992	6610	8546
1997	6747	4304	7091	6008	9541	7388	7180	9303
1998	7668	4522	7499	6981	10324	8171	7968	10302
1999	8543	4813	7732	7611	11239	8734	8843	11345

2.18 续表
Continued

单位：元 Yuan

年份 Year	批发和零售贸易、餐饮业 Wholesale and Retail Trade & Catering Services	金融、保险业 Finance and Insurance	房地产业 Real Estate Trade	社会服务业 Social Services	卫生体育和社会福利业 Health Care, Sporting and Social Welfare	教育、文化艺术和广播电影电视业 Education, Culture and Arts, Radio, Film and Television	科学研究和综合技术服务业 Scientific Research and Polytech-nical Services	国家机关、政党机关和社会团体 Government Agencies, Party Agencies and Social Organizations	其他 Others
1978	569	650	630	607	605	566	670	661	
1979	632	689	690	676	625	606	719	691	
1980	716	754	758	795	751	722	853	807	
1981	730	788	727	801	781	738	852	820	
1982	739	806	788	815	861	827	860	826	
1983	756	813	848	863	895	851	992	928	
1984	776	1038	1063	988	981	934	1074	993	
1985	1087	1234	1170	1208	1164	1184	1268	1133	
1986	1268	1427	1364	1417	1376	1344	1494	1361	
1987	1398	1540	1500	1545	1481	1422	1624	1472	
1988	1737	1842	1750	1842	1793	1764	1935	1709	
1989	1851	1960	1992	2028	1999	1899	2123	1875	
1990	2028	2200	2247	2307	2263	2134	2411	2115	
1991	2201	2355	2476	2547	2417	2257	2580	2277	
1992	2478	2967	3082	3008	2883	2732	3130	2774	
1993	2933	3885	4278	3661	3494	3292	3898	3512	3793
1994	3856	7017	5997	5098	5267	4944	6212	4967	5744
1995	4568	7595	6884	5949	6009	5457	6835	5528	6854
1996	4940	8679	7897	6695	6967	6161	7984	6344	7643
1997	5134	10012	8570	7425	7794	6810	8974	6985	6891
1998	6150	10898	9441	8136	8704	7537	10146	7776	8258
1999	6678	12249	10475	9054	9899	8590	11543	8982	9762

2.19 城镇集体单位分行业职工平均工资

Average Wage of Staff and Workers in Urban Collevtive-owned Units by Sector

单位：元　　　　Yuan

年份 Year	合计 Total	农、林、牧、渔业 Farming, Forestry, Animal Husbandry and Fishery	采掘业 Mining and Quarrying	制造业 Manufacturing	电力、煤气及水的生产和供应业 Production and Supply of Electricity Gas and Water	建筑业 Construction	地质勘查业水利管理业 Geological Prospecting and Water Conservancy	交通运输仓储和邮电通信业 Transport, Storage, Post & Telecommunications
1978	506	304	443	503	333	594	600	632
1979	542	423	478	535	364	652	571	652
1980	623	458	548	619	333	716	700	676
1981	642	500	568	641	500	737	700	694
1982	671	527	575	654	500	794	800	757
1983	698	532	594	679	500	847	800	762
1984	811	618	702	805	615	959	900	878
1985	967	725	852	963	667	1101	900	1009
1986	1092	875	945	1075	875	1232	1286	1139
1987	1207	979	1016	1180	1250	1380	1333	1236
1988	1426	1111	1208	1388	1294	1597	1500	1409
1989	1557	1178	1433	1523	1625	1763	1000	1575
1990	1681	1238	1844	1622	2133	1935	1212	1661
1991	1866	1366	1960	1798	2588	2216	1765	1854
1992	2109	1487	2000	2017	2737	2554	2188	2070
1993	2592	1887	2327	2469	3539	3182	2843	2711
1994	3245	2510	2793	3076	5734	3936	3692	3110
1995	3931	2927	3680	3717	7461	4677	4294	3584
1996	4302	3814	3968	4007	8324	5092	4784	3961
1997	4512	3945	4164	4120	9064	5466	6342	4057
1998	5331	4358	4567	5016	9470	5941	7017	5163
1999	5774	4878	4545	5327	9834	6296	7636	5707

2.19 续表
Continued

单位：元 Yuan

年份 Year	批发和零售贸易、餐饮业 Wholesale and Retail Trade & Catering Services	金融、保险业 Finance and Insurance	房地产业 Real Estate Trade	社会服务业 Social Services	卫生体育和社会福利业 Health Care, Sporting and Social Welfare	教育、文化艺术和广播电影电视业 Education, Culture and Arts, Radio, Film and Television	科学研究和综合技术服务业 Scientific Research and Polytech-nical Services	国家机关、政党机关和社会团体 Government Agencies, Party Agencies and Social Organizations	其他 Others
1978	453	526	467	451	484	317	500	455	
1979	499	571	475	531	522	339	500	467	
1980	584	640	638	584	618	433	571	538	
1981	598	654	590	603	647	433	667	615	
1982	597	667	660	621	735	523	600	615	
1983	607	690	760	675	768	535	750	714	
1984	1017	800	860	736	831	634	900	885	
1985	912	945	1050	806	975	779	1052	1046	
1986	1008	1150	1238	1057	1212	945	1286	1227	
1987	1118	1235	1130	1167	1296	1033	1319	1368	
1988	1335	1450	1602	1333	1570	1202	1636	1648	
1989	1417	1597	1967	1521	1774	1352	1710	1860	
1990	1548	1806	1969	1638	1956	1533	1997	2042	
1991	1691	1965	2432	1905	2135	1689	2120	2206	
1992	1827	2428	2763	2082	2416	1987	2392	2565	
1993	2213	3182	4006	2727	2935	2539	3474	3071	2547
1994	2823	5625	5290	3754	4238	3548	4719	4411	4067
1995	3449	6407	6706	4707	4890	4291	6046	5314	4935
1996	3818	6857	6820	5032	5603	4949	7206	5686	5675
1997	3873	7634	7687	5663	6294	4955	7749	6244	5780
1998	4517	8144	9144	5990	6883	5192	8116	7033	7048
1999	4802	9088	10516	6621	7826	5750	8771	7985	8135

2.20 其他单位分行业职工平均工资

Average Wage of Staff and Workers in Unitsof Other Types of Ownership by Sector

单位：元　　　　Yuan

年份 Year	合计 Total	农、林、牧、渔业 Farming, Forestry, Animal Husbandry and Fishery	采掘业 Mining and Quarrying	制造业 Manufact-uring	电力、煤气及水的生产和供应业 Production and Supply of Electricity Gas and Water	建筑业 Construc-tion	地质勘查业水利管理业 Geological Prospecting and Water Conservancy	交通运输仓储和邮电通信业 Transport, Storage, Post & Telecom-munications
1984	1048	543		1007		1513		1696
1985	1436	1519	1270	1328	1270	1000		2429
1986	1629	1806		1528		2299		2543
1987	1879	2106		1789		2503		2760
1988	2382	2560	2239	2462	2104	4000		3368
1989	2707	2938	2427	2889	3232	5000		3846
1990	2987	3778	2270	3055	3088	3571	5714	3667
1991	3468	3760	3855	3626	3333	4641	4615	5500
1992	3966	4069	3579	4154	4238	5061	5263	5955
1993	4966	3905	3423	4874	6309	4464	7441	6450
1994	6303	5394	4233	6096	8005	5766	4362	8713
1995	7463	6992	5174	7245	10746	6798	5408	10492
1996	8261	7389	5217	7945	12030	6937	6464	11931
1997	8789	7061	5385	8376	12127	7517	5770	13734
1998	8972	5685	6749	8556	12158	8983	6909	11858
1999	9829	6740	7651	9316	13856	9540	8439	14241

2.20 续表
Continued

单位：元 Yuan

年份 Year	批发和零售贸易、餐饮业 Wholesale and Retail Trade & Catering Services	金融、保险业 Finance and Insurance	房地产业 Real Estate Trade	社会服务业 Social Services	卫生体育和社会福利业 Health Care, Sporting and Social Welfare	教育、文化艺术和广播电影电视业 Education, Culture and Arts, Radio, Film and Television	科学研究和综合技术服务业 Scientific Research and Polytech-nical Services	国家机关、政党机关和社会团体 Government Agencies, Party Agencies and Social Organizations	其他 Others
1984	1428	2500		1741					
1985	1955	2107		1904		3184	1728		
1986	1971	2457		2126	1583	2245	2533		
1987	2142	2745		2310	2793	2451	1967		
1988	2512	3902	1296	2856	2903	2498	2544		
1989	2882	4376	1776	3202	2945	3604	3241		
1990	3284	5565	2517	3463	5430	4022	3425		
1991	3585	6041	4923	4004	4817	4560	3906		
1992	4368	9761	5561	4545	5461	5107	5033		
1993	4975	6073	4940	5934	3665	5289	5645		4953
1994	6460	10400	9610	8013	7051	8360	7882		9691
1995	7190	12949	10746	9274	8668	8968	9678		2850
1996	7862	15818	11801	11820	11014	10172	13358		13508
1997	8051	17970	13249	11812	11863	10017	14370		16423
1998	8320	16255	13636	12027	15124	11687	14847		20393
1999	9001	18648	14693	12785	16618	12871	15671		20548

2.21 分地区职业介绍机构基本情况(1999 年)
Basic Conditions of Employment Services by Region (1999)

地区	Region	本年末职业介绍机构个数(个) Number of Labour Exchanges	劳动保障部门办 Run by Labor Departments	其他组织办 Run by Other Organs	本年末职业介绍机构人数(人) Staff and Workers (person)	劳动保障部门办 Run by Labor Departments	其他组织办 Run by Other Organs	本年登记求职人数(人) Registered Persons in This Year (person)	下岗职工 Laid-off Workers	本年介绍成功人数(人) Number of Persons Actually Employed	下岗职工 Laid-off Workers
全国总计	**National Total**	**30242**	**21685**	**5282**	**85311**	**58819**	**16873**	**15929636**	**3422095**	**8843638**	**1606208**
北　京	Beijing	359	172	175	2464	886	1578	449916	62173	284486	38351
天　津	Tianjin	203	93	95	2895	1205	1521	794159	466383	163553	94304
河　北	Hebei	1784	1587	147	5352	4933	237	606914	76680	307062	45954
山　西	Shanxi	1975	1779	186	5089	4668	396	352282	125691	196418	43845
内蒙古	Inner Mongolia	777	507	221	1751	1112	489	258810	75041	157567	49029
辽　宁	Liaoning	1396	1058	202	2696	1867	425	1033724	385472	475822	161724
吉　林	Jilin	781	597	117	1712	1232	277	223871	111422	261270	100188
黑龙江	Heilongjiang	1161	1051	85	2676	2217	232	411957	182090	219388	100502
上　海	Shanghai	458	340	111	2764	2108	629	538116	188712	263864	103516
江　苏	Jiangsu	2106	1920	157	5015	4446	454	773108	138726	498322	91722
浙　江	Zhejiang	1754	757	247	3910	1680	580	1730418	79542	955355	44609
安　徽	Anhui	1823	1036	549	4721	2952	1128	436310	113333	242015	57317
福　建	Fujian	1068	697	137	2707	1711	381	705061	88453	336783	24956
江　西	Jiangxi	937	670	151	2824	2017	457	338772	78229	252174	43144
山　东	Shandong	1430	1047	239	3989	2733	729	766857	121269	486963	71529
河　南	Henan	1785	1292	259	6090	4442	916	1014123	188648	657153	96345
湖　北	Hubei	834	650	53	3359	2796	194	860632	220019	483306	129702
湖　南	Hunan	907	440	276	2476	1453	489	522291	145896	273703	74639
广　东	Guangdong	1368	1015	82	3799	2644	292	1024684	60098	346645	26105
广　西	Guangxi	457	332	39	1539	1104	175	516733	42437	262066	18523
海　南	Hainan	32	23	3	370	330	15	247941	76000	63990	7030
重　庆	Chongqing	272	106	111	1031	404	461	177800	38200	93500	15200
四　川	Sichuan	1368	843	525	4346	2330	2016	508286	125479	330553	77201
贵　州	Guizhou	854	671	105	2087	1461	244	88294	14512	63481	8501
云　南	Yunnan	1187	929	146	2308	1527	411	351779	28695	269627	14021
西　藏	Tibet	8	8		38	38		689	207	235	2
陕　西	Shaanxi	1561	780	631	3549	1680	1438	488080	84692	384670	20051
甘　肃	Gansu	755	618	108	1778	1418	278	191470	40647	121257	23535
青　海	Qinghai	265	222	36	550	408	117	272334	28721	241383	11941
宁　夏	Ningxia	232	201	12	434	287	118	75576	9678	48833	5147
新　疆	Xinjiang	345	244	77	992	730	196	168649	24950	102194	7575

2.22 劳动争议仲裁委员会受理及处理案件情况(1999年)
Labour Disputes Accepted and Handled by Labour Dispute Arbitration Committees (1999)

项目	Item	合计 Total	国有企业 State-owned Enter-prises	城镇集体企业 Urban Collective-owned Enter-prises	乡村集体企业 Rarul Collective -Owned Enter-prises	外商投资及港澳台投资企业 Foreign Funded and HK, MC and TW Chinese Funded Enterprises
上期未结案件数(件)	Number of Cases Left Over from Last Period (case)	3840	1266	685	358	823
案件受理情况	Cases Accepted					
案件数(件)	Number of Cases (case)	120191	26726	18163	10068	27824
#集体争议案件数	Number of Collective Disputes	9043	1783	1502	766	2726
用人单位申诉案件数	Number of Cases Appealed by Units	6039	1345	679	252	642
劳动者申诉案件数	Number of Cases Appealed by Labourers	114152	24671	17311	9720	27173
劳动者当事人数(人)	Number of Persons Involved (person)	473957	83294	67180	45343	150810
#集体争议劳动者当事人数	Number of Persons Involved in Collective Disputes	319241	55357	44534	31137	111438
案件处理情况	Cases settled					
结案件数(件)	Number of Cases Settled (case)	121289	25861	17687	9911	27651
案件处理方式	by Manners of Settlement					
仲裁调解(件)	by Mediation	39550	8765	6247	3356	5178
仲裁裁决(件)	by Arbitration Lawsuit	34712	11649	5569	2178	4762
其他方式(件)	Others	47027	5447	5871	4377	17711
案件处理结果	by Result of Settlement					
用人单位胜诉(件)	Won by Units	15674	4836	3028	1972	2013
劳动者胜诉(件)	Lawsuit Won by Labourers	63030	12742	9613	5156	16317
双方部分胜诉(件)	Lawsuit Partly by Both Parties	37459	7560	4867	2685	9313
不服裁决向法院起诉(件)	Number of Cases Prosecuted for Refusing to Accept the Result Arbitrated (case)	3903	1227	632	277	487
本期未结案数(件)	Number of Cases Dissettled (case)	6536	2131	1161	515	996
其他方式调解案件数(件)	Number of the Arbitrated Cases through Other Forms (case)	48505	13699	7803	4336	6429
用人单位调解	Mediated by Units					
受理争议案件数(件)	Number of Cases Accepted (case)	51478	30887	10946	3646	1652
调解成功案件数(件)	Number of Cases Successful Mediated (case)	43837	26476	9313	3162	1306

2.22 续表
Continued

项目	Item	私营企业 Private Enter-prises	联营及股份制企业 Joint Owned and Share-Holding Enter-prises	个体工商户 Indivi-dual Economy	机关社团事业单位 State Organs and Institutions	其他 Others
上期未结案件数（件）	Number of Cases Left Over from Last Period (case)	349	226	90	128	21
案件受理情况	Cases Accepted					
案件数（件）	Number of Cases (case)	13929	6649	2449	2243	12140
#集体争议案件数	Number of Collective Disputes	1321	530	140	95	37
用人单位申诉案件数	Number of Cases Appealed by Units	256	268	83	85	1118
劳动者申诉案件数	Number of Cases Appealed by Labourers	13517	6303	2295	2140	11022
劳动者当事人数（人）	Number of Persons Involved (person)	62503	26786	5859	3876	15424
#集体争议劳动者当事人数	Number of Persons Involved in Collective Disputes	43651	19351	2910	1510	3089
案件处理情况	Cases settled					
结案件数（件）	Number of Cases Settled (case)	13686	6436	2370	2147	11866
案件处理方式	by Manners of Settlement					
仲裁调解（件）	by Mediation	4494	2451	915	769	5126
仲裁裁决（件）	by Arbitration Lawsuit	3583	2347	787	899	1895
其他方式（件）	Others	5609	1638	668	479	4853
案件处理结果	by Result of Settlement					
用人单位胜诉（件）	Won by Units	876	1046	214	335	1379
劳动者胜诉（件）	Lawsuit Won by Labourers	8411	3411	1390	1014	5018
双方部分胜诉（件）	Lawsuit Partly by Both Parties	4235	1904	682	777	5469
不服裁决向法院起诉（件）	Number of Cases Prosecuted for Refusing to Accept the Result Arbitrated (case)	340	297	88	141	127
本期未结案数（件）	Number of Cases Dissettled (case)	592	439	169	224	295
其他方式调解案件数（件）	Number of the Arbitrated Cases through Other Forms (case)	6636	4123	3612	565	722
用人单位调解	Mediated by Units					
受理争议案件数（件）	Number of Cases Accepted (case)	648	1839	306	847	177
调解成功案件数（件）	Number of Cases Successful Mediated (case)	444	1456	246	685	110

三、各省、自治区、直辖市工会工作统计

Chapter 3 STATISTICS OF TRADE UNIONS WORK IN EACH PROVINCE，AUTONOMOUS REGION AND MUNICIPALITY DIRECTLY UNDER THE CENTRAL GOVERNMENT

3.1 全国行政区划工会组织分布(1999 年底)

Trade Unions Organization Distribution of Administration Divisions in China (End of 1999)

单位:个

省、自治区、直辖市总工会名称	Names of Trade Unions of Provinces, Autonomous Regions and Municipalities	地区工会办事处单位数 Number of Regional Trade Unions Office	市总工会单位数 Number of Municipal Trade Unions		县总工会单位数 Number of County Trade Unions	市辖区总工会单位数 Number of District Trade Unions
			地级市总工会 Number of Prefectural Trade Unions	县级市总工会 Federation of Trade Unions		
全国总计	**Total**	**95**	**663**			
			236	**427**	**1682**	**749**
北京市总工会	Beijing Federation of Trade Unions	5	13			
天津市总工会	Tianjing Federation of Trade Unions	5	13			
河北省总工会	Hebei Province Federation of Trade Unions	34	11	23	115	34
山西省总工会	Shanxi Province Federation of Trade Unions	4	22	7	15	85	19
内蒙古自治区总工会	Inner Mongolia Autonomous Region Federation of Trade Unions	7	20	5	15	69	17
辽宁省总工会	Liaoning Province Federation of Trade Unions	31	14	17	27	56	
吉林省总工会	Jilin Province Federation of Trade Unions	1	28	8	20	21	19
黑龙江省总工会	Heilongjiang Province Federation of Trade Unions	1	31	12	19	47	64
上海市总工会	Shanghai Federation of Trade Unions	3	17				
江苏省总工会	Jiangsu Province Federation of Trade Unions	44	13	31	33	44	
浙江省总工会	Zhejiang Province Federation of Trade Unions	1	35	10	25	39	24
安徽省总工会	Anhui Province Federation of Trade Unions	2	22	14	8	56	42
福建省总工会	Fujian Province Federation of Trade Unions	23	9	14	46	24	
江西省总工会	Jiangxi Province Federation of Trade Unions	4	21	7	14	71	14
山东省总工会	Shandong Province Federation of Trade Unions	2	48	15	33	61	45
河南省总工会	Henan Province Federation of Trade Unions	2	38	15	23	89	46
湖北省总工会	Hubei Province Federation of Trade Unions	1	36	11	25	42	34
湖南省总工会	Hunan Province Federation of Trade Unions	1	29	13	16	72	34
广东省总工会	Guangdong Province Federation of Trade Unions	54	21	33	46	43	
广西壮族自治区总工会	Guangxi Zhuang Autonomous Region Federation of Trade Unions	5	19	9	10	71	29
海南省总工会	Hainan Province Federation of Trade Unions	9	2	7	10	3	
重庆市总工会	Chongqing Federation of Trade Unions	4	4	23	13		
四川省总工会	Sichuan Province Federation of Trade Unions	7	31	14	17	127	36
贵州省总工会	Guizhou Province Federation of Trade Unions	6	13	3	10	69	7
云南省总工会	Yunnan Province Federation of Trade Unions	13	15	3	12	109	7
西藏自治区总工会	Tibet Autonomous Region Federation of Trade Unions	6	2	1	1	71	1
陕西省总工会	Shaanxi Province Federation of Trade Unions	2	13	8	5	83	19
甘肃省总工会	Gansu Province Federation of Trade Unions	9	14	5	9	67	10
青海省总工会	Qinghai Province Federation of Trade Unions	7	3	1	2	37	4
宁夏回族自治区总工会	Ningxia Hui Autonomous Region Federation of Trade Unions	1	5	3	2	15	7
新疆维吾尔自治区总工会	Xinjiang Uygur Autonomous Region Federation of Trade Unions	13	19	2	17	68	11

3.2 工会组织状况综合指标
Comprehensive Indicators of the Status of Trade Unions Organizations

项　目	Item	1993	1995	1997	1998	1999
建有工会的基层单位职工情况	Status of Staff and Workers of Grass-root Units with Trade Unions					
年末职工总数(万人)	Number of Staff and Workers at the End of the Year (10,000 people)	11103.8	11321.4	10111.5	9716.5	9611.1
女职工人数(万人)	Number of Female Staff and Workers	4359.9	4515.3	4004.8	3882.0	3797.9
工会基层组织情况	Status of Grass-root Trade Unions Organizations					
年末基层工会组织数(个)	Number of Grass-root Trade Union Organizations at the End of the Year	626666	593113	510276	503532	508592
企业基层工会组织数(个)	Number of Grass-root Trade Union Organizations of Enterprises	—	320616	273416	272796	263585
内资企业(个)	Domestic Funded Enterprises	—	—	—	259979	226337
国有企业(个)	State-owned Enterprises	—	—	—	144194	128162
集体企业(个)	Collective-owned Enterprises	—	—	—	76222	58980
股份合作制企业(个)	Share Holding Enterprises	—	—	—	9861	7817
联营企业(个)	Joint-owned Enterprises	—	—	—	1215	1310
有限责任公司(个)	Limited Liability Corporations	—	—	—	12037	12845
股份有限公司(个)	Share Holding Corporations	—	—	—	7540	6368
私营企业(个)	Private Enterprises	—	—	—	6944	10043
其他企业(个)	Other Enterprises	—	—	—	1966	812
港、澳、台商投资企业(个)	Hong Kong, Macao and Taiwan Funded Enterprises	—	—	—	6244	4862
外商投资企业(个)	Foreign Funded Enterprises	—	—	—	6573	5906
乡镇企业(个)	Town and Township Enterprises	—	—	—	—	26480
事业单位(个)	Institutions	—	—	—	158850	168022
机关(个)	Government Organizations	—	—	—	71886	76985
女职工委员会数(个)	Number of Female Staff and Workers Committee	252082	172094	208741	300119	289605
经费审查组织数(个)	Number of Funds Auditing Organizations	367780	276921	288396	316997	333071
工会基层以上组织情况	Status of Trade Union Organizations above Grass-root Level					
年末基层以上工会组织数(个)	Number of Trade Union Organizations above Grass-root Level at the End of the Year	—	18383	24081	27217	26366
省级工会机关数(个)	Number of Provincial Level Trade Union Institutions	—	—	32	32	32
地市级工会机关数(个)	Number of Regional and Municipal Level Trade Union Institutions	—	—	415	400	412
县级工会机关数(个)	Number of County Level Trade Union Institutions	—	—	2662	2704	2710
各级产业工会机关数(个)	Number of Industrial Trade Union Institutions at Each Level	—	—	17549	19134	18414
女职工委员会数(个)	Number of Female Staff and Workers Committees	10216	9368	12567	19914	20015
经费审查委员会数(个)	Number of Funds Auditing Committees	3355	11360	12917	17967	18585
财务机构数(个)	Number of Financial Institutions	—	9159	11987	15562	—
工会会员情况	Status of Trade Union Members					
年末工会会员数(万人)	Number of Trade Union Members at the End of the Year	10176.1	10399.6	9131.0	8913.4	8689.9
女会员数(万人)	Number of Female Members	3949.6	4116.5	3579.4	3546.7	3406.2
工会专职干部情况	Status of Full Time Trade Union Cadres					
年末工会专职干部人数(人)	Number of Full Time Trade Union Cadres at the End of the Year	554286	552356	576715	483714	497071
基层工会专职干部数(人)	Number of Full Time Cadres of Grass-root Trade Unions	395075	440172	444834	404582	421014
基层以上工会专职干部数(人)	Number of Full Time Cadres above Grass-root Trade Unions	98569	80208	81046	79132	76057

3.3 工会工作综合指标
Comprehensive Indicators of Trade Union Work

指标项目	Indicator Item	1993	1995	1997	1998	1999
实施送温暖工程(扶贫帮困工作)情况	Status of Implementation of Warmth Delivery Project (Poverty Alleviation Work)					
开展送温暖活动的基层工会组织数(个)	Number of Grass-root Trade Union Organizations that Conduct Warmth Delivery Activity	—	—	140891	386974	—
开展扶贫帮困的工会基层以上组织数(个)	Number of Trade Union Organizations above Grass-root Level that Conduct Poverty Alleviation Work	697	6068	14191	22525	10200
送温暖基金组织基金总额(万元)	Total Amount of Fund of Warmth Delivery Fund Organizations (10000yuan)	—	79401	176195	328306	305179
用送温暖基金扶持的贫困职工数(人次)	Number of Staff and Workers Helped by Warmth Delivery Fund (person/time)	—	1833299	4824374	5184361	4536164
拖欠、停、减发职工工资情况	Status of Owning, Stopping and Reducing Staff and Workers Wage					
年末拖欠职工工资的单位数(个)	Number of Units Owning Staff and Workers Wage by the End of the Year	15655	19091	45874	60572	56397
拖欠工资涉及职工人数(人)	Number of Staff and Workers whose Wages Have Been Owned	2576674	2976797	11446463	16508574	13822141
拖欠职工工资总金额(万元)	Total Amount of Staff and Workers' Wages Being Owned (10000yuan)	—	—	2173989	4418822	3637055
本年度减发职工工资的单位数(个)	Number of Units Reducing Staff and Workers' Wages by the End of the Year	26833	22424	24884	3513	—
减发工资涉及职工人数(人)	Number of Staff and Workers Whose Wages Have Been Reduced	3715143	3947313	5562421	8025272	—
减发职工工资总金额(万元)	Total Amount of Staff and Workers' Wages Being Reduced (10000yuan)	—	—	693496	1292792	—
帮助下岗职工再就业情况	Status of Helping Laid off Staff and Workers Re-employed					
基层以上工会开办职业介绍机构数(个)	Number of Employment Service Institutions of Trade Unions Above Grass-root Level	59	647	1049	3028	2946
工会职业介绍机构交流成功人数(人)	Number of People Succeeded at Employment Service Institutions	10037	48498	381595	1016826	527171
交流成功人数中企业下岗人员数(人)	Number of Enterprises Laid off People in the Total Succeeded People	—	—	279271	823213	357156
基层以上工会开办职业培训机构数(个)	Number of Employment Training Institutions of Trade Unions Above Grass-root Level	—	2608	4531	4815	4313
工会职业培训机构培训职工人次数(人次)	Number of Staff and Workers Trained at Employment Training Institutions of Trade Unions (person/time)	5137	388429	970074	1264205	892431
职工基层民主管理情况	Status of Grass-root Democratic Management of Staff and Workers					
建立职工代表大会制度的基层单位数(个)	Number of Grass-root Units with Staff and Workers Congress System	358662	297033	286263	342019	314076
按规定召开职工代表大会的基层单位数(个)	Number of Grass-root Units Holding Staff and Workers Congress According to Stipulation	299869	259585	253652	322315	296073
职工代表大会提出提案数(件)	Proposals Raised by Staff and Workers Congress	3438908	5403815	4658630	3440034	—
已实现职代会提出的提案数(件)	Number of Proposals Completed Raised by Staff and Workers Congress	2003387	3202203	2643000	2321073	—
开展民主评议企业领导干部的单位数(个)	Number of Units Conducting Democratic Assessment on Enterprise Leaders and Cadres	154519	196318	189623	346754	167606
工会社会参与情况	Status of Social Participation of Trade Unions					
与同级政府(行政)建立联席会议制度的工会机关数(个)	Number of Trade Union Institutions Establishing Joint Meeting System with Government (Administration) at the Same Level	—	3907	6149	7416	—

3.3 续表 1
Continued 1

指标项目	Indictor Item	1993	1995	1997	1998	1999
召开过联席会议的工会机关数(个)	Number of Trade Union Institutions which have Held Joint Meeting	2504	3888	6276	8128	10232
联席会全年提出议题提案数(件)	Number of Proposals Raised by Joint Meeting	21058	67794	87647	80709	—
解决落实的提案数(件)	Number of Proposals Solved	15402	43825	57168	60014	—
工会参加政府涉及职工利益工作机构数(个)	Number of Trade Unions Participating in Government Working Institutions Involving Staff and Workers' Benefits	7575	7153	7906	13211	—
在这些工作机构中商议问题件数(件)	Number of Issues Discussed at these Working Institutions	26363	11542	17182	32608	—
在这些工作机构中解决问题件数(件)	Number of Problems Solved at these Institutions	19499	8687	13152	25805	42102
工会法律工作情况	Status of Legislation Work of Trade Unions					
基层以上工会建立法律工作组织数(个)	Number of Legislation Working Organizations of Trade Unions above Grass-root Level	—	—	2020	5443	—
工会法律服务机构数(个)	Number of Legislation Service Institutions of Trade Unions	—	—	414	3607	—
工会劳动法律监督组织受理职工举报数(件)	Number of Cases Submitted by Staff and Workers Been Accepted by Labor Legislation Supervision and Inspection Organizations of Trade Unions	—	—	32750	50911	20712
提请劳动监察部门处理件数(件)	Number of Issues Submitted to Labor Supervision and Inspection Departments	—	—	10450	19954	22672
集体协商集体合同工作情况	Status of Collective Consultation and Collective Contract Work					
建立集体协商(谈判)制度的基层单位数(个)	Number of Grass-root Units with Collective Consultation (Negotiation) System	—	52493	105223	301429	161828
签订了集体合同的基层单位数(个)	Number of Grass-root Units Signed Collective Contracts	84735	48431	139317	—	146655
工会劳动保护工作情况	Status of Labor Protection Work of Trade Unions					
基层工会劳动保护监督检查委员会数(个)	Number of Labor Protection Inspection Committee of Grass-root Trade Unions	134089	145317	129727	152706	—
车间工会劳动保护监督检查委员会数(个)	Number of Labor Protection Inspection Committee of Workshop Trade Unions	377784	381476	310226	491018	—
工会小组劳动保护检查员数(人)	Number of Labor Protection Inspectors of Trade Union Teams	2917344	2605566	2028789	2236762	—
工会机关参加"三同时"审查验收项目(项)	Participation of Trade Unions in "Three Meanwhiles" Examination Projects	—	—	2527	12623	10303
工会兴办企、事业情况	Status of Enterprises and Institutions Initiated by Trade Unions					
基层工会兴办企、事业单位数(个)	Number of Enterprises and Institutions Initiated by Trade Unions at Grass-root Level	41456	48901	44563	33770	23963
按经济类型分	By Ownership					
国有企业(个)	State-owned Enterprise	5019	5383	6717	4692	3346
集体企业(个)	Collective-owned Enterprise	32650	37917	30701	22042	13857
股份合作企业(个)	Share Holing Enterprises	—	—	—	903	783
联营企业(个)	Joint-owned Enterprises	1489	1117	854	641	505
有限责任公司(个)	Limited Liability Corporations	—	—	—	385	424
股份有限公司(个)	Share Holding Corporations	—	—	—	266	222
外商投资企业(个)	Foreign Funded Enterprises	116	17	38	43	46
港澳台投资经济(个)	Hong Kong, Macao and Taiwan Funded Enterprises		7	48	—	
其他(个)	Others	2060	3765	5109	4798	4780

3.3 续表 2
Continued 2

指标项目	Indicator Item	1993	1995	1997	1998	1999
年末从业人员数(人)	Number of Employed People at the End of the Year	567079	652972	546314	476209	387041
企业下岗人员(人)	Number of Enterprise Laid off People	246628	298129	250872	199651	154461
企业职工家属或子女(人)	Number of Family Members and Children of Enterprise Staff and Workers	80814	79116	41347	31911	22547
资金来源及资产情况	Funding Sources and Assets Status					
工会节余经费 (万元)	Trade Unions Surplus Fund (10000yuan)	784611	141795	105446	95931	71575
银行贷款(万元)	Bank Loan (10000yuan)	126864	157171	106931	44834	31085
吸收外资(万元)	Foreign Capital (10000yuan)	2681	14047	73189	4493	4646
资产合计(万元)	Total Assets (10000yuan)	738906	1976207	1779291	1613770	1474500
主要经济指标	Main Economic Indicators					
营业收入(万元)	Income (10000yuan)	—	2892213	2630242	2123425	1808704
利润总额(万元)	Total Amount of Profits (10000yuan)	167231	171879	177149	123851	159537
基层以上工会兴办企、事业单位数(个)	Enterprises and Institutions Initiated by Trade Unions Above Grass-root Level	7255	8182	7441	5563	4442
按经济类型分	By Ownership					
国有企业(个)	State-owned Enterprises	1288	2295	1977	1990	1535
集体企业(个)	Collective-owned Enterprises	5332	4659	3940	2464	1705
股份合作企业(个)	Share Holding Enterprises	—	—	—	180	133
联营经济(个)	Joint-owned Enterprises	290	257	245	178	178
有限责任公司(个)	Limited Liability Corporations	—	—	—	59	56
股份有限公司(个)	Share Holding Corporations	—	—	—	26	99
外商投资经济(个)	Foreign Funded Enterprises	33	22	18	14	19
港澳台投资经济(个)	Hong Kong, Macao and Taiwan Funded Enterprise		11	9	—	
其他(个)	Others	389	808	1133	652	717
年末从业人员数(人)	Number of Employed People at the End of the Year	108499	141905	110969	161741	156431
企业下岗人员(人)	Number of Enterprise Laid off People	26391	43014	33751	34459	30409
企业职工家属或子女(人)	Number of Family Members and Children of Enterprise Staff and Workers	15619	17460	8406	5231	4411
资金来源及资产情况	Funding Sources and Assets Status					
工会节余经费(万元)	Trade Unions Surplus Fund (10000yuan)	52685	68611	82541	67219	41271
银行贷款(万元)	Bank Loan (10000yuan)	48202	68430	1580249	28545	50715
吸收外资(万元)	Foreign Capital (10000yuan)	4881	13203	327693	4769	5656
资产合计(万元)	Total Assets (10000yuan)	301723	901263	937822	922950	900533
主要经济指标	Main Economic Indicators					
营业收入(万元)	Income (10000yuan)	—	634530	503512	501054	505189
利润总额(万元)	Total Amount of Profit (10000yuan)	30968	57740	27452	18553	43754

注:1. 1993 年至 1996 年从业人员中的企业下岗人员为企业富余人员。
2. 工会企事业个数、年末从业人员人数、营业收入及利润总额中不包括全国互助保险、全总直属企事业、铁路总工会事业部和技协的数据。
3. 1998 年和 1999 年工会职业培训机构培训的为失业、下岗职工人次数。

a) The enterprise laid-off people in the employed people from 1993—1996 are enterprise surplus people.

b) Number of Institutions and Enterprises of Trade Unions, Number of Employed People by the End of the Year, Total Income and Profits Excluded the Data of National Mutual Insurance, Enterprises and Institutions Directly Under All China Federation of Trade Unions, Institution Department of Railway Federation of Trade Union and Technical Association.

c) People Trained by Staff and Workers Training Institutions in 1998 and 1999 are Unemployed and Laid off Staff and Workers.

3.4 各地区已建工会组织的基层单位职工人数
Number of Staff and Workers of Grass-root Units with Trade Union Organizations by Region

地区	Region	1998			1999		
		职工人数(人) Number of Staff and Workers	#女职工 Female Staff and Workers	组织率(%) Organization Ration (%)	职工人数(人) Number of Staff and Workers	#女职工 Female Staff and Workers	组织率(%) Organization Ratio (%)
全国总计	**National Total**	**97165303**	**38820077**	**77.7**	**96110712**	**37978568**	**47.8**
北京	Beijing	2589697	1145604	69.5	2394192	1027548	45.5
天津	Tianjin	2266911	967435	85.7	2254655	950489	62.3
河北	Hebei	4749772	1847347	76.1	4770695	1819973	53.0
山西	Shanxi	2901324	1001960	76.6	2765486	958067	49.0
内蒙古	Inner Mongolia	1990110	777291	62.2	1911474	750590	46.9
辽宁	Liaoning	7170058	2982420	91.6	6404546	2623568	58.9
吉林	Jilin	3167519	1234754	61.9	3014903	1216567	57.1
黑龙江	Heilongjiang	5136797	1997507	70.8	5054265	1911144	61.4
上海	Shanghai	3554744	1502129	91.0	3809101	1618415	61.2
江苏	Jiangsu	5479462	2175576	65.8	5690355	2316355	37.5
浙江	Zhejiang	3571438	1515591	78.0	3571050	1481340	36.4
安徽	Anhui	3397945	1266752	67.2	3189779	1187405	46.6
福建	Fujian	2528661	1043067	72.4	2482783	1029747	44.5
江西	Jiangxi	2513192	942173	60.2	2420396	888887	45.5
山东	Shandong	6688994	2721608	74.7	7294987	2913161	50.0
河南	Henan	5562111	2167552	68.8	5779688	2208282	48.1
湖北	Hubei	4458265	1838519	65.3	4443254	1779059	46.3
湖南	Hunan	3904163	1561901	66.7	3878690	1520438	42.6
广东	Guangdong	5032336	2208606	48.5	4909510	2111262	30.0
广西	Guangxi	2075841	830792	64.8	1962123	779087	46.8
海南	Hainan	808726	324942	87.1	807442	322660	63.3
重庆	Chongqing	1723999	680615	66.0	1755780	662242	45.0
四川	Sichuan	4014738	1554491	64.9	3953952	1489849	44.3
贵州	Guizhou	1548645	562320	69.3	1537416	549154	53.7
云南	Yunnan	2198244	850239	74.3	2089943	803332	52.3
西藏	Tibet	—	—	—	—	—	—
陕西	Shaanxi	2782589	1019836	72.4	2900236	1079341	54.8
甘肃	Gansu	1736727	624490	71.9	1600312	569137	56.0
青海	Qinghai	489243	184131	80.7	471292	181202	58.3
宁夏	Ningxia	540114	205750	78.8	537409	201262	55.8
新疆	Xinjiang	2204572	938364	79.8	2118608	902770	64.7
国家机关	Government Agencies	330257	127345	—	293418	109344	—
中直机关	Agencies Directly Under CCCPC	48109	18970	—	42972	16891	—

注：计算北京市的组织率中包括国家机关工委和中直机关工委的职工人数。

a) Calculation of the organization ratio in Beijing includes the number of staff and workers in national institution working committees and institution working committees directly under Central Government.

3.5 已建工会组织的基层单位职工人数(1999 年底)

Number of Staff and Workers of Grass-root Units with Trade Union Organizations (End of 1999)

项 目	Item	职工（人） Number of Staff and Workers	#女职工 Female Staff and Workers	女职工占全部职工（%） Ratio of Female Staff and Workers in Total Staff and Workers (%)
总计	**Total**	**96110712**	**37978568**	**39.5**
一、按单位规模分组	I. By Unit Scope			
1.10 人及以下	1. 10 and Under	137732	48433	35.2
2.11—50 人	2. 11—50	5632870	2162976	38.4
3.51—100 人	3. 51—100	8688998	3563741	41
4.101—200 人	4. 101—200	12873380	5444663	42.3
5.201—300 人	5. 201—300	7708951	3297358	42.8
6.301—500 人	6. 301—500	9783600	4169837	42.6
7.501—800 人	7. 501—800	8729312	3648258	41.8
8.801—2999 人	8. 801—2999	23295944	8957247	38.4
9.3000 人及以上	9. 3000 and above	19259925	6686055	34.7
二、按单位类型分组	II. By Ownership			
1.内资国有企业	1. Domestic Funded Stateowned Enterprises	46366409	17004020	36.7
2.内资集体企业	2. Domestic Funded Collective-owned Enterprises	9823662	4445984	45.3
3.内资股份合作企业	3. Domestic Funded Share Holding Corporations	1620103	714556	44.1
4.内资联营企业	4. Domestic Funded Joint-owned Enterprises	345889	161829	46.8
5.内资有限责任公司	5. Domestic Funded Limited Liability Corporations	5357958	2035890	38
6.内资股份有限公司	6. Domestic Funded Share Holding Corporations	3659983	1513338	41.3
7.内资私营企业	7. Domestic Funded Private Enterprises	1307257	574744	44
8.内资其他企业	8. Other Domestic Funded Enterprises	223983	87117	38.9
9.港澳台商投资企业	9. Hong Kong, Macao and Taiwan Funded Enterprises	1189180	647514	54.5

3.5 续表
Continued

项　目	Item	职工（人）Number of Staff and Workers	#女职工 Female Staff and Workers	女职工占全部职工（%）Ratio of Female Staff and Workers in Total Staff and Workers (%)
10. 外商投资企业	10. Foreign Investment Enterprises	1788155	941142	52.6
11. 乡镇企业	11. Town and Township Enterprises	3544848	1575048	44.4
12. 事业单位	12. Institutions	18555748	8181350	44.1
13. 机关单位	13. Agencies	5872405	1671084	28.5
三、按国民经济行业分组	Ⅲ. By National Economic Industries			
1. 农、林、牧、渔业	1. Farming, Forestry, Animal Husbandry and Fishery	4562053	1756040	38.5
2. 采掘业	2. Mining and Quarrying	5718398	1362222	23.8
3. 制造业	3. Manufacturing	34019699	14662070	43.1
4. 电力、煤气及水的生产和供应业	4. Production and Supply of Electricity	2679974	875195	32.7
5. 建筑业	5. Construction	4633002	1196702	25.8
6. 地质勘查、水利管理业	6. Geological prospecting and Water Conservancy	960847	267623	27.9
7. 交通运输、仓储及邮电通信业	7. Transport, Storage, Post and Telecommunications	7174284	2020761	28.2
8. 批发零售贸易和餐饮业	8. Wholesale and Retall Trade & Catering Services	8755000	4223044	48.2
9. 金融、保险业	9. Finance and Insurance	1332634	560934	42.1
10. 房地产业	10. Real Estate Trade	538499	201710	37.5
11. 社会服务业	11. Social Services	2668784	1222756	45.8
12. 卫生体育和社会福利业	12. Health Care, Sporting and Social Welfare	3127406	1830078	58.5
13. 教育、文化艺术和广播电影电视业	13. Education, Culture and Arts, Radio, Film and Television	11121375	4968346	44.7
14. 科学研究和综合技术服务业	14. Scientific Research and Polytechnical Services	872379	301442	34.6
15. 国家机关、党政机关和社会团体	15. Government Agencies, Party Agencies and Social Oeganizations	6408179	1853898	28.9
16. 其他	16. Others	1538199	675747	43.9

3.6 各地区分类型职工人数(1999 年底)

Number of Staff and Workers by Ownership and Region (End of 1999)

地区	Region	总计(人) Total	内资企业 Domestic Funded Enterprises					
			国有企业 State-Owned Enterprises	集体企业 Collective-Owned Enterprises	股份合作制企业 Share Holding Enterprises	联营企业 Joint-Owned Enterprises	有限责任公司 Limited-Liability Corporations	股份有限公司 Share Holding Corporations
全国总计	**National Total**	**96110712**	**46366409**	**8107953**	**1280411**	**247543**	**5128119**	**3476668**
北京	Beijing	2394192	1407353	166097	19269	12567	53927	51063
天津	Tianjin	2254655	1145059	225949	11156	5354	132681	42729
河北	Hebei	4770695	2243551	414663	54165	14812	342559	152975
山西	Shanxi	2765486	1499273	242134	29979	4412	240825	68898
内蒙古	Inner Mongolia	1911474	977752	55950	18492	2529	132689	82092
辽宁	Liaoning	6404546	3459941	745635	96712	6634	357011	147627
吉林	Jilin	3014903	1791284	197083	32206	3036	143422	123912
黑龙江	Heilongjiang	5054265	3529456	297107	35530	5134	170362	79409
上海	Shanghai	3809101	1415434	318243	64778	19197	303252	253756
江苏	Jiangsu	5690355	2237421	681475	119231	50989	322089	206186
浙江	Zhejiang	3571050	1017858	301980	103300		216624	170122
安徽	Anhui	3189779	1463928	384667	50631	6948	267737	182492
福建	Fujian	2482783	804765	203272	24103	8428	64531	69134
江西	Jiangxi	2420396	1303583	213311	11123	1657	111567	19270
山东	Shandong	7294987	2959932	822924	184192	22621	461158	450420
河南	Henan	5779688	2821117	530212	53924	6325	309113	241277
湖北	Hubei	4443254	2355363	426858	38155	12411	247316	174915
湖南	Hunan	3878690	1950277	391079	34491	6639	137391	105002
广东	Guangdong	4909510	1802544	405386	48530	21292	147718	170982
广西	Guangxi	1962123	932816	106835	20747	642	75429	75414
海南	Hainan	807442	497529	46175	7252	3778	7597	23044
重庆	Chongqing	1755780	870802	150205	32224	3019	94611	59632
四川	Sichuan	3953952	1848676	247964	46442	2778	241346	284936
贵州	Guizhou	1537416	724768	62680	11522	3245	78843	18074
云南	Yunnan	2089943	885772	119705	51609	1491	120308	53577
西藏	Tibet							
陕西	Shaanxi	2900236	1653556	159227	32593	3806	155008	57903
甘肃	Gansu	1600312	863204	76666	23286	1056	70605	25009
青海	Qinghai	471292	224199	24814	7266	542	26017	16575
宁夏	Ningxia	537409	275038	20074	7106	842	28161	20787
新疆	Xinjiang	2118608	1297184	68966	10397	1617	66231	46307
国家机关	Government Agencies	293418	101779	617		212	1991	2898
中直机关	Agencies Directly Under CCCPC	42972	5195					251

3.6 续表
Continued

地 区	Region	内资企业 Domestic Funded Enterprises		港澳台商投资企业 Hong Kong, Macao and Taiwan Funded Enterprises	外商投资企业 Foreign Funded Enterprises	乡镇企业 Town and Township Enterprises	事业单位 Institutions	机关单位 Government Agencies
		私营企业 Private Enterprises	其他单位 Other Units					
全国总计	**National Total**	**892577**	**230097**	**967860**	**1553539**	**3541383**	**18555748**	**5872405**
北 京	Beijing	6480	3239	19734	88264	32370	452885	80944
天 津	Tianjin	5100	2329	36005	90307	157955	330338	69693
河 北	Hebei	42162	1787	21300	45587	141585	945392	350157
山 西	Shanxi	7969	1102	9413	9476	56984	417847	177174
内蒙古	Inner Mongolia	13774	1796	6791	4652	7855	444783	162319
辽 宁	Liaoning	119364	12509	38893	111756	148427	896057	263980
吉 林	Jilin	34132	2467	10281	32031	15192	557400	72457
黑龙江	Heilongjiang	7102	1254	10976	19756	16859	700411	180909
上 海	Shanghai	46548	10850	94480	205273	397826	586820	92644
江 苏	Jiangsu	123433	3838	66371	121490	565658	944456	247718
浙 江	Zhejiang	149876	25868	48350	76788	521613	643988	281153
安 徽	Anhui	13977	1793	8890	18688	35155	625176	129697
福 建	Fujian	66205	3593	194323	114692	131212	577028	221497
江 西	Jiangxi	9825	2352	2565	5161	15052	492265	232665
山 东	Shandong	73956	4895	53475	211537	447327	1255049	347501
河 南	Henan	19004	4953	23186	24942	74401	1278130	393104
湖 北	Hubei	11345	1897	9426	19206	76090	894623	175649
湖 南	Hunan	32029	1122	6807	10896	27112	904024	271821
广 东	Guangdong	26237	9864	264394	262909	451466	970364	327824
广 西	Guangxi	5361	2564	2733	13741	12219	536840	176782
海 南	Hainan	4525	2458	5925	6043	617	148524	53975
重 庆	Chongqing	10278	1179	7440	16798	36214	359659	113719
四 川	Sichuan	10467	4107	8382	10344	55668	883128	309714
贵 州	Guizhou	12601	2093	1671	8691	14284	366671	232273
云 南	Yunnan	4673	251	3327	4649	22730	544330	277521
西 藏	Tibet							
陕 西	Shaanxi	8105	2392	3133	14330	29092	639467	141624
甘 肃	Gansu	3991	1213	3084	858	29511	333459	168370
青 海	Qinghai	3656	793	1084	144	6840	103377	55985
宁 夏	Ningxia	8083	921	1281	279	3665	125253	45919
新 疆	Xinjiang	12319	3538	1484	1319	10404	429870	168972
国家机关	Government Agencies		1080	2255	2932		145137	34517
中直机关	Agencies Directly Under CCCPC			401			22997	14128

3.7 各地区按国民经济行业分的职工人数(1999 年底)

Number of Staff and Workers by National Economic Industries and Region (End of 1999)

单位:人 Person

地区	Region	合计 Total	农、林、牧、渔业 Farming, Forestry, Animal Husbandry and Fishery	采掘业 Mining and Quarrying	制造业 Manufacturing	电力、煤气及水的生产和供应业 Production and Supply of Electricity Gas and Water	建筑业 Construction	地质勘查业水利管理业 Geological Prospecting and Water Conservancy	交通运输仓储和邮电通信业 Transport, Storage, Post & Telecommunications
全国总计	**National Total**	**96110712**	**4562053**	**5718398**	**34019699**	**2679974**	**4633002**	**960847**	**7174284**
北 京	Beijing	2394192	42723	48280	761942	56923	232951	13417	200312
天 津	Tianjin	2254655	20318	42455	1089150	70920	110049	11929	209262
河 北	Hebei	4770695	74446	414526	1696853	140239	220451	48242	296030
山 西	Shanxi	2765486	50103	505377	892515	104518	193868	19859	142948
内蒙古	Inner Mongolia	1911474	80093	263652	486304	100639	64962	33411	169570
辽 宁	Liaoning	6404546	262599	380114	2460396	199966	315469	44575	546349
吉 林	Jilin	3014903	328767	168187	1033452	74178	152883	36085	281346
黑龙江	Heilongjiang	5054265	980583	562966	1295188	127234	215871	36240	442209
上 海	Shanghai	3809101	96606	9347	1780498	65948	134916	12083	243175
江 苏	Jiangsu	5690355	201368	276544	2506124	97834	258292	40749	343477
浙 江	Zhejiang	3571050	78762	34761	1569780	88096	115267	22106	234367
安 徽	Anhui	3189779	83040	250478	1126091	84585	188855	53861	256680
福 建	Fujian	2482783	60668	56791	890401	73851	110471	17753	172170
江 西	Jiangxi	2420396	132714	172313	805978	81796	80553	31903	186650
山 东	Shandong	7294987	88700	552243	3077752	195926	330439	54770	437888
河 南	Henan	5779688	61148	386244	1982208	189788	235037	79505	414849
湖 北	Hubei	4443254	282481	89665	1509652	114576	221981	53375	433540
湖 南	Hunan	3878690	103591	225243	1288700	92172	164521	41498	280420
广 东	Guangdong	4909510	178077	53090	1815661	145432	170594	40913	506072
广 西	Guangxi	1962123	87158	89195	616197	64068	83300	18245	129455
海 南	Hainan	807442	308876	14081	83176	19468	6772	6199	42772
重 庆	Chongqing	1755780	15789	107332	776759	48131	78216	5712	81945
四 川	Sichuan	3953952	44748	286685	1295050	130357	268837	51028	293275
贵 州	Guizhou	1537416	18507	76549	473546	44442	86692	10516	103145
云 南	Yunnan	2089943	150970	114719	518630	61169	100687	23931	158879
西 藏	Tibet								
陕 西	Shaanxi	2900236	45694	148161	1111897	62145	219154	50881	210009
甘 肃	Gansu	1600312	37572	165391	460370	54144	105193	33958	131800
青 海	Qinghai	471292	23512	24753	133473	14164	40199	11183	45294
宁 夏	Ningxia	537409	36702	55927	135681	20351	20624	9222	43171
新 疆	Xinjiang	2118608	580763	139518	306934	56420	94274	38850	130138
国家机关	Government Agencies	293418	4975	3811	39341	494	11624	8848	7087
中直机关	Agencies Directly Under CCCPC	42972							

3.7 续表
Continued

地区	Region	批发和零售贸易、餐饮业 Wholesale and Retail Trade & Catering Services	金融、保险业 Finance and Insurance	房地产业 Real Estate Trade	社会服务业 Social Services	卫生体育和社会福利业 Health Care, Sporting and Social Welfare	教育、文化艺术和广播电影电视业 Education, Culture and Arts, Radio, Film and Television	科学研究和综合技术服务业 Scientific Research and Polytechnical Services	国家机关政党机关社会团体 Govern-ment Agencies, Party Agencies and Social Oganizations	其他 Others
全国总计	**National Total**	**8755000**	**1332634**	**538499**	**2668784**	**3127406**	**11121375**	**872379**	**6408179**	**1538199**
北　京	Beijing	253685	1407	49850	221274	89458	271222	21818	85862	43068
天　津	Tianjin	159450	18343	17170	119163	69083	172169	22434	59993	62767
河　北	Hebei	444093	106600	20087	133031	148175	586456	32666	379152	29648
山　西	Shanxi	232254	30461	4775	35512	61880	250046	10659	222370	8341
内蒙古	Inner Mongolia	105258	35509	6047	32890	70154	273339	10235	167950	11461
辽　宁	Liaoning	615475	98653	40645	173364	181881	477888	71869	298663	236640
吉　林	Jilin	257454	46084	20427	80302	88187	332253	26536	78106	10656
黑龙江	Heilongjiang	411286	4464	27806	116133	148490	392348	26540	200594	66313
上　海	Shanghai	408800	16099	68146	232778	133311	276341	72323	117573	141157
江　苏	Jiangsu	546284	59940	40524	167106	164164	552010	40141	306558	89240
浙　江	Zhejiang	293907	69594	17925	105039	127270	398707	19119	332288	64062
安　徽	Anhui	347025	42943	16257	63343	110595	373194	21668	151007	20157
福　建	Fujian	221682	62848	10531	68536	78021	388161	13342	239523	18034
江　西	Jiangxi	224956	11034	8475	34818	77582	306305	11872	241704	11743
山　东	Shandong	701712	133035	33296	165600	257421	827443	35926	353430	49406
河　南	Henan	652895	117449	19410	107165	225939	742221	40800	492113	32917
湖　北	Hubei	396284	103088	19532	111303	157845	472195	47846	186818	243073
湖　南	Hunan	404274	64199	13751	80721	143030	549852	27990	303039	95689
广　东	Guangdong	445595	40739	42405	188232	154401	618676	20786	325869	162968
广　西	Guangxi	176603	20817	4760	49002	69232	357544	12170	171447	12930
海　南	Hainan	98985	18158	3590	27046	22450	89758	2362	60094	3655
重　庆	Chongqing	153776	5786	8139	42064	42624	261190	7109	114505	6703
四　川	Sichuan	326440	82681	16232	73615	115240	568717	61517	330260	9270
贵　州	Guizhou	124346	4947	3162	22388	50972	256614	16161	238857	6572
云　南	Yunnan	159468	3659	3946	36319	94496	339110	17510	297977	8473
西　藏	Tibet									
陕　西	Shaanxi	238140	56241	7349	68519	85109	379410	58354	130971	28202
甘　肃	Gansu	122071	19201	5457	30616	44562	188813	18497	172884	9783
青　海	Qinghai	28442	5888	680	12916	16019	53644	4661	56376	88
宁　夏	Ningxia	48553	12732	3183	12304	21481	64861	3504	34180	14933
新　疆	Xinjiang	140842	38988	4137	38468	64210	250390	12733	195153	26790
国家机关	Government Agencies	14965	1047	805	17826	14124	28653	83094	44033	12691
中直机关	Agencies Directly Under CCCPC				1391		21845	137	18830	769

3.8 按规模和行业分的职工人数(1999年)
Number of Staff and Workers by Scope and Industry (1999)

地　区	Region	职工人数总计(人) Total Number of Staff and Workers (person)	#企业单位 Enterprises	#事业单位 Institutions	#机关单位 Agencies
总计	**Total**	**96110712**	**71682559**	**18555748**	**5872405**
一、按单位规模分组	Ⅰ. By Unit Scope				
1.10人及以下	1. 10 and Under	137732	62195	42850	32687
2.11—50人	2. 11—50	5632870	2438913	2002828	1191129
3.51—100人	3. 51—100	8688998	4124688	3284597	1279713
4.101—200人	4. 101—200	12873380	7201544	4511859	1159977
5.201—300人	5. 201—300	7708951	5023490	2187554	497907
6.301—500人	6. 301—500	9783600	7156144	2110091	517365
7.501—800人	7. 501—800	8729312	7099957	1338905	290450
8.801—2999人	8. 801—2999	23295944	20498728	2208004	547212
9.3000人及以上	9. 3000 and above	19259925	18076900	869060	355965
二、按国民经济行业分组	Ⅱ. By National Economic Industries				
1.农、林、牧、渔业	1. Farming, Forestry, Animal Husbandry and Fishery	4562053	4008947	515070	38036
2.采掘业	2. Mining and Quarrying	5718398	5690234	22809	5355
3.制造业	3. Manufacturing	34019699	33845863	153175	20661
4.电力、煤气及水的生产和供应业	4. Production and Supply of Electricity	2679974	2570923	102698	6353
5.建筑业	5. Construction	4633002	4486762	141184	5056
6.地质勘查、水利管理业	6. Geological prospecting and Water Conservancy	960847	358716	585902	16229
7.交通运输、仓储及邮电通信业	7. Transport, Storage, Post and Telecommunications	7174284	6406383	747913	19988
8.批发零售贸易和餐饮业	8. Wholesale and Retail Trade & Catering Services	8755000	8634040	97497	23463
9.金融、保险业	9. Finance and Insurance	1332634	1172495	121788	38351
10.房地产业	10. Real Estate Trade	538499	324961	205091	8447
11.社会服务业	11. Social Services	2668784	1773490	879606	15688
12.卫生体育和社会福利业	12. Health Care, Sporting and Social Welfare	3127406	283471	2820852	23083
13.教育、文化艺术和广播电影电视业	13. Education, Culture and Arts, Radio, Film and Television	11121375	274497	10737618	109260
14.科学研究和综合技术服务业	14. Scientific Research and Polytechnical Services	872379	195031	663052	14296
15.国家机关、党政机关和社会团体	15. Government Agencies, Party Agencies and Social Organizations	6408179	362304	540574	5505301
16.其他	16. Others	1538199	1294442	220919	22838

3.9 各地区女职工人数(年底数)
Number of Female Staff and Workers by Region (End of Year)

地区	Region	女职工(人) Female Staff and Workers (Person)			占全部职工的(%) Percentage in total staff and Workers (%)		
		1995	1998	1999	1995	1998	1999
全国总计	**National Total**	**45152722**	**38820077**	**37978568**	**39.9**	**40**	**39.5**
北京	Beijing	1289022	1145604	1027548	45.3	44.2	42.9
天津	Tianjin	1062312	967435	950489	45.7	42.7	42.2
河北	Hebei	2122545	1847347	1819973	37.6	38.9	38.1
山西	Shanxi	1173973	1001960	958067	34.5	34.5	34.6
内蒙古	Inner Mongolia	1018799	777291	750590	40.4	39.1	39.3
辽宁	Liaoning	3987323	2982420	2623568	42.9	41.6	41
吉林	Jilin	1569697	1234754	1216567	42.8	39	40.4
黑龙江	Heilongjiang	2349701	1997507	1911144	38.9	38.9	37.1
上海	Shanghai	1800501	1502129	1618415	43.7	42.3	42.5
江苏	Jiangsu	3089431	2175576	2316355	42	39.7	40.7
浙江	Zhejiang	1676314	1515591	1481340	40.9	42.4	41.5
安徽	Anhui	1373288	1266752	1187405	38	37.3	37.2
福建	Fujian	1120235	1043067	1029747	38.8	41.2	41.5
江西	Jiangxi	1120967	942173	888887	36.6	37.5	36.7
山东	Shandong	2531558	2721608	2913161	38.6	40.7	39.9
河南	Henan	2365549	2167552	2208282	38.7	39	38.2
湖北	Hubei	2309410	1838519	1779059	40.9	41.2	40
湖南	Hunan	1722864	1561901	1520438	40.2	40	39.2
广东	Guangdong	2192738	2208606	2111262	41.5	43.9	43
广西	Guangxi	1071496	830792	779087	38.5	40	39.7
海南	Hainan	353403	324942	322660	41.1	40.2	40
重庆	Chongqing	—	680615	662242	—	39.5	37.7
四川	Sichuan	2811411	1554491	1489849	38	38.7	37.7
贵州	Guizhou	593611	562320	549154	35.9	36.3	35.7
云南	Yunnan	1049767	850239	803332	37.9	38.7	38.4
西藏	Tibet	46872	—	—	33.5	—	—
陕西	Shaanxi	947380	1019836	1079341	35.8	36.7	37.2
甘肃	Gansu	684374	624490	569137	35.2	36	35.6
青海	Qinghai	207896	184131	181202	37.4	37.6	38.4
宁夏	Ningxia	193874	205750	201262	37.4	38.1	37.5
新疆	Xinjiang	1141252	938364	902770	42	42.6	42.6
国家机关	Government Agencies	158664	127345	109344	37	38.6	37.3
中直机关	Agencies Directly Under CCCPC	16495	18970	16891	36.7	39.4	39.3

3.10 各地区职工人数(年底数)

Number of Staff and Workers by Region (End of Year)

单位：人　　　　Unit：Person

地区	Region	1985	1988	1989	1990	1991	1992
全国总计	**National Total**	**96429547**	**107474037**	**109986394**	**111569457**	**113513659**	**112239297**
北　京	Beijing	3018839	3272618	3300588	3335345	3359601	3117294
天　津	Tianjin	2405796	2505317	2473461	2549678	2564700	2511160
河　北	Hebei	4413359	4888306	5002511	5118992	5105301	5137400
山　西	Shanxi	2930671	3602564	3745760	3336758	3263127	3363127
内蒙古	Inner Mongolia	2257269	2510814	2552712	2611877	2662017	2547635
辽　宁	Liaoning	8266625	8712119	8840457	8968227	8979282	9164759
吉　林	Jilin	3019634	3419634	3451861	3432006	3554999	3615014
黑龙江	Heilongjiang	6014447	6541237	6667467	6792964	6728420	6439200
上　海	Shanghai	4681158	4920224	5042172	5168539	4766928	4610917
江　苏	Jiangsu	6447386	7789398	7984003	7671986	7823189	7149038
浙　江	Zhejiang	3094799	3692633	3784709	3889412	4005082	4030046
安　徽	Anhui	2813889	3238531	3293226	3386225	3462759	3466710
福　建	Fujian	1779500	2072995	2145148	2227506	2299795	2329233
江　西	Jiangxi	2601575	2835435	2933299	2999322	3051226	3118647
山　东	Shandong	4937527	5721363	6053656	6205318	6446865	6544234
河　南	Henan	4624820	5302397	5517467	5712398	5896186	5943859
湖　北	Hubei	4846826	5487350	5558483	5593955	5690132	5449836
湖　南	Hunan	3622715	3998249	4068387	4180805	4262707	4241823
广　东	Guangdong	5627874	5389758	5505086	5640265	5875853	5438135
广　西	Guangxi	1953622	2140857	2266344	2340395	2450531	2462458
海　南	Hainan	—	822710	863837	888767	920401	954841
重　庆	Chongqing	6405764	7027402	7195259	7335653	7510111	7465561
四　川	Sichuan	1428515	1540103	1587260	1643711	1679506	1679830
贵　州	Guizhou	2040560	2198956	2215915	2373364	2447296	2385029
云　南	Yunnan	166565	—	—	—	112659	127221
西　藏	Tibet						
		2677504	2900130	2955090	3018236	3133919	2989046
陕　西	Shaanxi	1589835	1712888	1750908	1793777	1868746	1869733
甘　肃	Gansu	447218	526209	523040	539502	522547	551889
青　海	Qinghai	420365	475744	491778	499613	551782	555469
宁　夏	Ningxia	1894890	2228114	2216510	2314861	2517992	2500145
新　疆	Xinjiang						
		—	—	—	—	—	480008
国家机关	Government Agencies	—	—	—	—	—	—
中直机关	Agencies Directly Under CCCPC						

3.10 续表
Continued

单位：人　　　　Unit：Person

地区	Region	1993	1995	1996	1997	1998	1999
全国总计	**National Total**	**111038236**	**113213930**	**111900636**	**101114533**	**97165303**	**96110712**
北　京	Beijing	2994343	2845352	2799089	2716136	2589697	2394192
天　津	Tianjin	2450215	2326553	2389418	2307187	2266911	2254655
河　北	Hebei	5173217	5642172	5179686	5002186	4749772	4770695
山　西	Shanxi	3228250	3399413	3481408	3419290	2901324	2765486
内蒙古	Inner Mongolia	2534128	2520288	2402011	2093458	1990110	1911474
辽　宁	Liaoning	9177011	9290683	9095119	8399403	7170058	6404546
吉　林	Jilin	3560467	3665635	3672932	2991727	3167519	3014903
黑龙江	Heilongjiang	6152459	6034256	6244698	5475509	5136797	5054265
上　海	Shanghai	4628773	4118058	3937906	3756578	3554744	3809101
江　苏	Jiangsu	7046178	7351633	7075193	5723621	5479462	5690355
浙　江	Zhejiang	4035298	4102499	3809392	3653011	3571438	3571050
安　徽	Anhui	3481614	3615203	3396472	3329057	3397945	3189779
福　建	Fujian	2404382	2888941	2994308	2635619	2528661	2482783
江　西	Jiangxi	3001192	3061703	3180421	2429966	2513192	2420396
山　东	Shandong	6536728	6556082	6510672	6952908	6688994	7294987
河　南	Henan	5958699	6110024	6498847	5769162	5562111	5779688
湖　北	Hubei	5374694	5643412	5843365	4720445	4458265	4443254
湖　南	Hunan	4236001	4283236	4263061	3963203	3904163	3878690
广　东	Guangdong	5205296	5290068	5304521	4292637	5032336	4909510
广　西	Guangxi	2494068	2786715	2456355	2174283	2075841	1962123
海　南	Hainan	946788	860381	862557	852255	808726	807442
重　庆	Chongqing	—	—	2089852	1835139	1723999	1755780
四　川	Sichuan	7470252	7403971	5085673	4304648	4014738	3953952
贵　州	Guizhou	1664458	1653642	1561596	1581256	1548645	1537416
云　南	Yunnan	2379114	2769239	2720904	2304224	2198244	2089943
西　藏	Tibet	139217	139850	86852	—	—	—
陕　西	Shaanxi	2816836	2649664	2890692	2827746	2782589	2900236
甘　肃	Gansu	1853574	1942918	1962417	1733286	1736727	1600312
青　海	Qinghai	550897	555907	542859	498458	489243	471292
宁　夏	Ningxia	586026	518858	624993	574911	540114	537409
新　疆	Xinjiang	2449119	2714263	2463749	2383510	2204572	2118608
国家机关	Government Agencies	472543	428325	429370	370927	330257	293418
中直机关	Agencies Directly Under CCCPC	36399	44986	44248	42787	48109	42972

3.11 各地区按职工人数分的基层工会数(1999年)

Number of Grass-root Trade Unions by Number of Staff and Workers and Region (1999)

单位:个

地区 Region	总计 Total	1—10人 1—10	11—50人 11—50	51—100人 51—100	101—200人 101—200	201—300人 201—300	301—500人 301—500	501—800人 501—800	801—2999人 801—2999	3000人以上 Over 3000
全国总计 National Total	**508592**	**18188**	**188166**	**120434**	**91080**	**31564**	**25483**	**13912**	**16573**	**3192**
北京 Beijing	10192	454	3169	2300	1943	726	610	380	531	79
天津 Tianjin	8378	283	2385	1864	1490	651	667	439	528	71
河北 Hebei	27081	960	10568	6318	4563	1705	1301	677	832	157
山西 Shanxi	11699	354	4298	2806	2068	721	597	335	397	123
内蒙古 Inner Mongolia	11562	465	4837	2889	1894	535	387	229	254	72
辽宁 Liaoning	21669	557	6562	5062	4003	1559	1376	918	1349	283
吉林 Jilin	11260	223	3070	2849	2565	853	711	404	485	100
黑龙江 Heilongjiang	19435	781	6568	4331	3700	1389	1100	553	741	272
上海 Shanghai	19020	947	5837	4301	3768	1464	1245	703	652	103
江苏 Jiangsu	31510	562	9211	7638	8647	1992	1649	894	739	178
浙江 Zhejiang	27284	1307	11651	6350	4291	1503	1104	517	506	55
安徽 Anhui	15918	389	5368	3857	3048	1078	950	483	643	102
福建 Fujian	22228	1422	9610	5317	3434	1051	655	379	331	29
江西 Jiangxi	15562	565	6592	3931	2356	736	564	318	432	68
山东 Shandong	30687	688	8546	6865	6420	2760	2343	1328	1527	210
河南 Henan	24717	247	6877	6463	5263	2080	1737	803	1040	207
湖北 Hubei	18952	439	5854	4234	3911	1596	1252	664	857	145
湖南 Hunan	20020	427	6751	4769	4031	1490	1252	552	636	112
广东 Guangdong	32635	1272	12635	7801	5657	2039	1637	812	684	98
广西 Guangxi	12758	433	5103	3082	2130	720	603	328	318	41
海南 Hainan	5131	259	2267	1122	839	259	172	70	98	45
重庆 Chongqing	9781	340	3814	2651	1620	469	368	211	248	60
四川 Sichuan	25967	789	11876	6682	3535	1049	785	473	639	139
贵州 Guizhou	13580	712	7045	3199	1509	392	271	142	270	40
云南 Yunnan	17265	1040	8484	3911	2081	644	474	256	312	63
西藏 Tibet										
陕西 Shaanxi	15955	777	6782	3662	2366	751	591	359	541	126
甘肃 Gansu	9120	371	4107	2054	1264	414	328	207	308	67
青海 Qinghai	4319	488	2208	765	450	128	96	81	94	9
宁夏 Ningxia	3101	149	1291	694	509	143	117	66	112	20
新疆 Xinjiang	10548	467	4449	2434	1500	525	414	261	389	109
国家机关 Government Agencies	1060	18	282	201	191	123	108	57	71	9
中直机关 Agencies Directly Under CCCPC	198	3	69	32	34	19	19	13	9	

3.12 各地区分类型基层工会组织数(1999 年底)
Number of Grass-root Trade Union Organizations by Ownership and Region (End of 1999)

地 区 Region		总 计 (个) Total	内资企业 Domestic Funded Enterprises					
			国有企业 State-owned Enterprises	集体企业 Collective-owned Enterprises	股份合作制企业 Share Holding Enterprises	联营企业 Joint-Owned Enterprises	有限责任公司 Limited-Liability Corporations	股份有限公司 Share Holding Corporations
全国总计	**National Total**	**508592**	**128162**	**58980**	**7817**	**1310**	**12845**	**6368**
北 京	Beijing	10192	3463	1385	138	54	202	116
天 津	Tianjin	8378	2398	1039	60	23	165	62
河 北	Hebei	27081	7148	3917	313	57	563	281
山 西	Shanxi	11699	3318	1765	145	15	370	144
内蒙古	Inner Mongolia	11562	2565	477	161	14	383	128
辽 宁	Liaoning	21669	5478	2922	471	25	340	177
吉 林	Jilin	11260	3650	1258	166	18	254	172
黑龙江	Heilongjiang	19435	6974	2345	244	24	399	153
上 海	Shanghai	19020	3580	2080	529	121	1130	576
江 苏	Jiangsu	31510	6615	4267	774	188	862	434
浙 江	Zhejiang	27284	3940	2328	749	80	1209	456
安 徽	Anhui	15918	4243	2412	254	25	662	275
福 建	Fujian	22228	4398	2333	181	100	290	162
江 西	Jiangxi	15562	4457	2010	85	12	117	52
山 东	Shandong	30687	7385	4203	723	57	1083	704
河 南	Henan	24717	7159	3464	207	30	472	365
湖 北	Hubei	18952	6764	2610	140	64	461	223
湖 南	Hunan	20020	5651	2442	151	27	199	159
广 东	Guangdong	32635	8909	4453	261	184	625	458
广 西	Guangxi	12758	3564	1203	149	10	133	99
海 南	Hainan	5131	1654	539	24	35	33	69
重 庆	Chongqing	9781	1718	1153	159	13	305	134
四 川	Sichuan	25967	5053	1977	308	27	962	400
贵 州	Guizhou	13580	3192	1040	67	27	110	31
云 南	Yunnan	17265	3026	1802	622	16	282	113
西 藏	Tibet							
陕 西	Shaanxi	15955	4269	1825	252	23	425	219
甘 肃	Gansu	9120	2345	662	205	9	316	59
青 海	Qinghai	4319	900	327	86	10	67	40
宁 夏	Ningxia	3101	829	203	72	9	128	23
新 疆	Xinjiang	10548	3138	529	121	12	286	69
国家机关	Government Agencies	1060	363	10	—	1	12	14
中直机关	Agencies Directly Under CCCPC	198	16	—	—	—	—	1

3.12 续表
Continued

地区	Region	内资企业 Domestic Funded Enterprises		港澳台商投资企业 Hong Kong, Macao and Taiwan Funded Enterprises	外商投资企业 Foreign Funded Enterprises	乡镇企业 Town and Township Enterprises	事业单位 Institutions	机关单位 Government Agencies
		私营企业 Private Enterprises	其他企业 Other Units					
全国总计	**National Total**	**10043**	**812**	**4862**	**5906**	**26480**	**168022**	**76985**
北京	Beijing	141	7	161	246	297	3395	587
天津	Tianjin	100	16	161	366	903	2562	523
河北	Hebei	912	19	113	169	1707	7678	4204
山西	Shanxi	57	6	17	18	346	3864	1634
内蒙古	Inner Mongolia	154	7	15	22	76	5061	2499
辽宁	Liaoning	847	42	118	399	1015	7149	2686
吉林	Jilin	203	14	26	91	131	4689	588
黑龙江	Heilongjiang	80	13	29	61	120	6560	2433
上海	Shanghai	997	105	503	742	2843	4913	901
江苏	Jiangsu	696	39	512	670	4358	9058	3037
浙江	Zhejiang	1667	169	201	331	3940	7915	4299
安徽	Anhui	77	10	42	53	262	5410	2193
福建	Fujian	1183	42	1147	615	2099	6363	3315
江西	Jiangxi	84	38	22	36	149	5613	2887
山东	Shandong	1205	26	242	623	1963	9176	3297
河南	Henan	137	11	63	68	357	8206	4178
湖北	Hubei	129	33	45	46	642	6225	1570
湖南	Hunan	268	12	36	42	193	7360	3480
广东	Guangdong	252	52	1223	1013	3330	8215	3660
广西	Guangxi	67	19	17	41	123	4728	
海南	Hainan	76	12	32	45	14	1569	1029
重庆	Chongqing	62	3	22	56	205	4189	1762
四川	Sichuan	140	10	40	40	401	11331	5278
贵州	Guizhou	155	37	9	16	191	4443	4262
云南	Yunnan	45	8	22	31	198	6080	5020
西藏	Tibet							
陕西	Shaanxi	83	9	12	38	231	6214	2355
甘肃	Gansu	54	13	9	3	219	2927	2299
青海	Qinghai	29	8	6	5	54	1518	1269
宁夏	Ningxia	101	5	4	2	34	1111	580
新疆	Xinjiang	42	18	9	15	79	3804	2426
国家机关	Government Agencies	—	9	3	3	—	573	72
中直机关	Agencies Directly Under CCCPC	—	—	1	—	—	123	57

3.13 各地区按国民经济行业分的基层工会数(1999年底)
Number of Grass-root Trade Unions by National Economic Industries and Region (End of 1999)

单位：个

地区	Region	合计 Total	农、林、牧、渔业 Farming, Forestry, Animal Husbandry and Fishery	采掘业 Mining and Quarrying	制造业 Manufacturing	电力、煤气及水的生产和供应业 Production and Supply of Electricity Gas and Water	建筑业 Construction	地质勘查业水利管理业 Geological Prospect-ing and Water Conservancy	交通运输仓储和邮电通信业 Transport, Storage, Post & Telecommunications
全国总计	**National Total**	**508592**	**15834**	**6491**	**101827**	**8247**	**12250**	**6194**	**25272**
北京	Beijing	10192	326	104	1945	57	544	86	408
天津	Tianjin	8378	162	21	2702	149	187	106	583
河北	Hebei	27081	542	568	6034	351	507	207	1559
山西	Shanxi	11699	209	522	1911	228	229	131	473
内蒙古	Inner Mongolia	11562	431	161	1106	226	160	139	787
辽宁	Liaoning	21669	597	222	5046	260	765	189	1249
吉林	Jilin	11260	601	123	2044	162	305	167	952
黑龙江	Heilongjiang	19435	1305	449	3064	311	523	325	1459
上海	Shanghai	19020	366	27	6362	176	818	115	657
江苏	Jiangsu	31510	534	383	10033	430	923	426	1347
浙江	Zhejiang	27284	660	121	8022	427	563	244	1042
安徽	Anhui	15918	558	149	3060	204	402	310	994
福建	Fujian	22228	637	425	5800	532	631	165	870
江西	Jiangxi	15562	671	305	2281	296	284	154	568
山东	Shandong	30687	656	418	7794	385	857	319	1321
河南	Henan	24717	518	262	3910	361	388	353	1711
湖北	Hubei	18952	1243	167	3388	296	536	420	1202
湖南	Hunan	20020	599	246	2896	367	400	311	949
广东	Guangdong	32635	973	154	8961	752	832	492	1661
广西	Guangxi	12758	344	126	1885	382	134	151	637
海南	Hainan	5131	279	22	421	92	49	60	169
重庆	Chongqing	9781	215	89	1507	145	218	32	373
四川	Sichuan	25967	410	266	2945	421	706	213	1190
贵州	Guizhou	13580	186	127	1348	207	164	51	445
云南	Yunnan	17265	642	218	1940	284	223	186	688
西藏	Tibet								
陕西	Shaanxi	15955	693	258	2269	257	284	282	715
甘肃	Gansu	9120	318	166	1225	163	187	191	529
青海	Qinghai	4319	282	68	493	80	101	96	173
宁夏	Ningxia	3101	139	83	402	43	75	52	147
新疆	Xinjiang	10548	695	222	931	200	230	194	394
国家机关	Government Agencies	1060	43	19	102	3	25	27	20
中直机关	Agencies Directly Under CCCPC	198							

3.13 续表
Continued

地区 Region	批发和零售贸易、餐饮业 Wholesale and Retail Trade & Catering Services	金融、保险业 Finance and Insurance	房地产业 Real Estate Trade	社会服务业 Social Services	卫生体育和社会福利业 Health Care, Sporting and Social Welfare	教育、文化艺术和广播电影电视业 Education, Culture and Arts, Radio, Film and Television	科学研究和综合技术服务业 Scientific Research and Polytechnical Services	国家机关政党机关社会团体 Government Agencies, Party Agencies and Social Organizations	其他 Others
全国总计 National Total	**76217**	**10650**	**5904**	**16255**	**27677**	**100807**	**5692**	**80071**	**9204**
北京 Beijing	1940	12	262	921	512	2181	145	510	239
天津 Tianjin	938	152	184	373	449	1472	123	459	318
河北 Hebei	4792	1026	204	641	1129	4553	254	4442	272
山西 Shanxi	2352	329	69	273	604	2326	73	1898	72
内蒙古 Inner Mongolia	987	373	84	275	756	3329	147	2524	77
辽宁 Liaoning	2949	386	233	884	1171	4243	305	2670	500
吉林 Jilin	1544	254	138	367	765	3045	101	631	61
黑龙江 Heilongjiang	3229	39	209	720	1210	3578	185	2565	264
上海 Shanghai	2688	59	790	1025	689	2882	344	1052	970
江苏 Jiangsu	4642	445	432	1041	1594	5196	319	3338	427
浙江 Zhejiang	2909	470	413	983	1152	4498	338	4856	586
安徽 Anhui	2627	363	201	448	849	3161	166	2316	110
福建 Fujian	2819	600	245	693	982	3795	246	3560	228
江西 Jiangxi	2633	126	142	375	1101	3330	132	3073	91
山东 Shandong	5215	1026	302	894	2383	5256	257	3360	244
河南 Henan	4624	796	160	575	1904	4417	221	4356	161
湖北 Hubei	2721	745	257	605	1202	2929	215	1514	1512
湖南 Hunan	3137	549	153	536	1194	4269	216	3585	613
广东 Guangdong	5190	297	604	1162	1247	4970	188	3799	1353
广西 Guangxi	1980	201	73	355	581	3084	148	2562	115
海南 Hainan	1184	142	53	217	312	926	30	1096	79
重庆 Chongqing	1317	51	118	254	434	3146	58	1754	70
四川 Sichuan	2864	464	208	573	1138	8693	261	5491	124
贵州 Guizhou	2308	66	61	208	649	3155	140	4365	100
云南 Yunnan	2392	47	69	404	1318	3385	221	5136	112
西藏 Tibet									
陕西 Shaanxi	2836	588	94	456	929	3529	210	2354	201
甘肃 Gansu	1237	284	35	237	409	1659	152	2271	57
青海 Qinghai	541	42	19	154	215	710	58	1283	4
宁夏 Ningxia	380	167	30	192	163	599	45	551	33
新疆 Xinjiang	1152	538	45	335	596	2229	166	2504	117
国家机关 Government Agencies	90	13	17	72	40	170	226	104	89
中直机关 Agencies Directly Under CCCPC				7		92	2	92	5

3.14 基层工会组织情况(1999年)
Status of Grass-root Trade Union Organization (1999)

项 目	Item	基层工会组织(个) Number of Grass-root Trade Union Organizations	#企业单位 Enterprises	#事业单位 Institutions	#机关单位 Government Agencies
总计	**Total**	**508592**	**263585**	**168022**	**76985**
一、按单位规模分组	Ⅰ. By Unit Scope				
1.10人及以下	1. 10 and Under	18188	8268	5594	4326
2.11—50人	2. 11—50	188166	80606	65902	41658
3.51—100人	3. 51—100	120434	56589	45651	18194
4.101—200人	4. 101—200	91080	50348	32284	8448
5.201—300人	5. 201—300	31564	20458	9048	2058
6.301—500人	6. 301—500	25483	18536	5581	1366
7.501—800人	7. 501—800	13912	11277	2160	475
8.801—2999人	8. 801—2999	16573	14541	1628	404
9.3000人及以上	9. 3000 and above	3192	2962	174	56
二、按国民经济行业分组	Ⅱ. By National Economic Industries				
1.农、林、牧、渔业	1. Farming, Forestry, Animal Husbandry and Fishery	15834	7973	7349	512
2.采掘业	2. Mining and Quarrying	6491	6268	202	21
3.制造业	3. Manufacturing	101827	100444	1187	196
4.电力、煤气及水的生产和供应业	4. Production and Supply of Electricity	8247	7176	965	106
5.建筑业	5. Construction	12250	10992	1199	59
6.地质勘查、水利管理业	6. Geological prospecting and Water Conservancy	6194	1395	4604	195
7.交通运输、仓储及邮电通信业	7. Transport, Storage, Post and Telecommunications	25272	20973	4093	206
8.批发零售贸易和餐饮业	8. Wholesale and Retail Trade & Catering Services	76217	74601	1422	194
9.金融、保险业	9. Finance and Insurance	10650	8887	1235	528
10.房地产业	10. Real Estate Trade	5904	3386	2419	99
11.社会服务业	11. Social Services	16255	7977	8028	250
12.卫生体育和社会福利业	12. Health Care, Sporting and Social Welfare	27677	1838	25453	386
13.教育、文化艺术和广播电影电视业	13. Education, Culture and Arts, Radio, Film and Television	100807	2356	97601	850
14.科学研究和综合技术服务业	14. Scientific Research and Polytechnical Services	5692	876	4575	241
15.国家机关、党政机关和社会团体	15. Government Agencies, Party Agencies and Social Organizations	80071	1746	5481	72844
16.其他	16. Others	9204	6697	2209	298

3.15 各地区基层工会数(年底数)

Number of Grass-root Trade Union by Region (End of Year)

单位:个

地区	Region	1989	1990	1991	1992	1993	1994	1995	1996	1997	1998	1999
全国总计	**National Total**	**589212**	**606045**	**613911**	**616852**	**626666**	**582780**	**593113**	**586672**	**510276**	**503532**	**508592**
北京	Beijing	11822	12609	12535	12018	12464	11041	11040	10409	10948	10660	10192
天津	Tianjin	8157	8602	8900	8951	9218	8755	8797	8798	4045	8170	8378
河北	Hebei	30022	30641	30741	30590	30944	30417	30485	30459	27467	26307	27081
山西	Shanxi	21978	20103	18689	19689	20003	17226	17468	17549	13826	10244	11699
内蒙古	Inner Mongolia	17679	18014	18499	17597	17332	14055	14830	15061	11922	11805	11562
辽宁	Liaoning	27217	27836	28642	29222	30083	27629	28448	27514	24324	23234	21669
吉林	Jilin	14881	15771	15717	15951	15962	15259	15024	14223	10813	11440	11260
黑龙江	Heilongjiang	27458	28607	27846	27577	27482	23865	24766	24784	20325	19902	19435
上海	Shanghai	17589	18328	16973	16739	18204	16339	16042	15420	15388	15202	19020
江苏	Jiangsu	33919	33898	33561	32352	34798	33759	35508	35597	31662	31666	31510
浙江	Zhejiang	25349	26228	26959	26598	27284	26760	25622	26387	25900	26498	27284
安徽	Anhui	20750	20961	21225	21195	20505	19242	17956	15832	15649	15886	15918
福建	Fujian	16287	17102	17922	18547	19231	18963	22293	23593	22688	21163	22228
江西	Jiangxi	21013	21443	21617	21855	21449	21449	20133	21361	17630	17008	15562
山东	Shandong	28513	29293	30490	31728	31717	31081	31479	31018	29372	28647	30687
河南	Henan	31429	31738	32143	32764	32728	32014	32217	31885	25425	24346	24717
湖北	Hubei	33373	33990	34270	33972	33441	28459	28461	28461	20151	17488	18952
湖南	Hunan	25877	26389	26890	26623	26731	25019	25021	23600	19555	19773	20020
广东	Guangdong	33702	35253	37591	36209	37319	34198	36450	36557	30266	34334	32635
广西	Guangxi	15970	16519	17380	17065	17436	17124	17675	16522	14482	13721	12758
海南	Hainan	4293	4509	4711	4815	4885	4881	4944	4962	5065	5057	5131
重庆	Chongqing	—	—	—	—	—	—	—	10887	9592	9511	9781
四川	Sichuan	42904	44675	45781	45689	47032	43378	43687	31865	26819	25631	25967
贵州	Guizhou	13940	14983	14516	14743	15121	12750	13927	14170	13878	14243	13580
云南	Yunnan	18668	20665	21199	20880	21427	20229	19441	19933	18354	17950	17265
西藏	Tibet	—	—	1027	1226	1489	1488	1135	707	—	—	—
陕西	Shaanxi	17573	17499	17803	17728	17531	15856	14708	15699	14421	13937	15955
甘肃	Gansu	10927	11545	12082	12198	12300	11064	12252	12043	10596	10518	9120
青海	Qinghai	4249	4626	3773	4577	4736	4584	4619	4803	3737	4262	4319
宁夏	Ningxia	3190	3533	3675	3731	3757	3752	2857	3752	3118	3100	3101
新疆	Xinjiang	10483	10685	10754	12356	12559	10710	14457	11282	11535	10624	10548
国家机关	Government Agencies	—	—	—	1667	1474	1298	1201	1335	1170	1007	1060
中直机关	Agencies Directly Under CCCPC	—	—	—	—	24	136	170	176	153	198	198

3.16 各地区工会会员人数及入会率
Number of Trade Union Members and Percentage of Joining Trade Unions by Region

地 区	Region	1998			1999		
		会员人数(人) Number of Members (Person)	#女会员 Female Members	入会率(%) Percentage of Joining Trade Unions	会员人数(人) Number of Members (Person)	#女会员 Female Members	入会率(%) Percentage of Joining Trade Unions
全国总计	**National Total**	**89134262**	**35466906**	**62.3**	**86899197**	**34061891**	**43.2**
北 京	Beijing	2466769	1107279	63.0	2274259	973347	43.2
天 津	Tianjin	2175609	925439	80.8	2093204	885116	57.8
河 北	Hebei	4430518	1727466	67.4	4499648	1684323	50.0
山 西	Shanxi	2593945	905596	58.1	2427338	815364	43.0
内蒙古	Inner Mongolia	1815144	713473	53.9	1751387	685673	43.0
辽 宁	Liaoning	6670324	2773052	72.7	5844399	2400409	53.7
吉 林	Jilin	2886590	1149126	59.8	2754685	1083016	52.2
黑龙江	Heilongjiang	4820901	1851681	62.4	4448699	1681739	54.1
上 海	Shanghai	3424414	1437231	83.0	3507018	1480355	56.3
江 苏	Jiangsu	5085356	1990176	58.5	5206175	2097599	34.3
浙 江	Zhejiang	3173448	1322729	67.7	2967264	1225163	30.3
安 徽	Anhui	3052568	1145055	61.6	2867619	1064361	41.9
福 建	Fujian	2197233	879420	60.3	2153498	865586	38.6
江 西	Jiangxi	2327733	863398	57.6	2205544	807780	41.5
山 东	Shandong	6101354	2470119	65.5	6599276	2601148	45.2
河 南	Henan	4967388	1919692	59.2	5043076	1922762	42.0
湖 北	Hubei	4009161	1638530	55.5	3887310	1547069	40.5
湖 南	Hunan	3694274	1476016	62.2	3667640	1431347	40.3
广 东	Guangdong	4230410	1780802	47.8	4136141	1720554	25.3
广 西	Guangxi	1961105	779126	58.5	1873543	721340	44.7
海 南	Hainan	702426	284336	71.7	688124	275450	54.0
重 庆	Chongqing	1622229	643941	58.3	1623512	625537	41.6
四 川	Sichuan	3685165	1439261	55.6	3672680	1372914	41.2
贵 州	Guizhou	1447270	528212	63.4	1429357	509358	49.9
云 南	Yunnan	2053230	803180	66.2	1950138	756318	48.8
西 藏	Tibet	—	—	—	—	—	—
陕 西	Shaanxi	2569178	950838	65.8	2680967	1000582	50.6
甘 肃	Gansu	1597789	571351	66.2	1466072	520812	51.3
青 海	Qinghai	453507	172019	73.4	431698	165008	53.4
宁 夏	Ningxia	500870	193279	68.7	484996	185352	50.4
新 疆	Xinjiang	2048919	881366	68.6	1951296	834946	59.6
国家机关	Government Agencies	322785	125062	—	271205	105194	—
中直机关	Agencies Directly Under CCCPC	46650	18655	—	41429	16369	—

注：1.计算北京市的入会率时包括了国家工委和中直工委的职工人数。

a)The calculation of the percentage of joining Trade Unions in Beijing included the number of staff and workers in National Working Committee and Working Committee of agencies directly under CCCPC.

3.17 工会会员人数(1999 年底)
Number of Trade Union Members (End of 1999)

项　　目	Item	工会会员人数(人) Number of Trade Union Members (Person)	#女会员 Female Members	女会员占会员总数(%) Percentage of Female Members (%)
总计	**Total**	**86899197**	**34061891**	**39.2**
一、按单位规模分组	Ⅰ. By Unit Scope			
1. 10 人及以下	1. 10 and Under	134874	46448	34.4
2. 11—50 人	2. 11—50	5324935	2010997	37.8
3. 51—100 人	3. 51—100	8065649	3253731	40.3
4. 101—200 人	4. 101—200	11748127	4869441	41.4
5. 201—300 人	5. 201—300	6878980	2909323	42.3
6. 301—500 人	6. 301—500	8763768	3676504	42
7. 501—800 人	7. 501—800	7854547	3263565	41.6
8. 801—2999 人	8. 801—2999	21034775	8022949	38.1
9. 3000 人及以上	9. 3000 and above	17093542	6008933	35.2
二、按单位类型分组	Ⅱ. By Ownership			
1. 内资国有企业	1. Domestic Funded State-owned Enterprises	42709877	15534436	36.4
2. 内资集体企业	2. Domestic Funded Collective-owned Enterprises	8408393	3823345	45.5
3. 内资股份合作企业	3. Domestic Funded Share Holing Enterprises	1369918	604493	44.1
4. 内资联营企业	4. Domestic Funded Joint-Owned Enterprises	295291	138960	47.1
5. 内资有限责任公司	5. Domestic Funded Limited Liability Corporations	4756934	1810530	38.1
6. 内资股份有限公司	6. Domestic Funded Share Holding Corporation	3220173	1327862	41.2
7. 内资私营企业	7. Domestic Funded Private Enterprises	993555	426003	42.9
8. 内资其他企业	8. Other Domestic Funded Enterprises	172872	67774	39.2
9. 港澳台商投资企业	9. Hong Kong, Macao and Taiwan Funded Enterprises	836701	426877	51

3.17 续表
Continued

项　目	Item	工会会员人数(人) Number of Trade Union Members (Person)	#女会员 Female Members	女会员占会员总数(%) Percentage of Female Members (%)
10.外商投资企业	10. Foreign Funded Enterprises	1445310	728369	50.4
11.乡镇企业	11. Town and Township Enterprises	2495989	1090492	43.7
12.事业单位	12. Institutions	17218936	7618163	44.2
13.机关单位	13. Agencies	5471237	1555079	28.4
三、按国民经济行业分组	Ⅲ. By National Economic Industries			
1.农、林、牧、渔业	1. Farming, Forestry, Animal Husbandry and Fishery	3970777	1500309	37.8
2.采掘业	2. Mining and Quarrying	5137930	1219094	23.7
3.制造业	3. Manufacturing	30163912	12784488	42.4
4.电力、煤气及水的生产和供应业	4. Production and Supply of Electricity	2529447	819068	32.4
5.建筑业	5. Construction	4134409	1081367	26.2
6.地质勘查、水利管理业	6. Geological prospecting and Water Conservancy	893509	247174	27.7
7.交通运输、仓储及邮电通信业	7. Transport, Storage, Post and Telecommunications	6725676	1884076	28
8.批发零售贸易和餐饮业	8. Wholesale and Retail Trade & Catering Services	7865425	3801502	48.3
9.金融、保险业	9. Finance and Insurance	1296512	537458	41.5
10.房地产业	10. Real Estate Trade	499020	187371	37.5
11.社会服务业	11. Social Services	2371613	1099081	46.3
12.卫生体育和社会福利业	12. Health Care, Sporting and Social Welfare	2957765	1742716	58.9
13.教育、文化艺术和广播电影电视业	13. Education, Culture and Arts, Radio, Film and Television	10337006	4606389	44.6
14.科学研究和综合技术服务业	14. Scientific Research and Polytechnical Services	825715	286775	34.7
15.国家机关、党政机关和社会团体	15. Government Agencies, Party Agencies and Social Organizations	5900740	1708720	29
16.其他	16. Others	1289741	556303	43.1

3.18 各地区按类型分的工会会员人数(1999 年底)
Number of Trade Union Members by Ownership and Region (End of 1999)

地 区 Region	总 计 (人) Total (Person)	内资企业 Domestic Investment Enterprises					
		国有企业 State-owned Enterprises	集体企业 Collective Enterprises	股份合作制企业 Joint-stock Cooperation Enterprises	联营企业 Joint Operation Enterprises	有限责任公司 Limited-Liability Companies	股份有限公司 Joint-stock Limited Companies
全国总计 National Total	**86899197**	**42709877**	**7172392**	**1132584**	**216160**	**4595898**	**3095450**
北 京 Beijing	2274259	1350761	155854	15876	11221	51348	48628
天 津 Tianjin	2093204	1103347	211238	10725	4785	112445	38045
河 北 Hebei	4499648	2120317	387732	47986	14177	314692	139196
山 西 Shanxi	2427338	1338845	204210	24089	2701	201893	59975
内蒙古 Inner Mongolia	1751387	900596	48832	16311	2250	116659	67512
辽 宁 Liaoning	5844399	3138639	681985	83294	5983	328562	133902
吉 林 Jilin	2754685	1643939	176652	26410	2771	131348	112032
黑龙江 Heilongjiang	4448699	3101747	243919	30051	4210	146925	71286
上 海 Shanghai	3507018	1354370	294364	60088	17454	279045	242094
江 苏 Jiangsu	5206175	2120541	612823	107315	44940	295948	191660
浙 江 Zhejiang	2967264	921878	252511	88600	11065	183297	137362
安 徽 Anhui	2867619	1331519	328042	43588	6342	242379	162327
福 建 Fujian	2153498	742871	174321	20138	6775	59586	62942
江 西 Jiangxi	2205544	1200092	196205	9682	1639	102335	16524
山 东 Shandong	6599276	2775826	722796	166892	20666	420428	391847
河 南 Henan	5043076	2517165	434137	46265	5043	271456	215311
湖 北 Hubei	3887310	2082262	362190	33814	10336	212965	142455
湖 南 Hunan	3667640	1832853	362885	30982	6498	128458	97798
广 东 Guangdong	4136141	1631617	348148	43950	18195	131247	149577
广 西 Guangxi	1873543	892310	104115	19842	626	67930	73493
海 南 Hainan	688124	427008	31752	4642	3028	6704	20623
重 庆 Chongqing	1623512	826918	140425	29468	2901	86872	53148
四 川 Sichuan	3672680	1748824	224628	42582	2391	215153	24718
贵 州 Guizhou	1429357	675115	55828	10548	2442	75851	16802
云 南 Yunnan	1950138	833017	110493	48066	1120	113700	48613
西 藏 Tibet							
陕 西 Shaanxi	2680967	1529950	140936	28372	2932	139560	51556
甘 肃 Gansu	1466072	804485	67956	20222	1022	57866	20391
青 海 Qinghai	431698	206803	21139	6664	520	22420	16061
宁 夏 Ningxia	484996	255275	17444	6543	742	25427	19369
新 疆 Xinjiang	1951296	1197929	58232	9579	1173	52478	44597
国家机关 Government Agencies	271205	97870	600		212	921	2888
中直机关 Agencies Directly Under CCCPC	41429	5188					251

3.18 续表
Continued

地区	Region	内资企业 Domestic Funded Enterprises		港澳台商投资企业 Hong Kong, Macao and Taiwan Funded Enterprises	外商投资企业 Foreign Funded Enterprises	乡镇企业 Town and Township Enterprises	事业单位 Institutions	机关单位 Government Agencies
		私营企业 Private Enterprises	其他企业 Other Units					
全国总计	**National Total**	**693004**	**92472**	**715854**	**1292513**	**2492820**	**17218936**	**5471237**
北京	Beijing	4330	2716	16818	75773	25870	436168	78896
天津	Tianjin	4195	2020	31238	83770	107489	317103	66804
河北	Hebei	33364	1672	19298	39262	118246	931544	332162
山西	Shanxi	7312	1031	8938	5342	44745	370178	158079
内蒙古	Inner Mongolia	10553	1503	5557	3257	7057	419834	151466
辽宁	Liaoning	105997	11112	38039	100230	123609	842100	250947
吉林	Jilin	30439	2437	9591	30419	13197	508456	66994
黑龙江	Heilongjiang	6119	1053	10219	17011	10694	640954	164511
上海	Shanghai	27123	9580	82877	180013	307623	563668	88719
江苏	Jiangsu	110903	3335	57512	109662	427853	889346	234337
浙江	Zhejiang	96632	16525	39070	59347	311343	590363	259271
安徽	Anhui	6325	994	6536	16593	26375	574186	122413
福建	Fujian	48759	2939	108198	75840	99251	540471	211407
江西	Jiangxi	6794	2276	2429	4011	12385	444021	207151
山东	Shandong	55241	4629	47705	172022	310693	1188805	321726
河南	Henan	14575	4513	18475	22637	55966	1087367	350166
湖北	Hubei	9066	1493	7160	16908	54164	790026	164471
湖南	Hunan	29413	1028	5469	10027	21096	875721	265412
广东	Guangdong	17295	3555	164576	199975	254177	890197	283632
广西	Guangxi	4665	2523	2639	13107	9326	500050	182917
海南	Hainan	3905	2147	4595	5004	391	127663	50662
重庆	Chongqing	8419	867	6699	14684	24746	327926	100439
四川	Sichuan	7626	3679	7082	8856	35040	832365	297269
贵州	Guizhou	10531	1846	1126	7676	11979	342915	216693
云南	Yunnan	3107	239	2638	4278	18195	500996	265676
西藏	Tibet							
陕西	Shaanxi	6673	2270	3069	12874	23586	602992	136197
甘肃	Gansu	3412	905	2943	827	21783	309513	154747
青海	Qinghai	2898	685	1037	138	3480	96219	53634
宁夏	Ningxia	6894	654	1225	190	3325	117293	30615
新疆	Xinjiang	10439	1308	854	821	9136	403444	161306
国家机关	Government Agencies		938	1841	1959		135115	28861
中直机关	Agencies Directly Under CCCPC			401			21937	13652

3.19 各地区按国民经济行业分的工会会员人数(1999 年底)

Number of Trade Union Members by National Economic Industries and Region (End of 1999)

单位：人　　　　Unit:Person

地区	Region	合计 Total	农、林、牧、渔业 Farming, Forestry, Animal Husbandry and Fishery	采掘业 Mining and Quarrying	制造业 Manufac-turing	电力、煤气及水的生产和供应业 Produc-tion and Supply of Electricity	建筑业 Construc-tion	地质勘查业、水利管理业 Geological Prospect-ing and Water Conserv-ancy	交通运输仓储和邮电通信业 Transport, Storage, Post and Telecomm-unications
全国总计	**National Total**	**86899197**	**3970777**	**5137930**	**30163912**	**2529447**	**4134409**	**893509**	**6725676**
北京	Beijing	2274259	48822	44909	709758	55814	227879	12635	183410
天津	Tianjin	2093204	18603	42057	1005136	69411	104693	11554	203350
河北	Hebei	4499648	64217	376291	1547540	137649	206643	46568	313655
山西	Shanxi	2427338	48112	444565	769541	98246	179348	17857	130978
内蒙古	Inner Mongolia	1751387	64669	249307	428373	95652	59422	30225	159844
辽宁	Liaoning	5844399	205452	333377	2246148	194781	282352	41990	512827
吉林	Jilin	2754685	295688	147190	961777	70006	135099	32200	258116
黑龙江	Heilongjiang	4448699	850595	459683	1154917	119862	183962	33397	409499
上海	Shanghai	3507018	84918	8179	1626681	63371	124816	11765	229511
江苏	Jiangsu	5206175	182259	264175	2252613	94887	215409	38764	325118
浙江	Zhejiang	2967264	67411	31209	1189585	83705	92148	20339	219223
安徽	Anhui	2867619	71392	229083	991926	80639	168354	44234	232639
福建	Fujian	2153498	47581	51595	693826	69572	88690	16091	161376
江西	Jiangxi	2205544	108376	158700	726518	77717	73716	29723	177936
山东	Shandong	6599276	79247	507446	2697302	181310	264570	52175	420268
河南	Henan	5043076	49293	344103	1722626	172169	215420	75077	377658
湖北	Hubei	3887310	228731	78419	1322830	98156	194842	48199	370390
湖南	Hunan	3667640	86825	201790	1215469	89322	153048	39682	269884
广东	Guangdong	4136141	159667	50985	1402879	133025	157840	38249	472620
广西	Guangxi	1873543	79265	80467	589618	62476	76322	17547	125487
海南	Hainan	688124	259148	13240	70649	17779	5749	5563	38151
重庆	Chongqing	1623512	14703	96640	731937	46216	69197	5460	77124
四川	Sichuan	3672680	39864	260160	1176816	125151	248922	49312	274858
贵州	Guizhou	1429357	16643	66880	445693	43123	77285	9782	96355
云南	Yunnan	1950138	134190	109091	487359	60930	92155	22857	147369
西藏	Tibet								
陕西	Shaanxi	2680967	42254	124543	1025061	57908	202513	47237	200473
甘肃	Gansu	1466072	33278	153045	419885	51402	87563	32025	126032
青海	Qinghai	431698	19512	22943	117264	13673	35643	10636	40945
宁夏	Ningxia	484996	32714	49818	124358	19854	17960	8429	42128
新疆	Xinjiang	1951296	532534	134236	278377	45151	81573	35953	122209
国家机关	Government Agencies	271205	4814	3804	31450	490	11276	7984	6243
中直机关	Agencies Directly Under CCCPC	41429							

3.19 续表
Continued

地区 Region	批发和零售贸易、餐饮业 Wholesale and Retail Trade & Catering Services	金融、保险业 Finance and Insurance	房地产业 Real Estate Trade	社会服务业 Social Services	卫生体育和社会福利业 Health Care, Sporting and Social Welfare	教育、文化艺术和广播电影电视业 Education, Culture and Arts, Radio, Film and Television	科学研究和综合技术服务业 Scientific Research and Polytechnical Services	国家机关、政党机关社会团体 Government Agencies, Party Agencies and Social Organizations	其他 Others
全国总计 National Total	**7865425**	**1296512**	**499020**	**2371613**	**2957765**	**10337006**	**825715**	**5900740**	**1289741**
北京 Beijing	244249	1400	47922	205145	85174	263882	20422	83287	39551
天津 Tianjin	149484	18061	15930	100513	67040	165443	21466	57170	43293
河北 Hebei	416411	113873	19472	138014	131306	570204	31707	359672	26426
山西 Shanxi	179343	28434	4517	32525	57273	217706	9825	201498	7570
内蒙古 Inner Mongolia	91898	34183	5636	30196	67268	260191	9506	154192	10825
辽宁 Liaoning	539703	95620	37694	161100	173147	450248	69167	278574	22221
吉林 Jilin	224640	44621	18599	72954	81130	309726	20570	72431	9938
黑龙江 Heilongjiang	341365	3886	25244	106155	134090	367397	23487	180635	54525
上海 Shanghai	378496	15735	63341	211884	129833	264005	69598	110890	11399
江苏 Jiangsu	508176	56870	36583	159589	158621	513154	37976	289485	72496
浙江 Zhejiang	264139	56899	16318	88950	118097	364271	18551	297633	38786
安徽 Anhui	304458	41319	15890	57510	104885	343918	21340	142645	17387
福建 Fujian	202270	60217	9399	55891	75563	366549	12609	225919	16350
江西 Jiangxi	221903	10937	8154	30831	74383	271291	10961	215314	9084
山东 Shandong	644960	136340	31273	153003	247630	780418	34157	326433	42744
河南 Henan	549266	111784	17575	94256	208327	647395	39135	391006	27986
湖北 Hubei	340117	101111	18049	88267	147682	423574	44329	171733	21088
湖南 Hunan	379666	61593	12594	69641	145128	528654	25911	296677	91756
广东 Guangdong	394704	39332	38998	129795	141516	572281	20310	278862	10507
广西 Guangxi	183102	20533	4512	44027	69318	321107	11898	177821	10043
海南 Hainan	74186	17720	3235	20160	21535	79090	2019	56473	3427
重庆 Chongqing	143592	5149	6949	37084	41026	234083	6870	100875	6607
四川 Sichuan	305362	81635	15209	66015	104186	540990	58656	316602	8942
贵州 Guizhou	112657	4859	2688	20017	49300	240030	15209	222838	5998
云南 Yunnan	148503	3553	3490	32207	90790	308674	16269	284736	7965
西藏 Tibet									
陕西 Shaanxi	213669	54661	6991	61968	80404	357030	56724	125323	24208
甘肃 Gansu	109574	18465	4850	27297	42452	174926	17703	158685	8890
青海 Qinghai	26798	5741	679	12817	15460	51043	4311	54160	73
宁夏 Ningxia	31757	12520	2754	10916	19609	61960	3088	32520	14611
新疆 Xinjiang	126617	38581	3733	35563	61741	239522	12588	178074	24844
国家机关 Government Agencies	14360	880	742	16193	13851	26789	79216	40622	12491
中直机关 Agencies Directly Under CCCPC		1130		21455	137	17955	752		

3.20 按规模和行业分的工会会员人数(1999年底)

Number of Trade Union Members by Scope and Industries (End of 1999)

项 目	Item	工会会员人数(人) Number of Trade Union Members (Person)	#企业单位 Enterprises	#事业单位 Institutions	#机关单位 Agencies
总计	**Total**	**86899197**	**64209024**	**17218936**	**5471237**
一、按单位规模分组	Ⅰ. By Unit Scope				
1. 10人及以下	1. 10 and Under	134874	59401	43004	32469
2. 11－50人	2. 11－50	5324935	2246731	1922419	1155785
3. 51－100人	3. 51－100	8065649	3711262	3121663	1232724
4. 101－200人	4. 101－200	11748127	6395689	4261143	1091295
5. 201－300人	5. 201－300	6878980	4397575	2014141	467264
6. 301－500人	6. 301－500	8763768	6320589	1965866	477313
7. 501－800人	7. 501－800	7854547	6354493	1240070	259984
8. 801－2999人	8. 801－2999	21011100	18468032	2056423	486645
9. 3000人及以上	9. 3000 and above	17117217	16255252	594207	267758
二、按国民经济行业分组	Ⅱ. By National Economic Industries				
1. 农、林、牧、渔业	1. Farming, Forestry, Animal Husbandry and Fishery	3970777	3475184	460536	35057
2. 采掘业	2. Mining and Quarrying	5137930	5112010	20735	5185
3. 制造业	3. Manufacturing	30163912	30006539	142916	14457
4. 电力、煤气及水的生产和供应业	4. Production and Supply of Electricity	2529447	2427800	95546	6101
5. 建筑业	5. Construction	4134409	3998783	130812	4814
6. 地质勘查、水利管理业	6. Geological prospecting and Water Conservancy	893509	339073	538992	15444
7. 交通运输、仓储及邮电通信业	7. Transport, Storage, Post and Telecommunications	6725676	6007929	698669	19078
8. 批发零售贸易和餐饮业	8. Wholesale and Retail Trade & Catering Services	7865425	7773051	83418	8956
9. 金融、保险业	9. Finance and Insurance	1296512	1142316	116331	37865
10. 房地产业	10. Real Estate Trade	499020	294584	196353	8083
11. 社会服务业	11. Social Services	2371613	1548541	808498	14574
12. 卫生体育和社会福利业	12. Health Care, Sporting and Social Welfare	2957765	264984	2670591	22190
13. 教育、文化艺术和广播电影电视业	13. Education, Culture and Arts, Radio, Film and Television	10337006	251763	9984361	100882
14. 科学研究和综合技术服务业	14. Scientific Research and Polytechnical Services	825715	186102	626092	13521
15. 国家机关、党政机关和社会团体	15. Government Agencies, Party Agencies and Social Organizations	5900740	315736	441733	5143271
16. 其他	16. Others	1289741	1064629	203353	21759

3.21 各地区工会会员人数
Number of Trade Unions Members by Region

单位：人 person

地区	Region	1985	1988	1989	1990	1991	1992
全国总计	**National Total**	**85258144**	**96289454**	**99092075**	**101356408**	**103890973**	**103225323**
北京	Beijing	2832532	3058363	3073109	3129278	3120742	2886028
天津	Tianjin	2284638	2355818	2349454	2443013	2452406	2416598
河北	Hebei	3939321	4461392	4564848	4693368	4729627	4792923
山西	Shanxi	2557974	2953302	3257962	3069108	3068590	3068590
内蒙古	Inner Mongolia	1835901	2112324	2137749	2236267	2310047	2277668
辽宁	Liaoning	7420725	8034410	8181168	8340951	8387414	8567567
吉林	Jilin	2835468	3076892	3123778	3158603	3306254	3313370
黑龙江	Heilongjiang	5345303	5852095	6046509	6171424	6220317	5998228
上海	Shanghai	4416745	4651003	4765272	4912734	4562842	4420382
江苏	Jiangsu	5486135	6788897	7008533	6780702	7048873	6504501
浙江	Zhejiang	2772538	3289456	3418797	3553629	3639814	3678070
安徽	Anhui	2465414	2880756	2957532	3052457	3147809	3168505
福建	Fujian	1678149	1904373	1962885	2034339	2096773	2123642
江西	Jiangxi	2298684	2502409	2606430	2717553	2784704	2827027
山东	Shandong	4274933	5091189	5403533	5610620	5867693	5978947
河南	Henan	3939063	4660891	4858548	5106667	5317182	5527326
湖北	Hubei	4045840	4831958	4876944	4981406	5136178	4918245
湖南	Hunan	3334453	3715314	3786007	3928823	4025000	4008759
广东	Guangdong	4869804	4727359	4819267	4922975	5153352	4788717
广西	Guangxi	1676469	1926995	2064245	2129084	2244831	2266859
海南	Hainan	—	690436	732749	762871	806515	830662
重庆	Chongqing	—	—	—	—	—	—
四川	Sichuan	5782148	6463626	6630037	6760031	6963787	6914207
贵州	Guizhou	1266728	1402319	1437052	1484335	1514449	1517917
云南	Yunnan	1745411	1964961	2001717	2124981	2203370	2181036
西藏	Tibet	85274	—	—	—	91351	97060
陕西	Shaanxi	2406881	2599967	2654119	2732090	2857257	2753803
甘肃	Gansu	1395792	1434859	1565954	1611368	1686774	1702642
青海	Qinghai	382505	469849	455726	491378	474414	500269
宁夏	Ningxia	363923	423766	426337	450539	498424	518677
新疆	Xinjiang	1519393	1964475	1925814	1965814	2174184	2223766
国家机关	Government Agencies	—	—	—	—	—	453332
中直机关	Agencies Directly Under CCCPC	—	—	—	—	—	—

3.21 续表
Continued

地区	Region	1993	1995	1996	1997	1998	1999
全国总计	**National Total**	**101761011**	**103996341**	**102189268**	**91309843**	**89134262**	**86899197**
北京	Beijing	2782914	2702171	2665250	2550817	2466769	2274259
天津	Tianjin	2348462	2254530	2312777	2179022	2175609	2093204
河北	Hebei	4840737	5205115	4813698	4610282	4430518	4499648
山西	Shanxi	2968924	3086897	3015151	2988398	2593945	2427338
内蒙古	Inner Mongolia	2270586	2260891	2178437	1864012	1815144	1751387
辽宁	Liaoning	8537051	9234588	8613824	7188082	6670324	5844399
吉林	Jilin	3212473	3497799	3371274	2740122	2886590	2754685
黑龙江	Heilongjiang	5734141	5582259	5708856	5121962	4820901	4448699
上海	Shanghai	4415613	3962784	3799728	3615203	3424414	3507018
江苏	Jiangsu	6317031	6697435	6654061	5246421	5085356	5206175
浙江	Zhejiang	3645673	3568469	3357454	3252473	3173448	2967264
安徽	Anhui	3152798	3141831	3001795	2967470	3052568	2867619
福建	Fujian	2183207	2569606	2521760	2275054	2197233	2153498
江西	Jiangxi	2722837	2817659	2861482	2232026	2327733	2205544
山东	Shandong	6028904	5929556	5844504	6243713	6101354	6599276
河南	Henan	5523570	5438003	5818854	5081655	4967388	5043076
湖北	Hubei	4806004	5111157	5275078	4197278	4009161	3887310
湖南	Hunan	4001741	4033918	3949711	3647430	3694274	3667640
广东	Guangdong	4540337	4401306	4665782	3609621	4230410	4136141
广西	Guangxi	2281430	2551688	2270149	2046841	1961105	1873543
海南	Hainan	827364	736464	761937	749661	702426	688124
重庆	Chongqing	—	—	1946169	1663482	1622229	1623512
四川	Sichuan	6883430	6889060	4689859	3925502	3685165	3672680
贵州	Guizhou	1486607	1514610	1443888	1469490	1447270	1429357
云南	Yunnan	2177325	2576557	2492807	2142919	2053230	1950138
西藏	Tibet	107093	111290	70315	—	—	
陕西	Shaanxi	2635750	2427006	2685576	2558851	2569178	2680967
甘肃	Gansu	1680940	1741046	1758098	1558213	1597789	1466072
青海	Qinghai	492660	512539	491560	459783	453507	431698
宁夏	Ningxia	528461	460334	415328	519070	500870	484996
新疆	Xinjiang	2143539	2544883	2276611	2205989	2048919	1951296
国家机关	Government Agencies	449528	393339	414071	358171	322785	271205
中直机关	Agencies Directly Under CCCPC	33881	41551	43424	40830	46650	41429

3.22 各地区各级工会专职干部及工会小组、积极分子情况(1999年)
Status of Full Time Cadres, Trade Union Teams and Activists of Trade Unions at Various Level by Region (1999)

地　区 Region		基层工会专职干部(人) Number of Full Time Cadres of Trade Unions above Grass-root Level	取得上岗资格培训证书人数 Number of People with Qualification Training Certificate	工会小组个数(个) Number of Trade Union Teams	工会积极分子人数(人) Number of Trade Union Activists	基层以上工会组织(个) Number of Trade Union Organizations above Grass-root Level	基层以上工会专职干部人数(人) Number of Full Time Cadres of Trade Unions above Grass-root Level
全国总计	National Total	421014	222486	4866530	8966978	26366	76057
北　京	Beijing	9294	4708	154523	292420	757	2333
天　津	Tianjin	9165	5049	108202	183792	143	1177
河　北	Hebei	18805	8966	246205	588299	2228	5831
山　西	Shanxi	15447	8422	140888	283447	140	1882
内蒙古	Inner Mongolia	11220	6433	95746	227496	148	1425
辽　宁	Liaoning	21406	9970	320447	537361	773	3264
吉　林	Jilin	14099	7882	149601	350903	391	1525
黑龙江	Heilongjiang	21279	11343	273086	553214	1338	3921
上　海	Shanghai	10970	5647	209197	275343	1262	3208
江　苏	Jiangsu	24940	13752	289808	465144	2262	4683
浙　江	Zhejiang	6079	3204	172909	233162	381	2000
安　徽	Anhui	17781	7455	157844	340030	772	2378
福　建	Fujian	4633	2413	112607	212886	874	2035
江　西	Jiangxi	11505	5697	124411	164654	979	2914
山　东	Shandong	32393	13058	358617	620439	3191	6359
河　南	Henan	26363	11847	345977	586161	832	3679
湖　北	Hubei	31864	17909	194413	390117	1915	4010
湖　南	Hunan	19647	9742	179903	373764	1610	4021
广　东	Guangdong	28344	15140	238164	410746	2462	5356
广　西	Guangxi	6566	3891	90866	171173	108	1131
海　南	Hainan	2835	1239	34159	57228	153	533
重　庆	Chongqing	6692	3947	106274	193467	407	841
四　川	Sichuan	18346	9377	226125	442476	1331	3486
贵　州	Guizhou	5376	2228	65023	141115	133	1005
云　南	Yunnan	10497	6355	104826	174646	191	1188
西　藏	Tibet						
陕　西	Shaanxi	15459	5745	129223	255465	902	2138
甘　肃	Gansu	6865	14639	72234	133572	153	1111
青　海	Qinghai	1976	772	21327	38761	108	459
宁　夏	Ningxia	1913	2192	23245	52226	99	493
新　疆	Xinjiang	7831	3154	95420	183633	233	1517
国家机关	Government Agencies	1249	256	22365	29569	89	154
中直机关	Agencies Directly Under CCCPC	176	54	2895	4281	1	—

3.23 基层工会组织及专职干部情况(1999年)
Status of Grass-root Trade Union Organizations and Full Time Cadres (1999)

项　目	Item	基层工会组织(个) Number of Grass-root Trade Union Organizations	工会小组个数(个) Number of Trade Union Teams	基层工会专职干部(人) Number of Full Time Cadres of Grass-root Trade Unions	取得上岗资格培训 Number of Cadres with Qualification Training Certificate	工会积极分子人数(人) Number of Trade Union Activists
总计	**Total**	**508592**	**4866530**	**421014**	**222486**	**8966978**
一、按单位规模分组	Ⅰ. By Unit Scope					
1. 10人及以下	1. 10 and Under	18188	25519	6946	2615	34135
2. 11—50人	2. 11—50	188166	377972	67172	29942	745579
3. 51—100人	3. 51—100	120434	488211	59104	31576	957619
4. 101—200人	4. 101—200	91080	639070	65818	33451	1256008
5. 201—300人	5. 201—300	31564	370840	33497	17221	671112
6. 301—500人	6. 301—500	25483	408146	36293	18958	790855
7. 501—800人	7. 501—800	13912	381961	29375	17887	699498
8. 801—2999人	8. 801—2999	16587	1165717	69847	39518	2004441
9. 3000人及以上	9. 3000 and above	3178	1009094	52962	31318	1807731
二、按单位类型分组	Ⅱ. By Ownership					
1. 内资国有企业	1. Domestic Funded State-owned owned Enterprises	128162	2526441	190774	104703	4419581
2. 内资集体企业	2. Domestic Funded Collective-owned Enterprises	58980	286903	37279	17155	536830
3. 内资股份合作企业	3. Domestic Funded Share Holding Enterprises	7817	51237	5981	3247	102833
4. 内资联营企业	4. Domestic Funded Joint-owned Enterprises	1310	10111	1024	553	14691
5. 内资有限责任公司	5. Domestic Funded Limited Liability Corporations	12845	252816	19564	11171	466932
6. 内资股份有限公司	6. Domestic Funded Share Holding Corporations	6368	170479	12312	7432	318272
7. 内资私营企业	7. Domestic Funded Private Enterprises	10043	41122	3130	1496	56810
8. 内资其他企业	8. Other Domestic Funded Enterprises	812	4384	411	181	6619
9. 港澳台商投资企业	9. Hong Kong, Macao and Taiwan Funded Enterprises	4862	34304	3079	1058	58495

3.23 续表
Continued

项　目	Item	基层工会组织（个） Number of Grass-root Trade Union Organizations	工会小组个数（个） Number of Trade Union Teams	基层工会专职干部（人） Number of Full Time Cadres of Grass-root Trade Unions	取得上岗资格培训 Number of Cadres with Qualification Training Certificate	工会积极分子人数（人） Number of Trade Union Activists
10.外商投资企业	10. Foreign Funded Enterprises	5906	60467	3598	1844	110731
11.乡镇企业	11. Town and Township Enterprises	26480	104457	14251	5376	223216
12.事业单位	12. Institutions	168022	1034717	97090	52167	2139004
13.机关单位	13. Agencies	76985	289092	32521	16103	512964
三、按国民经济行业分组	Ⅲ. By National Economic Industries					
1.农、林、牧、渔业	1. Farming, Forestry, Animal Husbandry and Fishery	15834	200261	18180	8828	409712
2.采掘业	2. Mining and Quarrying	6491	288746	21349	12390	633123
3.制造业	3. Manufacturing	101827	1624343	119470	63971	2759112
4.电力、煤气及水的生产和供应业	4. Production and Supply of Electricity	8247	211698	15285	9151	293471
5.建筑业	5. Construction	12250	214276	21207	12513	407206
6.地质勘查、水利管理业	6. Geological prospecting and Water Conservancy	6194	52523	6614	3323	88329
7.交通运输、仓储及邮电通信业	7. Transport, Storage, Post and Telecommunications	25272	417626	35161	19335	803210
8.批发零售贸易和餐饮业	8. Wholesale and Retail Trade & Catering Services	76217	352831	44632	20120	645462
9.金融、保险业	9. Finance and Insurance	10650	90566	9768	4653	140870
10.房地产业	10. Real Estate Trade	5904	28940	3677	1918	51099
11.社会服务业	11. Social Services	16255	129928	12682	6948	245383
12.卫生体育和社会福利业	12. Health Care, Sporting and Social Welfare	27677	164855	15176	7675	320226
13.教育、文化艺术和广播电影电视业	13. Education, Culture and Arts, Radio, Film and Television	100807	640130	51753	29008	1402986
14.科学研究和综合技术服务业	14. Scientific Research and Polytechnical Services	5692	61614	4155	2072	98930
15.国家机关、党政机关和社会团体	15. Government Agencies, Party Agencies and Social Organizations	80071	323429	34372	16788	563873
16.其他	16. Others	9204	64764	7533	3793	103986

3.24 各地区各级地方工会干部协管工作情况(1999 年)

Status of Cadres' Assisting Management Work of Local Trade Unions at Each Level by Region (1999)

地　　区 Region		工会专职正副主席是同级党委委员的人数(人) Number of Full Time Trade Union Chairmen and Vice Chairmen who are Party Committee Members at the Same Level	工会专职正副主席是同级党委常委的人数(人) Number of Full Time Trade Union Chairmen and Vice Chairmen who are the Standing Committee Members of Party Committee at the Same Level	工会专职正副主席在同级人大任副主任(常委)的人数(人) Number of Full Time Trade Union Chairmen and Vice Chairmen who are Deputy Directors (Member of Standing Committee) of People's Congress at the Same Level	工会专职正副主席在同级政协任副主席的人数(人) Number of Full Time Trade Union Chairmen and Vice Chairmen who are Deputy Directors of Political Consultative Conference at the Same Level
全国总计	**National Total**	**1591**	**370**	**1353**	**261**
北　京	Beijing	21	4	10	4
天　津	Tianjin	11	2	9	3
河　北	Hebei	97	15	80	15
山　西	Shanxi	81	27	43	7
内蒙古	Inner Mongolia	39	1	54	9
辽　宁	Liaoning	130	45	51	21
吉　林	Jilin	47	11	52	8
黑龙江	Heilongjiang	91	9	95	21
上　海	Shanghai	19	7	12	3
江　苏	Jiangsu	51	11	60	7
浙　江	Zhejiang	71	4	69	11
安　徽	Anhui	43	6	38	7
福　建	Fujian	50	6	59	7
江　西	Jiangxi	53	8	52	18
山　东	Shandong	85	18	81	12
河　南	Henan	109	35	89	14
湖　北	Hubei	101	49	32	5
湖　南	Hunan	64	16	62	29
广　东	Guangdong	93	25	61	6
广　西	Guangxi	39	1	39	2
海　南	Hainan	13	3	14	2
重　庆	Chongqing	35	12	28	5
四　川	Sichuan	92	38	95	11
贵　州	Guizhou	41	5	40	9
云　南	Yunnan	25	0	45	7
西　藏	Tibet				
陕　西	Shaanxi	15	1	24	4
甘　肃	Gansu	24	2	23	4
青　海	Qinghai	16	1	13	5
宁　夏	Ningxia	16	5	7	1
新　疆	Xinjiang	19	3	16	4

3.25 各地区国有企业下岗职工及再就业情况(1999年)

Re-employment Status of State-owned Enterprises Laid off Staff and Workers by Region (1999)

地区 Region	有下岗职工的国有企业个数(个) Number of State-owned Enterprises with Laid off Staff and Workers	报告期末实有下岗职工人数(人) Number of Actual Laid off Staff and Workers Reported	#下岗女职工 Number of Female Laid off Staff and Workers	报告期末在再就业服务中心的下岗职工人数(人) Number of Laid off Staff and Workers Reported by Reemployment Service Centers	#能按时足额领取基本生活费的下岗职工人数 Number of Laid off Staff and Workers who can Fully Get Basic Living Fees on Time	下岗职工中已实现再就业的职工人数(人) Number of Reemployed Laid off Staff and Workers	下岗职工已与本单位解除劳动关系的人数(人) Number of Laid off Staff and Workers who have Terminated Contracts with Their Units
全国总计 National Total	**46646**	**7021725**	**2920583**	**3198815**	**2410486**	**1035633**	**367970**
北京 Beijing	1092	90757	43960	35982	34081	22014	12528
天津 Tianjin	1351	328433	150165	71899	46504	37654	18486
河北 Hebei	1713	214674	83045	122507	83796	45280	5359
山西 Shanxi	868	164901	62646	96147	76499	28860	3774
内蒙古 Inner Mongolia	619	114503	40284	74352	60614	19549	5664
辽宁 Liaoning	2898	813238	356022	313134	201003	120122	82483
吉林 Jilin	1386	326089	145881	150172	122522	46164	6554
黑龙江 Heilongjiang	3175	737411	293152	324456	225636	128201	34168
上海 Shanghai	1554	92728	48758	92728	88387	51900	16760
江苏 Jiangsu	2387	338109	143933	196052	155228	60965	11881
浙江 Zhejiang	924	72200	29698	36616	32483	10651	8388
安徽 Anhui	1472	246064	101484	145878	108764	24378	6492
福建 Fujian	1240	83343	32430	19981	17542	10133	5550
江西 Jiangxi	2456	333738	133825	104295	83107	50871	4445
山东 Shandong	1843	214407	94649	96525	71032	31968	6897
河南 Henan	2888	402573	168022	155244	97925	49565	6052
湖北 Hubei	3553	501878	214113	172372	130385	55546	19050
湖南 Hunan	3218	544449	234846	207322	123783	61962	9433
广东 Guangdong	3281	238941	81577	75986	49228	25197	11311
广西 Guangxi	717	69467	25547	39394	30610	10983	3602
海南 Hainan	861	71167	29950	43536	31954	11138	4552
重庆 Chongqing	856	160555	63995	79792	75475	36020	43018
四川 Sichuan	1504	232559	91714	137606	116072	29758	12617
贵州 Guizhou	779	89304	33479	55729	49054	11928	3656
云南 Yunnan	538	54536	22483	41188	36910	8963	6282
西藏 Tibet							
陕西 Shaanxi	1578	265579	97953	150311	122918	17960	5501
甘肃 Gansu	602	82981	35740	58483	46983	10369	1752
青海 Qinghai	247	29892	12777	21096	18318	3327	584
宁夏 Ningxia	220	17226	8205	11663	10048	1995	1037
新疆 Xinjiang	761	87348	39326	66511	62543	11485	9917
国家机关 Government Agencies	64	2665	920	1853	1077	721	174
中直机关 Agencies Directly Under CCCPC	1	10	4	5	5	6	3

3.26 国有企业下岗职工人数(1999 年)

Number of Laid off Staff and Workers of State-owned Enterprises (1999)

项目	Item	有下岗职工的国有企业个数(个) Number of State-owned Enterprises with Laid off Staff and Workers	报告期末实有下岗职工人数(人) Number of Actual Laid off Staff and Workers Reported	#下岗女职工 Number of Female Laid off Staff and Workers
总计	**Total**	**46646**	**7021725**	**2920583**
一、按单位规模分组	I. By Unit Scope			
1. 10 人及以下	1. 10 and Under	343	4004	1501
2. 11-50 人	2. 11-50	8563	146027	54862
3. 51-100 人	3. 51-100	8556	301791	125881
4. 101-200 人	4. 101-200	9201	617779	274371
5. 201-300 人	5. 201-300	4509	519974	227581
6. 301-500 人	6. 301-500	4821	761014	346937
7. 501-800 人	7. 501-800	3500	816681	368790
8. 801-2999 人	8. 801-2999	5583	2289192	939594
9. 3000 人及以上	9. 3000 and above	1570	1565263	581066
二、按国民经济行业分组	II. By National Economic Industries			
1. 农、林、牧、渔业	1. Farming, Forestry, Animal Husbandry and Fishery	2174	484643	187784
2. 采掘业	2. Mining and Quarrying	1934	601296	170769
3. 制造业	3. Manufacturing	16860	3636874	1575041
4. 电力、煤气及水的生产和供应业	4. Production and Supply of Electricity	597	32818	12455
5. 建筑业	5. Construction	1939	562131	195485
6. 地质勘查、水利管理业	6. Geological prospecting and Water Conservancy	441	45485	13730
7. 交通运输、仓储及邮电通信业	7. Transport, Storage, Post and Telecommunications	3938	345371	106457
8. 批发零售贸易和餐饮业	8. Wholesale and Retail Trade & Catering Services	15388	1107098	563127
9. 金融、保险业	9. Finance and Insurance	256	4333	1762
10. 房地产业	10. Real Estate Trade	309	13303	5834
11. 社会服务业	11. Social Services	1029	73683	37899
12. 卫生体育和社会福利业	12. Health Care, Sporting and Social Welfare	155	13911	5771
13. 教育、文化艺术和广播电影电视业	13. Education, Culture and Arts, Radio, Film and Television	308	7021	3165
14. 科学研究和综合技术服务业	14. Scientific Research and Polytechnical Services	136	3922	1566
15. 国家机关、党政机关和社会团体	15. Government Agencies, Party Agencies and Social Organizations	148	19431	8369
16. 其他	16. Others	1034	70405	31369

3.27 各地区各级工会参与职工劳动就业工作情况(1999年)

Participation of Trade Union at Each Level in Staff and Workers Labor Employment Work by Region (1999)

地　区 Region	工会开办职业介绍机构个数（个） Number of Employment Service Organs of Trade Unions	在工会职业介绍机构登记的人数(人) Number of People Registered in Employment Service Organs of Trade Unions	工会职业介绍机构交流成功的人数(人) Number of People Succeeded in Employment Service Organs of Trade Unions	#下岗职工 Number of Laid off Staff and Workers	工会职业培训机构个数（个） Number of Employment Training Organs of Trade Unions	工会职业培训机构培训失业下岗职工（人次） Number of Laid off Staff and Workers Trained at Employment Training Organs of Trade Unions
全国总计 National Total	**2946**	**1111228**	**527171**	**357156**	**4313**	**892431**
北　京 Beijing	27	76608	24120	4679	40	5018
天　津 Tianjin	16	15086	7037	5288	31	9832
河　北 Hebei	271	91158	35494	18364	475	96542
山　西 Shanxi	44	6943	3288	2139	61	17023
内蒙古 Inner Mongolia	49	16210	6991	6317	56	18600
辽　宁 Liaoning	126	60461	24906	19247	144	95845
吉　林 Jilin	106	45848	25536	19326	258	18155
黑龙江 Heilongjiang	195	114259	50409	39000	262	40614
上　海 Shanghai	83	77923	35810	27755	88	32882
江　苏 Jiangsu	285	63938	37880	34546	408	59381
浙　江 Zhejiang	69	45193	21004	9353	61	19962
安　徽 Anhui	109	32510	23130	9010	104	18959
福　建 Fujian	96	33623	12824	8825	103	15628
江　西 Jiangxi	117	33070	20939	18031	136	34039
山　东 Shandong	202	71394	43081	23822	271	58031
河　南 Henan	230	122325	57643	43258	268	71065
湖　北 Hubei	144	30577	12836	10312	370	32118
湖　南 Hunan	58	24585	10722	8174	140	14617
广　东 Guangdong	76	26787	10461	2804	164	72666
广　西 Guangxi	59	10862	5136	3732	96	21656
海　南 Hainan	3	21	12	10	10	4836
重　庆 Chongqing	11	7352	5718	4568	83	5407
四　川 Sichuan	360	32039	21390	13811	387	54365
贵　州 Guizhou	60	8452	6277	6020	71	19011
云　南 Yunnan	4	2318	1514	1101	15	5279
西　藏 Tibet						
陕　西 Shaanxi	111	53461	18236	13337	136	29176
甘　肃 Gansu	19	3849	2034	1693	31	6322
青　海 Qinghai	5	1463	666	632	6	1092
宁　夏 Ningxia	2	472	472	465	6	161
新　疆 Xinjiang	9	2441	1605	537	32	14149
国家机关 Government Agencies	—	—	—	—	—	—
中直机关 Agencies Directly Under CCCPC	—	—	—	—	—	—

3.28 各地区基层单位建立职工代表大会制度的情况(1999年)
Status of Grass-root Units with Staff and Workers Congress System by Region (1999)

地 区 Region		已建立职工代表大会制度的单位(个) Number of Units with Staff and Workers Congress System	召开职工代表大会的单位(个) Number of Units Holding Staff and Workers' Congress	职工代表大会职工代表人数(人) Number of Staff and Workers Members in Staff and Workers' Congress	#女职工代表 Number of Female Staff and Workers Members
全国总计	**NationalTotal**	**314076**	**296073**	**11574914**	**4015796**
北 京	Beijing	7333	7113	249333	108400
天 津	Tianjin	6290	6118	209703	76676
河 北	Hebei	19210	17000	608927	209675
山 西	Shanxi	8110	7253	322997	100610
内蒙古	InnerMongolia	7195	6701	284091	106340
辽 宁	Liaoning	15197	14126	699304	266164
吉 林	Jilin	8786	8192	392438	151448
黑龙江	Heilongjiang	13047	11983	544511	195170
上 海	Shanghai	12996	12460	410877	157958
江 苏	Jiangsu	21524	20500	809459	291084
浙 江	Zhejiang	10238	10238	366350	132795
安 徽	Anhui	9997	9766	403268	129109
福 建	Fujian	11584	10840	339161	116810
江 西	Jiangxi	7894	7401	308688	95647
山 东	Shandong	21946	21393	1023689	355181
河 南	Henan	17336	16415	703763	220207
湖 北	Hubei	13570	13062	536247	176147
湖 南	Hunan	13565	12134	481432	161608
广 东	Guangdong	16962	15615	564635	206280
广 西	Guangxi	8140	7887	269548	92793
海 南	Hainan	2472	2270	66570	19536
重 庆	Chongqing	6488	6282	197562	65393
四 川	Sichuan	16555	15875	476324	146601
贵 州	Guizhou	5849	5621	166139	53682
云 南	Yunnan	7829	7348	246282	80082
西 藏	Tibet	—	—	—	—
陕 西	Shaanxi	10324	9869	353580	115975
甘 肃	Gansu	4967	4391	178985	54845
青 海	Qinghai	1811	1680	57962	20712
宁 夏	Ningxia	1424	1379	56055	20390
新 疆	Xinjiang	4888	4621	216176	77351
国家机关	Government Agencies	476	469	27265	9580
中直机关	Agencies Directly Under CCCPC	73	71	3593	1547

3.29 基层单位建立职工代表大会制度的情况(1999年)

Status of Grass-root Units with Staff and Workers' Congress System (1999)

项目	Item	已建立职工代表大会制度的单位(个) Number of Units with Staff and Workers' Congress System	召开职工代表大会的单位(个) Number of Units Holding Staff and Workers' Congress	职工代表大会职工代表人数(人) Number of Staff and Workers' Congress Members	#女职工代表 Number of Female Staff and Workers Members
总计	**Total**	**314076**	**296073**	**11574914**	**4015796**
一、按单位规模分组	Ⅰ. By Unit Scope				
1. 10人及以下	1. 10 and under	10183	8706	103855	41143
2. 11-50人	2. 11-50	98193	89182	1561485	608329
3. 51-100人	3. 51-100	76521	72206	2017562	772513
4. 101-200人	4. 101-200	62968	60905	2366211	858917
5. 201-300人	5. 201-300	22134	21661	1095662	388352
6. 301-500人	6. 301-500	18374	18023	1150570	395211
7. 501-800人	7. 501-800	10286	10142	838774	276399
8. 801-2999人	8. 801-2999	12841	12700	1682272	486437
9. 3000人及以上	9. 3000 and above	2576	2548	758523	188495
二、按单位类型分组	Ⅱ. By Ownership				
1. 内资国有企业	1. Domestic Funded Stateowned Enterprises	99300	95058	4440721	1288395
2. 内资集体企业	2. Domestic Funded Collectiveowned Enterprises	42348	40020	1127098	432385
3. 内资股份合作企业	3. Domestic Funded Share Holding Enterprises	6052	5806	200732	72369
4. 内资联营企业	4. Domestic Funded Joint-owned Enterprises	814	791	28186	10337
5. 内资有限责任公司	5. Domestic Funded Limited Liability Corporations	10051	9750	505286	143374
6. 内资股份有限公司	6. Domestic Funded Share Holding Corporations	5076	4958	314594	98750
7. 内资私营企业	7. Domestic Funded Private Enterprises	2713	2432	74678	30145
8. 内资其他企业	8. Other Domestic Investment Enterprise	358	335	14174	5187
9. 港澳台商投资企业	9. Hong Kong, Macao and Taiwan Funded Enterprises	1781	1716	68503	31090
10. 外商投资企业	10. Foreign Investment Enterprises	2361	2272	112866	51940
11. 乡镇企业	11. Town and Township Enterprises	13964	12888	459144	174609
12. 事业单位	12. Institutions	112108	105291	3714828	1522525
13. 机关单位	13. Agencies	17150	14756	514104	154690
三、按国民经济行业分组	Ⅲ. By National Economic Industries				
1. 农、林、牧、渔业	1. Farming, Forestry, Animal Husbandry and Fishery	9478	9034	384478	101030
2. 采掘业	2. Mining and Quarrying	4845	4679	350153	58697
3. 制造业	3. Manufacturing	68450	65456	3265765	1097824
4. 电力、煤气及水的生产和供应业	4. Production and Supply of Electricity	6213	5971	311683	74927
5. 建筑业	5. Construction	8508	8210	436408	82404
6. 地质勘查、水利管理业	6. Geological prospecting and Water Conservancy	3905	3656	128185	29545
7. 交通运输、仓储及邮电通信业	7. Transport, Storage, Post and Telecommunications	20004	19195	784112	187881
8. 批发零售贸易和餐饮业	8. Wholesale and Retail Trade & Catering Services	54096	50944	1327119	531851
9. 金融、保险业	9. Finance and Insurance	7603	7125	259813	93630
10. 房地产业	10. Real Estate Trade	3278	3064	90573	30815
11. 社会服务业	11. Social Services	9604	9028	305870	127126
12. 卫生体育和社会福利业	12. Health Care, Sporting and Social Welfare	16507	15406	541609	275851
13. 教育、文化艺术和广播电影电视业	13. Education, Culture and Arts, Radio, Film and Television	75742	71356	2583928	1073865
14. 科学研究和综合技术服务业	14. Scientific Research and Polytechnical Services	2779	2664	112523	35465
15. 国家机关、党政机关和社会团体	15. Government Agencies, Party Agencies and Social Organizations	18401	15903	552438	165364
16. 其他	16. Others	4663	4382	140257	49521

3.30 各地区基层单位职工民主管理工作情况(1999 年)
Staff and Workers Democratic Management Work Status of Grass-root Units by Region(1999)

地区 Region	坚持业务招待费向职代会报告的单位(个) Number of Units Reporting Business Entertain-ment Expenses to Staff and Workers' Congress	推行厂务公开制度的企业单位(个) Number of Enterprises Promoting Factory Business Open System	建立平等协商制度的企业单位(个) Number of Enterprises with Equal Consultation System	开展民主评议领导干部工作的企业单位(个) Number of Enterprises Conducting Democratic Assessment on Leaders and Cadres Work	民主评议后受到奖励的企业领导干部(人) Number of Enterprise Leaders and Cadres Awarded after Democratic Assessment	民主评议后受到处罚的企业领导干部(人) Number of Enterprise Leaders and Cadres Punished after Democratic Assessment
全国总计 National Total	**255458**	**153117**	**161828**	**167606**	**160469**	**15874**
北京 Beijing	6456	4108	4937	4657	2833	197
天津 Tianjin	5084	3977	3796	3835	2703	116
河北 Hebei	17334	11528	11206	11154	9147	849
山西 Shanxi	6830	4093	3804	4540	5125	259
内蒙古 Inner Mongolia	6276	1695	2471	3077	2691	432
辽宁 Liaoning	11312	6755	6577	7211	4497	482
吉林 Jilin	7079	3856	3507	4280	4626	242
黑龙江 Heilongjiang	11169	7042	6537	6984	6478	312
上海 Shanghai	8059	4765	6541	6477	3631	184
江苏 Jiangsu	17482	11417	12811	12745	14263	1200
浙江 Zhejiang	9241	5583	7849	6220	4890	465
安徽 Anhui	7729	4551	5271	6426	6095	756
福建 Fujian	8646	5580	6795	5773	4922	309
江西 Jiangxi	6518	3938	4306	4030	3306	1481
山东 Shandong	18723	12079	12193	13122	17005	1493
河南 Henan	14691	8788	8858	9511	14819	3236
湖北 Hubei	10878	6097	6491	7805	9197	789
湖南 Hunan	10839	5830	5939	5799	7565	649
广东 Guangdong	13200	9148	10682	10600	8293	368
广西 Guangxi	6363	3403	3661	3843	2779	166
海南 Hainan	1949	1364	1279	1266	1204	76
重庆 Chongqing	4731	2173	2174	2470	2671	157
四川 Sichuan	13459	6252	5778	6112	7606	476
贵州 Guizhou	4606	2520	3100	2974	2004	122
云南 Yunnan	6851	3967	3841	3970	3036	133
西藏 Tibet						
陕西 Shaanxi	8424	5490	4651	5019	4138	338
甘肃 Gansu	4138	2462	2232	2767	2374	275
青海 Qinghai	1513	794	814	899	477	17
宁夏 Ningxia	1162	878	855	765	755	46
新疆 Xinjiang	4270	2826	2717	3126	1223	232
国家机关 Government Agencies	404	154	152	139	116	17
中直机关 Agencies Directly Under CCCPC	42	4	3	10	—	—

3.31 基层单位职工民主管理工作情况(1999年)
Staff and Workers Democratic Management Work Status of Grass-root Units (1999)

项 目	Item	坚持业务招待费向职代会报告的单位(个) Number of Units Reporting Business Entertainment Expenses to Staff and Workers' Congress	推行厂务公开制度的企业单位(个) Number of Enterprises Promoting Factory Business Open System	建立平等协商制度的企业单位(个) Number of Enterprises with Equal Consultation System	开展民主评议领导干部工作的企业单位(个) Number of Enterprises Conducting Democratic Assessment on Leaders and Cadres Work	民主评议后受到奖励的企业领导干部(人) Number of Enterprise Leaders and Cadres Awarded after Democratic Assessment	民主评议后受到处罚的企业领导干部(人) Number of Enterprise Leaders and Cadres Punished after Democratic Assessment
总计	**Total**	**255458**	**153117**	**161828**	**167606**	**160469**	**15874**
一、按单位规模分组	Ⅰ. By Unit Scope						
1. 10人及以下	1. 10 and Under	8881	2499	3023	7305	2348	266
2. 11-50人	2. 11-50	83657	39986	43786	51724	26096	1811
3. 51-100人	3. 51-100	59972	32529	34554	34017	24310	1595
4. 101-200人	4. 101-200	48363	30832	32288	30111	27921	2354
5. 201-300人	5. 201-300	17312	13042	13556	12280	14074	809
6. 301-500人	6. 301-500	14946	12425	12730	11815	16224	2210
7. 501-800人	7. 501-800	8645	7975	8133	7537	11529	1105
8. 801-2999人	8. 801-2999	11287	11284	11267	10510	25375	4199
9. 3000人及以上	9. 3000 and above	2395	2545	2491	2307	12592	1525
二、按单位类型分组	Ⅱ. By Ownership						
1. 内资国有企业	1. Domestic Funded State-owned Enterprises	87948	83652	83401	93757	87654	10016
2. 内资集体企业	2. Domestic Funded Collective-owned Enterprises Enterprises	33678	33677	35022	36692	26212	2509
3. 内资股份合作企业	3. Domestic Funded Share Holding Enterprises	5146	5076	5226	5373	4329	282
4. 内资联营企业	4. Domestic Funded Joint-owned Enterprises	655	667	702	734	636	71
5. 内资有限责任公司	5. Domestic Funded Limited-Liability Corporations	8799	8502	8778	9312	10762	1033
6. 内资股份有限公司	6. Domestic Funding Share Holding Corporations	4489	4317	4478	4855	6946	758
7. 内资私营企业	7. Domestic Funded Private Enterprises	1636	2036	3537	1869	2218	169
8. 内资其他企业	8. Other Domestic Funded Enterprises	310	264	305	346	199	9

3.31 续表
Continued

项 目	Item	坚持业务招待费向职代会报告的单位(个) Number of Units Reporting Business Entertainment Expenses to Staff and Workers' Congress	推行厂务公开制度的企业单位(个) Number of Enterprises Promoting Factory Business Open System	建立平等协商制度的企业单位(个) Number of Enterprises with Equal Consultation System	开展民主评议领导干部工作的企业单位(个) Number of Enterprises Conducting Democratic Assessment on Leaders and Cadres Work	民主评议后受到奖励的企业领导干部(人) Number of Enterprise Leaders and Cadres Awarded after Democratic Assessment	民主评议后受到处罚的企业领导干部(人) Number of Enterprise Leaders and Cadres Punished after Democratic Assessment
9.港澳台商投资企业	9. Hong Kong, Macao and Taiwan Funded Enterprises	1155	1531	2459	1493	2055	149
10.外商投资企业	10. Foreign Funded Enterprises	1454	1817	3118	1806	2148	154
11.乡镇企业	11. Town and Township Enterprises	10488	11578	14802	11369	17310	724
12.事业单位	12. Institutions	84157	—	—	—	—	—
13.机关单位	13. Agencies	15543	—	—	—	—	—
三、按国民经济行业分组	Ⅲ. By National Economic Industries						
1.农、林、牧、渔业	1. Farming, Forestry, Animal Husbandry and Fishery	8474	5007	4964	5441	8529	690
2.采掘业	2. Mining and Quarrying	4377	4240	4359	4429	8413	741
3.制造业	3. Manufacturing	53548	55700	60544	57066	64223	8877
4.电力、煤气及水的生产和供应业	4. Production and Supply of Electricity	5686	4977	5151	5383	6850	441
5.建筑业	5. Construction	7186	6630	6863	7109	9018	643
6.地质勘查、水利管理业	6. Geological prospecting and Water Conservancy	3450	870	869	1041	1035	473
7.交通运输、仓储及邮电通信业	7. Transport, Storage, Post and Telecommunications	18117	14602	15173	16629	14311	760
8.批发零售贸易和餐饮业	8. Wholesale and Retail Trade & Catering Services	47169	44330	46427	49682	30598	2315
9.金融、保险业	9. Finance and Insurance	6717	4283	4280	6570	5909	241
10.房地产业	10. Real Estate Trade	2928	1690	1895	2158	1589	63
11.社会服务业	11. Social Services	7983	4173	4557	4844	3655	287
12.卫生体育和社会福利业	11. Health Care, Sporting and Social Welfare	13304	1034	895	1051	822	31
13.教育、文化艺术和广播电影电视业	13. Education, Culture and Arts, Radio, Film and Television	53683	1205	1133	1473	992	38
14.科学研究和综合技术服务业	14. Scientific Research and Polytechnical Services	2329	479	484	554	537	28
15.国家机关、党政机关和社会团体	15. Government Agencies, Party Agencies and Social Organizations	16579	687	746	723	774	86
16.其他	16. Others	3928	3210	3488	3453	3214	160

3.32 各地区企业单位签订集体合同的情况(1999年)
Status of Signing Collective Contracts of Enterprises by Region (1999)

地 区 Region	单独签订集体合同 Status of Signing Collective Contracts Independently		未单独签订集体合同但被区域性行业性集体合同覆盖 Status of Not Signing Collective Contracts Independently but Covered by Regional Industrial Collective Contracts	
	单位个数 (个) Number of Units	覆盖的职工人数 (人) Number of People Covered	单位个数 (个) Number of Units	职工人数 (人) Number of Staff and Workers
全国总计 National Total	**133702**	**42711240**	**12953**	**3139562**
北 京 Beijing	3942	1297085	607	182377
天 津 Tianjin	2132	1024846	1290	195654
河 北 Hebei	9665	2413002	701	160034
山 西 Shanxi	2359	1038768	132	125470
内蒙古 Inner Mongolia	2335	930776	63	13017
辽 宁 Liaoning	4325	2446124	363	134212
吉 林 Jilin	2433	1196294	46	8993
黑龙江 Heilongjiang	3550	2203855	89	11681
上 海 Shanghai	5521	1640474	1640	355235
江 苏 Jiangsu	10847	2787840	1793	362997
浙 江 Zhejiang	7270	1463875	383	59917
安 徽 Anhui	5051	1552164	189	176313
福 建 Fujian	5301	921969	908	62317
江 西 Jiangxi	3617	1042916	278	60878
山 东 Shandong	10407	3850189	1364	228273
河 南 Henan	7979	2937432	393	149411
湖 北 Hubei	5861	2012110	257	45455
湖 南 Hunan	5441	1884470	134	39052
广 东 Guangdong	9166	1818233	627	151764
广 西 Guangxi	3186	861514	56	5892
海 南 Hainan	1201	430444	9	441
重 庆 Chongqing	1597	664121	129	18986
四 川 Sichuan	4488	1438924	622	262902
贵 州 Guizhou	3147	638709	90	77501
云 南 Yunnan	3262	856064	229	79351
西 藏 Tibet				
陕 西 Shaanxi	4415	1324207	148	25756
甘 肃 Gansu	1694	616237	164	66837
青 海 Qinghai	535	125394	11	1486
宁 夏 Ningxia	701	216999	35	21978
新 疆 Xinjiang	2244	1071954	194	54931
国家机关 Government Agencies	30	4251	9	451
中直机关 Agencies Directly Under CCCPC	—	—	—	—

3.33 企业单位签订集体合同的情况(1999 年)
Status of Signing Collective Contracts of Enterprises (1999)

项目	Item	单独签订集体合同单位个数（个） Number of Units Signing Collective Contracts Independently	单独签订集体合同覆盖的职工人数(人) Number of Staff and Workers Covered by Collective Contracts Signed Independently	未单独签订集体合同但被区域性行业性集体合同覆盖的单位个数（个） Number of Units that does not Sign Collective Contracts Independently but Covered by Regional Industrial Collective Contracts	未单独签订集体合同但被区域性行业性集体合同覆盖的职工人数（人） Number of Staff and Workers who does not Sign Collective Contracts Independently, but Covered by Regional Industrial Collective Contracts
总计	**Total**	**133702**	**42711240**	**12953**	**3139562**
一、按单位规模分组	Ⅰ. By Unit Scope				
1. 10 人及以下	1. 10 and Under	2118	16296	1009	7584
2. 11-50 人	2. 11-50	35532	1066559	4244	118872
3. 51-100 人	3. 51-100	28781	2007145	2470	172124
4. 101-200 人	4. 101-200	26986	3664519	2161	299267
5. 201-300 人	5. 201-300	11157	2590970	813	191031
6. 301-500 人	6. 301-500	10601	3870814	808	295742
7. 501-800 人	7. 501-800	6843	4083046	518	306811
8. 801-2999 人	8. 801-2999	9541	13036505	771	1012155
9. 3000 人及以上	9. 3000 and above	2143	12375386	159	735976
二、按单位类型分组	Ⅱ. By Ownership				
1. 内资国有企业	1. Domestic Funded B2State-owned Enterprises				
2. 内资集体企业	2. Domestic Funded Collective-owned enterprises	66945	28504076	5588	2164503
3. 内资股份合作企业	3. Domestic Funded Share Holding Enterprises	29639	4025198	2157	263727
4. 内资联营企业	4. Domestic Funded Joint-owned Enterprises	4482	775125	250	30123
5. 内资有限责任公司	5. Domestic Funded Limited-Liability Corporations	598	135305	43	6861
6. 内资股份有限公司	6. Domestic Funded Share Holding Corporations	7452	3438261	528	195544
7. 内资私营企业	7. Domestic Funded Private Enterprises	3790	2425960	236	126139
8. 内资其他企业	8. Other Domestic Funded Enterprise	2853	309822	1797	66757
9. 港澳台商投资企业	9. Hong Kong, Macao and Taiwan Funded Enterprises	218	41761	68	6409

3.33 续表
Continued

项　目　Item		单独签订集体合同单位个数（个）Number of Units Signing Collective Contracts Independently	单独签订集体合同覆盖的职工人数(人) Number of Staff and Workers Covered by Collective Contracts Signed Independently	未单独签订集体合同但被区域性行业性集体合同覆盖的单位个数（个）Number of Units that does not Sign Collective Contracts Independently but Covered by Regional Industrial Collective Contracts	未单独签订集体合同但被区域性行业性集体合同覆盖的职工人数（人）Number of Staff and Workers who does not Sign Collective Contracts Independently, but Covered by Regional Industrial Collective Contracts
10. 外商投资企业	10. Foreign Funded Enterprises	2254	459985	159	20368
11. 乡镇企业	11. Town and Township Enterprises	2953	878676	198	38108
12. 事业单位	12. Institutions	12518	1717071	1929	221023
13. 机关单位	13. Agencies				
三、按国民经济行业分组	Ⅲ. By National Economic Industries				
1. 农、林、牧、渔业	Farming, Forestry, Animal Husbandry and Fishery	3967	2647581	252	32841
2. 采掘业	Mining and Quarrying	3402	3404461	497	629800
3. 制造业	Manufacturing	50941	20060974	5061	1042287
4. 电力、煤气及水的生产和供应业	Production and Supply of Electricity	4473	1980266	327	92615
5. 建筑业	Construction	5572	2911726	798	227425
6. 地质勘查、水利管理业	Geological prospecting and Water Conservancy	702	210767	43	17001
7. 交通运输、仓储及邮电通信业	Transport, Storage, Post and Telecommunications	13058	4402615	1113	483544
8. 批发零售贸易和餐饮业	Wholesale and Retail Trade & Catering Services	38786	4642433	3216	290493
9. 金融、保险业	Finance and Insurance	2742	352616	239	34019
10. 房地产业	Real Estate Trade	1580	170918	109	10616
11. 社会服务业	Social Services	3578	1001341	502	81487
12. 卫生体育和社会福利业	Health Care, Sporting and Social Welfare	606	115564	107	31963
13. 教育、文化艺术和广播电影电视业	Education, Culture and Arts, Radio, Film and Television	731	87150	156	37432
14. 科学研究和综合技术服务业	Scientific Research and Polytechnical Services	324	70046	53	11878
15. 国家机关、党政机关和社会团体	Government Agencies, Party Agencies and Social Organizations	558	107756	121	41813
16. 其他	16. Others	2682	545026	359	74348

3.34 各地区基层以上工会签订区域性行业性集体合同情况(1999 年)
Status of Signing Regional Industrial Collective Contracts of Trade Union above Grass-root Level by Region (1999)

地　　区	Region	签订区域性行业性集体合同的基层以上工会(个) Number of Trade Unions above Grass-root Level Signing Regional Industrial Collective Contracts	区域性行业性集体合同覆盖未建基层工会的企业个数(个) Number of Enterprises without Trade Unions Covered by Regional Industrial Collective Contracts	区域性行业性集体合同覆盖未建基层工会企业职工人数(人) Number of Staff and Workers of Enterprises without Trade Unions Covered by Regional Industrial Collective Contracts
全国总计	**National Total**	**3862**	**60224**	**797820**
北　京	Beijing	140	441	7744
天　津	Tianjin	28	4896	118484
河　北	Hebei	319	3186	42535
山　西	Shanxi	31	2783	6153
内蒙古	Inner Mongolia	13	122	837
辽　宁	Liaoning	108	1467	32708
吉　林	Jilin	49	141	732
黑龙江	Heilongjiang	146	416	2612
上　海	Shanghai	209	1695	23702
江　苏	Jiangsu	622	17851	216230
浙　江	Zhejiang	74	2749	20624
安　徽	Anhui	83	3946	25862
福　建	Fujian	182	2433	24532
江　西	Jiangxi	187	880	12136
山　东	Shandong	325	2311	52258
河　南	Henan	109	1710	9631
湖　北	Hubei	374	5792	27144
湖　南	Hunan	205	1070	28736
广　东	Guangdong	283	2306	51028
广　西	Guangxi	13	19	901
海　南	Hainan	9	20	184
重　庆	Chongqing	37	372	32377
四　川	Sichuan	134	2113	17023
贵　州	Guizhou	27	264	16060
云　南	Yunnan	24	135	5577
西　藏	Tibet			
陕　西	Shaanxi	34	531	14121
甘　肃	Gansu	29	119	4373
青　海	Qinghai	9	95	823
宁　夏	Ningxia	18	150	362
新　疆	Xinjiang	39	210	2331
国家机关	Government Agencies	2	1	—
中直机关	Agencies Directly Under CCCPC	—	—	—

3.35 各地区基层以上工会民主参与及法律工作情况(1999年)

Status of Democratic Participation and Legislative Work of Trade Unions above Grass-root Level by Region (1999)

地区 Region		基层以上工会与同级政府(行政)开过联席会议的单位(个) Number of Trade Unions above Grass-root Level that have Held Joint Meetings with Government (Administration) at Various Level	基层以上工会在政府涉及职工利益的工作机构中解决问题件数(件) Number of Cases Solved by Trade Unions above Grass-root Level in Governmental Work Institutions Involving Staff and Workers' Benefits	基层以上工会参与政府部门制定政策和重大改革措施的件数(件) Participation of Trade Unions above Grass-root Level in the Stipulation of Policies and Major Reform Measures of Government Departments	基层以上工会参与有关部门共同研究起草法律法规件数(件) Number of Laws and Regulations Drafted by Trade Unions above Grass-root Level with Relevant Departments	基层以上工会法律服务机构接受案件数(件) Number of Cases Accepted by Legislative Service Organs of Trade Unions above Grass-root Level
全国总计	**National Total**	**10232**	**42102**	**26463**	**4062**	**17463**
北京	Beijing	310	490	368	192	205
天津	Tianjin	52	228	91	40	218
河北	Hebei	1088	3329	2052	438	595
山西	Shanxi	82	686	338	54	266
内蒙古	Inner Mongolia	76	285	215	39	131
辽宁	Liaoning	232	1403	709	212	1448
吉林	Jilin	131	494	959	77	647
黑龙江	Heilongjiang	561	1652	1057	203	693
上海	Shanghai	427	175	143	83	1510
江苏	Jiangsu	942	4674	2893	468	2580
浙江	Zhejiang	144	721	585	126	1425
安徽	Anhui	246	806	701	142	188
福建	Fujian	346	1985	832	115	513
江西	Jiangxi	419	1784	928	81	221
山东	Shandong	1139	4211	2891	11	1073
河南	Henan	385	2681	1688	163	609
湖北	Hubei	777	3395	2054	483	608
湖南	Hunan	842	3542	2102	213	322
广东	Guangdong	728	2483	1479	292	1121
广西	Guangxi	40	368	282	60	152
海南	Hainan	32	118	81	18	28
重庆	Chongqing	156	789	536	68	10
四川	Sichuan	480	2592	1544	200	769
贵州	Guizhou	75	744	234	40	245
云南	Yunnan	76	385	365	80	1402
西藏	Tibet	0				
陕西	Shaanxi	245	1016	557	52	131
甘肃	Gansu	40	193	137	—	127
青海	Qinghai	30	72	65	14	—
宁夏	Ningxia	25	92	67	12	4
新疆	Xinjiang	91	654	474	63	131
国家机关	Government Agencies	15	55	36	23	—
中直机关	Agencies Directly Under CCCPC	—	—	—	—	—

3.36 各地区基层单位欠职工工资及离退休人员养老金的情况(1999年)
Status of Owning Staff and Workers' Wages and Pensions of Retired and Resigned People of Grass-root Trade Unions by Region (1999)

地区 Region	年末拖欠职工工资的单位(个) Number of Units Owning Staff and Workers' Wages at the End of the Year	拖欠职工工资涉及职工人数(人) Number of Staff and Workers whose Wages have been Owned	拖欠职工工资金额(万元) Total Amount of Wages Owned (10,000 yuan)	年末拖欠离退休人员养老金的单位(个) Number of Units Owning Pensions at the End of the Year	拖欠养老金涉及离退休人员(人) Number of Retired and Resigned People whose Pensions have been Owned	拖欠离退休人员养老金的金额(万元) Total Amount of Pensions Owned (10,000 yuan)
全国总计 National Total	**56397**	**13822141**	**3637055**	**29919**	**3647004**	**682491**
北京 Beijing	285	76879	11440	116	17371	1667
天津 Tianjin	685	147530	42461	640	165126	21662
河北 Hebei	3649	717214	193121	1978	173175	37416
山西 Shanxi	2003	704503	188766	1409	155092	39806
内蒙古 Inner Mongolia	998	239492	63583	503	66687	11548
辽宁 Liaoning	3799	1484641	358793	2485	443909	83009
吉林 Jilin	3087	603930	348586	1943	465353	68300
黑龙江 Heilongjiang	4308	990994	432238	2681	317923	62107
上海 Shanghai	338	59116	8071	24	5648	228
江苏 Jiangsu	3678	762960	144155	1617	105523	15745
浙江 Zhejiang	332	34834	7001	124	9418	1445
安徽 Anhui	2647	922861	127831	1199	126279	16338
福建 Fujian	701	62301	9292	267	10478	1762
江西 Jiangxi	1315	368997	54985	785	94787	11187
山东 Shandong	4517	1100813	226402	1385	145720	34215
河南 Henan	4036	1166177	279873	1894	190775	35997
湖北 Hubei	3786	750031	242939	1667	136866	34874
湖南 Hunan	4130	921221	298633	2847	305464	75501
广东 Guangdong	1716	213825	53789	975	78829	12954
广西 Guangxi	881	180224	49182	438	48240	8624
海南 Hainan	630	67894	10994	349	37033	4690
重庆 Chongqing	682	197868	37369	339	46010	4028
四川 Sichuan	2124	449170	66918	1283	103067	17090
贵州 Guizhou	604	154250	50110	357	42043	7752
云南 Yunnan	497	139394	29868	206	52392	8330
西藏 Tibet						
陕西 Shaanxi	2388	470642	125886	1100	122118	22197
甘肃 Gansu	1045	303593	89734	650	75242	18348
青海 Qinghai	444	78349	23708	159	17996	14008
宁夏 Ningxia	138	39680	7248	55	7822	1514
新疆 Xinjiang	950	410677	53454	443	80355	10128
国家机关 Government Agencies	4	2081	625	1	263	17
中直机关 Agencies Directly Under CCCPC	—	—	—	—	—	—

3.37 基层单位拖欠职工工资及离退休人员养老金的情况(1999年)
Status of Owning Staff and Workers' Wages and Retired and Resigned People's Pensions of Grass-root Units (1999)

项目	Item	年末拖欠职工工资的单位(个) Number of Units Owning Staff and Workers' Wages at the End of the Year	拖欠职工工资涉及职工人数(人) Number of Staff and Workers whose Wages have been Owned	拖欠职工工资金额(万元) Total Amount of Wages Owned (10,000 yuan)	年末拖欠离退休人员养老金的单位(个) Number of Units Owning the Retired and Resigned People's Pensions at the End of the Year	拖欠养老金涉及离退休人员(人) Number of Retired and Resigned People whose Pensions have been Owned	拖欠离退休人员养老金的金额(万元) Total Amount of Pensions Owned (10,000 yuan)
总计	**Total**	**56397**	**13822141**	**3637055**	**29919**	**3647004**	**682491**
一、按单位规模分组	Ⅰ. By Unit Scope						
1. 10人及以下	1. 10 and Under	5003	534434	138697	3383	303898	44163
2. 11-50人	2. 11-50	18660	914373	292069	10172	456251	96056
3. 51-100人	3. 51-100	11040	1095407	266288	5670	290880	62449
4. 101-200人	4. 101-200	9487	1592871	395664	4743	355326	91490
5. 201-300人	5. 201-300	3811	931037	256303	1798	205180	42340
6. 301-500人	6. 301-500	3315	1258858	365275	1599	274654	50461
7. 501-800人	7. 501-800	1920	1176377	304906	934	256636	49577
8. 801-2999人	8. 801-2999	2530	3194566	946921	1277	764711	147373
9. 3000人及以上	9. 3000 and above	631	3124218	670933	343	739468	98583
二、按单位类型分组	Ⅱ. By Ownership						
1. 内资国有企业	1. Domestic Funded State-owned Enterprises	22507	8648468	2494473	11765	2341582	438239
2. 内资集体企业	2. Domestic Funded Collective-owned Enterprises	13167	1889230	402732	8952	808048	142663
3. 内资股份合作企业	3. Domestic Funded Share Holding Enterprises	1036	163482	30417	549	43607	8931
4. 内资联营企业	4. Domestic Funded Joint-owned Enterprises	171	34800	10089	82	6577	1295
5. 内资有限责任公司	5. Domestic Funded Limited-Liability Corporations	1670	748231	144823	785	133754	21303
6. 内资股份有限公司	6. Domestic Funded Share Holding Corporations	747	378860	72050	339	55691	10589
7. 内资私营企业	7. Domestic Funded Private Enterprises	239	26475	5073	128	13648	2752
8. 内资其他企业	8. Other Domestic Funded Enterprise	45	4674	917	16	897	125
9. 港澳台商投资企业	9. Hong Kong, Macao and Taiwan Funded Enterprises	157	24716	4251	40	1685	327

3.37 续表
Continued

项目	Item	年末拖欠职工工资的单位（个）Number of Units Owning Staff and Workers' Wages at the End of the Year	拖欠职工工资涉及职工人数（人）Number of Staff and Workers whose Wages have been Owned	拖欠职工工资金额（万元）Total Amount of Wages Owned (10,000 yuan)	年末拖欠离退休人员养老金的单位（个）Number of Units Owning the Retired and Resigned People's Pensions at the End of the Year	拖欠养老金涉及离退休人员（人）Number of Retired and Resigned People whose Pensions have been Owned	拖欠离退休人员养老金的金额（万元）Total Amount of Pensions Owned (10,000 yuan)
10.外商投资企业	10. Foreign Funded Enterprises	143	24430	3910	41	2893	451
11.乡镇企业	11. Town and Township Enterprises	1118	122175	23016	315	11872	1720
12.事业单位	12. Institutions	13524	1418436	404562	6141	179285	46122
13.机关单位	13. Agencies	1873	338164	40739	766	47465	7974
三、按国民经济行业分组	Ⅲ. By National Economic Industries						
1.农、林、牧、渔业	1. Farming, Forestry, Animal Husbandry and Fishery	2554	732005	233977	1446	333646	55496
2.采掘业	2. Mining and Quarrying	1658	1900546	496349	869	498232	67508
3.制造业	3. Manufacturing	17626	6432065	1694341	10218	1608211	336918
4.电力、煤气及水的生产和供应业	4. Production and Supply of Electricity	418	79351	16405	160	7060	2073
5.建筑业	5. Construction	2175	1024799	296927	1007	286542	61048
6.地质勘查、水利管理业	6. Geological prospecting and Water Conservancy	985	119180	30894	423	23683	5180
7.交通运输、仓储及邮电通信业	7. Transport, Storage, Post and Telecommunications	2354	438462	116909	1133	137023	23499
8.批发零售贸易和餐饮业	8. Wholesale and Retail Trade & Catering Services	13417	1017709	313367	7869	500096	76406
9.金融、保险业	9. Finance and Insurance	81	8026	1548	33	1056	166
10.房地产业	10. Real Estate Trade	227	17009	5026	77	1852	614
11.社会服务业	11. Social Services	1018	126768	36502	492	24131	5802
12.卫生体育和社会福利业	12. Health Care, Sporting and Social Welfare	1988	171875	43002	964	20113	5203
13.教育、文化艺术和广播电影电视业	13. Education, Culture and Arts, Radio, Film and Television	8547	1046969	246264	3711	92808	21875
14.科学研究和综合技术服务业	14. Scientific Research and Polytechnical Services	299	32513	9137	143	8436	2510
15.国家机关、党政机关和社会团体	15. Government Agencies, Party Agencies and Social Organizations	2134	393334	51869	896	60317	10320
16.其他	16. Others	916	281530	44539	478	43798	7874

3.38 各地区特困职工人数(1999 年)
Number of Staff and Workers in Pinching Poverty by Region (1999)

地　区	Region	基层单位特困职工（人）Number of Staff and Workers in Pinching Poverty of Grass-root Units	#在职特困职工 Number of On-the-Job Staff and Workers in Pinching Poverty	#下岗特困职工 Number of Laid off Staff and Workers in Pinching Poverty	#离退休特困职工 Number of Retired and Resigned Staff and Workers in Pinching Poverty
全国总计	**National Total**	**3218836**	**1332235**	**1187494**	**549900**
北　京	Beijing	27782	15165	6841	5316
天　津	Tianjin	46086	11164	25103	8886
河　北	Hebei	103221	46184	36806	16338
山　西	Shanxi	118372	60867	27276	18454
内蒙古	Inner Mongolia	55788	26857	16034	10933
辽　宁	Liaoning	260918	80334	117009	49795
吉　林	Jilin	180281	69819	71862	32019
黑龙江	Heilongjiang	260176	100652	96820	49336
上　海	Shanghai	59577	18040	22786	18739
江　苏	Jiangsu	85910	37783	33342	12906
浙　江	Zhejiang	17094	9339	4463	3250
安　徽	Anhui	164399	70068	67284	21543
福　建	Fujian	45700	20759	13072	10708
江　西	Jiangxi	111359	36264	53068	19461
山　东	Shandong	139865	69260	54061	12165
河　南	Henan	201573	88963	78449	26698
湖　北	Hubei	170102	75750	63674	20276
湖　南	Hunan	256553	68037	112342	43313
广　东	Guangdong	101671	39280	34692	25183
广　西	Guangxi	65362	37319	14753	8987
海　南	Hainan	45752	18517	17600	8984
重　庆	Chongqing	65017	22971	28445	12525
四　川	Sichuan	167523	77940	55205	29236
贵　州	Guizhou	55275	26519	16290	11260
云　南	Yunnan	56912	35515	9904	9316
西　藏	Tibet				
陕　西	Shaanxi	168027	69163	68574	30290
甘　肃	Gansu	84298	38541	23896	14826
青　海	Qinghai	23991	13072	6226	3918
宁　夏	Ningxia	10243	5851	2098	1954
新　疆	Xinjiang	68237	41144	9451	12720
国家机关	Government Agencies	1157	692	61	363
中直机关	Agencies Directly Under CCCPC	615	406	7	202

3.39 基层单位特困职工人数(1999 年)
Number of Staff and Workers in Pinching Poverty of Grass-root Units (1999)

项 目	Item	基层单位特困职工(人) Number of Staff and Workers in Pinching Poverty of Grass-root Units	#在职特困职工 Number of On-the-Job Staff and Workers in Pinching Poverty	#下岗特困职工 Number of Laid off Staff and Workers in Pinching Poverty	#离退休特困职工 Number of Retired and Resigned Staff and Workers in Pinching Poverty
总计	**Total**	**3218836**	**1332235**	**1187494**	**549900**
一、按单位规模分组	Ⅰ. By Unit Scope				
1. 10 人及以下	1. 10 and Under	6212	2648	1376	1777
2. 11-50 人	2. 11-50	182026	90925	47964	36321
3. 51-100 人	3. 51-100	272444	120025	91781	51398
4. 101-200 人	4. 101-200	405076	163524	154310	75509
5. 201-300 人	5. 201-300	257060	94407	108865	45351
6. 301-500 人	6. 301-500	332779	114794	147738	56617
7. 501-800 人	7. 501-800	310227	109237	137243	51129
8. 801-2999 人	8. 801-2999	822112	331668	307918	130173
9. 3000 人及以上	9. 3000 and above	630900	305007	190299	101625
二、按单位类型分组	Ⅱ. By Ownership				
1. 内资国有企业	1. Domestic Funded State-owned Enterprises	1986633	825365	756198	324089
2. 内资集体企业	2. Domestic Funded Collective owned Enterprises	633290	182034	290661	116592
3. 内资股份合作企业	3. Domestic Funded Share Holding Corporations	51012	22500	18372	8705
4. 内资联营企业	4. Domestic Funded Joint-owned Enterprises	7015	2922	2695	1249
5. 内资有限责任公司	5. Domestic Funded Limited-Liability Corporations	134405	61246	44769	21983
6. 内资股份有限公司	6. Domestic Funded Share Holding Corporations	63398	31926	19842	9448
7. 内资私营企业	7. Domestic Funded Private Enterprises	9292	4586	3167	1292
8. 内资其他企业	8. Other Domestic Funded Enterprises	2335	995	680	513
9. 港澳台商投资企业	9. Hong Kong, Macao and Taiwan Funded Enterprises	5422	2709	1659	947

3.39 续表
Continued

项　目	Item	基层单位特困职工(人) Number of Staff and Workers in Pinching Poverty of Grass-root Units	#在职特困职工 Number of On-the-Job Staff and Workers in Pinching Poverty	#下岗特困职工 Number of Laid off Staff and Workers in Pinching Poverty	#离退休特困职工 Number of Retired and Resigned Staff and Workers in Pinching Poverty
10.外商投资企业	10. Foreign Funded Enterprises	5001	2856	1573	463
11.乡镇企业	11. Town and Township Enterprises	28784	17331	6276	4241
12.事业单位	12. Institutions	230336	147488	24885	47832
13.机关单位	13. Agencies	61913	30277	16717	12546
三、按国民经济行业分组	Ⅲ. By National Economic Industries				
1.农、林、牧、渔业	1. Farming, Forestry, Animal Husbandry and Fishery	267988	138601	70715	50805
2.采掘业	2. Mining and Quarrying	348498	181492	94141	58787
3.制造业	3. Manufacturing	1340409	478650	606034	200863
4.电力、煤气及水的生产和供应业	4. Production and Supply of Electricity	19123	10944	3478	4109
5.建筑业	5. Construction	198831	76656	72339	38832
6.地质勘查、水利管理业	6. Geological prospecting and Water Conservancy	38789	13747	14933	8737
7.交通运输、仓储及邮电通信业	7. Transport, Storage, Post and Telecommunications	202578	73743	53312	43775
8.批发零售贸易和餐饮业	8. Wholesale and Retail Trade & Catering Services	469190	167176	205602	81690
9.金融、保险业	9. Finance and Insurance	4853	3064	690	911
10.房地产业	10. Real Estate Trade	5633	2324	1674	1473
11.社会服务业	11. Social Services	32075	15621	9957	5270
12.卫生体育和社会福利业	12. Health Care, Sporting and Social Welfare	22393	12680	2076	5001
13.教育、文化艺术和广播电影电视业	13. Education, Culture and Arts, Radio, Film and Television	129293	94162	4596	26304
14.科学研究和综合技术服务业	14. Scientific Research and Polytechnical Services	5677	2827	1249	1306
15.国家机关、党政机关和社会团体	15. Government Agencies, Party Agencies and Social Organizations	75126	36201	21103	14785
16.其他	16. Others	58380	24347	25595	7252

3.40 各地区基层以上工会开展送温暖工程工作情况(1999 年)
Status of Warmth Delivery Work of Trade Unions above Grass-root Level by Region (1999)

地　区 Region		建立送温暖工程基金组织的基层以上工会(个) Number of Trade Unions above Grass-root Level with Warmth Delivery Project Fund Organization	送温暖工程基金组织基金总额(万元) Total Fund of Warmth Delivery Project Fund Organization (10000 yuan)	用送温暖工程基金扶持的贫困职工(人次) Number and Times of Staff and Workers in Poverty Supported by Warmth Delivery Project Fund
全国总计	**National Total**	**10200**	**305179**	**4536164**
北　京	Beijing	310	8224	106336
天　津	Tianjin	71	4872	55160
河　北	Hebei	944	25842	206688
山　西	Shanxi	103	1948	37677
内蒙古	Inner Mongolia	98	2313	48162
辽　宁	Liaoning	325	15241	602163
吉　林	Jilin	145	16451	49370
黑龙江	Heilongjiang	571	9376	144803
上　海	Shanghai	794	39716	359230
江　苏	Jiangsu	877	11527	194602
浙　江	Zhejiang	222	17618	116133
安　徽	Anhui	313	8803	388544
福　建	Fujian	261	11704	48885
江　西	Jiangxi	405	8193	69955
山　东	Shandong	914	22187	197496
河　南	Henan	361	7625	151963
湖　北	Hubei	707	11978	118448
湖　南	Hunan	650	7347	105074
广　东	Guangdong	715	36326	309225
广　西	Guangxi	97	3515	39065
海　南	Hainan	54	860	12790
重　庆	Chongqing	116	1452	433857
四　川	Sichuan	525	8281	368892
贵　州	Guizhou	116	2222	75647
云　南	Yunnan	111	5270	107704
西　藏	Tibet			
陕　西	Shaanxi	65	4837	57205
甘　肃	Gansu	96	3554	37257
青　海	Qinghai	71	652	22284
宁　夏	Ningxia	45	1064	9356
新　疆	Xinjiang	87	4489	56605
国家机关	Government Agencies	31	1674	5588
中直机关	Agencies Directly Under CCCPC	—	—	—

3.41 各地区基层单位职工养老保险金交纳情况(1999 年)

Status of Staff and Workers Pension Insurance Fee Payment of Grass-root Units by Region (1999)

地 区 Region		离退休职工人数（人） Number of Retired and Resigned Staff and Workers	参加养老保险社会统筹的单位（个） Number of Units Participating in Social Overall Pension Insurance	足额交纳养老保险金的单位（个） Number of Units Fully Paid the Pension Insurance Fee	未足额交纳养老保险金的单位（个） Number of Units Not Fully Paid the Pension Insurance Fee	未足额交纳养老保险金的单位所欠养老金金额（万元） Amount Owned by Units that Have not Fully Paid the Pension Insurance Fee (10000 yuan)
全国总计	**National Total**	**28223232**	**345625**	**306490**	**35934**	**1560424**
北　京	Beijing	1022277	6541	6425	71	4718
天　津	Tianjin	767674	5519	5293	178	22215
河　北	Hebei	1125829	17818	15627	2192	66234
山　西	Shanxi	600352	6749	5611	913	45361
内蒙古	Inner Mongolia	470478	7704	7331	343	14583
辽　宁	Liaoning	1985093	11842	10358	1205	49861
吉　林	Jilin	737165	5538	4124	1375	42141
黑龙江	Heilongjiang	1357542	12439	10556	2618	67746
上　海	Shanghai	2772946	16584	16333	160	4291
江　苏	Jiangsu	1505299	25146	22313	2934	141108
浙　江	Zhejiang	940886	19319	18356	255	4122
安　徽	Anhui	774208	8155	6684	1380	73688
福　建	Fujian	557231	13884	13104	620	21582
江　西	Jiangxi	638637	7858	6461	988	46196
山　东	Shandong	1399089	24411	20954	3378	154967
河　南	Henan	1201849	16036	13057	2999	163035
湖　北	Hubei	1122490	12288	9650	2463	79499
湖　南	Hunan	1138196	16309	12864	2580	138507
广　东	Guangdong	1414675	25625	23268	1985	97800
广　西	Guangxi	523386	10733	9859	978	34971
海　南	Hainan	257049	4313	3830	469	9675
重　庆	Chongqing	631554	5773	4936	747	56517
四　川	Sichuan	1715040	18566	17011	1928	68047
贵　州	Guizhou	473333	8196	7661	398	15309
云　南	Yunnan	687465	14162	13499	566	19234
西　藏	Tibet					
陕　西	Shaanxi	869887	10642	9441	1025	60470
甘　肃	Gansu	396688	4567	3876	435	24939
青　海	Qinghai	131141	1634	1238	295	10148
宁　夏	Ningxia	116493	1540	1387	130	6911
新　疆	Xinjiang	761552	5265	4916	326	16548
国家机关	Government Agencies	114874	469	467	—	—
中直机关	Agencies Directly Under CCCPC	12854	—	—	—	—

3.42 基层单位职工养老保险金交纳情况(1999 年)

Status of Staff and Workers Pension Insurance Fee Payment of Grass-root Units (1999)

项目	Item	离退休职工人数(人) Number of Retired and Resigned Staff and Workers	参加养老保险社会统筹的单位(个) Number of Units Participating in Social Overall Pension Insurance	足额交纳养老保险金的单位(个) Number of Units Fully Paid the Pension Insurance Fee	未足额交纳养老保险金的单位(个) Number of Units Not Fully Paid the Pension Insurance Fee	未足额交纳养老保险金的单位所欠养老金金额(万元) Amount Owned by Units that Have not Fully Paid the Pension Insurance Fee (10,000 yuan)
总计	**Total**	**28223232**	**345625**	**306490**	**35934**	**1560424**
一、按单位规模分组	Ⅰ. By Unit Scope					
1. 10 人及以下	1. 10 and Under	49733	18907	15243	3365	60123
2. 11-50 人	2. 11-50	1573191	129873	117542	11254	166068
3. 51-100 人	3. 51-100	2331330	77104	69998	6541	109735
4. 101-200 人	4. 101-200	3241461	57592	51050	6049	177488
5. 201-300 人	5. 201-300	1915029	20317	17512	2565	118308
6. 301-500 人	6. 301-500	3265147	17197	14608	2374	161452
7. 501-800 人	7. 501-800	2813727	9837	8126	1577	167477
8. 801-2999 人	8. 801-2999	7082415	12320	10259	1898	406531
9. 3000 人及以上	9. 3000 and above	5951199	2478	2152	311	193241
二、按单位类型分组	Ⅱ. By Ownership					
1. 内资国有企业	1. Domestic Funded State-owned Enterprises	16182272	112566	93394	17422	1058213
2. 内资集体企业	2. Domestic Funded Collective-funded Enterprises	3340270	47855	38976	8369	196233
3. 内资股份合作企业	3. Domestic Funded Share Holding Enterprises	379269	6920	5929	892	36670
4. 内资联营企业	4. Domestic Funded Joint-owned Enterprises	64005	1051	868	156	6096
5. 内资有限责任公司	5. Domestic Funded Limited-Liability Companies	1677064	11725	9929	1614	108087
6. 内资股份有限公司	6. Domestic Funded Share Holding Corporations	912787	5821	4989	751	73573
7. 内资私营企业	7. Domestic Funded Private Enterprises	74205	3218	2964	240	3524
8. 内资其他企业	8. Other Domestic Funded Enterprises	15951	414	369	38	391
9. 港澳台商投资企业	9. Hong Kong, Macao and Taiwan Funded Enterprises	64631	3231	2995	216	7960

3.42 续表
Continued

项　目	Item	离退休职工人数（人）Number of Retired and Resigned Staff and Workers	参加养老保险社会统筹的单位（个）Number of Units Participating in Social Overall Pension Insurance	足额交纳养老保险金的单位（个）Number of Units Fully Paid the Pension Insurance Fee	未足额交纳养老保险金的单位（个）Number of Units Not Fully Paid the Pension Insurance Fee	未足额交纳养老保险金的单位所欠养老金金额（万元）Amount Owned by Units that Have not Fully Paid the Pension Insurance Fee (10,000 yuan)
10.外商投资企业	10. Foreign Funded Enterprises	97871	4543	4303	199	10728
11.乡镇企业	11. Town and Township Enterprises	218668	13157	12271	720	9341
12.事业单位	12. Institutions	4127787	96663	92296	4254	40005
13.机关单位	13. Agencies	1068452	38461	37207	1063	9603
三、按国民经济行业分组	Ⅲ. By National Economic Industries					
1.农、林、牧、渔业	1. Farming, Forestry, Animal Husbandry and Fishery	1573035	10723	9430	1217	34011
2.采掘业	2. Mining and Quarrying	1861269	4842	3865	888	70974
3.制造业	3. Manufacturing	11295938	75310	59257	14965	1012347
4.电力、煤气及水的生产和供应业	4. Production and Supply of Electricity	483130	7071	6537	466	18146
5.建筑业	5. Construction	1548363	9342	7851	1349	121675
6.地质勘查、水利管理业	6. Geological prospecting and Water Conservancy	394440	4146	3724	417	6992
7.交通运输、仓储及邮电通信业	7. Transport, Storage, Post and Telecommunications	2322977	22161	20527	1502	47377
8.批发零售贸易和餐饮业	8. Wholesale and Retail Trade & Catering Services	3145457	65580	55089	9449	151947
9.金融、保险业	9. Finance and Insurance	172521	8671	8535	70	508
10.房地产业	10. Real Estate Trade	126143	4668	4426	202	2740
11.社会服务业	11. Social Services	549094	12287	11205	1000	32363
12.卫生体育和社会福利业	12. Health Care, Sporting and Social Welfare	646876	17175	16323	660	5640
13.教育、文化艺术和广播电影电视业	13. Education, Culture and Arts, Radio, Film and Television	2266030	53873	52159	1836	7508
14.科学研究和综合技术服务业	14. Scientific Research and Polytechnical Services	349734	3168	3019	188	1834
15.国家机关、党政机关和社会团体	15. Government Agencies, Party Agencies and Social Organizations	1160918	40457	39055	1140	10986
16.其他	16. Others	327307	6151	5488	585	35373

3.43 各地区基层单位职工互助补充保险及医疗保险情况(1999年)
Status of Staff and Workers Mutual Complementary Insurance and Health Insurance of Grass-root Units by Region (1999)

地区 Region	建立职工互助补充保险组织的单位(个) Number of Units with Staff and Workers Mutual Complementary Insurance Organization	参加职工互助补充保险的人数(人) Number of People Participating in Staff and Workers Mutual Complementary Insurance	年末职工互助补充保险结余金额(万元) Amount of Surplus of Staff and Workers Mutual Complementary Insurance at the End of the Year (10,000 yuan)	参加医疗保险的单位(个) Number of Units with Health Insurance	足额交纳医疗保险金的单位(个) Number of Units Fully Paid Health Insurance Fee
全国总计 National Total	**30215**	**11169888**	**273866**	**143936**	**131938**
北京 Beijing	853	259516	18243	5306	5101
天津 Tianjin	275	182938	4614	1495	1383
河北 Hebei	3204	1411134	12960	4003	3706
山西 Shanxi	388	220450	4630	2375	1964
内蒙古 Inner Mongolia	1071	379273	6031	3615	3384
辽宁 Liaoning	1182	618903	8479	3043	2750
吉林 Jilin	640	285022	13949	2949	2454
黑龙江 Heilongjiang	524	145986	1585	5821	5332
上海 Shanghai	4471	1144263	44619	15270	15052
江苏 Jiangsu	2501	778041	7482	11308	10516
浙江 Zhejiang	1822	369534	20561	9337	8802
安徽 Anhui	471	326034	5577	2129	1877
福建 Fujian	611	123391	4201	5718	5346
江西 Jiangxi	1095	281154	8088	5861	5326
山东 Shandong	1833	814419	34736	9287	8331
河南 Henan	1310	583398	9002	5960	5205
湖北 Hubei	1052	551311	10680	3713	3025
湖南 Hunan	1555	532279	5178	4161	3620
广东 Guangdong	1090	267345	12200	10566	9982
广西 Guangxi	686	271075	4751	4186	3865
海南 Hainan	458	174369	1049	1485	1274
重庆 Chongqing	157	90234	599	1664	1494
四川 Sichuan	895	485763	5538	9108	8239
贵州 Guizhou	357	114914	3167	2116	2016
云南 Yunnan	269	66618	1584	5433	4825
西藏 Tibet					
陕西 Shaanxi	495	247657	8508	3248	2866
甘肃 Gansu	374	217358	3227	1352	1179
青海 Qinghai	69	30270	1233	1142	1002
宁夏 Ningxia	105	40862	641	253	219
新疆 Xinjiang	389	143540	9993	1938	1714
国家机关 Government Agencies	13	12837	762	90	85
中直机关 Agencies Directly Under CCCPC	—	—	—	4	4

3.44 基层单位职工互助补充保险及医疗保险情况(1999年)
Status of Staff and Workers Mutual Complementary Insurance and Health Insurance of Grass-root Units (1999)

项目	Item	建立职工互助补充保险组织的单位(个) Number of Units with Staff and Workers Mutual Comple-mentary Insurance Organization	参加职工互助补充保险的人数(人) Number of People Participating in Staff and Workers Mutual Comple-mentary Insurance	年末职工互助补充保险结余金额(万元) Amount of Surplus of Staff and Workers Mutually Comple-mentary Insurance at the End of the Year (10,000 yuan)	参加医疗保险的单位(个) Number of Units with Health Insurance	足额交纳医疗保险金的单位(个) Number of Units Fully Paid Health Insurance Fee
总计	**Total**	**30215**	**11169888**	**273866**	**143936**	**131938**
一、按单位规模分组	Ⅰ. By Unit Scope					
1. 10人及以下	1. 10 and Under	556	13201	271	6279	5502
2. 11-50人	2. 11-50	7342	244810	5962	53781	49581
3. 51-100人	3. 51-100	6255	501119	11257	33855	31217
4. 101-200人	4. 101-200	5717	736033	16901	24998	22898
5. 201-300人	5. 201-300	2337	476200	11414	8302	7532
6. 301-500人	6. 301-500	2356	758276	21075	6843	6205
7. 501-800人	7. 501-800	1779	907993	28906	3898	3510
8. 801-2999人	8. 801-2999	3025	3696909	97012	4927	4518
9. 3000人及以上	9. 3000 and above	848	3835347	81069	1053	975
二、按单位类型分组	Ⅱ. By Ownership					
1. 内资国有企业	1. Domestic Funded State-owned Enterprises	12049	7806820	202475	38341	34188
2. 内资集体企业	2. Domestic Funded Collective-owned Enterprises	2345	311550	4603	13415	11886
3. 内资股份合作企业	3. Domestic Funded Share Holding Enterprises	476	70845	1274	2570	2320
4. 内资联营企业	4. Domestic Funded Joint-Owned Enterprises	96	19248	196	439	401
5. 内资有限责任公司	5. Domestic Funded Limited-Liability Companies	1090	747463	15425	4997	4577
6. 内资股份有限公司	6. Domestic Funded Share Holding Corporations	719	544253	11787	2608	2388
7. 内资私营企业	7. Domestic Funded Private Enterprises	160	9971	115	1331	1240
8. 内资其他企业	8. Other Domestic Funded Enterprises	26	5787	73	177	171
9. 港澳台商投资企业	9. Hong Kong, Macao and Taiwan Funded Enterprises	236	54838	2376	1813	1708

3.44 续表
Continued

项　　目	Item	建立职工互助补充保险组织的单位(个) Number of Units with Staff and Workers Mutual Comple-mentary Insurance Organization	参加职工互助补充保险的人数(人) Number of People Participating in Staff and Workers Mutual Comple-mentary Insurance	年末职工互助补充保险结余金额(万元) Amount of Surplus of Staff and Workers Mutually Comple-mentary Insurance at the End of the Year (10,000 yuan)	参加医疗保险的单位(个) Number of Units with Health Insurance	足额交纳医疗保险金的单位(个) Number of Units Fully Paid Health Insurance Fee
10. 外商投资企业	10. Foreign Funded Enterprises	324	137711	6142	2640	2532
11. 乡镇企业	11. Town and Township Enterprises	1083	142078	2135	6937	6600
12. 事业单位	12. Institutions	9663	1154908	22114	48689	45278
13. 机关单位	13. Agencies	1948	164416	5153	19979	18649
三、按国民经济行业分组	Ⅲ. By National Economic Industries					
1. 农、林、牧、渔业	1. Farming, Forestry, Animal Husbandry and Fishery	717	362533	7530	4094	3698
2. 采掘业	2. Mining and Quarrying	761	1382222	22073	1875	1674
3. 制造业	3. Manufacturing	6066	3913125	90710	27101	24033
4. 电力、煤气及水的生产和供应业	4. Production and Supply of Electricity	870	521504	23073	3320	3155
5. 建筑业	5. Construction	1051	665171	13763	3282	3020
6. 地质勘查、水利管理业	6. Geological prospecting and Water Conservancy	445	96332	4405	1369	1259
7. 交通运输、仓储及邮电通信业	7. Transport, Storage, Post and Telecommunications	4197	2026114	61250	7500	6946
8. 批发零售贸易和餐饮业	8. Wholesale and Retail Trade & Catering Services	3447	443949	11185	21040	18881
9. 金融、保险业	9. Finance and Insurance	513	65762	1706	3061	2710
10. 房地产业	10. Real Estate Trade	511	52398	1902	2175	2098
11. 社会服务业	11. Social Services	1167	337447	8389	5025	4736
12. 卫生体育和社会福利业	12. Health Care, Sporting and Social Welfare	1578	251518	5558	8007	7526
13. 教育、文化艺术和广播电影电视业	13. Education, Culture and Arts, Radio, Film and Television	6098	677779	8983	30789	28555
14. 科学研究和综合技术服务业	14. Scientific Research and Polytechnical Services	330	95242	5135	1528	1443
15. 国家机关、党政机关和社会团体	15. Government Agencies, Party Agencies and Social Organizations	2044	186631	6223	21049	19678
16. 其他	16. Others	420	92161	1980	2721	2526

3.45 各地区基层单位开展合理化建议活动情况(1999年)

Status of Rationalization Proposal Activities of Grass-root Units by Region (1999)

地区	Region	开展合理化建议活动的单位(个) Number of Units Conducting Rationalization Proposal Activities	本年度提出合理化建议件数(件) Number of Rationalization Proposals Raised this Year	本年度已实施的合理化建议件数(件) Number of Rationalization Proposals Implemented this Year	本年度已实施的合理化建议创造经济效益(万元) Economic Benefits Created by the Implementation of Rationalization Proposals this Year
全国总计	**National Total**	**202246**	**11098027**	**4259171**	**3219373**
北京	Beijing	5111	374938	113630	185602
天津	Tianjin	4780	636303	280122	191298
河北	Hebei	14595	1145144	402894	192883
山西	Shanxi	5150	292421	100494	63511
内蒙古	Inner Mongolia	4218	261720	94470	54533
辽宁	Liaoning	8644	369993	156783	131715
吉林	Jilin	5054	436109	108933	84444
黑龙江	Heilongjiang	7577	278192	118909	104629
上海	Shanghai	7338	649570	293087	169888
江苏	Jiangsu	16298	900134	302782	246144
浙江	Zhejiang	7693	232928	96814	77620
安徽	Anhui	5531	181458	82438	48516
福建	Fujian	7549	263233	116387	86709
江西	Jiangxi	3228	277612	63813	27767
山东	Shandong	15023	973654	413825	304739
河南	Henan	12247	609115	235979	194948
湖北	Hubei	9016	862265	366675	185455
湖南	Hunan	9337	797126	175972	81191
广东	Guangdong	10240	301145	151926	174516
广西	Guangxi	4456	101574	51393	54093
海南	Hainan	1129	20052	9275	8000
重庆	Chongqing	4856	209127	90392	82908
四川	Sichuan	12453	328731	170802	130631
贵州	Guizhou	2955	65160	29686	35304
云南	Yunnan	4068	85260	41877	32281
西藏	Tibet				
陕西	Shaanxi	5692	177104	75508	68187
甘肃	Gansu	2912	127705	48186	29319
青海	Qinghai	949	24587	11254	15062
宁夏	Ningxia	907	35687	14732	26221
新疆	Xinjiang	3006	60894	32536	126142
国家机关	Government Agencies	216	18293	7140	5117
中直机关	Agencies Directly Under CCCPC	18	793	457	—

3.46 基层单位开展合理化建议活动情况(1999 年)

Status of Rationalization Proposal Activities of Grass-root Units (1999)

项 目	Item	开展合理化建议活动的单位(个) Number of Units Conducting Rationalization Proposal Activities	本年度提出合理化建议件数(件) Number of Rationalization Proposals Raised this Year	本年度已实施的合理化建议件数(件) Number of Rationalization Proposals Implemented this Year	本年度已实施的合理化建议创造经济效益(万元) Economic Benefits Created by the Implementation of Rationalization Proposals this Year
总计	**Total**	**202246**	**11098027**	**4259171**	**3219373**
一、按单位规模分组	Ⅰ. By Unit Scope				
1. 10 人及以下	1. 10 and Under	4700	56607	17849	8808
2. 11-50 人	2. 11-50	61508	798282	386375	128263
3. 51-100 人	3. 51-100	48578	924605	436692	146128
4. 101-200 人	4. 101-200	40235	1248176	655505	261656
5. 201-300 人	5. 201-300	14560	567165	246529	163375
6. 301-500 人	6. 301-500	12662	1397424	327144	240800
7. 501-800 人	7. 501-800	7467	773411	284490	307023
8. 801-2999 人	8. 801-2999	10270	2889966	1040380	1034936
9. 3000 人及以上	9. 3000 and above	2266	2442391	864207	928383
二、按单位类型分组	Ⅱ. By Ownership				
1. 内资国有企业	1. Domestic Funded State-owned Enterprises	62449	5922356	2167227	2083704
2. 内资集体企业	2. Domestic Funded Collective-owned Enterprises	22089	487082	199572	112647
3. 内资股份合作企业	3. Domestic Funded Share Holding Enterprises	3555	99775	44060	32392
4. 内资联营企业	4. Domestic Funded Joint-owned Enterprises	532	22010	6085	5607
5. 内资有限责任公司	5. Domestic Funded Limited-Liability Corporations	6709	850905	229176	277619
6. 内资股份有限公司	6. Domestic Funded Share Holding Corporations	3717	590256	196452	229452
7. 内资私营企业	7. Domestic Funded Private Enterprises	2076	44011	18730	13078
8. 内资其他企业	8. Other Domestic Funded Enterprises	168	5565	2936	1512
9. 港澳台商投资企业	9. Hong Kong, Macao and Taiwan Funded Enterprises	1548	137046	43650	35693

3.46 续表
Continued

项　目 Item		开展合理化建议活动的单位（个）Number of Units Conducting Rationalization Proposal Activities	本年度提出合理化建议件数（件）Number of Rationalization Proposals Raised this Year	本年度已实施的合理化建议件数（件）Number of Rationalization Proposals Implemented this Year	本年度已实施的合理化建议创造经济效益（万元）Economic Benefits Created by the Implementation of Rationalization Proposals this Year
10.外商投资企业	10. Foreign Funded Enterprises	2063	193818	84584	90297
11.乡镇企业	11. Town and Township Enterprises	10143	357617	211422	92109
12.事业单位	12. Institutions	74804	1684761	910334	179652
13.机关单位	13. Agencies	12393	702825	144943	65612
三、按国民经济行业分组	Ⅲ. By National Economic Industries				
1.农、林、牧、渔业	1. Farming, Forestry, Animal Husbandry and Fishery	6318	239860	91122	67116
2.采掘业	2. Mining and Quarrying	3635	906260	394770	361698
3.制造业	3. Manufacturing	43229	4153342	1662975	1630882
4.电力、煤气及水的生产和供应业	4. Production and Supply of Electricity	4514	455636	154898	168885
5.建筑业	5. Construction	5446	501629	109047	141986
6.地质勘查、水利管理业	6. Geological prospecting and Water Conservancy	2789	69702	28554	27299
7.交通运输、仓储及邮电通信业	7. Transport, Storage, Post and Telecommunications	14173	1219045	364429	256867
8.批发零售贸易和餐饮业	8. Wholesale and Retail Trade & Catering Services	29277	692318	252992	127328
9.金融、保险业	9. Finance and Insurance	5751	237171	104016	47889
10.房地产业	10. Real Estate Trade	2133	79094	19470	42096
11.社会服务业	11. Social Services	6364	242689	83112	53687
12.卫生体育和社会福利业	12. Health Care, Sporting and Social Welfare	10849	251386	122274	44400
13.教育、文化艺术和广播电影电视业	13. Education, Culture and Arts, Radio, Film and Television	49947	1123582	654539	40422
14.科学研究和综合技术服务业	14. Scientific Research and Polytechnical Services	1799	61337	25133	32294
15.国家机关、党政机关和社会团体	15. Government Agencies, Party Agencies and Social Organizations	13098	754000	148233	68605
16.其他	16. Others	2924	110976	43607	107920

3.47 各地区基层单位开展劳动竞赛活动情况(1999 年)

Status of Labor Contest Activities of Grass-root Units by Region (1999)

地区	Item	开展劳动竞赛活动的单位(个) Number of Units Conducting Labor Contest Activities	参加劳动竞赛活动的人数(人) Number of People Participating in Labor Contest Activities	劳动竞赛创造的可计算的经济效益(万元) Calculatable Economic Benefits Created by Labor Contest (10,000 yuan)
全国总计	**National Total**	**141650**	**33341163**	**4692586**
北　京	Beijing	5136	1200530	407148
天　津	Tianjin	1640	488476	114741
河　北	Hebei	7777	1739880	104371
山　西	Shanxi	4149	1109016	151918
内蒙古	Inner Mongolia	3612	771773	67182
辽　宁	Liaoning	5710	1556605	188040
吉　林	Jilin	3409	1012441	87488
黑龙江	Heilongjiang	3605	1337734	152070
上　海	Shanghai	7260	1288300	387453
江　苏	Jiangsu	12595	2856277	373786
浙　江	Zhejiang	3875	556216	37236
安　徽	Anhui	4033	1062301	67431
福　建	Fujian	4487	1194322	75068
江　西	Jiangxi	2625	611759	62298
山　东	Shandong	10837	2953741	304119
河　南	Henan	9182	2198256	251033
湖　北	Hubei	5902	1228255	217316
湖　南	Hunan	7085	1424351	131740
广　东	Guangdong	7950	1456202	325500
广　西	Guangxi	2994	603916	217703
海　南	Hainan	577	307744	26646
重　庆	Chongqing	3387	696738	97418
四　川	Sichuan	8705	1831569	202647
贵　州	Guizhou	1884	423500	70929
云　南	Yunnan	2436	583657	60948
西　藏	Tibet	—	—	—
陕　西	Shaanxi	4614	998567	244611
甘　肃	Gansu	2269	547186	38681
青　海	Qinghai	710	139542	8509
宁　夏	Ningxia	699	162876	7150
新　疆	Xinjiang	2392	957466	185940
国家机关	Government Agencies	103	39652	25465
中直机关	Agencies Directly Under CCCPC	11	2315	—

3.48 基层单位开展劳动竞赛活动情况(1999年)
Status of Labour Contest Activities of Grass-root Units (1999)

项 目	Item	开展劳动竞赛活动的单位(个) Number of Units Conducting Labor Contest Activities	参加劳动竞赛活动的人数(人) Number of People Participating in Labor Contest Activities	劳动竞赛创造的可计算的经济效益(万元) Calculatable Economic Benefits Created by Labor Contest (10000 yuan)
总计	**Total**	**141650**	**33341163**	**4692586**
一、按单位规模分组	Ⅰ. By Unit Scope			
1. 10人及以下	1. 10 and Under	2200	73360	2445
2. 11-50人	2. 11-50	37749	1291447	143148
3. 51-100人	3. 51-100	32708	2304958	201686
4. 101-200人	4. 101-200	28586	3795958	376832
5. 201-300人	5. 201-300	11200	2088770	207574
6. 301-500人	6. 301-500	10539	2741724	323859
7. 501-800人	7. 501-800	6731	2872263	454216
8. 801-2999人	8. 801-2999	9736	9458552	1724283
9. 3000人及以上	9. 3000 and above	2201	8714131	1258544
二、按单位类型分组	Ⅱ. By Ownership			
1. 内资国有企业	1. Domestic Funded State-owned Enterprises	49879	19970614	3202644
2. 内资集体企业	2. Domestic Funded Collective-owned Enterprises	14333	1786801	172739
3. 内资股份合作企业	3. Domestic Funded Share Holding Enterprises	2611	379744	37702
4. 内资联营企业	4. Domestic Funded Joint-owned Enterprises	432	71333	3967
5. 内资有限责任公司	5. Domestic Funded Limited-Liability Corporations	5510	2271246	313612
6. 内资股份有限公司	6. Domestic Funded Share Holding Corporations	3218	1582593	270560
7. 内资私营企业	7. Domestic Funded Private Enterprises	1134	195307	11127
8. 内资其他企业	8. Other Domestic Funded Enterprises	125	22250	4664
9. 港澳台商投资企业	9. Hong Kong, Macao and Taiwan Funded Enterprises	1190	339466	53326

3.48 续表
Continued

项目	Item	开展劳动竞赛活动的单位（个）Number of Units Conducting Labor Contest Activities	参加劳动竞赛活动的人数（人）Number of People Participating in Labor Contest Activities	劳动竞赛创造的可计算的经济效益（万元）Calculatable Economic Benefits Created by Labor Contest (10000 yuan)
10.外商投资企业	10. Foreign Funded Enterprises	1604	546731	193837
11.乡镇企业	11. Town and Township Enterprises	7359	960096	84753
12.事业单位	12. Institutions	47892	4621431	265884
13.机关单位	13. Agencies	6363	593551	77769
三、按国民经济行业分组	Ⅲ. By National Economic Industries			
1.农、林、牧、渔业	1. Farming, Forestry, Animal Husbandry and Fishery	4231	1878299	128470
2.采掘业	2. Mining and Quarrying	2999	3014247	330049
3.制造业	3. Manufacturing	32011	12766346	2238073
4.电力、煤气及水的生产和供应业	4. Production and Supply of Electricity	3681	1289790	149558
5.建筑业	5. Construction	4329	1540376	282585
6.地质勘查、水利管理业	6. Geological prospecting and Water Conservancy	2016	309291	40608
7.交通运输、仓储及邮电通信业	7. Transport, Storage, Post and Telecommunications	12432	3738222	586443
8.批发零售贸易和餐饮业	8. Wholesale and Retail Trade & Catering Services	20101	2329806	286540
9.金融、保险业	9. Finance and Insurance	5274	611174	87713
10.房地产业	10. Real Estate Trade	1573	145438	35355
11.社会服务业	11. Social Services	5347	1126180	217176
12.卫生体育和社会福利业	12. Health Care, Sporting and Social Welfare	7496	932877	84064
13.教育、文化艺术和广播电影电视业	13. Education, Culture and Arts, Radio, Film and Television	30159	2434097	32603
14.科学研究和综合技术服务业	14. Scientific Research and Polytechnical Services	1144	226101	44499
15.国家机关、党政机关和社会团体	15. Government Agencies, Party Agencies and Social Organizations	6850	678711	76330
16.其他	16. Others	2007	320208	72520

3.49 各地区基层以上各级工会安全生产监督检查工作情况(1999 年)

Status of Safe Production Supervision and Inspection Work of Trade Unions above Grass-root Level by Region (1999)

地 区 Region	工会提出安全生产整改意见(条) Number of Safe Production Opinions Raised by Trade Unions	#被采纳的安全生产整改意见 Opinions Accepted	工会参加工伤事故处理件数(件) Number of Accidents Trade Unions Handled by Trade Union's Participation	工会参加"三同时"审查验收项目数(项) Number of "Three Meanwhiles" Projects Examination Participated by Trade Unions
全国总计 National Total	**233614**	**192113**	**20947**	**10303**
北 京 Beijing	4417	3238	331	86
天 津 Tianjin	6362	5291	300	274
河 北 Hebei	12252	10015	1076	520
山 西 Shanxi	3061	1554	637	122
内蒙古 Inner Mongolia	3101	2424	435	73
辽 宁 Liaoning	7723	6030	963	397
吉 林 Jilin	3346	2510	347	68
黑龙江 Heilongjiang	9957	8430	872	600
上 海 Shanghai	15333	12099	576	245
江 苏 Jiangsu	34398	28563	2200	1824
浙 江 Zhejiang	7842	7217	662	110
安 徽 Anhui	11735	9366	586	214
福 建 Fujian	20113	17690	1038	432
江 西 Jiangxi	2485	1915	409	150
山 东 Shandong	14686	12106	1423	1155
河 南 Henan	17676	15416	937	290
湖 北 Hubei	8714	6601	1077	425
湖 南 Hunan	4403	3320	933	437
广 东 Guangdong	15464	13557	2054	642
广 西 Guangxi	1814	1413	297	24
海 南 Hainan	368	210	148	12
重 庆 Chongqing	4260	3706	489	1225
四 川 Sichuan	10924	8755	1007	449
贵 州 Guizhou	2739	2537	345	44
云 南 Yunnan	1657	1411	612	124
西 藏 Tibet				
陕 西 Shaanxi	3200	2409	343	93
甘 肃 Gansu	283	233	202	38
青 海 Qinghai	1215	753	79	11
宁 夏 Ningxia	2051	1581	102	78
新 疆 Xinjiang	2022	1750	464	141
国家机关 Government Agencies	13	13	3	—
中直机关 Agencies Directly Under CCCPC	—	—	—	—

3.50 各地区基层以上各级工会评先活动情况(1999 年)

Status of Advanced Collectives and Workers Selection Activities of Trade Unions at Each Level above Grass-root Level by Region (1999)

地区	Region	获省市级自学成才称号的职工人数(人) Number of Staff and Workers Won Self-taught Award at Provincial and Municipal Level	评为省部级劳动模范的职工人数(人) Number of Staff and Workers Selected as Provincial and Ministerial Labor Models	评为省部级先进集体的个数(个) Number of Units Selected as Provincial and Ministerial Advanced Collectives
全国总计	**National Total**	**10878**	**9090**	**2508**
北　京	Beijing	71	198	114
天　津	Tianjin	8	1156	263
河　北	Hebei	952	789	539
山　西	Shanxi	147	25	14
内蒙古	Inner Mongolia	0	0	0
辽　宁	Liaoning	265	1024	105
吉　林	Jilin	41	979	100
黑龙江	Heilongjiang	343	65	13
上　海	Shanghai	114	954	427
江　苏	Jiangsu	3083	0	0
浙　江	Zhejiang	71	367	47
安　徽	Anhui	403	52	67
福　建	Fujian	213	1	37
江　西	Jiangxi	242	26	137
山　东	Shandong	54	581	136
河　南	Henan	724	1033	64
湖　北	Hubei	1042	53	42
湖　南	Hunan	675	101	34
广　东	Guangdong	893	10	6
广　西	Guangxi	5	32	2
海　南	Hainan	28	6	7
重　庆	Chongqing	208	30	9
四　川	Sichuan	524	423	87
贵　州	Guizhou	32	35	18
云　南	Yunnan	75	235	39
西　藏	Tibet			
陕　西	Shaanxi	478	88	42
甘　肃	Gansu	69	335	9
青　海	Qinghai	8	308	64
宁　夏	Ningxia	31	82	32
新　疆	Xinjiang	69	102	54
国家机关	Government Agencies	10	—	—
中直机关	Agencies Directly Under CCCPC	—	—	—

3.51 各地区基层工会劳动争议调解工作情况(1999年)
Status of Labour Dispute Mediation Work of Grass-root Trade Unions by Region (1999)

地 区	Region	受理劳动争议案件的基层劳动争议调解委员会(个) Number of Labor Dispute Mediation Committees of Grass-root Trade Unions that Accept Labor Dispute Cases	劳动争议调解委员会受理劳动争议的件数(件) Number of Cases Accepted by Labor Dispute Mediation Committees	#集体劳动争议 Number of Collective Labor Dispute	调解成功的劳动争议件数(件) Number of Labor Dispute Cases Succeeded by Mediation
全国总计	**National Total**	**26804**	**113381**	**23033**	**81234**
北 京	Beijing	588	1883	373	1395
天 津	Tianjin	408	1803	273	1196
河 北	Hebei	1316	5456	915	3019
山 西	Shanxi	570	2420	492	1749
内蒙古	Inner Mongolia	563	1833	322	1235
辽 宁	Liaoning	1003	3655	1085	2518
吉 林	Jilin	529	2016	540	1509
黑龙江	Heilongjiang	727	2908	813	2002
上 海	Shanghai	842	2620	313	1848
江 苏	Jiangsu	2773	10838	2076	7789
浙 江	Zhejiang	723	2589	368	1831
安 徽	Anhui	861	3535	697	2367
福 建	Fujian	611	2320	661	1700
江 西	Jiangxi	406	1583	404	1190
山 东	Shandong	2467	11589	1927	8727
河 南	Henan	1472	6963	1917	4707
湖 北	Hubei	1744	6940	1587	5507
湖 南	Hunan	1221	5430	1383	3995
广 东	Guangdong	1615	10132	2001	7341
广 西	Guangxi	619	2502	540	1847
海 南	Hainan	161	600	196	452
重 庆	Chongqing	640	2336	429	1767
四 川	Sichuan	1388	5809	1175	4351
贵 州	Guizhou	335	1529	311	1126
云 南	Yunnan	572	2183	331	1701
西 藏	Tibet				
陕 西	Shaanxi	943	3541	569	2575
甘 肃	Gansu	460	2323	427	1847
青 海	Qinghai	106	521	73	334
宁 夏	Ningxia	187	886	189	616
新 疆	Xinjiang	898	4545	631	2908
国家机关	Government Agencies	50	83	14	75
中直机关	Agencies Directly Under CCCPC	6	10	1	10

3.52 基层工会劳动争议调解工作情况(1999年)

Status of Labour Dispute Mediation Work of Grass-root Trade Unions (1999)

项 目	Item	受理劳动争议案件的基层工会劳动争议调解委员会(个) Number of Labor Dispute Mediation Committees of Grass-root Trade Unions that Accept Labor Dispute Cases	劳动争议调解委员会受理劳动争议的件数(件) Number of Cases Accepted by Labor Dispute Mediation Committees	#集体劳动争议 Number of Collective Labor Dispute	调解成功的劳动争议件数(件) Number of Labor Dispute Cases Succeeded by Mediation
总计	**Total**	**26804**	**113381**	**23033**	**81234**
一、按单位规模分组	Ⅰ. By Unit Scope				
1. 10人及以下	1. 10 and Under	511	1605	411	1120
2. 11-50人	2. 11-50	5184	19753	4358	13569
3. 51-100人	3. 51-100	4722	17825	4092	12124
4. 101-200人	4. 101-200	5289	18710	4256	13191
5. 201-300人	5. 201-300	2339	8942	1821	6145
6. 301-500人	6. 301-500	2688	10664	2123	7650
7. 501-800人	7. 501-800	1814	8378	1356	6440
8. 801-2999人	8. 801-2999	3149	16855	2963	12517
9. 3000人及以上	9. 3000 and above	1108	10649	1653	8478
二、按单位类型分组	Ⅱ. By Ownership				
1. 内资国有企业	1. Domestic Funded State-owned Enterprises	11609	50236	9314	36072
2. 内资集体企业	2. Domestic Funded Collective-owned Enterprises	4393	16345	3651	11792
3. 内资股份合作企业	3. Domestic Funded Share Holding Enterprises	724	2474	497	1872
4. 内资联营企业	4. Domestic Funded Joint-owned Enterprises	134	514	93	293
5. 内资有限责任公司	5. Domestic Funded Limited-Liability Corporations	1415	6234	947	4835
6. 内资股份有限公司	6. Domestic Funded Share Holding Corporations	838	3451	575	2307
7. 内资私营企业	7. Domestic Funded Private Enterprises	321	1112	222	873
8. 内资其他企业	8. Other Domestic Funded Enterprises	25	91	28	75
9. 港澳台商投资企业	9. Hong Kong, Macao and Taiwan Funded Enterprises	359	1341	204	1001

3.52 续表
Continued

项　　目	Item	受理劳动争议案件的基层工会劳动争议调解委员会（个）Number of Labor Dispute Mediation Committees of Grass-root Trade Unions that Accept Labor Dispute Cases	劳动争议调解委员会受理劳动争议的件数（件）Number of Cases Accepted by Labor Dispute Mediation Committees	#集体劳动争议 Number of Collective Labor Dispute	调解成功的劳动争议件数（件）Number of Labor Dispute Cases Succeeded by Mediation
10.外商投资企业	10. Foreign Funded Enterprises	550	2170	508	1542
11.乡镇企业	11. Town and Township Enterprises	1675	6513	1511	4864
12.事业单位	12. Institutions	3902	17207	4061	11489
13.机关单位	13. Agencies	859	5693	1422	4219
三、按国民经济行业分组	Ⅲ. By National Economic Industries				
1.农、林、牧、渔业	1. Farming, Forestry, Animal Husbandry and Fishery	1222	5573	1298	4358
2.采掘业	2. Mining and Quarrying	1022	5718	1099	4427
3.制造业	3. Manufacturing	9919	40248	7482	29153
4.电力、煤气及水的生产和供应业	4. Production and Supply of Electricity	538	1709	413	1264
5.建筑业	5. Construction	1321	5892	1125	4443
6.地质勘查、水利管理业	6. Geological prospecting and Water Conservancy	472	1741	470	1319
7.交通运输、仓储及邮电通信业	7. Transport, Storage, Post and Telecommunications	1930	8234	1472	5468
8.批发零售贸易和餐饮业	8. Wholesale and Retail Trade & Catering Services	4696	17136	3608	12273
9.金融、保险业	9. Finance and Insurance	336	1049	222	744
10.房地产业	10. Real Estate Trade	202	508	137	387
11.社会服务业	11. Social Services	879	2852	587	2120
12.卫生体育和社会福利业	12. Health Care, Sporting and Social Welfare	629	2194	495	1589
13.教育、文化艺术和广播电影电视业	13. Education, Culture and Arts, Radio, Film and Television	1915	8188	2246	4802
14.科学研究和综合技术服务业	14. Scientific Research and Polytechnical Services	171	547	93	385
15.国家机关、党政机关和社会团体	15. Government Agencies, Party Agencies and Social Organizations	1010	6818	1698	4914
16.其他	16. Others	542	4974	588	3588

3.53 各地区各级工会参与劳动争议仲裁工作情况(1999年)
Status of Trade Unions' Participation in Labor Dispute Arbitration Work by Region (1999)

地区 Region		劳动争议仲裁委员会中工会代表(人) Number of Staff and Workers Representatives in Labor Dispute Arbitration Committee	劳动争议仲裁委员会受理劳动争议(件) Number of Labor Dispute Cases Accepted by Labor Dispute Arbitration Committee	#职工胜诉 Number of Court Cases Won by Staff and Workers	#集体劳动争议 Number of Collective Labor Dispute
全国总计	**National Total**	**16128**	**77757**	**36621**	**6575**
北　京	Beijing	569	1958	270	148
天　津	Tianjin	279	1069	388	48
河　北	Hebei	1502	2435	1366	259
山　西	Shanxi	261	1124	697	130
内蒙古	Inner Mongolia	269	538	317	70
辽　宁	Liaoning	754	1277	765	213
吉　林	Jilin	403	934	635	110
黑龙江	Heilongjiang	960	591	412	124
上　海	Shanghai	50	6044	2984	305
江　苏	Jiangsu	1050	8236	5184	732
浙　江	Zhejiang	388	3463	2144	345
安　徽	Anhui	488	1091	703	253
福　建	Fujian	431	2093	1212	228
江　西	Jiangxi	401	523	324	141
山　东	Shandong	289	5300	3772	357
河　南	Henan	434	2609	1586	279
湖　北	Hubei	2508	2995	1402	472
湖　南	Hunan	703	1278	805	268
广　东	Guangdong	2007	21937	4669	1014
广　西	Guangxi	202	684	330	71
海　南	Hainan	51	136	37	9
重　庆	Chongqing	101	3813	2395	179
四　川	Sichuan	1005	2847	1588	293
贵　州	Guizhou	112	671	324	132
云　南	Yunnan	186	548	287	43
西　藏	Tibet				
陕　西	Shaanxi	170	1135	531	110
甘　肃	Gansu	144	557	275	53
青　海	Qinghai	67	173	123	20
宁　夏	Ningxia	70	182	91	25
新　疆	Xinjiang	262	1510	1003	144
国家机关	Government Agencies	12	6	2	—
中直机关	Agencies Directly Under CCCPC	—	—	—	—

3.54 各地区各级工会劳动法律监督工作情况(1999年)
Status of Labor Legislation Supervision Work of Trade Unions at Each Level by Region(1999)

地 区	Region	基层工会劳动法律监督组织 Labor Legislation Supervision Organizations of Grass-root Trade Unions		基层以上工会劳动法律监督组织 Labor Legislation Supervision Organizations of Trade Unions above Grass-root Level		
		组织个数(个) Number of Organizations	提请劳动监察部门处理的违反劳动法律行为、事件件数(件) Number of Behaviors and Cases Against Labor Laws Submitted to Labor Supervision Sectors	组织个数(个) Number of Organizations	受理职工举报件数(件) Number of Cases Accepted	提请劳动监察部门处理的违反劳动法律行为、事件件数(件) Number of Behaviors and Cases Against Labor Laws Submitted to Labor Supervision Sectors
全国总计	**National Total**	**140279**	**16724**	**9588**	**20712**	**5948**
北 京	Beijing	3398	243	391	100	24
天 津	Tianjin	2791	315	58	381	5
河 北	Hebei	13270	555	1137	757	229
山 西	Shanxi	2924	1012	106	406	195
内蒙古	Inner Mongolia	3483	223	105	161	42
辽 宁	Liaoning	5704	478	287	1301	578
吉 林	Jilin	4205	419	170	258	124
黑龙江	Heilongjiang	6792	773	592	713	208
上 海	Shanghai	5615	353	602	2049	624
江 苏	Jiangsu	13124	1087	1128	2389	512
浙 江	Zhejiang	5418	412	137	437	157
安 徽	Anhui	3353	449	217	1399	212
福 建	Fujian	3487	391	224	441	211
江 西	Jiangxi	4042	463	438	1704	167
山 东	Shandong	10653	1008	918	2289	403
河 南	Henan	8135	1165	354	745	451
湖 北	Hubei	4594	1121	445	1011	368
湖 南	Hunan	5244	1021	475	826	325
广 东	Guangdong	8701	1417	734	874	456
广 西	Guangxi	4428	473	87	500	101
海 南	Hainan	791	230	15	110	60
重 庆	Chongqing	1752	246	75	305	55
四 川	Sichuan	5202	980	365	464	145
贵 州	Guizhou	3392	393	98	230	62
云 南	Yunnan	2590	339	92	66	91
西 藏	Tibet					
陕 西	Shaanxi	2377	263	132	127	27
甘 肃	Gansu	1667	209	80	125	35
青 海	Qinghai	518	61	11	2	4
宁 夏	Ningxia	702	86	35	328	6
新 疆	Xinjiang	1832	507	78	208	71
国家机关	Government Agencies	88	27	2	6	—
中直机关	Agencies Directly Under CCCPC	7	5	—	—	—

3.55 各地区各级工会女职工工作组织情况
Status of Female Staff and Workers Work Organizations of Trade Unions at Each Level by Region

地区	Region	基层工会 Grass-root Trade Unions			基层以上工会 Trade Unions above Grass-root Level		
		1997	1998	1999	1997	1998	1999
全国总计	**National Total**	**208741**	**300119**	**289605**	**12567**	**19914**	**20015**
北京	Beijing	4588	7681	6853	2440	726	652
天津	Tianjin	1602	5427	5366	488	104	123
河北	Hebei	8550	15918	15706	4549	1677	1815
山西	Shanxi	3372	5402	6339	1526	142	134
内蒙古	Inner Mongolia	4121	7520	7796	737	137	136
辽宁	Liaoning	8331	13958	11887	3827	801	543
吉林	Jilin	6751	7816	7624	544	340	264
黑龙江	Heilongjiang	9972	12640	11494	3737	1436	1041
上海	Shanghai	11268	10852	12607	3901	1083	1061
江苏	Jiangsu	19264	21410	21688	4675	1264	1617
浙江	Zhejiang	7042	14192	13933	1005	271	332
安徽	Anhui	7496	7956	7472	1226	365	459
福建	Fujian	6100	10692	10650	6373	694	728
江西	Jiangxi	3611	7811	6827	3015	873	794
山东	Shandong	14641	20141	20030	6285	1931	2042
河南	Henan	7626	15196	14886	1562	569	627
湖北	Hubei	7715	11423	11970	4819	1417	1396
湖南	Hunan	7625	13330	13413	3833	1265	1337
广东	Guangdong	10970	20473	17849	6818	1860	1868
广西	Guangxi	4826	7775	7111	612	116	101
海南	Hainan	1656	2112	1771	283	78	102
重庆	Chongqing	5706	6336	6460	1172	329	315
四川	Sichuan	10790	17135	16164	4716	1068	1100
贵州	Guizhou	6062	5608	4378	772	128	123
云南	Yunnan	10332	9480	9298	978	175	180
西藏	Tibet	—	—	—	—		
陕西	Shaanxi	5913	6975	7056	2499	504	582
甘肃	Gansu	3581	4872	3913	419	129	132
青海	Qinghai	1304	1634	1472	404	73	73
宁夏	Ningxia	1331	1559	1321	278	75	58
新疆	Xinjiang	5695	5989	5460	1173	233	218
国家机关	Government Agencies	807	680	682	341	50	61
中直机关	Agencies Directly Under CCCPC	93	126	129	2	1	1

3.56 各地区各级工会经费审查工作组织情况
Status of Funds Audit Work Organization of Trade Unions at Each Level by Region

地 区	Region	基层工会 Grass-root Trade Unions			基层以上工会 Trade Unions above Grass-root Level		
		1997	1998	1999	1997	1998	1999
全国总计	**National Total**	**288396**	**316997**	**333071**	**12917**	**17967**	**18585**
北 京	Beijing	6824	7526	7084	623	777	700
天 津	Tianjin	2375	5688	6047	97	124	135
河 北	Hebei	20072	20196	22120	1079	1625	1816
山 西	Shanxi	4922	4919	6136	111	145	131
内蒙古	Inner Mongolia	4883	6800	7200	146	140	140
辽 宁	Liaoning	12078	13392	12626	652	775	515
吉 林	Jilin	6475	7167	7216	108	270	222
黑龙江	Heilongjiang	7871	9982	9991	732	1146	896
上 海	Shanghai	12569	12556	14955	1136	1200	1117
江 苏	Jiangsu	22819	24432	25917	746	1218	1664
浙 江	Zhejiang	20506	21696	23403	101	280	233
安 徽	Anhui	8117	8942	9176	238	337	447
福 建	Fujian	12362	13209	13360	305	705	690
江 西	Jiangxi	7813	7753	8303	548	730	674
山 东	Shandong	18349	18776	20535	1148	1375	1694
河 南	Henan	10937	13886	15209	239	459	572
湖 北	Hubei	9083	9081	10367	710	1061	1033
湖 南	Hunan	13415	13778	15057	916	1220	1334
广 东	Guangdong	14450	19134	18118	1132	1610	1635
广 西	Guangxi	9442	9699	9114	107	120	104
海 南	Hainan	1617	1797	1812	53	62	83
重 庆	Chongqing	6884	7423	8179	232	343	331
四 川	Sichuan	18926	18935	19620	682	972	1008
贵 州	Guizhou	6722	7704	8215	132	128	125
云 南	Yunnan	10445	10577	11250	179	185	185
西 藏	Tibet	—	—	—	—		
陕 西	Shaanxi	6920	7436	8541	269	411	548
甘 肃	Gansu	3858	5415	4192	113	128	128
青 海	Qinghai	1390	1723	1646	68	83	84
宁 夏	Ningxia	1072	1307	1268	51	62	55
新 疆	Xinjiang	4326	5196	5525	204	216	209
国家机关	Government Agencies	773	725	752	59	59	76
中直机关	Agencies Directly Under CCCPC	101	147	137	1	1	1

3.57 各级工会兴办企、事业单位情况(1999年)

Enterprises and Institutions Initiated by Trade Unions at Each Level (1999)

单位：个、人

项　目	Item	合　计 Total	基层工会 Grass-root Trade Unions	基层以上工会 Trade Unions above Grass-root Level
工会组织总数	Total Number of Trade Union Organizations	475173	453507	21666
兴办企、事业的工会组织	Number of Trade Union Organizations with Enterprises and Institutions	21706	18648	3058
企、事业单位总数合计	Total Number of Enterprises and Institutions	28405	23963	4442
亏损企业	Enterprises with Loss	3287	2557	730
按经济类型分	By Ownership			
国有企业	State-owned Enterprises	4881	3346	1535
集体企业	Collective-owned Enterprises	15562	13857	1705
股份合作企业	Share Holding Enterprises	916	783	133
联营企业	Joint-owned Enterprises	683	505	178
有限责任公司	Limited Liability Corporations	480	424	56
股份有限公司	Share Holding Corporations	321	222	99
外商投资企业	Foreign Investment Enterprises	65	46	19
其　他	Others	5497	4780	717
按行业类别分	By Industries			
农林牧渔业	Farming, Forestry, Animal Husbandry and Fishery	343	276	67
采掘、制造业	Mining and Quarrying	1047	931	116
建筑业	Construction	401	351	50
交通运输仓储通讯业	Transport, Storage, Post and Telecommunications	498	426	72
批发零售贸易业、餐饮业	Wholesale and Retail Trade & Catering Services	13479	12430	1049
职工消费合作社	Staff and Workers Consumer Cooperative	4884	4576	308
金融保险业	Finance and Insurance	1500	1325	175
职工信用社	Staff and Workers Credit Cooperative	9	2	7
职工基金会	Staff and Workers Fund Association	199	186	13
保险互助会	Insurance Mutual Association	1558	1424	134
房地产业	Real Estate Trade	90	35	55
职工住房合作社	Staff and Workers Housing Cooperative	34	3	31
社会服务业	Social Services	3569	2337	1232
旅馆业	Hotels	1067	780	287
旅游业	Tourism	307	125	182
职业介绍服务业	Employment Services	630	281	349
科技服务业	Science and Technology Services	1172	878	294
职工技协企业	Staff and Workers Technical Association Enterprises	3131	2631	500
其　他	Others	3175	2343	832
从业人员情况	Status of Employee			
年末从业人员	Employee at the End of the Year	543472	387041	156431
管理人员	Management Staff	59377	44681	14696
从业人员构成	Composition of Employee			
职　工	Staff and Workers	394545	263474	131071
其他从业人员	Other Employee	148927	123567	25360
从业人员来源	Source of Employee			
企业下岗人员	Enterprise Laid off Staff and Workers	184870	154461	30409
外招人员	People from Outside	58520	43639	14881
企业职工家属或子女	Family Members of Staff and Workers	26958	22547	4411
返聘离退休人员	Retired Staff and Workers	35877	30913	4964
其他人员	Others	264205	158028	106177

3.57 续表
Continued

单位：千元

项　目	Item	合　计 Total	基层工会 Grass-root Trade Unions	基层以上工会 Trade Unions above Grass-root Level
资金来源	Sources of Funds			
工会节余经费	Surplus of Trade Unions	1128461	715750	412711
银行贷款	Bank Loan	817994	310846	507148
吸收外资	Foreign Capitals	103023	46459	56564
其他	Others	2518037	1852315	665722
资产负债	Assets Liability			
流动资产合计	Circulating Funds	14298103	10141473	4156630
固定资产合计	Total Fixed Assets	7361936	3444967	3916969
累计折旧	Accumulative Depreciation	1177618	678963	498655
本年折旧	Depreciation of the Year	241369	142902	98467
其它资产合计	Other Assets	2090290	1158556	931734
资产总计	Total Assets	23750329	14744996	9005333
负债合计	Liabilities	13672283	8408574	5263709
所有者权益合计	Creditor's Assets	10078046	6336422	3741624
损益及分配	Profits and Loss and Distributions			
营业收入	Business Income	23138926	18087037	5051889
营业(销售)成本	Business (Sales) Cost	17616501	14139464	3477037
销售费用	Sales Fee	1432493	1014270	418223
营业税金及附加	Business Tax and Added	663232	519737	143495
主营业务利润	Main Business Profits	3426700	2413566	1013134
其他业务利润	Other Business Profits	308281	250725	57556
管理费用	Management Fee	1658124	1171921	486203
上缴工会管理费	Management Fee Turned Over to Trade Unions	79615	50128	29487
税金	Taxes	152295	118146	34149
劳动、待业保险	Labor and Job-waiting Insurance	64539	39740	24799
财务费用	Financial Fee	245641	38342	207299
营业利润	Business Profits	1831216	1454028	377188
其它收入	Other Revenue	201697	141344	60353
利润总额	Total Profits	2032913	1595372	437541
所得税及特种基金	Income Taxes and Specific Funds+B60	202599	172428	30171
上缴主办工会利润	Profits Turned Over to Trade Unions	134038	100514	33524
企事业积累基金	Accumulated Fund	548647	492250	56397
应付工资总额	Total Wages Payable	1499542	1108558	390984
应付福利费总额	Total Welfare Fee Payable	236811	184069	52742
应交增值税	Value Added Tax Payable	344934	305090	39844

3.58 各省工会企事业主要统计指标(1999 年)

Main Statistic Indicators of Trade Union Enterprises and Institutions by Region (1999)

地 区	Region	营业收入(千元) Income (1000yuan)	利润总额(千元) Total Profits (1000yuan)	各种税金(千元) Taxes (1000yuan)	工会企事业(个) Number of Trade Union Enterprises and Institutions	年末从业人员(人) Number of Employees at the End of the Year
全国总计	**National Total**	**27298936**	**2121303**	**1420720**	**29887**	**563791**
北 京	Beijing	417058	5390	19826	191	6600
天 津	Tianjin	1432939	114635	102625	704	27443
河 北	Hebei	1658431	102589	81568	2938	52836
山 西	Shanxi	—	—	—	—	—
内蒙古	Inner Mongolia	52385	2923	2159	87	2995
辽 宁	Liaoning	673803	68395	40775	2417	20648
吉 林	Jilin	329218	16758	15170	572	11732
黑龙江	Heilongjiang	75386	17846	9457	1537	35127
上 海	Shanghai	8115974	471393	455086	3457	68077
江 苏	Jiansu	2107267	103862	99406	2491	31554
浙 江	Zhejiang	2591439	120107	98894	1214	27025
安 徽	Anhui	253420	13272	22162	679	7517
福 建	Fujian	575522	37277	36746	521	16771
江 西	Jiangxi	184389	17843	17713	734	6993
山 东	Shandong	710834	26718	38258	1705	20009
河 南	Henan	301419	22762	19674	1608	23167
湖 北	Hubei	364238	32911	14793	1107	76650
湖 南	Hunan	158765	27769	22779	762	9945
广 东	Guangdong	889760	639244	38758	738	10464
广 西	Guangxi	662130	56997	147315	1097	41950
海 南	Hainan	9159	1687	1470	43	419
重 庆	Chongqing	475208	5488	8020	884	3615
四 川	Sichuan	349438	16686	26782	1293	17577
贵 州	Guizhou	26666	9458	1110	303	3659
云 南	Yunnan	300025	18795	17647	343	7962
西 藏	Tibet	—	—	—	—	—
陕 西	Shaanxi	89284	4212	3866	432	2981
甘 肃	Gansu	162113	8508	11218	224	4046
青 海	Qinghai	21358	649	469	20	2531
宁 夏	Ningxia	—	—	—	—	—
新 疆	Xinjiang	151298	50739	9314	304	3179
全国互助保险	National Mutual Insurance	3000000	—	—	—	—
全总直属企事业	Enterprises and Institutions Directly Under All China Federation of Trade Union	214960	14120		7	1774
铁路总工会事业部	Department of Institutions of Railway Trade Union	467200	44660	39840	886	11045
铁路总工会技协	Technical Association of Reilway Trade Union	477850	29610	17820	589	7500

主要统计指标解释

职工 指在本单位工作并由单位支付工资的职工。包括由于各种原因,已经离开本人的生产或工作岗位,并已不在本单位从事其他工作,但仍与用人单位保留劳动关系的职工。

取得上岗资格培训证书的专职干部人数 指当年对新到工会岗位的干部进行入门培训并取得证书的人数。

在同级人大、政协任副主任(常委)、副主席 指基层以上工会专职主席在同级人大、政协担任副主任(常委)、副主席职务的。

下岗职工 指实行劳动合同制以前参加工作的正式职工(不含从农村招收的临时合同工),以及实行劳动合同制以后参加工作合同期未满的职工,由于企业的生产和经营状况等原因,已经离开本人的生产和工作岗位,并已不在本企业从事其他工作,但尚未与企业解除劳动关系、没有在社会上找到其他工作的人员。

能按时足额领取基本生活费 指进入再就业服务中心的下岗职工,能够依照有关规定按时全额领取基本生活费。不按时或不足额以及既不按时也不足额的不计算在内。

再就业人员 指下岗职工中通过各种方式从事一定社会劳动,并取得劳动报酬或经营收入的人员。包括被其他用人单位招聘、签订了劳动合同或形成事实劳动关系,或从事个体经营等的人员。

已与本单位解除劳动关系 指下岗职工通过各种方式实现再就业后,与原工作单位终止劳动合同,不再有任何契约关系。

工会职业介绍机构交流成功人数 指在工会职业介绍机构登记并实现就业或改变工作岗位的人员数。

工会职业培训机构 指工会创办的为失业职工、企业下岗职工进行职业技术培训或转岗培训的机构。

区域性行业性集体合同 指在一定区域范围内,由市(县、区)外商投资企业工会联合会、私营企业工会联合会、行业性工会联合会或开发区(工业区、高科技园区)工会、乡镇(村)工会、街道工会(以上简称区域性行业性工会组织,下同),与相应的企业组织或所属企业,就企业劳动标准、职工基本劳动权益与劳动关系有关的问题,进行认真充分的平等协商,达成一致意见,签订集体合同或集体协议。

工会法律服务机构 指在基层以上工会中为职工提供法律服务的机构。包括律师事务所、法律服务中心、法律咨询室、职工法律事务所等。

拖欠职工工资 指在岗职工在国家法定工作时间提供了正常劳动前提下,用人单位未按规定发放职工工资一个月以上,并在年末仍未补发。拖欠工资数额以劳动合同规定的职工基本工资和国家规定的补贴、津贴为标准统计。实行计件工资的企业,计件工资应发多少,即为拖欠工资的数量统计。正常劳动是指劳动者按劳动合同的约定,在法定工作时间内从事的劳动。

被拖欠养老金的金额 指截止年末,离退休人员未能按照国家及地方有关法律、法规,足额领取养老金的金额。

特困职工 指家庭人均生活费收入低于当地最低生活保障线的在职职工、下岗职工和离退休职工。

送温暖工程基金 指以工会经费拨款、职工捐助、企业行政赞助等为主要资金来源、用于解决部分困难职工基本生活或帮助其开展生产自救的扶贫帮困资金。

职工互助补充保险金结存额 指职工互助补充保险金历年(含当年)累计收入扣除历年累计支出后的余额。

已实施的合理化建议创造(节约)价值 请按《合理化建议和技术改进奖励条例实施细则》第二章第七条规定执行。

劳动竞赛创造的经济效益 指企事业单位计划外的通过劳动竞赛增创的经济效益。

提出安全生产整改意见 指基层以上各级工会组织、专(兼)职劳动保护干部在各种形式的安全检查,工伤事故处理以及"三同时"审查验收等各项劳动保护监督检查工作中,发现安全生产工作中其组织措施、技术措施等方面存在的问题和缺陷而提出的整改意见。

被采纳的安全生产整改意见 指基层以上各级工会组织专(兼)职劳动保护干部所提出的整改意见,其法人代表及其主管部门迅速采取有效措施予以改正、改进,一时无法解决或无法彻底解决的,但采纳了工会的意见,采取了有效防范措施的,称为被采纳的意见。

工会参加"三同时"审查验收项目 "三同时"指一切生产性基本建设工程项目、技术改造项目和引进项目的劳动安全卫生设施必须与主体工程同时设计,同时施工,同时投产。工会依法参加项目的初步设计审查和竣工验收。

获得省市级自学成才称号的职工人数 指获得省级或市级(地级)职工自学成才奖、自学成才标兵、自学成才一、二、三等奖的人数。

劳动模范 指本年度由各省级政府、部委命名和授予称号的劳动模范。

先进集体 指本年度由各省级政府、部委命名和授予称号的先进基层企事业、车间、科室、工段、班组等集体单位。

劳动争议调解委员会 指根据《企业劳动争议处理条例》设立的调解本企业劳动争议的组织。调解委员会由职工代表、企业代表和企业工会代表组成。企业代表的人数不得超过调解委员会成员总数的 1/3。调解委员会的办事机构设在企业工会委员会。

受理劳动争议 指企业职工与企业发生劳动争议后，由职工或企业当事人一方向劳动争议调解委员会提出申诉，由劳动争议调解委员会受理的劳动争议案件。

集体劳动争议 指所发生的劳动争议的职工一方，人数在 3 人以上并具有共同的理由，这样的劳动争议为集体劳动争议。

调解成功的劳动争议 指劳动争议调解委员会对受理的劳动争议进行调解，当事人双方达成和解协议的劳动争议。

工会劳动法律监督工作组织 指根据“总工发[1995]12 号”文件精神以及《工会劳动法律监督试行办法》的规定而建立的工会劳动法律监督机构(组织)。包括在职工代表大会设立的劳动法律监督委员会。

工会劳动法律监督委员会受理的职工举报件数 指基层以上各级工会劳动法律监督组织接受职工就用人单位具体违反劳动法律法规的情况或行为所举报的件数。

工会提请劳动监察部门处理的件数 指基层以上工会就违反劳动法、侵犯职工合法权益的事件和行为，向政府劳动监察部门提出依法严肃处理的件数。

国有企业 指企业全部资产归国家所有，并按《中华人民共和国企业法人登记管理条例》规定登记注册的非公司制的经济组织。不包括有限责任公司中的国有独资公司。

集体企业 指企业资产归集体所有，并按《中华人民共和国企业法人登记管理条例》规定登记注册的非公司制的经济组织。

股份合作企业 指以合作制为基础，由企业职工共同出资入股，吸收一定比例的社会资产投资组建，实行自主经营，自负盈亏，共同劳动，民主管理，按劳分配与按股分红相结合的一种集体经济组织。

联营企业 是指两个及两个以上相同或不同所有制性质的企业法人或企事业单位法人，按自愿、平等、互利的原则，共同投资组成的经济组织。

有限责任公司 指根据《中华人民共和国公司登记管理条例》规定注册登记，由两个以上五十个以下的股东共同出资，每个股东以其所认缴的出资额对公司承担有限责任，公司以其全部资产对其债务承担责任的经济组织。包括国有独资公司和其他有限责任公司。

股份有限公司 指根据《中华人民共和国公司登记管理条例》规定注册登记，其全部资本由等额股份构成并通过发行股票筹集资本，股东经其认购的股份对公司承担有限责任，公司以其全部资产对其债务承担责任的经济组织。

外商投资企业(含港、澳、台投资企业) 是指外国投资者根据中华人民共和国有关涉外的经济法律、法规，以合资、合作或独资的形式在中国大陆境内开办企业而形成的一种经济类型。外商投资经济包括中外合资经营企业、中外合作经营企业和外资企业三种形式。

职工人数 指统计截止日期的实有人数。即在企事业单位工作，并由其支付工资的各类人员，包括长期职工、临时职工等。

从业人员 指在工会举办的企事业单位工作，并取得劳动报酬的全部人员。它与职工人数的区别在于：职工不包括留用、聘用的离退休人员、民办教师以及在各单位工作的外方人员和港澳台人员等，而从业人员则包括这部分。

下岗人员 指由于用人单位的生产和经营状况等原因，已经离开本人的生产或工作岗位，并已不在本单位从事其它工作，但仍与用人单位保留劳动关系的职工。外招人员指从社会上招聘的各类人员，包括企业职工家属或子女，不含离退休返聘人员。

流动资产合计 指企业可以在一年内或者超过一年的一个生产周期内变现或者耗用的资产合计，包括现金及各种存款、短期投资、应收及预付款项、存货等。该指标根据会计“资产负债表”中“流动资产合计”项的期末数填列。

固定资产合计 指企业固定资产净值、固定资产清理、在建工程、待处理固定资产净损失所占用的资金合计。该指标根据会计“资产负债表”中“固定资产合计”项的期末数填列。

其它资产合计 指企业流动资产和固定资产外的“长期投资”、“无形资产”、“递延资产”和“其它资产”。该指标根据会计“资产负债表”中“长期投资”、“无形投资”、“递延资产”和“其它资产”的期末数填列。

资产总计 指企业拥有或控制的全部资产。包括流动资产合计、长期投资、固定资产合计、无形及递延资产合计、其他长期资产。该指标根据会计“资产负债表”中“资产总计”项的期末数填列。

负债合计 指企业流动负债及长期负债之和。该指标取自会计“资产负债表”中“负债合计”期末数填列。

所有者权益合计 指企业投资人对企业净资产的所有权，企业净资产等于企业全部资产减去全部负债后的余额，其中包括企业投资人对企业的最初投入以及资本公积金、盈余公积金和未分配利润。对股份制企业所有者权益即为股东权益。其资料来源根据会计“资产负债表”中“所有者权益合计”项的期末数填列。

营业收入 指企业从事某种主要生产、经营活动所取得的营业收入总额。工业企业是指“产品销售收入”；交通运输企业是指“营运业务收入”；建筑企业是指“工程结算收入”；批发零售贸易企业是指“商品销售收入”；其他服务企业是指“经营(营业)收入”。该指标根据会计“损益表”中相对应项目的期末数填列。

营业成本 指企业主营业务成本。工业企业是指“产品销售成本”；交通运输企业是指“营运业务成本”；建筑企业是指“工程结算成本”；批发零售贸易企业是指“商品销售成本”；其他服务企业是指“营业(经营)成本”。该指标根据行业会计“损益表”中相对应项目的期末数填列。

销售费用 工业企业是指“产品销售费用”；批发零售贸易企业是指“经营(营业)费用”；其他服务企业是指“营业(经营)费用。”该指标根据本行业“损益表”中相对应项目的期末数填列。

营业税金及附加 指企业销售产品或提供服务等主营业务活动应负提的产品税、消费税、营业税、城市维护建设税、资源税和教育费附加等。该指标根据本行业会计“损益表”中相对应项目的期末数填列。

主营业务利润 工业企业是指“产品销售利润”；交通运输企业是指“主营业务利润”；建筑企业是指“工程结算利润”；批发零售贸易企业是指“经营利润”；其他服务企业是指“经营利润”。该指标根据本行业会计“损益表”中相对应项目的期末数填列。该指标数额小于零时用“－”号表示。

其他业务利润 指企业除主营业务以外的其他业务收入，扣除其他业务成本、费用、税金后的利润。其资料来源根据会计“损益表”中“其他业务利润”项的本年累计数填列。

管理费用 指企业行政管理部门为组织和管理生产经营活动而发生的各项费用。该指标根据会计“损益表”中“管理费用”项的本年累计数填列。其中需要分别填报“税金”和“劳动待业保险费”。

税金 指企业按规定从管理费用中支付的各种税金，包括房产税、车船使用税、土地使用税和印花税等。该指标根据会计“管理费用明细表”或“管理费用”科目中有关各种税金的上交合计数填列。

劳动、待业保险费 指企业支付的劳动保险费和待业保险费。劳动保险费包括支付给离退休职工的退休金、价格补贴、医药费、退职金和企业按规定支付给离休干部的各项经费等；待业保险费是指企业按国家规定交纳的等业保险基金。该指标根据会计“管理费用明细表”或“管理费用”科目中有关劳动、等业保险费支付合计数填列。

财务费用 指企业为筹集生产经营所需资金等发生的费用，包括利息支出(减利息收入)、汇兑损失(减汇兑收益)以及相关的手续费等。该指标数额小于零时用“—”号表示，资料根据会计“损益表”中“财务费用”项的本年累计数填列。

营业利润 指企业从事生产经营活动所产生的利润企业。营业利润分为主营业务利润和其他业务利润，计算公式为：

营业利润＝主营业务利润＋其他业务利润－管理费用－财务费用

该项指标允许小于零，当数额小于零时用“—”号表示，资料来源根据会计“损益表”中“营业利润”项的本年累计数填列。

其它收入 是指企业在一定时期的实现的投资收益营业外收入和营业外支出之差。该指标根据会计“损益表”中“投资收益”、“营业外收入”、“营业外支出”项的本年累计数填列。

利润总额 指企业在一定时期内实现的盈亏总额，反映企业最终的财务成果。计算公式为：

利润总额＝营业利润＋补贴收入＋投资收益＋营业外收入－营业外支出

该指标允许小于零，当数额小于零时用“—”号表示，其资料来源根据会计“损益表”中“利润总额”项的本年累计数填列。

所得税 指企业按照国家的税法规定本年利润应交纳的所得税。该指标根据会计“损益表”中“所得税”项的本年合计数填列。

应付工资总额 指企业在报告期内支付给职工的全部劳动报酬，它反映企业本期累计提取的应付工资总额，而不是会计报表中的应付工资的余额。因此，该指标应根据会计“应付工资”科目的本年贷方发生额合计数填列。

应付福利费总额 指企业根据报告期内累计提取的职工福利费总额。同应付工资总额一样，应付福利费总额反映的也是本期应付福利费的全部发生额，而不是期末余额。因此，该指标应根据会计“应付福利费”科目的本年贷方发生额合计数填列。

应交增值税 指企业在报告期内应交纳的增值税额合计。计算公式为：

本年应交增值税＝销项税额＋出口退税＋进项税转出额－进项税额

(资料应根据会计“应交增值税明细表”或“应交增值税”科目归纳计算填列。)

Explanatory Notes of Main Statistical Indictors

Staff and Workers refers to the staff and workers who are working at the units and are being paid by the units, including those who have left their production or working post, or are not working at the units because of various reasons, but their labor relationships are still been kept by the units.

Number of Full Time Cadres with Qualification Training Certificate refers to the number of new Trade Union cadres been trained and got certificate in the year.

Being the Vice Chairmen (Member of Standing Committee) at People's Congress and Vice Chairmen at Political Consultative Conference at the Same Level refers to the full time chairmen of trade unions above grass-root level holding the post of Vice Chairmen (Member of Standing Committee) at People's Congress and Vice Chairmen at Political Consultative Conference at the same level.

Laid-off Staff and Workers refers to the formal staff and workers (excluding the temporary workers hired from countryside) who started their work before implementing labor contract system and those who started their work after implementing labor contract system, but their contracts are not expired. Because of the production and operation of the enterprises and other reasons, they have left their production or working post and have not done other work in the enterprises. But they have not terminated their labor relationships with the enterprises yet and have not find other jobs in the society.

Can Get Full Basic Living Fee on Time refers to the laid-off staff and workers registered in the re-employment service centers who can get full basic living fee on time according to related regulations, excluding not on time, not full payment and neither on time nor full payment.

The Re-employed refers to the laid-off staff and workers who are doing some social work and are being paid through various means, including those hired by other units, signed labor contracts or formed actual labor relationships, or been engaged in private business.

Terminated the Labor Relationships with the Units refers to that the laid-off staff and workers who have obtained re-employment through various means have terminated the labor contracts with their units and have no contract relationships with the unit anymore.

Number of People Succeeded in Employment Introduction Institutions of Trade Unions refers to the number of people registered at the employment introduction institutions of trade unions and obtained employment or changed their work.

Employment Training Institutions of Trade Unions refers to the institutions established by trade unions with the aim of providing technical training and changing work training for laid-off staff and workers and enterprises unemployed staff and workers.

Regional Industrial Collective Contracts refers to within a certain regional scope, the collective contracts or collective agreements signed between the municipal (county, district) trade union federations of foreign funded enterprises and private enterprises, industrial trade union federations or development zone trade unions (industrial zones, hi-tech zones), country and town (village) trade unions, community trade unions (hereinafter refers to as regional industrial trade unions) and corresponding enterprise organizations or affiliated enterprises with regard to the labor standard, basic labor rights and interests of staff and workers and relevant labor relationships based on careful and full equal negotiations and consensus.

Legal Service Institutions of Trade Unions refers to the institutions that provide legal services to staff and workers in trade unions above grass-root level, including lawyer's offices, legal service centers, legal consulting offices and legal affairs offices of staff and workers.

Staff and Workers Wages Owed refers to that under the prerequisite of staff and workers providing normal labor in state legal working hours, the units have not paid the wages of staff and workers for over one month and have not paid the wages retroactively at the end of the year. The amount of wages owned is calculated according to the basic wages stipulated by labor contracts and the subsidies and allowances stipulated by the state. The wages owed by the enterprises of piece rate wage are calculated according to the actual piece rate wages. Normal labor refers to the labor by the laborers in legal working hours according to the labor contracts.

Amount of Pensions Owed refers to by the end of the year, the amount of pensions not been fully paid to the retired and resigned people according to the state and local laws and regulations.

Staff and Workers in Pinching Poverty refers to staff and workers on the post, laid-off staff and workers and retired and resigned staff and workers whose living expenses income per capita in the family are lower than the local minimum living security line.

Warmth Delivery Project Fund refers to the poverty alleviation funds aiming at helping partial staff and workers in poverty with their basic living or helping them by engaging in production.

The Balance Amount of Staff and Workers Mutual Supplementary Insurance Fund refers to the remaining sum of the accumulative income for years of staff and workers mutual supplementary insurance fund (including the current year) after deducting the accumulative disbursement for years.

(Savings) Value Created by Rational Proposals Implemented- please follow Article 7 Chapter 2 of "Rules for the Implementation of the Reward Regulations of Rational Proposals and Technological Improvement".

Economic Benefits Created by Labor Contests refers to the increased economic benefits of enterprises and institutions created through labor contests, which are beyond plans.

Rectification Opinions of Safe Production Proposed refers to the rectification opinions proposed by trade union organizations above grass-root level and full time (part time) labor protection cadres during the labor protection supervision and inspection work, such as safety inspection of various forms, industrial accidents settlement and "Three Meanwhile" check and acceptance.

Rectification Opinions of Safe Production Accepted refers to that after the rectification opinions are proposed by trade union organizations above grass-root level and full time (part time) labor protection cadres, the corporation representatives or responsible departments adopt effective measures to rectify and improve; for those that can't be solved or can not be solved completely, effective prevention measures are adopted.

"Three Meanwhile" Check and Acceptance Projects Participated by Trade Unions refers to the participation of trade unions in the preliminary design assessment and completion check and acceptance work. "Three Meanwhile" refers to the labor safety and sanitation facilities of all infrastructure-engineering projects, technical transformation projects and imported projects must be designed, constructed and put into production with the main engineering at the same time.

Number of Staff and Workers Won Provincial and Municipal Self-taught Title refers to the number of staff and workers who won Self-taught Prize, self-taught model and first, second and third self-taught prize at provincial, municipal (prefectural) level.

Labor Model refers to the labor models awarded by provincial government and ministries of the year.

Advanced Collectives refers to the collective units been conferred the title of advanced grass-root institutions and enterprises, workshops, administrative or technical offices, workshop sections and teams by provincial government and ministries of the year.

Labor Dispute Arbitration Committees refers to the organizations established for labor dispute arbitration of the enterprises according to "Labor Dispute Settlement Regulations of Enterprises". The committee is composed of staff and workers representatives, enterprise representatives and enterprise trade union representatives. The number of enterprise representatives can't exceed 1/3 of the total arbitration committee members. The office of the committee is located in the enterprise trade union committee.

Labor Dispute Accepted refers to the labor dispute cases accepted by labor dispute arbitration committees which are appealed by staff and workers or enterprises after labor dispute occurred between staff and workers and enterprises.

Collective Labor Dispute refers to that one party of labor dispute is staff and workers with the same reason and the number of people over three. This kind of labor dispute is called collective labor dispute.

Succeeded Arbitration of Labor Dispute refers to that after being arbitrated by labor dispute arbitration committees, the two parties of labor dispute reached a conciliatory agreement.

Labor Legal Supervision Work Organizations of Trade Unions refers to labor legal supervision institutions (organizations) of trade unions established according to the document "All China Federation of Trade Unions Stipulation [1999] No. 12" and "Provisional Rules of Labor Legal Supervision of Trade Unions".

Number of Cases Reported by Staff and Workers which have been Accepted by Labor Legal Supervision Committees of Trade Unions refers to the number of incidents or behaviors against labor laws and regulations of the employing units reported which have been accepted by the labor legal supervision organizations of trade unions above grass-root level.

Number of Cases Submitted by Trade Unions to Labor Supervision and Inspection Departments refers to the number of incidents and behaviors against labor law and violating staff and workers' rights and interests submitted by trade unions above grass-root level to government labor supervision and inspection departments for being dealt with sternly.

State-owned Enterprises refers to the non-corporation type economic organizations whose total assets are owned by the state and who have registered according to "Corporation Registration and Management Rules of the People's Republic of China", excluding corporations solely owned by the state in limited liability corporations.

Collective-owned Enterprises refers to the non-corporation type economic organizations whose total assets are owned by the collective and who have registered according to "Corporation Registration and Management Rules of the People's Republic of China".

Joint-stock Cooperative Enterprises refers to the collective economic organizations that are established through buying shares of staff and workers and absorbing certain proportion of social assets investment under the basis of cooperation, being independent in management, assuming sole responsibility for their profits and losses, implementing the principles of joint efforts, democratic management, distribution according to work and dividends on shares

Joint-owned Enterprises refer to the economic organizations funded by two or over two enterprise corporations or institution corporations with the same or different ownerships under the principle of voluntary participation, equality and mutual benefits.

Limited Liability Corporations refers to the economic organizations who have registered according to "Corporation Registration and Management Rules of the People's Republic of China", who are funded by share holders above 2 and under 50. Each shareholder takes the limited liabilities according to his funding amount. The Corporations take the liabilities of the debts with their total assets.

Share Holding Corporations refers to the economic organizations who have registered according to "Corporation Registration and Management Rules of the People's Republic of China", whose total capitals is composed by equal shares and whose capitals are raised through issuing stocks. The shareholders take the limited liabilities through subscribing stocks. The Corporations take the liabilities of the debts with their total assets.

Foreign Funded Enterprises (including enterprises funded by Hong Kong SAR, Macao SAR and Taiwan) refers to enterprises established by foreigners in the territory of mainland China according to related economic laws and regulations of the People's Republic of China as joint ventures, cooperative corporations, or ventures exclusively with sole investment. Foreign Funded Economic Units include joint ventures, cooperative corporations and foreign enterprises.

The Number of Staff and Workers refers to the actual number of staff and workers by the statistic date who are being paid by the institutions and enterprises they are working, including long-term staff and workers and temporary staff and workers.

The Employed refers to all the people who are working at the institutions and enterprises established by trade unions being paid. The difference between the employed and the number of staff and workers is: staff and workers do not include the re-employed retired and resigned people, teachers hired by the local people, foreigners or staff from Hong SAR, Macao SAR and Taiwan, while they are included in the employed.

Laid-off Staff and Workers refers to the staff and workers who have left their production or working post and have not engaged in other work in their units due to the production and operation situation of the employer, but whose labor relationships are still kept by the units. People hired from outside refer to the various kinds of people hired from society, including family members or children of staff and workers of enterprises, excluding the re-employed retired and resigned people.

Total Circulating Assets refers to the total assets that enterprises can change into cash or use within one year or a production period over one year, including cash and various deposits, short-term investment, account receivable and advance payment, existing goods, etc. This indicator is filled in according to the final number of the "total circulating assets" in the " Statement of Assets and Liabilities".

Total Fixed Assets refers to the total funds of the net value of fixed assets, fixed assets clearing, on-going engineering, net loss of the fixed assets to be cleared. This indicator is filled in according to the final number of the "Total Fixed Assets" in the "Statement of Assets and Liabilities".

Other Assets Total refers to the long-term investment, intangible assets, extended assets and other assets of enterprises besides circulating assets and fixed assets. This indicator is filled in according to the final number of "long-term investment, intangible assets, extended assets and other asset" in the "Statement of Assets and Liabilities".

Total Assets refers to the total assets owned or controlled by enterprises, including the total circulating assets, long-term investment, total intangible and extended assets and other long-term investment. This indicator is filled in according to the final number of the item "total assets" in the "Statement of Assets and Liabilities".

Total Debts refers to the sum of circulating debts and long-term debts of enterprises. It is filled in according to the final number of the item "Total Debts" in the "Statement of Assets and Liabilities".

Total Owners' Rights and Interests refers to the ownership of enterprise investors to the net assets of enterprises. The net assets of enterprises equal to the remaining sum of the total assets of enterprises deducting the total debts, including the initial input of investors to enterprises, capital accumulation fund, surplus accumulation fund and the non-distributed profits. The owners' rights and interests of share holding enterprises refer to the shareholders' rights and interests. The source is from the final number of the item "Total Owners' Rights and Interests' in the "Statement of Assets and Liabilities".

Business Income refers to the total amount of business income of enterprises by engaging in certain main production and operation activities. The income of industrial enterprises refers to "Products Sales Income"; the income of communications and transportation enterprises refers to "Operation Business Income"; the income of construction enterprises refers to "Engineering Settling Accounts Income"; the income of retail and wholesale trading enterprises refers to "Merchandise Sales Income"; the income of other service enterprises refers to "Operation (business) Income". This indicator is filled in according to the final number of the relevant item in the accountant "Profits and Loss Form".

Business Cost refers to the cost of main business of enterprises. The cost of industrial enterprises refers to "Products Sales Cost"; the cost of communications and transportation enterprises refers to "Operation Business Cost"; the cost of construction enterprises refers to "Engineering Settling Accounts Cost"; the cost of retail and wholesale trading enterprises refer to "Merchandise Sales Cost"; the cost of other service enterprises refers to "Business (Operation) Cost". This indicator is filled in according to the final number of the relevant item in the accountant "Profits and Loss Form".

Sales Fee refers to "Products Sales Fee" of industrial enterprises; "Operation (Business) Fee" of Retail and Wholesale Trading Enterprises; "Business (Operation) Fee" of other service enterprises. This indicator is filled in according to the final number of the relevant item in the accountant "Profits and Loss Form".

Sales Tax and Additional refers to the products tax, consumption tax, business tax, urban maintenances and construction tax, resources tax and education tax, etc. This indicator is filled in according to the final number of the relevant item in the accountant "Profits and Loss Form".

Main Business Profits refers to the "Products Sales Profits" of industrial enterprises; "Main Business Profits" of communications and transportation enterprises; "Engineering Settling Accounts Profits" of construction enterprises; "Business Profits" of retail and wholesale trading enterprises; "Business Profits" of other service enterprises. This indicator is filled in according to the final number of the relevant item in the accountant "Profits and Loss Form". When the indicator is less than 0, it is shown as " - ".

Other Business Profits refers to the profits from other business income besides main business, deducting other business cost, expenses and tax. It is filled in according to the accumulated number of the current year in the "Other Business Profits" of account "Profits and Loss Form".

Management Fee refers to the fees occurred during organizing and managing production and operation activities by the administrative departments of enterprises. It is filled in according to the accumulated number of the current year in the item "Management Fee" of the accountant "Profits and Loss Form". "Tax" and "Labor and Job-waiting Insurance Fee" should be filled in and reported respectively.

Tax refers the various taxes paid from the management fee by enterprises accordiZng regulations, including real estate tax, vehicles and ships use tax, land use tax and stamp tax, etc. This indicator should be filled in according to the total amount of payment of various taxes in the item of accountant "Management Fee Detail Form" or "Management Fee".

Labor and Job-waiting Insurance Fee refers to the labor insurance fee and job-waiting insurance fee paid by enterprises. Labor insurance fee includes pensions paid to retired and resigned staff and workers, price subsidy, medical costs, job-quitting fee and other fees paid by enterprises to the resigned cadres according to regulations; job-waiting insurance fee refers to the job-waiting insurance funds paid by enterprises according regulations. This indicator should be filled in according to the total amount of payment of labor and job-waiting insurance fee in the item of accountant "Management Fee Detail Form" or "Management Fee".

Financial Fee refers to the fee occurred during fundraising for production and management, including interests disbursement (interests reduction income), remittances loss (remittance reduction gains) and other relevant service charges. When this indicator is less than 0, it is shown by " -". The source is from the accumulated number of the current year in the "Financial Fee" of the "Profits and Loss" Form.

Business Profits refers to the profits produced by production and management activities of enterprises. Business profits is divided into main business profits and other business profits. The formula is:

Business Profits = Main Business Profits + Other Business Profits − Management Fee − Financial Fee

This indicator is allowed to be less than 0. When the number is less than 0, it is shown by "—". The source is from the accumulated number of the current year in the "Business Profits" of the "Profits and Loss" Form.

Other Income refers to the difference between non-business income of investment benefits and non-business expenditure of enterprises within a certain period. This indicator should be filled in according to the accumulative number of the current year in the items of "Investment Benefits", "Non-business Income" and "Non-business Expenditures" of the Accountant "Profits and Loss Form".

Total Amount of Profits refers to the total amount of profits and loss of enterprises within a certain period of time, reflecting the final financial results of enterprises. The formula is:

Total Amount of Profits =

Business Profits + Subsidy Income + Investment Income + Non-business Income - Non-business Expenditure

This indicator is allowed to be less than 0. When the number is less than 0, it is shown by "-". The source is from the accumulated number of the current year in the "Total Amount of Profits" of the "Profits and Loss" Form.

Income Tax refers to the income tax of the current year profits that enterprises should pay according to the state tax regulations.

Total Amount of Wages Payable refers to all the labor payment of staff and workers paid by enterprises in the report period. It reflects the accumulative withdrawal of the total amount of wages payable of the enterprises in the period. It is not the remaining sum of wages payable in the accountant report forms. So this indicator should be filled in according to the total amount in the credit side of the current year in the item "wages payable".

Total Amount of Welfares Payable refers to the total amount of welfares of staff and workers accumulatively withdrawn, by enterprises in report period. Same as total amount of wages payable, the total amount of welfares payable reflects the whole amount of welfares payable in the period, while it is not the remaining sum. So this indicator should be filled in according to the total amount in the credit side of the current year in the item "welfares payable".

Value Added Tax Payable refers to the total amount of value added tax that should be paid by enterprises in the report period. The formula is as follows:

Value Added Tax Payable of the Current Year = Sales Tax + Tax Returned from Export + Transferred-out Amount of Tax of Stocking with Goods-Tax of Stocking with Goods

(It should be filled in according to "Value Added Tax Payable Form" or the item "Value Added Tax Payable".)

四、35个大中城市职工家庭生活状况资料

Chapter 4 MATERIALS OF STAFF AND WORKERS HOUSEHOLD LIVING CONDITIONS IN 35 AND MEDIUM-SIZDE CITIES

4.1 居民家庭人口就业情况(1999年,平均每百户)
Employment Status of Households (1999, per 100 households)

单位:人　　　　Person

城市 City		(1)有收入者人数 Number of People with Income	1.就业人口数 Number of Employee	(1)国有经济单位职工人数 Number of Staff and Workers in State-owned Units	(2)集体经济单位职工人数 Number of Staff and Workers in Collective-owned Units	(3)其他经济类型职工人数 Number of Staff and Workers in Units of Other Types of Ownership	(4)个体经营者人员数 Number of Individual Laborers
平均水平	Average Level	224.50	173.25	127.13	19.57	9.51	3.55
北　京	Beijing	236.45	176.48	131.78	11.13	14.06	1.68
天　津	Tianjin	232.44	167.85	130.66	11.27	10.92	2.16
石家庄	Shijiazhuang	216.08	191.75	156.58	22.09	7.50	1.88
太　原	Taiyuan	222.67	155.67	102.95	11.25	24.14	2.33
呼和浩特	Huhhot	206.62	150.52	114.13	9.19	3.00	5.23
沈　阳	Shenyang	220.13	180.35	115.78	34.35	7.68	3.40
大　连	Dalian	239.56	148.05	93.21	28.22	10.15	2.65
长　春	Changchun	218.66	178.22	130.64	24.75	0.67	4.75
哈尔滨	Harbin	225.70	144.90	104.00	28.33	0.95	5.61
上　海	Shanghai	246.02	173.62	109.78	11.68	16.92	3.15
南　京	Nanjing	231.81	169.25	114.53	35.53	3.89	2.67
杭　州	Hangzhou	243.94	192.14	111.59	25.00	30.11	5.00
宁　波	Ningbo	226.42	197.33	93.71	36.88	44.92	6.75
合　肥	Hefei	225.00	176.50	142.50	20.50	7.00	2.00
福　州	Fuzhou	220.54	173.67	98.79	27.42	12.25	10.75
厦　门	Xiamen	220.84	198.92	131.67	27.92	11.41	7.92
南　昌	Nanchang	212.28	167.69	126.67	32.34	1.80	3.89
济　南	Jinan	226.25	186.25	156.50	21.71	2.71	0.29
青　岛	Qingdao	220.32	174.00	124.73	23.75	22.94	1.25
郑　州	Zhengzhou	218.81	173.86	148.50	14.56	2.50	1.85
武　汉	Wuhan	228.70	164.67	131.33	16.40	2.47	2.12
长　沙	Changsha	204.50	185.00	154.50	23.50	6.00	0.50
广　州	Guangzhou	223.19	190.03	136.36	27.39	15.47	0.42
深　圳	Shenzhen	209.75	192.00	159.50	7.00	23.00	1.00
南　宁	Nanjning	212.26	176.88	146.67	11.84	2.59	5.21
海　口	Haikou	244.41	190.18	142.68	19.92	5.25	9.00
成　都	Chengdu	211.34	172.03	138.50	20.00	3.78	3.72
重　庆	Chongqing	219.05	177.36	140.61	21.53	5.06	1.91
贵　阳	Guiyang	210.16	160.20	114.58	25.62	2.96	9.54
昆　明	Kunming	215.33	197.89	156.80	35.55	0.67	1.67
西　安	Xian	209.57	138.49	104.47	11.14	4.52	3.25
兰　州	Lanzhou	214.22	177.22	148.11	14.00	1.33	8.78
西　宁	Xining	211.14	143.62	99.08	9.84	0.25	12.05
银　川	Yinchuan	196.80	139.43	112.88	4.50	3.75	7.58
乌鲁木齐	Urumqi	207.54	152.00	130.40	8.84	1.17	4.88

4.1 续表
Continued

单位：人 Person

城市 City	(5)个体被雇人员数 Number of Individual Employee	(6)离退休再就业人员数 Number of the Reemployed of Retired People	(7)其他就业人员数 Number of People of Other Employment	2.离退休人员数 Number of the Retired and Resigned	3.其他有收入者人数 Number of Other People with Income	(二)无收入者人数 Number of People without Income
平均水平 Average Level	3.90	8.32	1.27	50.65	0.60	83.77
北京 Beijing	0.97	15.99	0.88	59.47	0.49	72.52
天津 Tianjin	2.47	9.62	0.76	64.22	0.37	76.23
石家庄 Shijiazhuang	2.92	0.29	0.50	24.34	0.00	98.89
太原 Taiyuan	1.67	12.00	1.33	66.67	0.33	70.55
呼和浩特 Huhhot	6.95	8.42	3.60	55.58	0.52	87.84
沈阳 Shenyang	5.33	11.60	2.20	39.55	0.23	81.33
大连 Dalian	5.38	6.12	2.34	90.37	1.13	77.90
长春 Changchun	9.47	3.86	4.08	40.45	0.00	96.86
哈尔滨 Harbin	6.00	0.00	0.00	80.81	0.00	72.78
上海 Shanghai	2.75	28.53	0.80	72.40	0.00	62.47
南京 Nanjing	1.67	10.50	0.47	61.64	0.92	74.47
杭州 Hangzhou	4.53	13.83	2.08	50.58	1.22	66.97
宁波 Ningbo	6.29	8.80	0.00	27.42	1.66	82.92
合肥 Hefei	0.50	4.00	0.00	47.50	1.00	75.50
福州 Fuzhou	14.08	7.50	2.88	46.38	0.50	95.29
厦门 Xiamen	16.84	2.25	0.91	21.92	0.00	84.00
南昌 Nanchang	0.90	0.30	1.80	43.39	1.20	93.11
济南 Jinan	1.50	2.38	1.17	39.50	0.50	82.29
青岛 Qingdao	0.79	0.54	0.00	45.25	1.06	85.04
郑州 Zhengzhou	1.73	4.67	0.04	44.96	0.00	88.90
武汉 Wuhan	1.67	10.58	0.10	63.99	0.05	82.43
长沙 Changsha	0.50	0.00	0.00	19.50	0.00	102.50
广州 Guangzhou	6.83	1.69	1.86	31.41	1.75	97.00
深圳 Shenzhen	0.50	0.00	1.00	15.75	2.00	119.08
南宁 Nanjning	3.21	3.71	3.66	35.38	0.00	97.63
海口 Haikou	6.00	2.75	4.58	53.23	1.00	112.93
成都 Chengdu	3.14	2.89	0.00	38.56	0.75	80.84
重庆 Chongqing	2.50	5.75	0.00	41.55	0.14	84.22
贵阳 Guiyang	1.34	5.26	0.92	49.46	0.50	100.21
昆明 Kunming	1.36	1.50	0.33	17.45	0.00	88.70
西安 Xian	3.30	9.55	2.25	70.41	0.67	89.56
兰州 Lanzhou	1.67	3.00	0.33	35.00	2.00	96.86
西宁 Xining	10.12	4.42	7.87	64.89	2.64	101.83
银川 Yinchuan	8.71	2.00	0.00	54.88	2.50	99.62
乌鲁木齐 Urumqi	4.17	2.56	0.00	55.54	0.00	86.96

4.2 居民家庭现金收入和支出(1999年,年人均)

Household Cash Income and Expenditure (1999, per person per year)

单位：元　　Yuan

城市 City	一、期初手存现金 Initial Cash Deposit	二、可支配收入 Disposable Income	三、现金收入 Cash Income	(一)实际收入 Real Income	1.国有经济单位职工工资 Wages of Staff and Workers in State-owned Units	(1)工资性收入 Wages Income	其中：奖金 Bonus	(2)非工资性收入 Non-Wage Income	2.集体经济单位职工工资 Wages of Staff and Workers in Collective Units	(1)工资性收入 Wages Income	其中：奖金 Bonus
平均水平 Average Level	466.4	7700.2	9725.1	7747.4	4392.8	4096.1	686.8	296.8	398.0	379.7	44.7
北京 Beijing	391.6	9182.8	10654.8	9238.8	5146.2	4914.7	744.0	231.5	296.6	291.0	38.6
天津 Tianjin	464.8	7649.8	9818.9	7670.9	3715.9	3519.1	549.9	196.8	123.9	121.9	5.9
石家庄 Shijiazhuang	431.8	6131.0	8001.7	6156.4	4655.3	4401.6	586.6	253.7	432.5	419.2	25.0
太原 Taiyuan	688.8	5627.4	8071.1	5650.0	2361.1	2217.9	173.8	143.2	118.5	114.6	5.8
呼和浩特 Huhhot	454.4	5167.4	6625.1	5185.8	2712.2	2630.5	121.3	81.7	100.0	96.8	0.9
沈阳 Shenyang	155.5	5364.3	6253.3	5392.9	2940.3	2702.5	315.6	237.7	485.4	457.6	46.3
大连 Dalian	183.1	6274.0	8042.1	6298.3	2419.9	2341.9	161.0	78.0	480.2	460.8	26.5
长春 Changchun	474.3	5110.2	6199.0	5129.3	2924.7	2915.6	34.6	9.2	377.7	376.7	2.4
哈尔滨 Harbin	733.7	5032.3	5687.4	5048.8	2238.5	2101.4	85.4	137.0	390.5	375.7	5.3
上海 Shanghai	879.9	10931.6	13650.9	10988.9	4951.2	4597.8	963.9	353.4	301.0	282.7	56.6
南京 Nanjing	506.8	7693.8	9591.5	7732.1	3952.6	3736.3	589.6	216.3	670.1	654.0	36.4
杭州 Hangzhou	587.5	9084.5	10864.1	9120.9	4265.3	4054.2	949.3	211.2	762.1	740.9	125.2
宁波 Ningbo	601.1	9491.7	13401.3	9529.0	4389.0	4280.7	1285.2	108.3	900.5	867.4	142.5
合肥 Hefei	186.8	5812.9	7000.6	5844.6	3608.0	3287.6	377.8	320.4	317.4	297.1	20.7
福州 Fuzhou	506.9	7413.8	9302.2	7493.0	2970.8	2766.4	517.3	204.4	457.8	440.2	39.9
厦门 Xiamen	484.4	9625.6	11356.1	9698.2	5432.2	5234.0	597.1	198.2	974.5	943.9	136.0
南昌 Nanchang	268.9	5287.5	6183.4	5329.0	3435.7	3061.0	620.3	374.7	554.0	514.9	98.8
济南 Jinan	372.3	7162.5	9427.9	7218.1	5225.9	4950.4	634.0	275.6	373.4	359.3	27.6
青岛 Qingdao	333.0	7281.7	9239.9	7346.8	4075.5	3983.9	463.7	91.6	466.8	459.2	26.3
郑州 Zhengzhou	460.8	6147.7	7389.4	6211.7	4151.8	4095.9	405.5	55.9	222.7	220.8	7.8
武汉 Wuhan	227.9	6262.1	7496.7	6276.5	3505.9	3366.6	414.7	139.3	210.1	199.8	18.6
长沙 Changsha	474.2	7297.1	8854.0	7350.5	5380.8	5032.7	1218.1	348.2	506.7	494.2	49.2
广州 Guangzhou	611.5	12326.0	16700.0	12471.5	8332.2	7391.1	2566.9	941.2	1157.5	1071.5	198.6
深圳 Shenzhen	865.5	20548.4	30302.4	20760.7	14464.6	13399.5	1905.3	1065.1	367.1	363.3	9.1
南宁 Nanjning	505.6	6846.4	9499.5	6881.5	4374.1	3900.8	738.6	473.4	317.8	300.9	94.7
海口 Haikou	1258.3	7058.9	8396.4	7102.0	3933.8	3882.2	493.1	51.6	185.6	185.6	2.5
成都 Chengdu	345.0	7098.0	8462.7	7141.0	4963.0	4428.2	960.4	534.8	401.7	375.6	61.9
重庆 Chongqing	221.1	5896.0	7591.7	5915.6	3972.8	3699.1	624.3	273.7	376.6	363.1	34.7
贵阳 Guiyang	203.8	6082.2	7776.0	6096.9	3201.6	2929.0	406.7	272.6	426.3	395.1	31.4
昆明 Kunming	307.1	7239.4	9447.0	7305.4	5661.4	4724.4	847.8	937.0	581.5	510.9	62.6
西安 Xian	389.2	5998.8	7789.9	6028.1	2957.8	2775.4	287.6	182.4	185.9	180.5	13.1
兰州 Lanzhou	430.7	5127.5	6555.9	5158.5	3466.3	3380.2	207.5	86.2	192.0	189.0	2.5
西宁 Xining	275.6	4764.9	5983.9	4784.4	2169.2	2087.9	84.9	81.3	130.4	126.1	0.0
银川 Yinchuan	164.6	5167.7	7096.9	5221.4	2945.7	2577.8	232.9	367.9	62.2	59.1	4.5
乌鲁木齐 Urumqi	283.7	6676.0	8442.3	6695.5	4184.6	3756.8	294.4	427.8	202.2	187.4	8.7

4.2 续表1
Continue 1

城市 City	(2)非工资性收入 Non-wage Income	3. 其他经济类型职工收入 Income of Staff and Workers in Other Types of Ownership	其中：奖金 Bonus	4. 个体经营者的净收益 Net Profits of Individual Laborers	5. 个体被雇者收入 Income of Individual Employee	6. 离退休再就业人员收入 Income of Re-employed Retiree	7. 其他就业者收入 Income of Other Employee	8. 其他劳动收入 Income of Other Laborers	9. 财产性收入 Income from Property	(1)利息 Interest	(2)红利 Bonus
平均水平 Average Level	18.2	436.0	58.7	106.3	88.5	120.3	15.3	262.1	151.5	51.0	15.5
北京 Beijing	5.6	736.9	86.6	53.1	12.6	237.6	5.2	191.5	91.9	66.6	12.0
天津 Tianjin	2.0	443.9	27.2	87.1	64.9	121.7	8.3	615.0	138.1	92.4	3.3
石家庄 Shijiazhuang	13.3	218.9	17.4	33.0	51.9	1.9	3.9	86.7	94.9	81.7	13.3
太原 Taiyuan	4.0	560.4	70.7	71.6	17.9	82.9	12.0	149.1	93.9	57.1	18.2
呼和浩特 Huhhot	3.2	73.7	5.4	104.3	86.1	100.6	42.4	128.7	90.1	30.7	22.2
沈阳 Shenyang	27.9	327.9	24.1	102.7	85.5	71.4	16.2	325.9	30.1	18.0	4.3
大连 Dalian	19.3	259.0	15.1	78.2	126.2	66.2	36.4	360.2	49.1	24.0	23.1
长春 Changchun	1.0	15.0	0.0	216.5	206.2	44.1	43.4	116.8	31.0	10.8	3.8
哈尔滨 Harbin	14.8	27.6	1.1	121.4	93.7	0.0	0.0	235.7	46.9	16.2	0.0
上海 Shanghai	18.3	1027.3	83.4	155.9	93.3	508.1	3.9	468.6	68.3	44.8	1.9
南京 Nanjing	16.0	103.6	0.6	81.3	39.1	96.8	2.6	346.6	91.1	66.7	17.5
杭州 Hangzhou	21.1	1090.7	141.7	277.5	100.6	187.7	40.9	329.7	131.8	109.2	7.8
宁波 Ningbo	33.1	1512.7	333.5	237.9	201.1	200.9	0.0	621.1	203.9	173.6	29.4
合肥 Hefei	20.3	241.2	71.2	33.0	8.2	43.1	0.0	204.0	97.5	75.8	16.1
福州 Fuzhou	17.6	446.0	61.2	358.6	399.3	131.1	35.9	246.8	272.3	45.3	169.5
厦门 Xiamen	30.6	610.9	51.1	283.8	467.6	44.5	25.1	302.4	108.7	77.2	0.0
南昌 Nanchang	39.1	28.1	0.6	59.1	17.0	5.0	24.2	115.7	20.7	19.3	0.0
济南 Jinan	14.1	47.7	8.9	5.4	22.5	39.8	14.6	152.8	150.9	50.7	6.2
青岛 Qingdao	7.7	784.8	108.4	35.7	27.0	8.7	0.0	237.2	189.0	72.1	36.0
郑州 Zhengzhou	1.9	45.3	5.3	21.0	20.6	48.9	0.0	38.6	207.4	63.9	3.2
武汉 Wuhan	10.2	67.9	1.0	54.8	31.6	128.6	1.9	339.0	152.7	33.9	8.8
长沙 Changsha	12.6	189.3	38.5	10.4	14.5	0.0	0.0	130.8	282.9	54.3	11.9
广州 Guangzhou	86.0	894.7	153.7	11.7	245.3	46.2	60.8	39.1	335.4	71.9	31.8
深圳 Shenzhen	3.8	2673.7	725.2	61.4	3.3	0.0	66.9	202.5	1553.4	56.0	104.6
南宁 Nanjning	16.9	60.4	6.0	204.1	61.4	31.0	27.4	145.7	397.7	33.1	38.4
海口 Haikou	0.0	124.0	27.8	125.0	51.5	90.3	8.1	804.3	174.7	10.6	14.9
成都 Chengdu	26.2	94.8	20.0	151.4	87.7	24.5	0.0	118.4	115.2	37.8	23.6
重庆 Chongqing	13.4	123.3	11.7	45.8	38.8	96.6	0.0	132.6	104.7	22.6	4.6
贵阳 Guiyang	31.1	92.5	12.9	147.1	29.6	53.3	27.0	317.2	171.1	45.1	3.7
昆明 Kunming	70.6	37.1	0.4	50.6	34.9	22.3	9.1	88.8	90.5	37.7	18.7
西安 Xian	5.4	88.9	2.2	72.2	98.0	127.1	38.0	109.1	277.7	55.0	9.1
兰州 Lanzhou	3.0	30.3	2.8	166.1	22.0	36.5	0.0	127.7	39.2	17.7	7.2
西宁 Xining	4.3	3.3	1.8	166.4	123.0	63.8	29.7	220.3	54.6	27.8	0.8
银川 Yinchuan	3.1	85.9	4.7	181.8	135.7	33.9	0.0	191.5	61.5	38.8	8.3
乌鲁木齐 Urumqi	14.8	39.7	5.8	167.2	77.6	25.7	0.0	128.0	76.8	41.6	7.0

4.2 续表 2
Continue 2

城 市 City	(3)其他财产租金收入 Rental Income of Other Property	10.转移收入 Transfer Income	(1)离退休金 Pension	(2)价格补贴 Price Subsidies	(3)赡养收入 Support Income	(4)赠送收入 Donation Income	(5)亲友搭伙费 Fee for Meals of Relatives	(6)记帐补贴 Investig-ation Subsidies	(7)出售财物收入 Income from Goods Sale	(8)其他 Others	11.家庭副业生产收入 Income of Household Side Production
平均水平 Average Level	85.1	1776.0	1392.3	2.2	72.2	155.2	37.7	30.3	34.8	51.4	0.5
北 京 Beijing	13.4	2467.3	2075.8	4.4	93.6	120.2	54.0	48.9	12.9	57.5	0.0
天 津 Tianjin	42.5	2352.2	1840.3	0.9	109.1	239.7	33.5	12.4	9.9	106.4	0.0
石家庄 Shijiazhuang	0.0	577.3	469.2	0.0	25.7	60.3	6.6	11.4	0.9	3.2	0.0
太 原 Taiyuan	18.6	2182.6	1890.5	0.0	112.8	121.9	17.1	20.5	2.8	17.2	0.0
呼和浩特 Huhhot	37.2	1747.1	1376.5	0.0	65.2	201.7	6.9	14.6	4.9	77.2	0.6
沈 阳 Shenyang	7.7	1007.6	712.4	17.9	31.4	189.5	14.4	14.1	1.6	26.5	0.0
大 连 Dalian	2.1	2423.1	2024.3	8.0	73.7	168.2	45.4	17.9	1.6	84.2	0.0
长 春 Changchun	16.5	1154.0	981.8	0.0	35.3	102.7	13.0	19.0	2.3	0.0	0.0
哈尔滨 Harbin	30.7	1894.5	1717.5	0.0	58.7	75.9	0.0	16.1	3.4	22.8	0.0
上 海 Shanghai	21.7	3411.3	2630.2	2.2	107.0	136.1	26.5	29.4	334.4	145.5	0.0
南 京 Nanjing	7.0	2348.4	2054.5	0.1	14.6	117.2	101.0	32.2	1.0	28.0	0.0
杭 州 Hangzhou	14.8	1934.7	1704.5	0.0	15.1	118.5	47.3	21.5	11.8	15.9	0.0
宁 波 Ningbo	1.0	1261.9	946.3	0.0	6.5	181.8	35.8	14.1	7.4	70.1	0.0
合 肥 Hefei	5.7	1289.8	1054.4	0.0	10.2	150.5	38.4	24.5	2.1	9.6	2.4
福 州 Fuzhou	57.5	2174.6	1075.5	0.0	155.1	676.0	90.7	77.5	6.3	93.7	0.0
厦 门 Xiamen	31.5	1448.5	719.4	0.0	108.2	430.6	22.6	65.6	0.0	102.1	0.0
南 昌 Nanchang	1.5	1067.3	802.7	0.0	50.2	113.1	57.6	37.4	6.2	0.0	2.3
济 南 Jinan	93.9	1185.2	994.0	0.0	17.9	103.9	10.9	31.0	3.8	23.8	0.0
青 岛 Qingdao	80.9	1522.1	1065.3	0.0	83.2	273.0	6.7	51.8	3.5	38.6	0.0
郑 州 Zhengzhou	140.3	1455.4	1238.8	0.0	23.8	79.8	15.7	58.8	17.4	21.2	0.0
武 汉 Wuhan	110.0	1784.2	1545.7	0.0	51.7	89.5	39.1	13.1	1.3	43.9	0.0
长 沙 Changsha	216.7	835.0	449.8	0.0	12.9	288.0	10.6	42.9	21.9	8.9	0.0
广 州 Guangzhou	231.7	1348.5	891.0	0.5	82.2	178.8	35.8	41.3	3.1	115.8	0.0
深 圳 Shenzhen	1392.7	1367.9	769.8	0.0	118.7	249.0	144.2	67.4	0.4	18.5	0.0
南 宁 Nanjning	326.2	1262.0	962.0	0.0	40.6	134.1	99.6	19.4	6.3	0.0	0.0
海 口 Haikou	149.2	1597.8	1156.5	0.9	85.2	196.7	61.0	39.1	5.2	53.2	7.0
成 都 Chengdu	53.9	1184.2	904.1	0.9	50.1	97.3	71.3	41.8	1.4	17.3	0.0
重 庆 Chongqing	77.5	1024.4	756.2	0.0	54.8	88.8	92.1	19.3	0.1	13.2	0.0
贵 阳 Guiyang	122.3	1631.2	1362.3	11.9	48.3	123.1	60.4	12.0	2.5	10.7	0.0
昆 明 Kunming	34.0	729.3	477.6	2.1	15.5	94.4	15.7	57.4	4.2	62.4	0.1
西 安 Xian	213.7	2073.6	1574.4	0.0	273.6	154.1	31.2	27.4	3.3	9.6	0.0
兰 州 Lanzhou	14.3	1077.3	863.7	1.6	73.6	67.7	21.9	30.9	0.2	17.7	1.2
西 宁 Xining	26.0	1823.2	1583.9	3.9	144.4	62.5	2.9	19.2	0.8	5.5	0.6
银 川 Yinchuan	14.4	1510.1	1247.7	0.0	103.7	72.1	26.6	40.5	3.3	16.2	13.2
乌鲁木齐 Urumqi	28.2	1793.8	1599.9	0.0	66.2	94.8	4.3	7.4	17.5	3.7	0.0

4.2 续表 3
Continue 3

城市 City	(二)借贷收入 Loan Income	1. 提取储蓄存款 Withdraw Bank Deposits	2. 提取储金会款 Withdraw Savings in Units	3. 借入款 Money Borrowed	4. 收回借出款 Recall Lent Money	5. 收回储蓄性保险本金 Recall Savings Insurance Capital	6. 兑售有价证券 Securities Sales	7. 赊购 Buy on Credit	8. 为购置房屋从银行贷款 Bank Loan for Buying House	9. 其他借贷收入 Other Loan Income	四. 现金支出 Cash Expenditure
平均水平 Average Level	1977.7	1606.8	11.5	160.2	23.4	3.4	35.1	0.2	41.9	95.3	9389.5
北京 Beijing	1416.0	1248.9	14.2	97.7	19.0	0.0	12.7	1.6	13.0	9.0	9893.6
天津 Tianjin	2148.0	1624.1	4.7	207.8	25.0	0.9	11.9	0.0	57.0	216.6	9285.4
石家庄 Shijiazhuang	1845.3	1489.5	0.0	242.9	22.5	0.9	65.6	0.0	0.0	24.1	7688.9
太原 Taiyuan	2421.2	1779.0	88.6	430.3	54.6	9.8	16.1	0.0	34.1	8.7	7788.2
呼和浩特 Huhhot	1439.3	1028.7	0.0	293.7	61.6	4.2	0.3	0.0	49.7	1.2	6449.8
沈阳 Shenyang	860.5	698.5	16.6	92.2	31.7	3.8	4.6	0.0	0.0	13.0	5989.3
大连 Dalian	1743.7	1366.9	18.1	189.1	23.5	7.5	14.2	0.0	75.6	48.8	7828.9
长春 Changchun	1069.6	908.4	0.0	98.8	36.6	4.7	6.4	0.0	0.0	14.8	6177.3
哈尔滨 Harbin	638.6	521.9	3.9	42.3	15.3	1.0	0.0	0.0	44.7	9.6	5443.1
上海 Shanghai	2662.0	2277.3	0.1	19.2	2.3	3.0	16.7	0.3	233.4	109.8	13185.2
南京 Nanjing	1859.3	1704.6	0.0	77.9	3.7	0.1	56.9	0.0	0.0	16.1	9011.3
杭州 Hangzhou	1743.2	1441.4	4.3	40.7	13.3	0.2	49.5	0.0	0.0	193.8	10347.5
宁波 Ningbo	3872.3	2790.1	0.0	437.7	17.1	11.3	55.0	0.0	31.7	529.4	13170.8
合肥 Hefei	1156.0	923.6	24.3	60.5	56.2	5.4	86.1	0.0	0.0	0.0	6768.6
福州 Fuzhou	1809.2	1399.8	79.3	247.8	47.5	0.0	24.5	0.0	0.0	10.3	8860.6
厦门 Xiamen	1657.9	1137.4	11.8	25.3	29.5	12.3	297.2	0.0	114.8	29.6	11130.9
南昌 Nanchang	854.4	656.9	11.8	49.6	12.1	0.5	22.5	0.0	0.0	101.0	5829.0
济南 Jinan	2209.8	1968.5	0.0	81.8	9.0	4.9	103.7	0.0	0.0	41.8	9305.4
青岛 Qingdao	1893.2	1646.9	12.0	124.9	22.4	1.5	15.4	0.0	0.0	70.0	8812.8
郑州 Zhengzhou	1177.7	870.9	1.3	179.4	7.6	0.0	40.6	0.0	0.0	77.8	7356.4
武汉 Wuhan	1220.2	976.8	33.5	131.3	7.4	0.7	23.5	0.0	41.1	5.9	7434.6
长沙 Changsha	1503.5	1250.5	0.0	124.0	36.7	0.5	11.8	0.0	0.0	80.1	8857.8
广州 Guangzhou	4228.4	3352.4	5.9	68.9	28.0	4.0	76.5	0.0	64.5	628.2	16351.9
深圳 Shenzhen	9541.7	8737.7	0.0	683.4	0.0	54.2	27.5	0.0	0.0	38.9	30081.7
南宁 Nanjning	2618.0	2002.8	35.9	398.6	66.8	6.3	75.2	0.0	27.4	5.0	9210.8
海口 Haikou	1294.4	1057.7	2.8	107.7	8.4	0.0	103.5	0.0	0.0	14.3	8492.7
成都 Chengdu	1321.8	1116.5	2.2	94.9	22.2	0.0	56.4	0.0	0.0	29.5	7919.9
重庆 Chongqing	1676.1	1164.7	4.0	395.8	5.2	0.0	44.4	0.0	11.0	51.1	7500.1
贵阳 Guiyang	1679.2	1186.9	51.3	342.0	21.2	1.6	41.9	0.0	32.2	2.1	7339.5
昆明 Kunming	2141.6	1611.5	24.2	323.7	80.7	0.9	20.2	0.0	0.0	80.5	8927.8
西安 Xian	1761.8	1326.1	3.8	225.6	15.9	1.4	11.2	0.0	0.0	177.7	7747.2
兰州 Lanzhou	1397.4	1183.9	0.0	188.7	13.0	0.0	5.4	0.0	0.0	6.4	6240.3
西宁 Xining	1199.5	877.7	22.0	128.1	55.5	0.0	0.0	0.6	106.1	9.6	5865.5
银川 Yinchuan	1875.5	1449.7	2.2	269.0	23.0	2.4	5.0	0.0	25.3	99.0	7002.9
乌鲁木齐 Urumqi	1746.8	1467.2	8.0	192.4	38.2	3.7	13.5	0.0	0.0	23.8	7884.4

4.2 续表 4
Continue 4

城市 City		(一)实际支出 Actual Expenditure	1. 消费性支出 Living Expenditure	2. 非消费性支出 Non-Living Expenditure	(1)借款利息 Loan Interest	(2)个人所得税 Income Tax	(3)其他各种税金 Other Tax	(4)各种非储蓄性保险支出 Expenditure of Various Non-saving Insurance	(5)赡养支出 Support Expenditure	(6)赠送支出 Donation Expenditure	(7)购房与建房支出 Expenditure for Buying House or Building House	(8)其他非消费支出 Other Non-Living Expenditure
平均水平	Average Level	7558.5	6323.6	1234.6	4.2	16.5	6.3	20.1	149.5	384.9	607.5	45.6
北京	Beijing	8453.6	7498.5	955.1	0.2	7.1	4.1	36.4	158.9	329.5	332.6	86.3
天津	Tianjin	7059.1	5851.5	1207.6	0.9	8.7	7.1	6.3	119.1	432.7	615.1	17.7
石家庄	Shijiazhuang	5898.3	5002.8	895.4	0.0	13.9	1.4	30.7	230.0	212.0	371.3	36.1
太原	Taiyuan	6576.9	4693.4	1883.5	0.0	2.1	3.9	36.1	179.4	380.4	1260.8	20.8
呼和浩特	Huhhot	5408.7	4172.8	1235.1	0.3	2.9	0.0	41.5	63.5	500.9	609.3	16.8
沈阳	Shenyang	5361.0	4652.2	708.8	0.0	14.5	0.1	39.8	130.6	335.9	158.3	29.7
大连	Dalian	6725.7	5530.3	1195.3	0.0	6.5	0.0	48.4	176.0	375.8	489.8	98.9
长春	Changchun	5178.3	4571.2	607.1	0.0	0.1	0.0	5.7	76.3	307.8	180.1	37.1
哈尔滨	Harbin	5051.8	4215.8	836.1	0.0	0.4	1.0	9.6	114.0	439.9	239.2	31.8
上海	Shanghai	10471.3	8247.7	2223.6	0.0	27.9	6.8	3.1	98.5	547.6	1447.3	92.3
南京	Nanjing	7694.6	6448.6	1246.0	0.0	6.2	3.4	10.5	71.6	504.1	611.4	38.9
杭州	Hangzhou	8256.4	7423.7	832.7	0.6	14.8	4.6	18.3	99.8	407.3	267.9	19.5
宁波	Ningbo	10567.5	7493.3	3074.2	0.0	23.2	13.3	10.2	232.0	440.5	2333.3	21.7
合肥	Hefei	5353.7	4551.7	800.9	0.0	6.1	0.0	0.6	104.8	345.6	322.7	21.2
福州	Fuzhou	7572.7	5732.9	1839.9	0.6	1.7	67.1	16.2	155.6	674.4	911.2	13.0
厦门	Xiamen	9738.0	7889.6	1848.4	0.0	7.0	3.9	103.4	224.0	544.5	938.8	26.9
南昌	Nanchang	4713.3	4077.4	635.1	0.0	3.2	0.0	0.3	107.9	314.2	196.2	13.4
济南	Jinan	7174.1	6415.4	758.7	0.0	24.7	5.4	5.8	64.4	208.4	413.6	36.5
青岛	Qingdao	7522.5	5980.8	1541.7	0.0	13.3	29.3	185.3	127.3	257.0	901.7	27.8
郑州	Zhengzhou	5847.0	5064.7	780.9	0.0	3.8	0.0	8.6	171.7	342.4	228.9	25.5
武汉	Wuhan	6233.6	5452.8	780.8	0.0	1.2	0.6	2.3	68.0	327.2	343.8	37.6
长沙	Changsha	7684.8	6538.3	1146.4	0.0	10.5	0.5	13.2	143.7	808.3	146.7	23.7
广州	Guangzhou	12011.7	10272.3	1739.4	0.0	104.2	1.4	8.8	305.0	374.1	871.5	74.5
深圳	Shenzhen	19084.8	15726.1	3358.7	211.2	145.0	0.0	41.1	653.0	945.7	1257.4	105.4
南宁	Nanjning	7986.7	6320.5	1666.2	0.0	15.6	1.1	10.5	273.1	225.7	1071.3	68.7
海口	Haikou	6698.0	5569.3	1126.3	0.0	1.5	6.0	25.0	171.3	303.8	522.7	96.1
成都	Chengdu	6639.4	5798.0	841.4	7.9	1.1	48.4	25.9	139.0	236.0	356.6	26.4
重庆	Chongqing	6089.1	5444.2	644.8	0.6	0.1	2.2	11.5	84.9	304.7	214.6	26.2
贵阳	Guiyang	6428.8	5327.1	1099.5	0.0	0.5	2.6	1.2	173.1	435.9	462.8	23.5
昆明	Kunming	7616.9	6371.1	1244.5	0.0	7.3	8.7	3.3	193.4	299.1	709.9	22.8
西安	Xian	6168.5	5361.0	807.5	0.0	1.9	0.1	2.6	108.6	235.6	441.4	17.3
兰州	Lanzhou	5466.8	4505.6	961.2	0.2	0.2	0.1	7.2	68.4	268.1	605.8	11.4
西宁	Xining	4788.0	3966.3	821.4	1.5	0.1	1.2	17.1	117.9	257.6	382.7	43.2
银川	Yinchuan	5694.2	4484.4	1201.0	0.8	4.4	0.7	3.4	210.1	232.0	692.6	56.8
乌鲁木齐	Urumqi	6071.0	5183.6	887.4	0.2	12.1	0.1	0.7	151.4	351.2	336.4	35.3

4.2 续表 5
Continue 5

城市 City		3. 家庭副业生产支出 Household Side Production Expenditure	(二)借贷支出 Loan Expenditure	1. 存入储蓄款 Savings Deposit	2. 存入储金会款 Savings Deposit in Units	3. 归还借款 Return Borrowed Money	4. 借出款 Money Lent	5. 储蓄性保险支出 Expenditure of Savings Insurance	6. 购置有价证券 Buy Securities	7. 预购 Prepurchase	8. 归还为购房的银行贷款 Return Mortgage for House	9. 其他借贷支出 Other Loan Expenditure	五. 期末手存现金 End Cash Deposit
平均水平	Average Level	0.4	1831.0	1322.8	6.0	59.2	20.4	158.7	44.2	6.1	23.1	190.6	802.0
北　　京	Beijing	0.0	1440.0	1085.1	5.6	39.9	8.6	116.2	38.9	34.2	6.0	105.7	1152.9
天　　津	Tianjin	0.0	2226.3	1563.3	5.5	81.0	18.5	158.2	12.3	32.4	14.0	340.9	998.3
石 家 庄	Shijiazhuang	0.0	1790.7	1345.4	2.1	66.0	19.2	39.7	159.0	0.0	0.0	159.3	744.5
太　　原	Taiyuan	0.0	1211.3	722.6	0.4	92.1	107.5	37.4	48.6	1.1	16.0	185.7	971.7
呼和浩特	Huhhot	0.8	1041.0	822.4	0.0	117.1	9.5	32.7	1.1	0.0	8.1	50.2	629.7
沈　　阳	Shenyang	0.0	628.4	473.4	8.3	31.9	19.2	73.4	9.5	0.0	0.0	12.7	419.5
大　　连	Dalian	0.0	1103.3	786.0	14.7	43.1	15.6	88.6	22.1	0.0	5.7	127.4	396.2
长　　春	Changchun	0.0	999.0	893.0	0.0	30.0	9.8	17.3	24.8	0.0	0.0	24.1	496.0
哈 尔 滨	Harbin	0.0	391.3	292.6	0.9	43.2	7.7	15.5	0.4	0.0	14.8	16.2	977.9
上　　海	Shanghai	0.0	2713.9	1831.6	3.8	3.2	7.1	412.3	109.3	0.7	39.4	306.6	1345.6
南　　京	Nanjing	0.0	1316.6	1052.9	6.8	9.8	64.5	63.4	41.7	2.2	3.7	71.7	1087.0
杭　　州	Hangzhou	0.0	2091.1	1587.7	0.8	86.8	7.5	109.0	165.6	0.3	26.8	106.5	1104.1
宁　　波	Ningbo	0.0	2603.3	1850.6	22.6	146.9	29.2	260.1	60.3	0.0	0.0	233.6	831.5
合　　肥	Hefei	1.1	1414.9	916.9	47.6	66.8	22.5	139.2	156.6	0.0	0.0	65.2	418.8
福　　州	Fuzhou	0.0	1287.8	945.6	35.5	67.6	48.4	135.1	9.9	0.0	7.5	38.4	948.6
厦　　门	Xiamen	0.0	1392.9	598.3	0.0	5.6	21.4	362.8	59.3	0.0	130.6	215.0	709.6
南　　昌	Nanchang	0.8	1115.7	922.1	12.1	17.1	14.1	30.7	71.5	0.0	0.3	48.0	623.3
济　　南	Jinan	0.0	2131.3	1721.0	0.0	20.7	7.8	89.9	34.7	0.0	13.8	243.5	494.8
青　　岛	Qingdao	0.0	1290.4	875.0	0.4	78.4	5.3	81.9	35.5	0.0	0.0	213.7	760.1
郑　　州	Zhengzhou	1.3	1509.4	908.2	0.2	76.4	32.6	79.5	27.5	0.0	0.0	385.0	493.9
武　　汉	Wuhan	0.0	1201.0	984.5	8.7	49.6	24.0	69.5	18.6	0.0	8.1	38.1	289.9
长　　沙	Changsha	0.0	1173.0	725.6	1.2	76.6	8.2	92.8	58.8	0.0	0.0	209.8	470.4
广　　州	Guangzhou	0.0	4340.1	2937.1	1.3	59.2	34.6	444.1	28.8	0.0	2.2	832.8	959.6
深　　圳	Shenzhen	0.0	10996.8	9208.5	0.0	53.6	0.0	837.3	131.6	10.6	492.2	263.0	1086.2
南　　宁	Nanjning	0.1	1224.1	838.0	7.1	83.6	34.9	110.1	65.3	0.0	24.5	60.6	794.3
海　　口	Haikou	2.5	1794.7	1422.0	0.0	45.3	0.0	68.9	0.0	24.6	56.4	177.5	1161.9
成　　都	Chengdu	0.0	1280.6	829.5	16.9	54.2	16.1	146.5	43.5	0.0	43.2	130.7	887.8
重　　庆	Chongqing	0.1	1411.0	968.9	0.6	102.0	5.9	86.8	26.8	0.0	4.7	215.3	312.7
贵　　阳	Guiyang	2.1	910.7	698.3	0.4	96.0	4.5	57.0	8.2	0.0	18.6	27.8	640.4
昆　　明	Kunming	1.3	1310.9	821.9	17.1	154.7	52.0	158.0	54.7	0.0	0.0	52.6	826.4
西　　安	Xian	0.0	1578.7	835.7	0.6	145.1	17.9	158.0	30.2	0.0	0.0	391.2	431.9
兰　　州	Lanzhou	0.0	773.4	630.5	4.1	47.1	30.4	36.1	17.0	0.0	0.0	8.3	746.4
西　　宁	Xining	0.3	1077.4	888.3	0.0	101.3	19.1	27.5	11.0	0.0	7.6	22.7	394.1
银　　川	Yinchuan	8.8	1308.7	946.4	7.5	103.7	31.5	52.6	0.8	0.0	31.4	134.8	258.6
乌鲁木齐	Urumqi	0.0	1813.4	1280.2	0.2	120.5	89.1	153.0	33.7	0.0	6.1	130.6	841.6

4.3 居民家庭消费支出(1999年,年人均)

Household Living Expenditure (1999, per capita per year)

单位:元 Yuan

城市	City	消费性支出 Living Expenditure	一、食品 Food	其中:1.粮食 Grain	2.油脂类 Oil and Fats	3.肉禽及其制品 Meat, Poultry and Related Products	4.蛋类 Eggs	5.水产品类 Aquatic Products	6.菜类 Vegetables	7.酒和饮料 Liquor and Beverages
平均水平	Average Level	6323.6	2635.5	243.4	85.1	513.3	76.2	230.2	249.1	127.0
北京	Beijing	7498.5	2959.2	244.1	73.0	540.4	78.1	131.0	248.0	189.7
天津	Tianjin	5851.5	2459.8	232.7	79.2	451.8	108.9	220.3	214.6	129.3
石家庄	Shijiazhuang	5002.8	1787.2	237.9	92.7	325.1	87.6	73.3	228.2	105.8
太原	Taiyuan	4693.4	1746.4	300.1	91.6	253.7	65.6	45.3	228.7	99.5
呼和浩特	Huhhot	4172.8	1612.9	223.9	51.7	297.8	57.5	41.1	143.7	76.0
沈阳	Shenyang	4652.2	2000.0	249.5	80.4	402.7	86.2	121.0	253.0	119.3
大连	Dalian	5530.3	2514.7	245.8	73.3	446.2	97.0	335.5	329.9	137.3
长春	Changchun	4571.2	2079.5	258.8	96.1	393.7	81.1	120.8	296.4	127.6
哈尔滨	Harbin	4215.8	1928.7	302.3	112.8	376.0	98.0	105.4	225.2	107.6
上海	Shanghai	8247.7	3712.3	261.3	98.2	657.0	76.1	578.4	308.2	159.6
南京	Nanjing	6448.6	2734.9	215.2	86.3	619.2	83.6	245.2	272.7	119.1
杭州	Hangzhou	7423.7	3129.7	228.8	65.3	547.3	49.8	505.3	286.9	177.0
宁波	Ningbo	7493.3	3054.6	223.2	66.2	389.4	47.0	791.2	269.4	144.6
合肥	Hefei	4551.7	2226.2	204.4	92.3	477.2	98.7	141.9	199.2	149.6
福州	Fuzhou	5732.9	2971.5	310.7	95.2	515.0	73.4	688.8	242.3	102.7
厦门	Xiamen	7889.6	3797.8	328.4	145.8	729.2	74.9	769.2	272.1	295.9
南昌	Nanchang	4077.4	1944.9	249.6	126.3	457.2	71.3	112.0	231.8	67.6
济南	Jinan	6415.4	2204.8	234.4	70.2	392.6	99.3	118.3	183.0	147.0
青岛	Qingdao	5980.8	2659.0	218.9	70.0	506.2	117.6	295.5	199.0	182.2
郑州	Zhengzhou	5064.7	1890.4	298.4	58.7	349.5	83.9	61.8	187.6	116.4
武汉	Wuhan	5452.8	2347.6	225.2	103.1	432.4	68.6	138.8	275.2	117.4
长沙	Changsha	6538.3	2444.1	216.3	96.2	432.1	48.1	132.7	242.7	121.3
广州	Guangzhou	10272.3	4436.1	266.2	83.7	919.7	57.5	395.1	327.6	98.0
深圳	Shenzhen	15726.1	4793.1	304.8	87.0	1009.2	74.3	362.2	437.5	170.6
南宁	Nanjning	6320.5	2370.1	217.2	79.8	770.4	53.8	163.9	215.1	62.2
海口	Haikou	5569.3	2668.2	202.0	93.5	758.2	34.4	373.7	248.6	45.8
成都	Chengdu	5798.0	2544.4	172.2	89.1	595.0	67.1	79.1	224.6	94.5
重庆	Chongqing	5444.2	2303.3	196.4	96.1	510.9	80.2	90.4	233.3	86.8
贵阳	Guiyang	5327.1	2213.6	203.9	76.3	498.7	64.6	64.2	239.3	114.7
昆明	Kunming	6371.1	2616.7	221.9	40.9	497.1	64.3	115.1	272.1	99.1
西安	Xian	5361.0	1945.4	239.5	75.4	301.7	69.1	58.5	187.6	80.6
兰州	Lanzhou	4505.6	1914.4	231.2	79.0	339.3	56.1	54.7	208.0	107.8
西宁	Xining	3966.3	1670.9	292.3	69.4	326.8	61.3	46.3	164.3	110.7
银川	Yinchuan	4484.4	1625.6	210.0	83.5	304.5	46.6	57.4	192.2	72.7
乌鲁木齐	Urumqi	5183.6	1934.6	221.2	69.6	429.7	58.4	74.1	196.2	74.0

4.3 续表1
Continue 1

城市 City		8.干鲜瓜果类 Fresh and Dried Fruits	9.奶及奶制品 Milk and Diary Products	二、衣着 Clothing	1.服装 Garments	2.衣着材料 Clothing Materials	3.鞋袜帽及其它衣着 Footwear, Hats and Other Clothing	4.衣着加工服务费 Tailoring and Laundering Service Fee	三、家庭设备用品及服务 Household Facilities, Articles and Services	1.耐用消费品 Durable Consumer Goods
平均水平	Average Level	184.5	101.6	575.8	392.6	27.4	143.3	12.4	618.7	380.8
北京	Beijing	223.5	142.5	730.8	480.8	44.0	185.8	20.2	749.4	460.6
天津	Tianjin	176.0	95.8	495.5	326.5	34.1	120.2	14.8	697.3	503.8
石家庄	Shijiazhuang	131.1	96.4	610.2	386.9	54.2	148.4	20.7	443.5	327.7
太原	Taiyuan	125.2	92.2	537.0	351.0	46.9	127.9	11.3	473.6	321.6
呼和浩特	Huhhot	117.8	67.1	527.6	349.1	36.1	129.9	12.5	486.8	236.3
沈阳	Shenyang	200.6	64.3	633.1	425.5	26.7	169.8	11.2	272.2	185.1
大连	Dalian	221.8	114.2	636.6	398.7	28.3	194.7	14.9	444.2	240.4
长春	Changchun	201.2	57.1	533.2	367.2	28.9	132.7	4.4	194.1	91.4
哈尔滨	Harbin	181.4	81.2	413.6	292.5	8.9	109.9	2.3	163.7	63.1
上海	Shanghai	229.1	165.4	550.7	372.2	26.1	140.4	12.0	893.4	581.6
南京	Nanjing	145.6	123.3	566.0	388.5	28.0	130.9	18.6	728.5	458.4
杭州	Hangzhou	198.0	95.0	667.9	454.7	30.7	162.1	20.4	785.7	510.0
宁波	Ningbo	199.3	100.0	560.3	369.0	30.6	137.4	23.3	1077.5	650.4
合肥	Hefei	123.3	80.0	435.1	262.1	47.4	112.7	13.0	445.1	298.0
福州	Fuzhou	249.7	131.8	376.3	268.7	8.9	87.3	11.4	531.5	238.0
厦门	Xiamen	289.3	89.3	659.0	458.8	8.5	176.0	15.7	421.6	146.2
南昌	Nanchang	104.1	65.1	404.0	271.5	27.7	90.0	14.8	232.1	128.5
济南	Jinan	147.1	102.8	731.6	493.2	46.4	172.4	19.6	1196.8	878.4
青岛	Qingdao	214.2	115.7	673.9	447.2	35.2	170.6	20.8	607.0	386.2
郑州	Zhengzhou	142.2	63.0	637.5	430.5	40.0	142.4	24.6	552.9	330.3
武汉	Wuhan	117.9	72.9	577.6	427.0	16.1	128.7	5.9	333.0	185.5
长沙	Changsha	174.3	58.5	765.0	523.5	32.1	193.0	16.4	578.6	356.9
广州	Guangzhou	276.6	140.1	543.6	389.2	10.2	135.0	9.3	837.9	447.5
深圳	Shenzhen	376.0	151.7	972.9	746.6	6.4	218.2	1.7	2002.8	1237.3
南宁	Nanjning	155.4	93.7	380.7	259.4	21.1	89.9	10.3	762.6	489.1
海口	Haikou	139.9	28.7	278.1	210.9	5.3	60.0	1.9	380.8	140.3
成都	Chengdu	136.6	125.8	617.8	444.1	17.1	151.5	5.1	471.9	223.5
重庆	Chongqing	151.4	98.9	590.0	427.9	11.2	147.5	3.5	516.2	347.1
贵阳	Guiyang	139.3	81.8	511.6	347.7	16.3	136.7	10.9	541.0	314.3
昆明	Kunming	183.9	85.9	672.0	499.2	14.3	155.9	2.7	612.9	391.4
西安	Xian	136.4	61.0	443.6	286.4	34.8	110.2	12.2	704.6	421.0
兰州	Lanzhou	129.4	77.7	499.8	315.7	31.3	140.0	12.8	364.4	194.6
西宁	Xining	97.6	60.5	397.2	246.0	23.1	112.6	15.5	287.0	169.5
银川	Yinchuan	116.2	59.7	567.8	391.3	32.2	133.6	10.6	438.6	253.9
乌鲁木齐	Urumqi	148.9	84.5	615.5	403.0	42.8	153.5	16.2	659.5	384.1

4.3 续表 2
Continue 2

城 市 City		2.室内装饰品 Room Decorations	3.床上用品 Bed Articles	4.家庭日用杂品 Household Articles for Daily Use	5.家具材料 Furniture Materials	6.家庭服务 Household Services	四、医疗保健 Health Care	五、交通和通讯 Transportation and Communications	1.交通 Transportation	2.通讯 Communications
平均水平	Average Level	19.0	27.4	112.6	10.4	68.6	323.4	416.1	179.4	236.7
北 京	Beijing	22.5	29.5	168.3	2.8	65.8	513.3	467.9	204.7	263.2
天 津	Tianjin	17.2	17.7	88.6	0.8	69.3	302.9	284.2	108.3	175.9
石家庄	Shijiazhuang	15.3	12.8	73.9	0.2	13.6	261.4	304.8	132.9	172.0
太 原	Taiyuan	20.3	16.9	54.7	16.9	43.1	321.9	292.2	132.8	159.5
呼和浩特	Huhhot	20.2	24.0	77.8	60.7	68.0	247.4	234.1	104.4	129.6
沈 阳	Shenyang	9.0	17.0	56.2	1.1	3.7	267.9	292.4	93.0	199.4
大 连	Dalian	19.8	27.3	75.7	42.5	38.5	385.2	305.7	137.0	168.7
长 春	Changchun	2.1	12.9	66.4	0.0	21.3	282.1	310.1	144.9	165.2
哈尔滨	Harbin	1.4	12.0	44.1	0.0	43.1	403.5	230.8	32.7	198.1
上 海	Shanghai	24.6	50.9	143.0	2.1	91.3	346.9	527.0	245.2	281.8
南 京	Nanjing	15.2	41.9	130.2	35.8	47.1	316.9	327.7	116.8	210.9
杭 州	Hangzhou	22.4	40.5	107.8	31.4	73.7	463.6	540.7	183.2	357.5
宁 波	Ningbo	29.3	28.6	110.9	32.8	225.7	438.2	440.4	175.1	265.3
合 肥	Hefei	17.3	9.1	93.2	0.1	27.4	108.7	297.6	112.2	185.4
福 州	Fuzhou	13.9	23.2	82.4	58.1	116.0	155.9	503.1	232.4	270.7
厦 门	Xiamen	7.8	46.2	134.8	8.4	78.1	193.2	561.9	183.1	378.8
南 昌	Nanchang	4.2	21.3	74.0	1.4	2.7	114.1	254.6	66.6	188.0
济 南	Jinan	43.2	22.3	127.3	6.1	119.5	262.8	392.0	190.2	201.8
青 岛	Qingdao	20.0	19.9	113.7	0.2	67.1	228.3	316.1	142.3	173.8
郑 州	Zhengzhou	19.8	24.5	79.3	17.3	81.8	297.1	311.4	118.8	192.7
武 汉	Wuhan	8.7	17.8	105.5	0.6	15.0	248.8	294.3	118.5	175.8
长 沙	Changsha	17.8	33.0	148.0	0.7	22.2	228.6	453.1	190.1	263.0
广 州	Guangzhou	27.4	45.0	192.6	19.0	106.3	452.8	787.2	399.1	388.1
深 圳	Shenzhen	11.0	62.6	279.7	0.0	412.2	676.3	1529.6	661.9	867.8
南 宁	Nanjning	29.9	19.2	115.4	33.5	75.5	209.6	578.4	367.9	210.5
海 口	Haikou	4.3	22.7	146.2	18.7	48.5	206.2	654.7	358.1	296.6
成 都	Chengdu	22.6	28.9	136.9	7.6	52.4	225.1	288.1	125.9	162.2
重 庆	Chongqing	8.8	25.6	87.2	0.9	46.7	236.6	403.9	170.7	233.2
贵 阳	Guiyang	12.8	32.0	109.6	6.9	65.4	211.3	325.5	148.3	177.2
昆 明	Kunming	59.5	38.4	69.8	10.3	43.4	288.1	411.6	160.9	250.7
西 安	Xian	50.7	20.1	91.3	16.2	105.3	321.8	315.0	116.3	198.7
兰 州	Lanzhou	17.5	15.7	87.9	25.0	23.7	313.0	244.0	103.3	140.7
西 宁	Xining	11.0	17.4	67.4	7.9	13.9	345.9	257.1	111.4	145.7
银 川	Yinchuan	15.4	15.8	81.3	3.2	69.1	456.2	276.5	81.6	194.8
乌鲁木齐	Urumqi	20.6	20.9	109.1	35.3	89.5	330.0	378.6	185.3	193.3

4.3 续表 3
Continue 3

城 市 City		六、娱乐教育文化服务费 Recreation, Education and Cultural Service Fee	1. 文娱用耐用消费品 Recreational Durable Consumer Goods	2. 教育 Education	3. 文化娱乐 Recreation	七、居住 Residence	1. 住房 Housing	2. 水电燃料及其它 Water, Electricity, Fuels and Others	八、杂项商品和服务 Miscellaneous Commodities and Services
平均水平	Average Level	804.6	214.5	418.6	171.5	603.5	273.4	330.1	346.0
北 京	Beijing	1141.8	375.3	493.2	273.4	478.4	199.2	279.2	457.6
天 津	Tianjin	736.0	224.3	360.5	151.3	570.8	222.3	348.6	305.1
石家庄	Shijiazhuang	946.2	218.3	620.3	107.7	409.5	154.1	255.4	240.1
太 原	Taiyuan	633.0	207.5	317.3	108.2	388.6	121.0	267.7	300.7
呼和浩特	Huhhot	550.1	143.9	289.9	116.3	299.3	118.5	180.9	214.6
沈 阳	Shenyang	637.4	130.9	446.7	59.9	317.2	62.7	254.5	232.0
大 连	Dalian	576.2	144.3	325.3	106.6	402.2	156.0	246.2	265.6
长 春	Changchun	548.8	102.9	350.1	95.8	467.8	168.6	299.2	155.6
哈尔滨	Harbin	429.5	42.7	298.4	88.4	491.7	222.4	269.3	154.4
上 海	Shanghai	1035.0	372.1	462.8	200.2	720.3	292.3	428.0	462.0
南 京	Nanjing	829.4	248.5	369.0	211.9	554.6	184.1	370.5	390.7
杭 州	Hangzhou	918.9	281.2	419.6	218.2	488.2	136.6	351.6	429.1
宁 波	Ningbo	971.5	282.0	556.9	132.7	599.6	299.5	300.0	351.3
合 肥	Hefei	570.3	88.7	364.5	117.1	297.7	42.2	255.5	171.0
福 州	Fuzhou	431.6	86.7	252.0	92.9	522.5	129.1	393.4	240.5
厦 门	Xiamen	714.2	102.9	453.9	157.5	1001.8	514.9	487.0	540.2
南 昌	Nanchang	401.6	69.9	282.2	49.5	480.3	239.3	241.0	245.8
济 南	Jinan	891.4	278.2	403.0	210.2	479.2	207.0	272.2	256.9
青 岛	Qingdao	736.4	167.0	388.5	180.9	517.5	211.4	306.1	242.6
郑 州	Zhengzhou	609.2	167.7	294.5	147.0	475.7	224.7	251.1	290.4
武 汉	Wuhan	696.1	142.2	413.2	140.7	644.3	282.2	362.1	311.0
长 沙	Changsha	924.1	228.1	535.1	160.9	830.9	541.0	289.9	314.0
广 州	Guangzhou	1199.0	258.5	616.0	324.5	1405.8	837.6	568.1	610.0
深 圳	Shenzhen	2127.6	485.5	1128.3	513.8	2530.1	1477.6	1052.5	1093.6
南 宁	Nanjning	870.5	287.0	415.2	168.3	778.4	486.0	292.4	370.1
海 口	Haikou	572.6	117.2	332.0	123.3	519.1	111.6	407.5	289.6
成 都	Chengdu	679.4	152.0	324.1	203.3	596.7	300.5	296.2	374.7
重 庆	Chongqing	730.1	140.5	428.3	161.2	438.4	153.1	285.3	225.8
贵 阳	Guiyang	607.7	125.4	344.4	138.0	605.9	344.4	261.5	310.4
昆 明	Kunming	749.5	221.6	343.4	184.6	552.7	288.0	264.7	467.7
西 安	Xian	705.1	142.8	439.4	122.9	646.8	342.5	304.3	278.7
兰 州	Lanzhou	568.8	176.1	252.6	140.0	333.2	159.4	173.8	268.2
西 宁	Xining	416.3	116.7	234.5	65.1	342.7	145.1	197.5	249.2
银 川	Yinchuan	615.7	191.9	274.3	149.6	247.8	50.9	196.9	256.2
乌鲁木齐	Urumqi	725.3	194.7	363.3	167.3	287.4	114.9	172.4	252.8

4.4 居民家庭消费支出构成(1999年)

Composition of Household Living Expenditure (1999)

单位：%

城市	City	消费性支出 Living Expenditure	一、食品 Food	1.粮食 Grains	2.油脂类 Oil and Fats	3.肉禽及其制品 Meat, Poultry and Related Products	4.蛋类 Eggs	5.水产品类 Aquatic Products	6.菜类 Vegetables	7.酒和饮料 Liquor and Beverages
平均水平	Average Level	100	41.68	3.85	1.35	8.12	1.20	3.64	3.94	2.01
北京	Beijing	100	39.46	3.26	0.97	7.21	1.04	1.75	3.31	2.53
天津	Tianjin	100	42.04	3.98	1.35	7.72	1.86	3.76	3.67	2.21
石家庄	Shijiazhuang	100	35.72	4.75	1.85	6.50	1.75	1.47	4.56	2.11
太原	Taiyuan	100	37.21	6.39	1.95	5.41	1.40	0.97	4.87	2.12
呼和浩特	Huhhot	100	38.65	5.37	1.24	7.14	1.38	0.98	3.44	1.82
沈阳	Shenyang	100	42.99	5.36	1.73	8.66	1.85	2.60	5.44	2.56
大连	Dalian	100	45.47	4.45	1.33	8.07	1.75	6.07	5.96	2.48
长春	Changchun	100	45.49	5.66	2.10	8.61	1.77	2.64	6.48	2.79
哈尔滨	Harbin	100	45.75	7.17	2.68	8.92	2.32	2.50	5.34	2.55
上海	Shanghai	100	45.01	3.17	1.19	7.97	0.92	7.01	3.74	1.93
南京	Nanjing	100	42.41	3.34	1.34	9.60	1.30	3.80	4.23	1.85
杭州	Hangzhou	100	42.16	3.08	0.88	7.37	0.67	6.81	3.86	2.38
宁波	Ningbo	100	40.76	2.98	0.88	5.20	0.63	10.56	3.60	1.93
合肥	Hefei	100	48.91	4.49	2.03	10.48	2.17	3.12	4.38	3.29
福州	Fuzhou	100	51.83	5.42	1.66	8.98	1.28	12.02	4.23	1.79
厦门	Xiamen	100	48.14	4.16	1.85	9.24	0.95	9.75	3.45	3.75
南昌	Nanchang	100	47.70	6.12	3.10	11.21	1.75	2.75	5.68	1.66
济南	Jinan	100	34.37	3.65	1.09	6.12	1.55	1.84	2.85	2.29
青岛	Qingdao	100	44.46	3.66	1.17	8.46	1.97	4.94	3.33	3.05
郑州	Zhengzhou	100	37.32	5.89	1.16	6.90	1.66	1.22	3.70	2.30
武汉	Wuhan	100	43.05	4.13	1.89	7.93	1.26	2.55	5.05	2.15
长沙	Changsha	100	37.38	3.31	1.47	6.61	0.74	2.03	3.71	1.85
广州	Guangzhou	100	43.18	2.59	0.81	8.95	0.56	3.85	3.19	0.95
深圳	Shenzhen	100	30.48	1.94	0.55	6.42	0.47	2.30	2.78	1.08
南宁	Nanjning	100	37.50	3.44	1.26	12.19	0.85	2.59	3.40	0.98
海口	Haikou	100	47.91	3.63	1.68	13.61	0.62	6.71	4.46	0.82
成都	Chengdu	100	43.88	2.97	1.54	10.26	1.16	1.36	3.87	1.63
重庆	Chongqing	100	42.31	3.61	1.76	9.38	1.47	1.66	4.29	1.59
贵阳	Guiyang	100	41.55	3.83	1.43	9.36	1.21	1.21	4.49	2.15
昆明	Kunming	100	41.07	3.48	0.64	7.80	1.01	1.81	4.27	1.55
西安	Xian	100	36.29	4.47	1.41	5.63	1.29	1.09	3.50	1.50
兰州	Lanzhou	100	42.49	5.13	1.75	7.53	1.25	1.21	4.62	2.39
西宁	Xining	100	42.13	7.37	1.75	8.24	1.54	1.17	4.14	2.79
银川	Yinchuan	100	36.25	4.68	1.86	6.79	1.04	1.28	4.29	1.62
乌鲁木齐	Urumqi	100	37.32	4.27	1.34	8.29	1.13	1.43	3.78	1.43

4.4 续表 1
Continue 1

城 市 City		8. 干鲜瓜果类 Fresh and Dried Fruits	9. 奶及奶制品 Milk and Diary Products	二、衣着 Clothing	1. 服装 Garments	2. 衣着材料 Clothing Materials	3. 鞋袜帽及其它衣着 Footwear, Hats and Other Clothing	4. 衣着加工服务费 Tailoring and Laundering Service Fee	三、家庭设备用品及服务 Household Facilities, Articles and Services	1. 耐用消费品 Durable Consumer Goods
平均水平	Average Level	2.92	1.61	9.10	6.21	0.43	2.27	0.20	9.78	6.02
北 京	Beijing	2.98	1.90	9.75	6.41	0.59	2.48	0.27	9.99	6.14
天 津	Tianjin	3.01	1.64	8.47	5.58	0.58	2.05	0.25	11.92	8.61
石家庄	Shijiazhuang	2.62	1.93	12.20	7.73	1.08	2.97	0.41	8.86	6.55
太 原	Taiyuan	2.67	1.96	11.44	7.48	1.00	2.72	0.24	10.09	6.85
呼和浩特	Huhhot	2.82	1.61	12.64	8.37	0.86	3.11	0.30	11.67	5.66
沈 阳	Shenyang	4.31	1.38	13.61	9.15	0.57	3.65	0.24	5.85	3.98
大 连	Dalian	4.01	2.07	11.51	7.21	0.51	3.52	0.27	8.03	4.35
长 春	Changchun	4.40	1.25	11.66	8.03	0.63	2.90	0.10	4.25	2.00
哈尔滨	Harbin	4.30	1.93	9.81	6.94	0.21	2.61	0.05	3.88	1.50
上 海	Shanghai	2.78	2.01	6.68	4.51	0.32	1.70	0.15	10.83	7.05
南 京	Nanjing	2.26	1.91	8.78	6.02	0.43	2.03	0.29	11.30	7.11
杭 州	Hangzhou	2.67	1.28	9.00	6.13	0.41	2.18	0.27	10.58	6.87
宁 波	Ningbo	2.66	1.33	7.48	4.92	0.41	1.83	0.31	14.38	8.68
合 肥	Hefei	2.71	1.76	9.56	5.76	1.04	2.47	0.29	9.78	6.55
福 州	Fuzhou	4.36	2.30	6.56	4.69	0.15	1.52	0.20	9.27	4.15
厦 门	Xiamen	3.67	1.13	8.35	5.81	0.11	2.23	0.20	5.34	1.85
南 昌	Nanchang	2.55	1.60	9.91	6.66	0.68	2.21	0.36	5.69	3.15
济 南	Jinan	2.29	1.60	11.40	7.69	0.72	2.69	0.31	18.65	13.69
青 岛	Qingdao	3.58	1.93	11.27	7.48	0.59	2.85	0.35	10.15	6.46
郑 州	Zhengzhou	2.81	1.24	12.59	8.50	0.79	2.81	0.49	10.92	6.52
武 汉	Wuhan	2.16	1.34	10.59	7.83	0.30	2.36	0.11	6.11	3.40
长 沙	Changsha	2.67	0.89	11.70	8.01	0.49	2.95	0.25	8.85	5.46
广 州	Guangzhou	2.69	1.36	5.29	3.79	0.10	1.31	0.09	8.16	4.36
深 圳	Shenzhen	2.39	0.96	6.19	4.75	0.04	1.39	0.01	12.74	7.87
南 宁	Nanjning	2.46	1.48	6.02	4.10	0.33	1.42	0.16	12.07	7.74
海 口	Haikou	2.51	0.52	4.99	3.79	0.09	1.08	0.03	6.84	2.52
成 都	Chengdu	2.36	2.17	10.65	7.66	0.29	2.61	0.09	8.14	3.86
重 庆	Chongqing	2.78	1.82	10.84	7.86	0.20	2.71	0.06	9.48	6.38
贵 阳	Guiyang	2.61	1.54	9.60	6.53	0.31	2.57	0.20	10.16	5.90
昆 明	Kunming	2.89	1.35	10.55	7.83	0.22	2.45	0.04	9.62	6.14
西 安	Xian	2.55	1.14	8.27	5.34	0.65	2.06	0.23	13.14	7.85
兰 州	Lanzhou	2.87	1.73	11.09	7.01	0.69	3.11	0.28	8.09	4.32
西 宁	Xining	2.46	1.52	10.01	6.20	0.58	2.84	0.39	7.24	4.27
银 川	Yinchuan	2.59	1.33	12.66	8.73	0.72	2.98	0.24	9.78	5.66
乌鲁木齐	Urumqi	2.87	1.63	11.87	7.78	0.83	2.96	0.31	12.72	7.41

4.4 续表 2
Continue 2

城 市 City		2. 室内装饰品 Room Decorations	3. 床上用品 Bed Articles	4. 家庭日用杂品 Household Articles for Daily Use	5. 家具材料 Furniture Materials	6. 家庭服务 Household Services	四、医疗保健 Health Care	五、交通和通讯 Transportation and Communications	1. 交通 Transportation	2. 通讯 Communications
平均水平	Average Level	0.30	0.43	1.78	0.16	1.08	5.11	6.58	2.84	3.74
北京	Beijing	0.30	0.39	2.24	0.04	0.88	6.85	6.24	2.73	3.51
天津	Tianjin	0.29	0.30	1.51	0.01	1.18	5.18	4.86	1.85	3.01
石家庄	Shijiazhuang	0.30	0.26	1.48	0.00	0.27	5.22	6.09	2.66	3.44
太原	Taiyuan	0.43	0.36	1.17	0.36	0.92	6.86	6.23	2.83	3.40
呼和浩特	Huhhot	0.48	0.57	1.86	1.45	1.63	5.93	5.61	2.50	3.11
沈阳	Shenyang	0.19	0.37	1.21	0.02	0.08	5.76	6.28	2.00	4.29
大连	Dalian	0.36	0.49	1.37	0.77	0.70	6.97	5.53	2.48	3.05
长春	Changchun	0.04	0.28	1.45	0.00	0.47	6.17	6.78	3.17	3.61
哈尔滨	Harbin	0.03	0.28	1.05	0.00	1.02	9.57	5.47	0.78	4.70
上海	Shanghai	0.30	0.62	1.73	0.03	1.11	4.21	6.39	2.97	3.42
南京	Nanjing	0.24	0.65	2.02	0.55	0.73	4.91	5.08	1.81	3.27
杭州	Hangzhou	0.30	0.55	1.45	0.42	0.99	6.24	7.28	2.47	4.82
宁波	Ningbo	0.39	0.38	1.48	0.44	3.01	5.85	5.88	2.34	3.54
合肥	Hefei	0.38	0.20	2.05	0.00	0.60	2.39	6.54	2.46	4.07
福州	Fuzhou	0.24	0.40	1.44	1.01	2.02	2.72	8.78	4.05	4.72
厦门	Xiamen	0.10	0.59	1.71	0.11	0.99	2.45	7.12	2.32	4.80
南昌	Nanchang	0.10	0.52	1.82	0.03	0.07	2.80	6.24	1.63	4.61
济南	Jinan	0.67	0.35	1.98	0.10	1.86	4.10	6.11	2.96	3.15
青岛	Qingdao	0.33	0.33	1.90	0.00	1.12	3.82	5.28	2.38	2.91
郑州	Zhengzhou	0.39	0.48	1.57	0.34	1.61	5.87	6.15	2.35	3.80
武汉	Wuhan	0.16	0.33	1.94	0.01	0.27	4.56	5.40	2.17	3.22
长沙	Changsha	0.27	0.50	2.26	0.01	0.34	3.50	6.93	2.91	4.02
广州	Guangzhou	0.27	0.44	1.88	0.19	1.04	4.41	7.66	3.89	3.78
深圳	Shenzhen	0.07	0.40	1.78	0.00	2.62	4.30	9.73	4.21	5.52
南宁	Nanjning	0.47	0.30	1.83	0.53	1.19	3.32	9.15	5.82	3.33
海口	Haikou	0.08	0.41	2.63	0.34	0.87	3.70	11.76	6.43	5.33
成都	Chengdu	0.39	0.50	2.36	0.13	0.90	3.88	4.97	2.17	2.80
重庆	Chongqing	0.16	0.47	1.60	0.02	0.86	4.35	7.42	3.14	4.28
贵阳	Guiyang	0.24	0.60	2.06	0.13	1.23	3.97	6.11	2.78	3.33
昆明	Kunming	0.93	0.60	1.10	0.16	0.68	4.52	6.46	2.53	3.93
西安	Xian	0.95	0.38	1.70	0.30	1.96	6.00	5.88	2.17	3.71
兰州	Lanzhou	0.39	0.35	1.95	0.56	0.53	6.95	5.41	2.29	3.12
西宁	Xining	0.28	0.44	1.70	0.20	0.35	8.72	6.48	2.81	3.67
银川	Yinchuan	0.34	0.35	1.81	0.07	1.54	10.17	6.16	1.82	4.34
乌鲁木齐	Urumqi	0.40	0.40	2.10	0.68	1.73	6.37	7.30	3.57	3.73

4.4 续表 3
Continue 3

城 市 City		六、娱乐教育文化服务费 Recreation, Education and Cultural Service Fee	1. 文娱用耐用消费品 Recreational Durable Consumer Goods	2. 教育 Education	3. 文化娱乐 Recreation	七、居住 Residence	1. 住房 Housing	2. 水电燃料及其它 Water, Electricity, Fuels and Others	八、杂项商品和服务 Miscellaneous Commodties and Services
平均水平	Average Level	12.72	3.39	6.62	2.71	9.54	4.32	5.22	5.47
北 京	Beijing	15.23	5.00	6.58	3.65	6.38	2.66	3.72	6.10
天 津	Tianjin	12.58	3.83	6.16	2.58	9.76	3.80	5.96	5.21
石家庄	Shijiazhuang	18.91	4.36	12.40	2.15	8.19	3.08	5.11	4.80
太 原	Taiyuan	13.49	4.42	6.76	2.31	8.28	2.58	5.70	6.41
呼和浩特	Huhhot	13.18	3.45	6.95	2.79	7.17	2.84	4.33	5.14
沈 阳	Shenyang	13.70	2.81	9.60	1.29	6.82	1.35	5.47	4.99
大 连	Dalian	10.42	2.61	5.88	1.93	7.27	2.82	4.45	4.80
长 春	Changchun	12.01	2.25	7.66	2.10	10.23	3.69	6.55	3.40
哈尔滨	Harbin	10.19	1.01	7.08	2.10	11.66	5.28	6.39	3.66
上 海	Shanghai	12.55	4.51	5.61	2.43	8.73	3.54	5.19	5.60
南 京	Nanjing	12.86	3.85	5.72	3.29	8.60	2.85	5.75	6.06
杭 州	Hangzhou	12.38	3.79	5.65	2.94	6.58	1.84	4.74	5.78
宁 波	Ningbo	12.97	3.76	7.43	1.77	8.00	4.00	4.00	4.69
合 肥	Hefei	12.53	1.95	8.01	2.57	6.54	0.93	5.61	3.76
福 州	Fuzhou	7.53	1.51	4.40	1.62	9.11	2.25	6.86	4.19
厦 门	Xiamen	9.05	1.30	5.75	2.00	12.70	6.53	6.17	6.85
南 昌	Nanchang	9.85	1.72	6.92	1.21	11.78	5.87	5.91	6.03
济 南	Jinan	13.89	4.34	6.28	3.28	7.47	3.23	4.24	4.00
青 岛	Qingdao	12.31	2.79	6.50	3.03	8.65	3.53	5.12	4.06
郑 州	Zhengzhou	12.03	3.31	5.81	2.90	9.39	4.44	4.96	5.73
武 汉	Wuhan	12.77	2.61	7.58	2.58	11.82	5.18	6.64	5.70
长 沙	Changsha	14.13	3.49	8.18	2.46	12.71	8.27	4.43	4.80
广 州	Guangzhou	11.67	2.52	6.00	3.16	13.69	8.15	5.53	5.94
深 圳	Shenzhen	13.53	3.09	7.17	3.27	16.09	9.40	6.69	6.95
南 宁	Nanjning	13.77	4.54	6.57	2.66	12.32	7.69	4.63	5.86
海 口	Haikou	10.28	2.10	5.96	2.21	9.32	2.00	7.32	5.20
成 都	Chengdu	11.72	2.62	5.59	3.51	10.29	5.18	5.11	6.46
重 庆	Chongqing	13.41	2.58	7.87	2.96	8.05	2.81	5.24	4.15
贵 阳	Guiyang	11.41	2.35	6.47	2.59	11.37	6.47	4.91	5.83
昆 明	Kunming	11.76	3.48	5.39	2.90	8.67	4.52	4.15	7.34
西 安	Xian	13.15	2.66	8.20	2.29	12.06	6.39	5.68	5.20
兰 州	Lanzhou	12.62	3.91	5.61	3.11	7.40	3.54	3.86	5.95
西 宁	Xining	10.50	2.94	5.91	1.64	8.64	3.66	4.98	6.28
银 川	Yinchuan	13.73	4.28	6.12	3.34	5.52	1.13	4.39	5.71
乌鲁木齐	Urumqi	13.99	3.76	7.01	3.23	5.54	2.22	3.33	4.88

4.5 居民家庭年末主要消费品拥有量(1999 年,平均每百户)

Number of Major Durable Consumer Goods Owned of Households at the Year-end (1999, per 100 households)

城市 City		毛皮大衣(件) Fur Coat	呢大衣(件) Woolen Coat	毛毯(条) Woolen Blanket	地毯(平方米) Carpet (sq. m)	组合家具(套) Composite Furniture (sets)	沙发床(个) Sofa Bed	沙发(个) Sofa	大衣柜(个) Wardrobe	写字台(张) Desk	摩托车(辆) Motorcycle	自行车(辆) Bicycle	家用汽车(辆) Automobile
平均水平	Average Level	60.80	213.08	149.46	110.67	56.20	49.30	160.08	88.58	83.39	10.17	172.03	0.50
北京	Beijing	105.30	206.60	137.50	116.20	75.10	77.30	153.50	88.20	96.10	6.00	220.10	2.50
天津	Tianjin	77.80	279.00	144.20	91.80	77.80	50.60	131.40	66.80	67.00	10.20	232.20	0.00
石家庄	Shijiazhuang	76.50	207.50	140.00	97.00	75.00	44.50	208.00	100.50	88.00	15.00	305.00	0.00
太原	Taiyuan	53.33	163.67	178.67	122.33	65.67	22.33	221.67	67.00	85.67	12.33	190.00	0.00
呼和浩特	Huhhot	73.25	224.00	173.50	242.75	61.00	26.50	252.75	71.25	78.00	7.00	250.00	0.00
沈阳	Shenyang	58.00	195.00	121.40	151.60	42.60	48.60	93.40	58.40	65.20	7.80	214.40	0.80
大连	Dalian	63.20	221.80	144.00	174.60	33.80	70.20	109.80	71.60	66.20	2.80	38.40	0.20
长春	Changchun	62.33	185.00	98.00	99.00	34.33	37.33	103.33	63.00	64.00	6.00	136.67	0.00
哈尔滨	Harbin	38.00	236.00	111.00	32.00	49.33	28.67	73.00	65.00	48.67	6.33	93.00	0.00
上海	Shanghai	31.40	322.40	182.20	199.00	30.20	41.80	115.20	98.60	72.60	2.00	138.80	0.00
南京	Nanjing	61.00	269.67	151.33	131.67	36.67	35.00	119.33	101.33	104.33	4.33	232.33	0.00
杭州	Hangzhou	49.67	250.33	167.33	126.67	45.00	33.00	116.00	104.67	100.33	2.00	229.00	0.67
宁波	Ningbo	55.00	269.50	167.50	196.50	53.00	22.50	168.00	88.50	98.50	11.50	255.50	0.00
合肥	Hefei	23.50	213.00	137.00	70.50	37.00	27.00	133.50	82.00	108.00	2.50	149.00	0.00
福州	Fuzhou	8.50	171.50	103.00	70.00	44.50	26.50	139.00	78.50	121.00	16.00	251.00	0.00
厦门	Xiamen	13.00	62.00	53.00	0.00	9.00	7.00	42.00	29.00	23.00	13.00	86.00	2.00
南昌	Nanchang	38.02	198.20	121.56	63.47	38.92	35.03	135.03	78.44	82.34	6.29	170.66	0.90
济南	Jinan	104.00	229.50	145.50	101.50	78.50	70.50	262.50	100.00	97.50	29.00	224.00	0.00
青岛	Qingdao	71.75	223.00	195.75	119.50	65.50	87.75	160.75	72.50	79.00	11.25	56.25	0.00
郑州	Zhengzhou	70.25	181.75	124.75	75.00	68.75	50.00	181.25	90.00	85.75	13.75	241.50	0.50
武汉	Wuhan	50.20	273.20	135.80	108.00	53.40	24.20	114.00	90.00	89.00	5.00	150.80	0.00
长沙	Changsha	75.00	201.50	142.00	103.00	89.50	47.50	165.50	82.50	93.50	15.50	174.50	0.00
广州	Guangzhou	74.67	131.33	181.00	5.33	56.33	64.33	79.67	165.67	88.33	22.33	160.00	0.00
深圳	Shenzhen	36.00	78.00	179.00	19.00	64.00	106.00	300.00	154.00	112.00	15.00	110.00	2.00
南宁	Nanjning	15.00	98.50	121.00	166.50	64.00	23.50	132.50	112.00	113.50	55.00	256.00	0.50
海口	Haikou	27.00	45.00	109.00	29.00	43.00	38.00	84.00	106.00	103.00	52.00	129.00	0.00
成都	Chengdu	55.67	238.00	162.67	49.00	90.67	42.33	229.33	100.33	88.00	6.67	227.33	0.67
重庆	Chongqing	68.67	211.00	165.00	27.67	80.67	32.33	133.67	86.33	78.67	1.00	12.00	0.67
贵阳	Guiyang	47.00	178.00	160.50	71.50	41.50	33.50	240.50	101.00	98.50	2.00	22.00	0.00
昆明	Kunming	44.67	170.33	167.67	110.33	61.00	59.33	324.00	101.33	103.67	14.33	255.67	0.67
西安	Xian	27.33	203.67	154.00	63.67	45.33	82.00	200.33	79.00	87.00	4.33	178.33	0.00
兰州	Lanzhou	103.00	168.33	179.67	90.33	54.67	60.33	170.33	74.67	83.00	4.33	144.33	1.33
西宁	Xining	67.33	247.33	218.33	214.67	55.00	41.00	300.67	66.67	83.33	5.00	97.00	0.00
银川	Yinchuan	64.50	168.00	140.50	254.00	37.50	57.50	343.50	73.00	82.50	3.00	200.50	0.00
乌鲁木齐	Urumqi	90.50	232.75	222.00	337.00	49.50	117.25	496.25	92.25	86.00	2.25	77.50	1.50

4.5 续表1

Continue 1

城市 City	缝纫机（台）Sewing Machine	洗衣机（台）Washing Machines	电风扇（台）Electric Fan	电冰箱（台）Refrigerator	冰柜（台）Freezer	彩色电视机（台）Color TV	影碟机（台）Video Disc Player	录放像机（台）Video Recorder	家用电脑（台）Computer	组合音响（套）Hi-Fi Stereo Component System	录音机（台）Recorder	摄像机（台）Video Camera
平均水平 Average Level	57.23	95.68	167.88	95.12	7.06	125.46	34.19	36.83	12.66	25.30	64.40	2.22
北京 Beijing	49.90	99.60	145.40	102.80	17.10	141.40	38.20	54.10	23.50	25.60	69.90	5.60
天津 Tianjin	73.40	97.40	131.40	98.80	20.00	131.20	23.00	39.80	11.20	19.00	73.20	1.40
石家庄 Shijiazhuang	66.50	97.50	177.00	100.00	17.00	118.50	26.00	31.00	8.50	19.00	63.50	2.00
太原 Taiyuan	61.67	98.00	82.00	86.33	10.33	115.33	19.67	20.33	7.00	18.33	56.33	3.00
呼和浩特 Huhhot	46.00	94.25	44.00	75.00	10.50	110.75	12.25	10.75	2.75	9.50	71.00	1.25
沈阳 Shenyang	39.20	90.00	70.20	86.60	5.40	111.60	21.60	31.20	6.80	18.80	62.60	2.60
大连 Dalian	56.20	81.40	81.20	94.20	13.80	125.80	27.80	39.20	8.00	23.00	61.80	2.20
长春 Changchun	44.67	92.33	64.67	76.00	7.33	107.00	21.00	29.00	6.67	13.00	59.67	2.33
哈尔滨 Harbin	56.00	88.33	49.33	80.00	6.33	102.00	10.00	23.67	1.67	13.67	53.33	2.67
上海 Shanghai	73.80	93.40	230.80	103.00	2.80	144.20	43.80	53.20	19.60	28.00	83.40	2.80
南京 Nanjing	66.33	98.33	214.33	99.33	2.33	134.67	32.33	47.00	12.67	26.33	63.67	1.33
杭州 Hangzhou	60.00	97.67	250.67	101.67	1.00	145.00	52.33	33.33	14.00	24.67	69.00	1.00
宁波 Ningbo	89.50	94.00	304.00	100.50	1.50	137.00	40.50	40.50	15.00	20.00	85.00	1.00
合肥 Hefei	56.50	97.00	251.00	103.50	2.50	111.50	19.00	29.00	6.00	15.00	48.50	1.00
福州 Fuzhou	70.50	96.00	320.00	100.00	1.50	118.00	30.50	34.50	3.50	19.00	68.00	0.00
厦门 Xiamen	65.00	96.00	195.00	100.00	3.00	120.00	37.00	43.00	8.00	32.00	55.00	1.00
南昌 Nanchang	66.47	91.32	198.80	93.11	2.40	108.08	19.76	21.56	5.09	15.57	48.80	0.30
济南 Jinan	54.00	97.50	186.00	98.50	16.00	122.50	40.50	35.00	8.50	27.00	77.50	5.50
青岛 Qingdao	62.75	83.25	115.75	93.50	22.00	117.25	26.25	44.75	10.50	21.75	62.50	2.25
郑州 Zhengzhou	57.25	94.00	194.75	92.75	9.75	117.75	36.50	19.25	6.50	20.75	57.75	1.50
武汉 Wuhan	73.00	101.00	253.40	103.40	3.80	116.00	27.60	29.20	9.60	21.60	57.20	1.60
长沙 Changsha	51.50	101.50	274.50	100.00	4.00	122.50	45.00	36.00	13.50	31.50	61.00	0.50
广州 Guangzhou	65.33	102.00	301.67	103.33	0.00	150.00	67.00	50.67	36.33	61.00	70.00	2.67
深圳 Shenzhen	36.00	98.00	235.00	103.00	1.00	149.00	61.00	44.00	45.00	56.00	67.00	4.00
南宁 Nanjning	77.50	95.50	297.50	97.50	1.50	129.00	37.00	27.00	14.50	18.00	80.00	0.50
海口 Haikou	62.00	82.00	231.00	88.00	3.00	118.00	31.00	38.00	6.00	24.00	54.00	1.00
成都 Chengdu	32.33	99.67	216.67	93.67	0.67	124.00	38.67	41.67	9.33	40.00	49.33	2.33
重庆 Chongqing	46.67	95.00	210.67	99.33	3.33	120.67	41.67	28.00	10.00	26.33	45.33	1.33
贵阳 Guiyang	48.00	106.50	83.00	87.00	0.00	119.00	42.50	35.50	6.50	32.50	40.00	0.00
昆明 Kunming	45.67	98.67	25.67	92.33	2.00	120.67	61.33	42.67	15.00	40.67	60.67	2.33
西安 Xian	60.67	96.33	179.33	91.67	1.00	120.67	25.00	29.67	5.33	13.33	60.67	1.00
兰州 Lanzhou	41.67	97.00	59.67	82.00	4.00	110.67	31.33	18.67	4.67	18.33	47.33	1.00
西宁 Xining	40.67	98.00	2.33	71.00	7.33	109.00	12.67	17.67	1.33	16.33	68.33	0.00
银川 Yinchuan	35.50	88.50	62.50	79.50	2.00	114.00	28.50	21.00	2.50	16.00	56.50	0.00
乌鲁木齐 Urumqi	42.25	99.25	38.75	99.00	1.25	111.50	33.00	24.00	5.75	18.50	58.00	1.00

4.5 续表 2
Continue 2

城市	City	照相机（架）Camera	钢琴（架）Piano	其它中高档乐器（件）Other Medium and Highgrade Musical Instruments	微波炉（台）Micro-wave Oven	空调器（台）Air Condi-tioner	电炊具（台）Electric Cooking Applia-nces	淋浴（台）Shower	排油烟机（台）Smoke Absorber	吸尘器（台）Vacuum Cleaner	健身器材（件）Health Equip-ment	移动电话（台）Mobile Phone
平均水平	Average Level	60.42	2.00	7.14	27.92	47.53	92.85	62.48	62.37	19.54	5.73	11.76
北京	Beijing	95.00	2.90	12.20	48.80	49.90	83.70	67.10	62.90	23.10	10.00	12.90
天津	Tianjin	64.00	1.60	3.80	24.60	59.80	66.00	64.60	64.40	25.60	2.00	3.60
石家庄	Shijiazhuang	61.00	2.50	9.00	18.00	51.00	41.00	64.00	60.00	20.00	8.50	3.00
太原	Taiyuan	45.67	1.67	7.00	5.67	3.00	42.33	34.00	65.00	9.33	4.33	2.33
呼和浩特	Huhhot	27.25	0.50	3.75	5.50	0.00	73.00	18.50	41.75	8.00	1.25	1.75
沈阳	Shenyang	58.40	2.00	8.00	16.00	2.60	65.00	51.60	74.60	31.60	3.00	9.20
大连	Dalian	53.20	2.20	4.40	13.60	6.60	58.80	57.60	75.80	21.20	4.80	8.20
长春	Changchun	37.33	1.33	4.33	10.33	1.33	71.67	35.67	68.33	22.00	2.33	5.67
哈尔滨	Harbin	41.00	1.33	4.00	5.00	0.67	75.33	37.33	76.33	26.67	3.67	4.67
上海	Shanghai	67.80	2.20	5.20	73.40	85.20	151.40	60.00	53.40	47.00	6.40	16.40
南京	Nanjing	71.33	0.67	4.33	43.67	67.67	120.67	85.67	67.67	20.33	4.33	7.33
杭州	Hangzhou	64.33	1.00	5.33	29.33	95.67	73.67	71.67	60.33	20.00	5.00	9.67
宁波	Ningbo	51.00	0.50	5.50	25.00	53.00	130.00	79.50	77.00	22.50	9.00	16.00
合肥	Hefei	37.50	2.00	2.00	17.00	49.00	102.50	57.00	50.00	13.50	4.50	7.50
福州	Fuzhou	41.50	2.00	7.50	19.00	54.00	136.50	73.00	34.50	4.50	5.50	16.00
厦门	Xiamen	46.00	1.00	5.00	32.00	45.00	156.00	89.00	63.00	3.00	5.00	35.00
南昌	Nanchang	36.83	0.30	5.09	10.48	57.19	43.11	53.29	49.70	8.68	1.80	8.08
济南	Jinan	71.00	0.50	11.50	21.50	48.00	77.50	75.00	76.00	21.50	4.00	15.00
青岛	Qingdao	68.50	3.75	5.25	35.00	21.75	55.00	61.25	86.75	32.50	6.00	15.00
郑州	Zhengzhou	56.25	3.00	7.00	15.25	56.25	64.00	62.50	58.25	11.25	4.25	10.25
武汉	Wuhan	55.40	2.80	6.60	20.60	73.80	74.00	67.20	44.60	7.20	6.20	8.40
长沙	Changsha	51.00	2.00	17.00	23.00	62.50	91.50	71.50	34.00	8.00	10.50	10.00
广州	Guangzhou	82.67	3.67	7.33	51.33	126.00	161.00	86.67	78.67	11.00	11.00	33.00
深圳	Shenzhen	104.00	7.00	12.00	35.00	171.00	85.00	102.00	93.00	15.00	11.00	52.00
南宁	Nanjning	59.00	0.50	11.00	19.00	40.50	109.50	87.00	56.50	8.00	8.00	10.50
海口	Haikou	39.00	2.00	4.00	13.00	32.00	107.00	65.00	64.00	1.00	10.00	15.00
成都	Chengdu	56.00	2.67	10.33	16.00	25.67	65.67	87.00	48.00	13.33	5.67	8.33
重庆	Chongqing	61.00	1.00	7.67	27.67	74.33	89.00	80.00	36.33	8.00	8.00	12.67
贵阳	Guiyang	40.50	0.00	3.50	20.50	1.00	152.00	31.00	48.00	7.00	1.50	2.50
昆明	Kunming	74.33	4.00	7.33	28.33	0.33	122.33	57.67	82.33	16.67	7.33	18.33
西安	Xian	50.00	1.67	4.33	12.33	45.00	101.67	55.00	65.00	11.67	4.00	1.67
兰州	Lanzhou	42.67	1.00	7.33	11.33	0.00	39.67	31.33	61.33	9.33	6.00	3.67
西宁	Xining	41.67	0.67	4.67	2.33	0.00	15.33	16.33	59.00	8.00	0.67	2.33
银川	Yinchuan	31.50	2.50	10.00	7.50	1.00	172.50	38.00	48.50	13.50	1.50	2.00
乌鲁木齐	Urumqi	52.75	1.25	10.25	8.00	0.25	82.50	63.75	93.00	23.25	4.25	3.50

五、香港特别行政区主要社会经济指标

Chapter 5 MAIN SOCIAL AND ECONOMIC INDICATORS IN HONGKONG SPECIAL ADMINISTRTIVE RE GION

5.1 主要统计指标概览
Summary of Key Statistics

项目	Item	1990	1996	1997	1998	1999
人口及生命事件	Population and Vital Events					
年中人口@(万人)	Mid-year Population@ (10000 persons)	570.5	648.4	656.4	664.6	672.1
粗出生率@(‰)	Crude Birth Rate @ (‰)	12.0	9.8	9.0	8.0	7.6
粗死亡率@(‰)	Crude Death Rate@ (‰)	5.2	5.0	4.8	4.9	5.0
劳工	Labour					
劳动人口@(万人)	Labour Force @ (10000 persons)	274.8	318.2	326.4	330.6	334.2
劳动人口参与率@(%)	Labour Force Participation Rate@ (%)	63.2	61.6	61.2	61.1	60.9
失业率@(%)	Unemployment Rate@ (%)	1.3	2.8	2.2	4.7	6.3
就业不足率@(%)	Underemployment Rate@ (%)	0.9	1.7	1.2	2.5	3.0
就业人数(人)	Number of Persons Engaged in (person)					
(i) 制造业	(i) Manufacturing	751000	495600	450700	385600	359400
(ii) 建筑业	(ii) Construction	226000	277900	308400	309500	289200
(iii) 批发、零售、进出口贸易、饮食及酒店业	(iii) Wholesale, Retail and Import/Export Trades, Restaurants and Hotels	703200	912700	968000	961600	941300
(iv)运输、仓库及通讯业	(iv)Transport, Storage and Communications	268400	341400	349700	353000	342700
(v)金融、保险、地产及商用服务业	(v) Financing, Insurance, Real Estate and Business Services	208600	363400	405000	411600	437600
(vi)社区、社会个人服务业	(vi) Community, Social and Personal Services	511800	667100	679500	701300	736300
实际工资指数(1992 年 9 月=100)	Real Wage Index (September 1992=100)	100.1	102.8	104.5	104.4	108.9
对外贸易	External Trade					
进口(百万港元)	Imports (HK $ million)	642530	1535582	1615090	1429092	1392718
港产品出口(百万港元)	Domestic Exports (HK $ million)	225875	212160	211410	188454	170600
转口(百万港元)	Re-exports (HK $ million)	413999	1185758	1244539	1159195	1178400
贸易价格比率指数(1990=100)	Terms of Trade Index(1990=100)	100.0	99.7	100.4	101.6	100.8
工业生产	Industrial Production					
工业生产指数(1986=100)	Index of Industrial Production(1986=100)	122.8	121.5	120.6	110.1	103.1
经销贸易业、运输业、服务业	Distributive Trades, Transport Services and Other Services					
增加价值(百万港元)	Value Added (HK $ million)					
批发业	Wholesale	9484	16100	15760	13076	N.A.
零售业	Retail	20484	38491	38409	26368	N.A.
进出口贸易业	Import/Export	87979	222922	232828	206548	N.A.
运输及有关服务	Transport and Related Services	37004	70444	71596	73816	N.A.
仓库、通讯、财务(银行除外)及商用服务业	Storage, Communications, Financing (Except Banking) and Business Services	32017	81476	100836	84565	N.A.
土地、楼宇、建筑	Land, Building and Construction					
建筑工程完成名义总值(百万港元)	Gross Value of Construction Work in Nominal Terms (HK $ million)	61308	116290	131500	133316	126437
运输、通讯、旅游	Transport, Communications and Tourism					
进出香港货运车辆(辆)	Inward/Outward Movement of Goods Vehicle (vehicle)	4733529	8191994	8543130	8543123	8874750
电话线(千条)	Telephone Lines (thousand lines)	2447	3402	3624	3708	3839
访港旅客(万人次)	Visitor Arrivals (10000 persons)	658.1	1170.3	1040.6	957.5	1067.8
酒店入住率(%)	Hotel Room Occupancy Rate (%)	79	88	76	76	79

5.1 续表
Continued

项　　目	Item	1990	1996	1997	1998	1999
消费物价指数	Consumer Price Indices					
(1994年10月至1995年9月=100)	(Oct. 94-Sept. 95 =100)					
综合消费物价指数	Composite Consumer Price index	64.8	108.3	114.7	117.9	113.2
甲类消费物价指数	Consumer Price Index(A)	65.4	107.9	114.1	117.0	113.2
乙类消费物价指数	Consumer Price Index(B)	64.9	108.4	114.7	117.9	112.4
教育	Education					
日校小学学生人数(人)	Student Enrolment in Primary Day School (person)	524919	466507	461911	476802	491851
日校中学学生人数(人)	Student Enrolment in Secondary Day School (person)	431381	465658	458118	455872	453465
医疗卫生	Medical and Health					
死亡登记人数(人)	Registered Deaths (person)	29201	32049	32079	32680	33387
婴儿死亡率(按每千名登记活产婴儿计算)	Infant Mortality Rates (per 1 000 Registered Live Births)	5.9	4.0	4.0	3.2	3.2
治安	Law and Order					
举报罪案合计(件)	Overall Reported Crime (case)	88300	79050	67367	71962	76771
暴力罪案总计(件)	Total Violent Crime (case)	18820	15191	13749	14682	15705
国内生产总值①	Gross Domestic Product (GDP)①					
以固定(1990年)价格计算	At Constant (1990) Market Prices					
支出法国内生产总值	Expenditure-based GDP					
年增长率(%)	Annual Growth Rate (%)	3.4	4.5	5.0	-5.1#	3.0#
国内生产总值(百万港元)	Total GDP (HK$ million)	582549	789753	829017	786426#	810225#
按人口平均计算的国内生产总值(港元)	Per Capita GDP (HK$)	102121	121795	126294	118338#	120557#
以现价计算	At Current Market Prices					
支出法国内生产总值	Expenditure-based GDP					
年增长率(%)	Annual Growth Rate (%)	11.2	10.7	11.1	-4.3#	-2.7#
国内生产总值(百万港元)	Total GDP (HK$ million)	582549	1191890	1323862	1266840#	1232239#
按人口平均计算的国内生产总值@(港元)	Per Capita GDP @ (HK$)	102121	183812	201679	190628#	183350#
生产法国内生产总值(百万港元)	Production-based GDP (HK$ million)	589060	1192656	1318035	1244965#	N.A.
国民生产总值②	Gross National Product (GNP)②					
以现价计算的国民生产总值(百万港元)	GNP at Current Market Prices (HK$ million)	—	1192890	1334337	1295602#	1259515#
按人口平均计算的国民生产总值(港元)	Per Capita GNP (HK$)	—	183841	203275	194956#	187408#
对外要素收益流动净值总计(百万港元)	Total Net External Factor Income Flows (HK$ million)	—	188	10475	28762	27276#

注:①香港特别行政区出版物中称为“本地生产总值”。②香港特别行政区出版物中称为“本地居民生产总值”。
- 不适用;* 临时数字;# 日后会作出修订;N.A. 没有数据
@ 自2000年8月,“居住人口”方法已取代“广义时点”方法以编制人口估计。追溯至1996年的修订人口数字已编制。载于本表内的人口及与人口有关由1996年起的数字,已作出相应的修订。

Notes: ①The Chinese term used in the publications of the Hong Kong Special Administrative Region is “本地生产总值”. ②The Chinese term used in the publications of the Hong Kong Special Administrative Region is “本地居民生产总值”.
- Indicates not applicable; * Provisional figure; # Subject to revision later on; N.A. indicates not available.
@ Since Aug. 2000, the resident population approach has been adopted in place of the extended de facto approach for compiling population estimates and revised population figures backdated to 1996 have been compiled. In this table, population figures and population-related figures from 1996 onwards have been revised accordingly.

5.2 人口主要指标
Main Indicators of Population

项 目	Item		1990	1995	1996	1997	1998	1999
年中人口①（万人）	Mid-year Population	(10 000 persons)	570.5	615.6	648.4	656.4	664.6	672.1
粗出生率①(‰)	Crude Birth Rate	(‰)	12.0	11.2	9.8	9.0	8.0	7.6
粗死亡率①（‰）	Crude Death Rate	(‰)	5.2	5.1	5.0	4.8	4.9	5.0
婴儿死亡率（‰）	Infant Mortality Rate	(‰)	6.2	4.6	4.1	3.9	3.2	3.1
自然增长率①(‰)	Rate of Natural Increase	(‰)	6.8	6.1	4.8	4.2	3.0	2.7
总和生育率①②③	Total Fertility Rate②		1272	1295	1161	1087	985	974
登记结婚数（对）	Registered Marriages	(couple)	47168	38786	37045	37593	31673	31287
获颁发离婚令数（对）	Divorce Decrees	(couple)	5551	9404	9473	10492	13129	13408
出生时平均预期寿命①(岁)	Expectation of Life at Birth	(years)						
男	Male		74.6	76.0	76.2	76.4	76.9	77.2
女	Female		80.3	81.5	81.8	82.0	82.2	82.4

注：①自 2000 年 8 月，“居住人口”方法已取代“广义时点”方法编制人口估计。追溯至 1996 年的修订人口数字已编制。1996 年起的统计数字为根据新方法编制的数据，因此不能与之前的数字作严格比较。②按每千名十五岁至四十九岁女性人口计算。③此数字是以没有包括女性外籍家庭佣工的人口作分母编制。

Notes：① Since Aug. 2000，“the resident population” approach has been adopted in place of the “extended de facto” approach for compiling population estimates and revised population figures backdated to 1996 have been compiled. Statistics from 1996 onwards are those compiled based on the new approach. They are thus not strictly comparable with those of earlier years. ② Per 1000 women aged 15-49. ③These figures have been compiled using a population denominator which has excluded female foreign domestic helpers.

5.3 劳动人口及失业状况
Labour Force and Unemployment

项 目	Item		1990	1995	1996	1997	1998	1999
劳动人口数目(万人)	Labour Force	(10 000 persons)	274.8	300.1	309.4	321.6	335.9	347.7
男	Male		174.8	184.0	188.7	196.2	204.0	209.6
女	Female		100.0	116.0	120.7	125.4	131.9	138.1
就业人数（万人）	Employed Persons	(10 000 persons)	271.2	290.5	300.8	314.5	320.1	325.9
失业人数（万人）	Unemployed Persons	(10 000 persons)	3.7	9.6	8.6	7.1	15.8	21.7
失业率(%)	Unemployment Rate	(%)	1.3	3.2	2.8	2.2	4.7	6.2

注：自 2000 年 8 月，“居住人口”方法已取代“广义时点”方法编制人口估计。追溯至 1996 年的修订人口数字已编制。载于本表内与人口有关由 1996 年起的统计数字，已作出相应修订，但修订的幅度则有限。

Notes：Since Aug. 2000，the “resident population” approach has been adopted in place of the “extended de facto” approach for compiling population estimates and revised population figures backdated to 1996 have been compiled. In this table，statistics from 1996 onwards which are population-related have been revised accordingly. The magnitude of revision is however limited.

5.4 按行业划分的就业人数
Number of Employed Persons by Industry

单位：人 person

行　业	Industry	1990	1995	1996	1997	1998	1999
制造业	Manufacturing	751000	534600	495600	450700	385600	359400
建筑业	Construction	226000	229300	277900	308400	309500	289200
批发、零售、进出口贸易、饮食及酒店业	Wholesale, Retail and Import/Export Trades, Restaurants and Hotels	703200	824900	912700	968200	961600	941300
运输、仓库及通讯业	Transport, Storage and Communications	268400	327700	341400	349700	353000	342700
金融、保险、地产及商用服务业	Financing, Insurance, Real Estate and Business Services	208600	341700	363400	405500	411600	437600
社区、社会及个人服务业	Community, Social and Personal Services	511800	609800	667100	679500	701300	736300
其　他	Others	42700	37100	34800	30300	27500	26700
总　计	Total	2711500	2905100	3093000	3191500	3150100	3133000

注释：1. 有关就业统计数字，可分别按「综合住户统计调查」及「就业及空缺按季统计调查」的结果编制。此两套数字用于反映有关就业情况时，各有优点和局限。上表载列了「综合住户统计调查」的估计数字，是由于其包括的就业人口范围较全面。再者，个别人士，包括有多过一份工作的职位持有者，都只计算一次。但「综合住户统计调查」的就业估计数字有一个主要局限，就是被访者有困难准确地提供其本身所属行业的资料，尤以制造业员工为甚。随着香港制造业机构将部分工序移往中国内地，这些机构在香港的传统运作模式已有改变。就一些已将大部分工序移往中国内地的机构而言，他们应归类为进出口贸易业。

不过，由于有关机构的员工，尤其是技师及技工级等员工，未必全部都能清楚理解这个统计分类上的改变，有些被访者仍认为他们是属于制造业而非进出口贸易业，因而使「综合住户统计调查」的有关制造业估计就业人数有高估的现象。

2. 自2000年8月，"居住人口"方法已取代"广义时点"方法编制人口估计。追溯至1996年的修订人口数字已编制。载于本表内与人口有关由1996年起的统计数字，已作出相应修订，但修订的幅度则有限。

Note: 1. Employment statistics are compiled separately based on the General Household Survey (GHS) and the Quarterly Survey of Employment and Vacancies. Each source has its own merits and limitations in reflecting the employment situation. The GHS estimates are presented here because the omission in terms of coverage of the employed population is negligible. Besides, individual persons, including multiple job holders, are counted only once. However, a major limitation of the GHS estimates is that the respondents might not have reported accurately the industry to which they belong, especially for workers in the manufacturing sector. With the relocation of some production processes to the mainland of China, there is a change in the mode of operation of the traditional manufacturing establishments in Hong Kong. As a result, some of these establishments are more appropriately classified as import/export establishments if the majority of the production activities are carried out in the mainland of China.

However, this change in statistical classification may not be readily recognized by all the employed persons, particularly the technicians and craftsmen, of the establishments concerned. Hence, the GHS employment estimate in respect of the manufacturing sector will be overstated to the extent that some respondents mistakenly regard themselves as still being engaged in the manufacturing sector instead of the import/export trades.

2. Since Aug. 2000, the resident population approach has been adopted in place of the extended de facto approach for compiling population estimates and revised population figures backdated to 1996 have been compiled. In this table, statistics from 1996 onwards which are population-related have been revised accordingly. The magnitude of revision is however limited.

5.5 国内生产总值
Gross Domestic Product

年 份 Year	国内生产总值① Gross Domestic Product (GDP)①		国内生产总值与上年比较的实际增长%② GDP Real Growth Rate over the Preceding Year%②	人均国内生产总值 Per Capita GDP④	
	(亿港元) (HK$ 100 million)	(亿美元) (US$ 100 million)		(港元) (HK$)	(美元) (US$)
1988	4550	583	8.0	80855	10358
1989	5239	672	2.6	92128	11811
1990	5825	748	3.4	102121	13111
1991	6685	860	5.1	116223	14956
1992	7793	1007	6.3	134357	17357
1993	8975	1160	6.1	152087	19660
1994	10109	1308	5.4	167493	21674
1995	10771	1392	3.9	174972	22618
1996	11919	1541	4.5	183812	23767
1997	13239	1710	5.0	201679	26050
1998③	12668	1636	-5.1	190628	24613
1999③	12322	1588	3.0	183350	23634

注：①香港特别行政区出版物中称为"本地生产总值"。②增长率是按固定(1990年)价格计算的国内生产总值计算而得。③数字在日后得到更多资料时会作出修订。④自2000年8月，"居住人口"方法已取代"广义时点"方法编制人口估计。追溯至1996年的修订人口数字已编制。与人口有关由1996年起的统计数字，已作出相应修订。

Notes: ①The Chinese term used in the publications of the Hong Kong Special Administrative Region is "本地生产总值". ②The growth rates are calculated based on GDP at constant (1990) market prices. ③Figures are subject to revisions later on as more data become available. ④ Since Aug. 2000, the resident population approach has been adopted in place of the extended de facto approach for compiling population estimates and revised population figures backdated to 1996 have been compiled. Statistics from 1996 onwards which are population-related have been revised accordingly.

5.6 工业生产指数
Index of Industrial Production

(1986=100)

工业组别/组别内选定工业	Industry Group/Selected Component Industry	1990	1995	1996	1997	1998	1999
所有制造行业	All Manufacturing Industries	122.8	126.2	121.5	120.6	110.1	103.1
食品、饮品及烟草制品业	Food，Beverages and Tobacco	142.0	160.5	159.0	158.3	143.9	141.6
服装制品业(鞋类除外)	Wearing Apparel，Except Footwear	113.0	114.6	109.7	105.6	99.2	99.2
纺织制品业(包括针织)	Textiles(Including Knitting)	114.5	110.8	103.8	106.4	95.1	89.9
纸品及印刷业①	Paper Products and Printing①	181.5	272.9	264.2	269.7	248.8	224.9
化学产品、橡胶制品、塑胶制品及非金属矿产制品业	Chemical，Rubber，Plastic and Non-metallic Mineral Products	89.8	63.0	63.1	63.9	55.5	47.2
塑胶制品业	Plastic Products	76.3	37.6	36.2	34.1	27.4	22.3
基本金属及金属制品业	Basic Metals and Fabricated Metal Products，	113.0	93.5	85.2	80.4	72.3	58.1
金属制品业(机械及设备除外)	Fabricated Metal Products，Except Machinery and Equipment	110.5	90.1	81.1	76.8	63.1	49.7
电器及电子制品、机械、专业设备及光学用品制造业	Electrical and Electronic Products，Machinery，Professional Equipment and Optical Goods	148.8	179.5	170.3	166.0	154.7	151.7
电器及电子制品制造业	Consumer Electrical and Electronic Products	132.5	116.1	103.4	93.4	81.0	78.8
机械、设备、仪器及零件制造业	Machinery，Equipment，Apparatus，Parts and Components	164.0	274.3	274.6	294.2	298.7	301.5
其他产品制造行业	Miscellaneous Manufacturing Industries	104.3	80.7	82.6	84.3	74.4	65.7

注：由1992年第一季开始，工业生产指数的工业组别及组别内选定工业，是根据香港标准行业分类(HSIC)组成。较早时期的工业生产指数亦经过重新编制，方便与1992年及以后的统计数字作比较。

①由1996年开始，纸品及印刷业的数字亦包括了从事出版而不负责自行印刷的机构。

Notes：The industry groups and selected component industries for the indices are in terms of the Hong Kong Standard Industrial Classification (HSIC) as from the first quarter of 1992. Indices of earlier periods have been recompiled to facilitate comparison with the statistics from 1992 onwards.

①As from 1996，the paper products and printing industry also included establishments engaged in publishing without printing.

5.7 消费物价指数
Consumer Price Indices

(1994 年 10 月至 1995 年 9 月=100) (October 1994-September 1995=100)

项目	Item	权数 Weight	1990	1995	1996	1997	1998	1999
综合消费物价指数	Composite Consumer Price Index							
总指数	All Items	100.0	64.8	64.8	108.3	114.7	117.9	113.2
食品	Food	29.5	67.9	67.9	105.5	109.3	111.4	109.4
外出用餐	Meals Bought away from Home	-18.2	64.7	64.7	105.6	109.8	112.2	110.8
食品(不包括外出用餐)	Food, Excluding Meals Bought away from Home	-11.3	72.6	72.6	105.4	108.6	110.2	107.1
住房	Housing	28.8	55.9	55.9	113.3	123.7	129.4	122.9
燃料及电力	Fuel and Light	2.4	79.2	79.2	106.8	112.8	114.6	114.1
烟酒	Alcoholic Drinks and Tobacco	1.4	55.0	55.0	107.3	113.3	120.8	122.3
服装、鞋	Clothing and Footwear	6.7	66.8	66.8	110.2	119.4	118.5	94.1
耐用物品	Durable Goods	5.5	86.2	86.2	102.8	105.1	105.3	98.7
杂项物品	Miscellaneous Goods	6.1	74.3	74.3	103.5	109.2	112.0	111.2
交通	Transport	7.8	66.9	66.9	108.0	112.3	116.6	117.2
杂项服务	Miscellaneous Services	11.9	62.7	62.7	107.9	112.7	115.7	114.2
甲类消费物价指数	Consumer Price Index (A)							
总指数	All Items	100.0	65.4	65.4	107.9	114.1	117.0	113.2
食品	Food	37.3	68.6	68.6	105.6	109.5	111.6	109.2
外出用餐	Meals Bought away from Home	-20.4	64.9	64.9	106.0	110.5	113.3	111.7
食品(不包括外出用餐)	Food, Excluding Meals Bought away from Home	-16.9	72.8	72.8	105.2	108.3	109.5	106.1
住房	Housing	25.3	57.0	57.0	112.2	122.2	125.9	120.4
燃料及电力	Fuel and Light	3.4	79.2	79.2	106.8	112.7	114.2	113.3
烟酒	Alcoholic Drinks and Tobacco	2.1	53.3	53.3	107.3	113.4	120.8	122.2
服装、鞋	Clothing and Footwear	5.1	69.4	69.4	111.5	121.6	121.7	97.6
耐用物品	Durable Goods	4.3	87.1	87.1	102.7	105.1	105.4	100.0
杂项物品	Miscellaneous Goods	6.0	72.5	72.5	103.4	110.8	114.8	114.7
交通	Transport	7.2	66.4	66.4	108.2	112.4	117.3	117.8
杂项服务	Miscellaneous Services	9.3	59.9	59.9	109.0	114.4	119.1	118.4
乙类消费物价指数	Consumer Price Index (B)							
总指数	All Items	100.0	64.9	64.9	108.4	114.7	117.9	112.4
食品	Food	29.4	67.9	67.9	105.6	109.5	111.8	109.5
外出用餐	Meals Bought away from Home	-19.0	65.0	65.0	105.6	110.0	112.4	110.4
食品(不包括外出用餐)	Food, Excluding Meals Bought away from Home	-10.4	72.6	72.6	105.5	108.8	110.6	107.7
住房	Housing	28.2	55.6	55.6	113.0	122.6	127.9	119.2
燃料及电力	Fuel and Light	2.2	79.2	79.2	106.6	112.7	114.4	114.1
烟酒	Alcoholic Drinks and Tobacco	1.2	56.4	56.4	107.5	113.6	121.4	123.0
服装、鞋	Clothing and Footwear	7.0	68.3	68.3	112.4	123.1	123.2	97.2
耐用物品	Durable Goods	5.9	87.3	87.3	102.7	105.1	105.3	98.6
杂项物品	Miscellaneous Goods	6.4	74.9	74.9	103.7	109.1	111.6	111.0
交通	Transport	7.6	66.9	66.9	108.1	112.5	116.5	116.9
杂项服务	Miscellaneous Services	12.3	62.1	62.1	108.3	113.5	117.2	115.5
丙类消费物价指数 *	Consumer Price Index (C) *							
总指数	All Items	100.0	63.6	63.6	108.7	115.3	118.9	114.5
食品	Food	20.4	66.6	66.6	104.8	108.3	110.3	109.5
外出用餐	Meals Bought away from Home	-14.2	63.9	63.9	104.4	107.9	110.0	110.0
食品(不包括外出用餐)	Food, Excluding Meals Bought away from Home	-6.2	71.9	71.9	105.7	109.1	111.1	108.2
住房	Housing	34.0	54.8	54.8	114.8	126.4	134.5	129.7
燃料及电力	Fuel and Light	1.5	79.5	79.5	107.2	113.3	116.1	116.1
烟酒	Alcoholic Drinks and Tobacco	0.8	57.9	57.9	106.8	112.3	119.4	121.1
服装、鞋	Clothing and Footwear	8.0	63.2	63.2	106.3	112.8	109.8	87.0
耐用物品	Durable Goods	6.3	83.8	83.8	103.1	105.1	105.2	97.7
杂项物品	Miscellaneous Goods	5.8	75.9	75.9	103.4	107.3	109.2	107.2
交通	Transport	8.8	67.5	67.5	107.6	111.8	116.1	117.1
杂项服务	Miscellaneous Services	14.4	66.8	66.8	106.4	110.4	111.2	109.3

注：以上的权数是根据 1994 至 95 年间进行的住户开支统计调查结果计算出来。

*至 1996 年 6 月，此数列称“恒生消费物价指数”。

a) The weights are derived from the results of the 1994/95 Household Expenditure Survey.

* This series of data was named Hang Seng CPI up to June 1999.

主要统计指标解释

粗出生率　是指某一年内的活产婴儿数目与年中人口 的比率，一般按每千人口表示。

粗死亡率　是指某一年内的死亡人数与年中人口的比率，一般按每千人口表示。

劳动人口　是指十五岁及以上陆上非住院人口，并符合就业人口或失业人口定义的人士。

劳动人口参与率　是指劳动人口占所有十五岁及以上陆上非住院人口的比例。

失业率　是指失业人士在劳动人口中所占的比例。

就业不足率　是指就业不足人士在劳动人口中所占的比例。

就业人口　包括在统计前七天内有做工赚取薪酬或利润或有一份正式工作的十五岁及以上人士。无酬家庭从业人员及在统计前七天内正休假的就业人士亦包括在内。

实际工资指数　是从名义工资指数中，按甲类消费物价指数的变幅，扣除通胀的影响而得出，显示督导级及以下雇员所赚取工资金额购买力的转变。

工业生产指数　量度本地制造业的实质变动，即撇除价格调整因素后的本地生产量变动。

消费物价指数　是一个反映住户一般购买的消费商品和服务价格水平变动情况的指标。指数的变动反映购买一个固定篮子的消费品和服务的总量。消费物价指数的按年变动率是一个重要指标，用以量度通胀对消费者的影响。按年变动率是指当期指数比较早一年同期指数的上升或下降的百分率。

香港特别行政区政府统计处编制不同的消费物价指数数列，以反映消费物价通胀对不同开支组别的住户的影响。甲类、乙类及丙类消费物价指数(1999 年 6 月及以前的统计月份，丙类消费物价指数称为“恒生消费物价指数”。)分别根据较低、中等及较高开支组别的住户消费模式编制而成。而综合消费物价指数是根据整体住户开支模式而编制，反映消费物价转变对全体住户的影响。

消费物价指数的开支权数每五年更新一次，现时采用的权数是根据一九九四至九五年间进行的住户开支统计调查的结果计算出来的。

国内生产总值　香港特别行政区刊物中称为“本地生产总值”。是指一国家或地区的所有常住生产单位，在一个指定的期间内，未扣除固定资本消耗的生产总值。

一个国家或地区的人均国内生产总值是指该国家或地区在某统计年度的国内生产总值除以该年度的人口总数而得的数字。

国民生产总值　香港特别行政区刊物中称为“本地居民生产总值”。是指一个国家或地区的居民从事各项经济活动而赚取的收入，不论该经济活动是否在该国家或地区的经济领域内进行。换言之，编制国民生产总值应包括本地居民在经济领域内或经济领域以外从事各类经济活动的收入，而扣除非本地居民在经济领域内从事经济活动的收益。

计算国民生产总值，可以采用以下方程式：

国民生产总值＝国内生产总值＋本地居民从经济领域外所赚取的要素收益－
非本地居民从经济领域内所赚取的要素收益。

一个国家或地区的人均国民生产总值是指该国家或地区在某统计年度的国民生产总值除以该年度的人口总数而得的数字。

要素收益组成部分主要分为投资收益及雇员报酬，而投资收益包括了直接投资收益、有价证券投资收益及其他投资收益。

Explanatory Notes on Main Statistical Indicators

Crude birth rate refers to the number of live births occurred during a calendar year to the mid—year population of that year. It is usually expressed in terms of 1000 population.

Crude death rate refers to the number of deaths occurred during a calendar year to the mid-year population of that year. It is usually expressed in terms of 1000 population.

Labour force refers to the land-based non-institutional population aged 15 and over who satisfy the criteria for inclusion in the employed population or the unemployed population.

Labour force participation rate refers to the proportion of labour force in the land-based non-institutional population aged 15 and over.

Unemployment rate refers to the proportion of unemployed persons in the labour force.

Underemployment rate refers to the proportion of underemployed persons in the labour force.

Employed population consists of persons aged 15 and over who have been at work for pay or profit during the seven days before enumeration or who have had formal job attachment. Unpaid family workers and persons who were on leave/holiday during the seven days before enumeration are included.

Real wage index indicates changes in the purchasing power of the amount of money earned as wages by employees up to supervisory level and is obtained by deflating the nominal wage index by the Consumer Price Index(A).

Index of industrial production measures the changes in local manufacturing output in real terms, i. e. changes in the volume of local production after discounting the effect of price changes.

Consumer Price Index (CPI) summarizes changes in the price level of consumer goods and services purchased by households. It measures the change over time in the total cost of a given basket of goods and services. Its year-on-year rate of change is widely used as an indicator of inflation affecting consumers. The year-on-year rate of change is the percentage increase or decrease in the current index compared to that in the same period of preceding year.

Different CPIs are compiled by the Census and Statistics Department of the Government of HKSAR to reflect the impact of consumer price changes on households in different expenditure ranges. The CPI(A), CPI(B) and CPI(C) (CPI (C)was named Hang Sheng CPI up to the reference month of June 1999.) are compiled based on the expenditure patterns of households in the relatively low, medium and relatively high expenditure ranges. A Composite CPI is compiled based on the expenditure patterns of all households taken together to reflect the impact of consumer price changes on the household sector as a whole.

The expenditure weights of the CPIs are updated once every five years. The expenditure weights currently in use are derived from the results of the Household Expenditure Survey conducted in 1994/95.

Gross Domestic Product (GDP) is a measure of the total value of production of all resident producing units of a country or territory in a specified period, before deducting allowance for consumption of fixed capital.

Per capita GDP of a country or territory is obtained by dividing total GDP in a year by the corresponding population of that country or territory in the same year.

Gross National Product (GNP) refers to the total income of the residents of a country or region from engaging in various economic activities, irrespective of whether the economic activities are carried out in the economic territory of the country or region or not. In other words, the gross national product should include the income of the residents engaged in various economic activities within or outside the economic territory of the country or region, but exclude the income of non-residents engaged in economic activities in the economic territory of the country or region. The following formula is used in the calculation of the gross national product:

GNP = Gross Domestic Product
+Factor income earned by residents from outside the economic territory of the country or region
-Factor income earned by non-residents from within the economic territory of the country or region.

Per capita GNP of a country or a region refers to the gross national product of the country or region in a certain statistical year divided by the total population in the same year.

The components of factor income are mainly classified into investment income and compensation of employees. Investment income includes direct investment income, portfolio income and other investment income.

六、澳门特别行政区主要社会经济指标

Chapter 6 MAIN SOCIAL AND ECONOMIC INDICATORS IN MACAU SPECIAL CENTRAL GOVERNMENT

6.1 主要统计指标概况
Principal Statistical Indicators

项目	Item	1990	1996	1997	1998	1999
人口及生命事件	Population and Demographics Characteristics					
年中人口估计(千人)	Mid-year Estimates Population (1000 persons)	335	415	419	426	434
出生率(‰)	Crude Birth Rate (‰)	20.5	13.2	12.0	10.4	9.6
死亡率(‰)	Crude Mortality (‰)	4.4	3.4	3.1	3.2	3.2
劳工	Labour					
经济活动人口(千人)	Active Population (1000 persons)	168.6	206.2	207.1	210.7	216.2
劳动力参与率(%)	Labour Force Participation Rate (%)	66.6	66.7	65.8	65.3	64.7
失业率(%))	Unemployment Rate (%)	3.2	4.3	3.2	4.6	6.4
就业不足率(%)	Underemployment Rate (%)	2.3	1.2	0.8	1.5	1.3
就业人口(千人)①	Employed Population (1000 persons) ①	163.3	197.5	200.6	201	202.5
制造业	Manufacturing	53.2	40.6	41.4	41.5	44.5
零售及批发业	Wholesale and Retail Trade	35.2	31.7	31.3	33.5	31.3
餐厅及酒店业	Restaurants and Hotels		22.7	21.9	23.2	21.7
团体、社会及个人服务业	Community, Social and Personal Services	45.0	60.3	62.5	52.3	56.6
对外贸易	External Trade					
出口(百万澳门元)	Exports (Million MOP)	13638	15899	17129	17084	17580
进口(百万澳门元)	Imports (Million MOP)	12343	15931	16603	15596	16300
运输、通讯、旅游	Transport, Communications, Tourism					
进出澳门货运车辆数目(千辆)	Lorries Passing Through the Border Gate (1000 units)	264.3	334.3	291	243.1	241.9
电话线(千条)	Telephone Lines (1000)	96.4	206.2	222.5	251.1	300.1
访澳旅客(千人次)	Visitors (1000)	5942.2	8151.1	7000.4	6948.5	7443.9
酒店入住率(%)	Hotel Occupancy Rate (%)	69	61	50	51	53
财政收支、货币、金融 (百万澳门元)	Government Accounts, Montary and Finance (Million MOP)					
财政总收入②	Total Government Revenue②	5998	14711	15001	15548	16943
财政总支出②	Total Government Expenditure②	5490	14681	14241	15506	16636
居民消费物价指数(屋租除外) (1995年7月至1996年6月=100)	Consumer Price Index (Excluding Rent) (Jul/95 - Jun/96=100)					
综合消费物价指数	Composite Consumer Price Index	65.25	99.35	102.82	103.00	99.71
甲类消费物价指数	Consumer Price Index (A)		100.14	104.25	105.40	102.37
乙类消费物价指数	Consumer Price Index (B)		99.63	103.28	103.84	100.76
国内生产总值②③	Gross Domestic Product (GDP) ② ③					
以固定(1996年)价格计算	At Constant (1996) Prices					
支出法国内生产总值实际增长率(%)	Expenditure-based GDP Real Growth Rate(%)	8.0	−0.4	−0.3	−4.6	−2.9
国内生产总值(百万澳门元)	GDP (Million MOP)	41738	55294	55139	52580	51074
人均国内生产总值(澳门元)	GDP per Capita (MOP)	124606	133096	131613	123341	117327
以现价计算	At Current Prices					
支出法国内生产总值名义增长率(%)	Expenditure-based GDP Nominal Growth Rate(%)	18.6	−0.1	1.1	−7.1	−5.2
国内生产总值(百万澳门元)	GDP (Million MOP)	26175	55294	55894	51902	49210
人均国内生产总值(澳门元)	GDP per Capita (MOP)	78144	133096	133416	121750	113044

注:①1990年的资料,参考期为5月。"零售及批发业"和"餐厅及酒店业"合共组成一项分类,故未能分列。有关就业人数行业分类方面,1997年及以前是根据"澳门行业分类第一版"分类。自1998年起,采用"澳门行业分类第一修订版"。其中较显著的差异在于,室内装修工程在前分类中被归入"团体、社会及个人服务";而此后分类则被归入"建筑"一项。

②1999年数字在日后得到更多资料时会作出修订。

③澳门特别行政区出版刊物中称为"本地生产总值"。

Notes: ①Data of 1990 refer to May and in the same year "Wholesale and Retail Trade" and "Hotels and Restaurants" were grouped as one category. Data on employment by industry of 1997 and earlier were classified according to "Classification of Economic Activities of Macao, Version 1" while "Classification of Economic Activities of Macao, Revision 1" has been applied since 1998. The major difference between the two versions is the classification of "Interior Decoration", which was categorized under "Community, social and personal services" in the Version 1 and in "Construction" in Revision 1.

②Figures of 1999 are subject to revisions as more data become available.

③The Chinese term used in the publications of the Macao Special Administrative Region is "本地生产总值".

6.2 人口主要指标
Major Demographic Indicator

项　目	Item	1990	1996	1997	1998	1999
年中人口估计(千人)	Mid-year Estimates of Population (1000)	335.0	415.4	418.9	426.3	434.0
出生率(‰)	Crude Birth Rate (‰)	20.5	13.2	12.0	10.4	9.6
死亡率(‰)	Crude Mortality (‰)	4.4	3.4	3.1	3.2	3.2
婴儿死亡率(‰)	Infant Mortality Rate (‰)	8.4	4.8	5.4	6.1	4.1
自然增长率(‰)	Natural Growth Rate (‰)	16.1	9.8	8.9	7.2	6.4
总和生育率	Total Fertility Rate	1.8	1.3	1.2	1.0	1.0
登记结婚数(宗)	No. of Registered Marriages	1794	2106	1678	1451	1367
离婚数目(宗)	No. of Registered Divorces	95	320	304	260	283
出生时平均预期寿命(1994－1997)(岁)	Life Expectancy at Birth (94－97) (Years)					
男	Male			75.32		
女	Female			79.89		

6.3 经济活动人口及失业状况
Active Population and Unemployment

项　目	Item	1996	1997	1998	1999
经济活动人口(千人)	Active Population (1000)	206.2	207.1	210.7	216.2
男	Male	115.1	115.1	116.4	115.7
女	Female	91.1	92	94.3	100.5
就业人口(千人)	Employed Population (1000)	197.5	200.6	201.0	202.5
失业人口(千人)	Unemployed Population (1000)	8.7	6.5	9.6	13.8
失业率(%)	Unemployment Rate (%)	4.3	3.2	4.6	6.4

6.4 按行业划分的就业人口
Employed Population by Industry

单位：千人 1,000 persons

行　业	Industry	1998	1999
数	Total	201.0	202.5
农业、畜牧业、狩猎及林业	Agriculture, Farming of Animals, Hunting and Forestry	0.2	0.1
捕渔业	Fishery	0.1	0.1
采矿业	Mining and Quarrying	0.1	
制造业	Manufacturing	41.5	44.5
电力、煤气及水的生产与供应业	Production and Distribution of Electricity, Gas and Water	1.4	1.2
建筑	Construction	21.0	16.3
批发及零售业	Wholesale and Retail Trade	33.5	31.3
住宿、餐厅、酒楼及同类场所	Hotels, Restaurants and Similar Activities	23.2	21.7
运输、仓储及邮电通信业	Transport, Storage and Communications	13.7	15.0
金融、保险业	Financial Activities	5.7	6.0
房地产业务、租赁及向企业提供的服务	Real Estate, Leasing and Commercial Services	8.3	9.7
公共行政、防卫及强制性社会保障	Public Administration, Defence and Mandatory Social Security	16.4	16.7
教育	Education	6.7	9.2
医疗卫生及社会福利	Health and Social Welfare	4.1	5.2
团体、社会及个人的其他服务	Other Community, Social and Personal Services	20.0	19.8
雇用佣人的家庭	Households with Domestic Helpers	5.0	5.6
国际组织及其他领土以外的机构	International Organizations and Other Extra-territorial Institutions	0.1	0.1
不详	Unknown	0.1	0.1

6.5 按行业划分的每月工资中位数
Median Monthly Employment Income

单位：澳门元 MOP

行　业	Occupation	1998	1999
总数	Total	5063	4889
农业、畜牧业、狩猎及林业	Agriculture, Farming of Animals, Hunting and Forestry		
捕渔业	Fishery		
采矿业	Mining and Quarrying		
制造业	Manufacturing	3138	2911
电力、煤气及水的生产与供应业	Production and Distribution of Electricity, Gas and Water	10294	11674
建筑	Construction	4997	4656
批发及零售业	Wholesale and Retail Trade	4981	4699
住宿、餐厅、酒楼及同类场所	Hotels, Restaurants and Similar Activities	4338	4401
运输、仓储及邮电通信业	Transport, Storage and Communications	5766	5651
金融、保险业	Financial Activities	7828	7442
房地产业务、租赁及向企业提供的服务	Real Estate, Leasing and Commercial Services	4221	4367
公共行政、防卫及强制性社会保障	Public Administration, Defence and Mandatory Social Security	12747	13711
教育	Education	9200	9444
医疗卫生及社会福利	Health and Social Welfare	8031	7796
团体、社会及个人的其他服务	Other Community, Social and Personal Services	6447	6415
雇用佣人的家庭	Households with Domestic Helpers	3019	2966
国际组织及其他领土以外的机构	International Organizations and Other Extra-territorial Institutions		

6.6 国内生产总值(以现价计算)
Gross Domestic Product (Current Prices)

年份 Year	国内生产总值① Gross Domestic Product(GDP)①		国内生产总值与上年比较的实际增长%② GDP Real Growth Rate over the Preceding Year% ②	人均国内生产总值 Per Capital GDP	
	(百万澳门元) (Million MOP)	(百万美元) (Million USD)		(澳门元) (MOP)	(美元) (USD)
1988	18718	2331	7.8	59233	7376
1989	22061	2746	5.0	67861	8446
1990	26175	3263	8.0	78144	9740
1991	30327	3789	3.7	86242	10775
1992	39519	4957	13.3	106555	13365
1993	45193	5672	5.2	117695	14772
1994	50114	6296	4.3	126303	15867
1995	55333	6946	3.3	135190	16970
1996	55294	6940	−0.4	133096	16705
1997	55894	7009	−0.3	133416	16729
1998	51902	6505	−4.6	121750	15259
1999③	49210	6158	−2.9	113044	14145

注:①澳门特别行政区出版刊物中称为“本地生产总值”。

②实际增长率是按不变(1996年)价格估算的国内生产总值计算而得。

③估算数字在日后得到更多资料时会作出修订。

Notes:①The Chinese term used in the publications of the Macao Special Administrative Region is “本地生产总值”.

②The real growth rates are calculated based on GDP at constant (1996) prices.

③The estimates are subject to revisions as more data become available.

6.7 支出法国内生产总值①

Gross Domestic Product (Expenditure-based Estimates)①

单位：百万澳门元　　Million MOP

国内生产总值组成部份	GDP Components	1996	1997	1998	1999②
以现行价格计算	At Current Prices				
居民消费支出	Private Consumption Expenditure	20202	20997	20685	20539
政府最终消费支出	Government Final Consumption Expenditure	5204	5732	6029	6445
固定资本形成总额	Gross Fixed Capital Formation	11791	11837	9667	8487
存货增加	Changes in Inventories	541	113	−72	82
货物出口	Exports of Goods	15898	17129	17084	17580
减：货物进口	Less: Imports of Goods	20031	20126	19132	19976
服务出口	Exports of Services	25908	25226	22696	21478
减：服务进口	Less: Imports of Services	4221	5013	5056	5424
支出法国内生产总值	Expenditure-based GDP	55294	55894	51902	49210
人均国内生产总值(澳门元)	GDP per Capita (MOP)	133096	133416	121750	113044
以固定(1996年)价格计算	At Constant (1996) Prices				
居民消费支出	Private Consumption Expenditure	20202	20490	20299	20643
政府最终消费支出	Government Final Consumption Expenditure	5204	5416	5547	6073
固定资本形成总额	Gross Fixed Capital Formation	11791	12018	10497	9529
存货增加	Changes in Inventories	541	107	−70	81
货物出口	Exports of Goods	15898	16503	17084	17831
减：货物进口	Less: Imports of Goods	20031	19167	18966	20447
服务出口	Exports of Services	25908	24580	22963	22585
减：服务进口	Less: Imports of Services	4221	4808	4774	5220
支出法国内生产总值	Expenditure-based GDP	55294	55139	52580	51074
人均国内生产总值(澳门元)	GDP per Capita (MOP)	133096	131613	123341	117327

注：①澳门特别行政区出版刊物中称为“以支出法估算的本地生产总值”。
②估算数字在日后得到更多资料时会作出修订。

Notes: ①The Chinese term used in the publications of the Macao Special Administrative Region is “以支出法估算的本地生产总值”.
②The estimates are subject to revisions as more data become available.

6.8 居民消费物价指数(房租除外)
Consumer Price Index(Excluding Rent)

(1995.7 至 1996.6＝100)　　(July/95 - June/96＝100)

项　目	Items	权数 Weights	1990	1996	1997	1998	1999
综合消费物价指数	Composite Consumer Price Index						
总指数	Global Index	75.5	65.3	99.4	102.8	103.0	99.7
		(100.0)				(101.8)	(98.6)
粮食及不含酒精饮品	Foodstuff and Non-alcoholic Beverages	31.3	*	100.1	103.7	104.3	99.7
衣履	Clothing and Footwear	5.7	*	98.8	100.4	101.4	99.2
(租金)、维修及住屋开支	(Rent), Maintenance and Housing Expenses	5.8	*	100.8	107.8	109.2	107.0
		(30.3)	*			(100.3)	(97.3)
烟酒	Alcoholic Drinks and Tobacco	1.4	*	101.6	102.0	105.5	105.3
家居用品	Household Goods	4.1	*	99.0	99.9	99.0	96.3
药物及医疗	Health	1.8	*	104.9	107.5	109.2	106.5
交通及通讯	Transport and Communications	10.1	*	101.5	103.1	100.0	97.9
教育、文化及消闲	Education, Culture and Leisure	9.2	*	96.1	102.4	104.7	101.9
其他物品及服务	Other Goods and Services	6.0	*	95.9	97.6	94.5	91.6
甲类消费物价指数	Consumer Price Index (A)						
总指数	Global Index	67.7		100.1	104.3	105.4	102.4
		(100.0)				(103.1)	(100.0)
粮食及不含酒精饮品	Foodstuff and Non-alcoholic Beverages	35.6		100.1	103.9	104.3	99.6
衣履	Clothing and Footwear	3.4		98.6	100.1	101.3	99.3
(租金)、维修及住屋开支	(Rent), Maintenance and Housing Expenses	7.5		101.2	108.5	109.8	107.6
		(39.8)				(100.4)	(97.4)
烟酒	Alcoholic Drinks and Tobacco	2.0		101.0	101.3	105.5	105.6
家居用品	Household Goods	1.6		98.5	99.6	99.8	97.1
药物及医疗	Health	1.5		103.8	106.2	107.2	104.9
交通及通讯	Transport and Communications	5.4		100.7	105.1	106.5	106.5
教育、文化及消闲	Education, Culture and Leisure	7.8		99.1	106.6	110.2	109.2
其他物品及服务	Other Goods and Services	3.0		96.3	98.4	99.4	99.7
乙类消费物价指数	Consumer Price Index (B)						
总指数	Global Index	75.2		99.6	103.3	103.8	100.8
		(100.0)				(102.4)	(99.3)
粮食及不含酒精饮品	Foodstuff and Non-alcoholic Beverages	32.5		100.0	103.7	104.4	99.9
衣履	Clothing and Footwear	5.9		99.5	100.9	102.1	100.1
(租金)、维修及住屋开支	(Rent), Maintenance and Housing Expenses	6.0		100.2	107.1	108.6	106.4
		(30.9)				(100.2)	(97.3)
烟酒	Alcoholic Drinks and Tobacco	1.3		101.6	102.0	105.7	105.5
家居用品	Household Goods	3.7		98.7	99.6	98.5	95.6
药物及医疗	Health	2.2		105.3	107.6	109.6	107.4
交通及通讯	Transport and Communications	9.0		100.3	103.4	101.2	99.5
教育、文化及消闲	Education, Culture and Leisure	9.8		98.1	104.3	106.9	105.2
其他物品及服务	Other Goods and Services	4.8		95.8	97.8	95.7	93.6

注：括号内为包括租金权数及指数，由 1998 年 1 月开始公布。
　* 当时分类与现在分类不同。

a) Figures in parenthesis refer to the CPI series including rent, published since January 1998.
　* Current classification of goods and services is different from the previous series.

主要统计指标解释

出生率 澳门称粗出生率,为参考期内出生活婴数目与平均人口的千分比。

死亡率 澳门称粗死亡率,为参考期内死亡人数与平均人口的千分比。

经济活动人口 澳门称劳动人口,指在参考期间,可参与生产商品或提供服务的 14 岁或以上人口。包括就业人口和失业人口。

劳动力参与率 劳动人口占 14 岁或以上的澳门居住人口的比例。

失业率 指失业人口在劳动人口中所占的比例。

就业不足率 指就业不足人口在劳动人口中所占的比例。

就业人口 在参考期间(一周),为了金钱或物质报酬、利润或家庭收入而工作至少 1 小时的 14 岁或以上人口。包括被雇用而没有上班,但与雇主保持正式联系和拥有 1 家公司但因特别原因暂时没有上班的人口。

出口 指将货物输出澳门,但暂时出口和直接转运制度下输出者除外。

进口 指将产自外地的货物输入澳门,但再进口和直接转运制度下输入者除外。

酒店入住率 入住客房数量与可供应客房数量的百分比。

居民消费物价指数 澳门称为"消费物价指数",反映澳门家庭于购买一篮子指定商品或服务时,在不同时间该等商品或服务之价格变动,但不包括房租。

国内生产总值 澳门称作"本地生产总值",反映每年在澳门地区生产的货物和提供各种服务的总量。本年鉴中的国内生产总值用支出法及生产法估算,支出法等于私人消费支出、政府最终消费支出、固定资本形成总额、库存变化和货物及服务出口净值(出口减进口)的总和。而生产法等于各经济行业的增加值的总和,这种方法可以评估澳门的产业结构。

Explanatory Notes on Main Statistical Indicators

Crude Birth Rate Live births per 1,000 inhabitants.

Crude Mortality Rate Deaths per 1,000 inhabitants.

Active Population (Labour Force) Individuals aged 14 or over who, during the reference period, are available to participate in the production of goods and/or services. This comprises both the employed population and the unemployed population.

Labour Force Participation Rate The proportion of labour force in the population aged 14 and over.

Unemployment Rate The proportion of unemployed in the labour force.

Underemployment Rate The proportion of underemployed in the labour force.

Employed Population Individuals aged 14 or over who have worked for at least 1 hour during the reference period, for pay, profits or family gain in cash or in kind. It also includes individuals who have a job and are absent from work but maintain a formal job attachment, and owners of a company, temporarily not at work because of specific reasons.

Imports The entry of any commodities into the Territory, except Reimports and Direct Transit.

Exports The outgoing from the Territory of any commodities, excluding Temporary Exports and Direct Transit.

Hotel Occupancy Rate Number of rooms occupied by guests over total number of available rooms, expressed in percentage.

Consumer Price Index Reflects the price change of a representative basket of goods and services consumed by families of Macao, excluding rent.

Gross Domestic Product (GDP) Reflects the total of goods produced and services provided annually in the territory of Macao. The GDP in this statistical yearbook is estimated by using the expenditure and production approaches. The expenditure-based GDP is measured as the sum of private consumption expenditure, government final consumption expenditure, gross fixed capital formation, changes in inventories, and net export of goods and services (exports less imports). The production-based GDP, which is measured as the sum of gross value added of all economic activities, can be used to evaluate the structure of the industrial sectors in Macao.

七、中国国民经济和社会发展、劳动事业发展状况统计公报

Chapter 7 STATISTICS BULLETIN OF NATIONAL ECONOMY AND SOCIAL DEVELOPMENT, LABOUR UNDERTAKINGS DEVELOPMENT

中华人民共和国
1999 年国民经济和社会发展统计公报

国家统计局

1999 年,面对复杂的国际国内政治经济环境,全国各族人民在党中央、国务院的正确领导下,认真贯彻落实以扩大内需为主的一系列方针政策,克服各种困难,集中精力抓好经济建设,努力加强精神文明建设,取得了经济和社会发展的新成就,实现了发展和改革的各项预期目标。

一、综合

国民经济保持稳定增长。1999 年国内生产总值为 82054 亿元,比上年增长 7.1%。其中,第一产业增加值 14212 亿元,增长 2.8%;第二产业增加值 40806 亿元,增长 8.1%;第三产业增加值 27036 亿元,增长 7.5%。全年社会劳动生产率 11677 元,比上年提高 6.3%。

市场价格总水平继续下降。全年居民消费价格总水平比上年下降 1.4%,多数商品价格低于上年水平。其中食品价格下降 4.2%,衣着价格下降 2.7%,家庭设备及用品价格下降 2.3%,交通和通讯工具价格下降 5.5%,服务项目价格则上升 10.6%。全年社会商品零售价格总水平比上年下降 3%。

劳动就业工作进一步加强。年末全国从业人员 70586 万人,比上年末增加 629 万人。其中城镇从业人员 21014 万人,增加 336 万人(城镇私营个体从业人员 3940 万人,增加 708 万人)。再就业工程取得新进展。1999 年全年国有企业下岗职工新增 564 万人,通过多种途径使 492 万人实现了再就业,退休及自然死亡等减少 32 万人。年末全国国有企业下岗职工为 650 万人,比上年末增加 40 万人。年末城镇登记失业率为 3.1%,与上年持平。

人民币汇率保持稳定,外汇储备继续增加。年末国家外汇储备达到 1547 亿美元,比上年末增加 97 亿美元。年末汇率 8.2793 元人民币兑 1 美元,比上年末低 4 个基本点。

国民经济和社会发展中存在的主要问题是:社会有效需求不足,经济结构不合理的矛盾仍很突出,社会就业压力增大,农民收入增长减缓。

二、农业

1999 年,农业生产继续全面发展,农作物种植业结构有所调整。

粮食产量基本稳定。全年粮食总产量达 5.08 亿吨,比上年减产 397 万吨,减产 0.8%。其中,夏粮和早稻合计增产 570 万吨,秋粮由于入秋以后北方地区旱情较重,减产较多。

主要经济作物中,棉、糖、黄红麻减产,其他均增产。受播种面积调减因素的影响,全年棉花产量为 383 万吨,比上年减产 14.9%;糖料产量为 8400 万吨,减产 14.2%。油料、水果和茶叶等作物产量继续增长。全年油料产量 2600 万吨,比上年增长 12.4%;水果产量 6100 万吨,增长 11.9%;茶叶产量 68 万吨,增长 2.3%。蔬菜种植面积持续增加,全年实际种植面积 1311 万公顷,比上年增长 7%。

畜牧业和渔业继续增长。全年肉类总产量 5953 万吨,比上年增长 4%;水产品产量 4100 万吨,增长 5%。

植树造林取得新进展。全年完成造林面积 480 万公顷,同时,退耕还林(草)工作进一步得到重视。

农田水利建设进一步加强,大江大河治理工程进展顺利,农业防洪抗旱能力增强。

三、工业和建筑业

1999 年,各方面认真贯彻落实中央关于国有企业改革和发展的一系列政策措施,国有企业改革和调整迈出较大的步伐,工业生产运行质量有所提高。

国有企业战略性改组取得了初步成效。重点行业组建了一批大企业集团,军工成立了包括核工业、航天、航空、船舶、兵器等十大集团，有色金属工业组建了铝、铜铅锌和稀有金属三大集团，信息产业四大集团正在组建之中；纺织、煤炭、冶金、军工等行业结构调整和重组的步伐加快；一部分符合条件的企业开始实行债权转股权，资产负债结构得到改善。

工业生产持续平稳增长。全年全部工业增加值35357亿元，比上年增长8.5%。其中，国有工业企业及年产品销售收入500万元以上的非国有工业企业（简称规模以上工业企业，下同）增加值20307亿元，增长8.9%。在规模以上工业中，国有及国有控股企业11603亿元，增长7.4%；集体企业3462亿元，增长7%；股份制企业2986亿元，增长11.2%；外商及港澳台投资企业4201亿元，增长12.9%；其他经济类型企业775亿元，增长13.3%。分轻重工业看，全年轻工业增加值8690亿元，增长8.3%；重工业增加值11617亿元，增长9.3%。

工业结构调整取得积极进展。煤炭行业关井压产取得成效，全年关闭非法和不合理小煤矿3.1万处，压缩乡镇煤炭产量2.5亿吨，完成了年初提出的关井压产目标。纺织行业累计压缩906万棉纺锭，提前一年基本达到压锭目标。冶金、建材、有色、石化等行业关闭了一批设备陈旧、技术落后、产品质量低劣和污染严重、高耗能的小企业。市场供大于求的一般消费品、部分机电产品生产增长有所减缓。同时，发展和增产了一批国内紧缺的产品，特别是高科技产业发展明显加快。微型电子计算机、移动通信设备、程控交换机等生产比上年增长12—43.6%。

产销衔接状况有所改善。全年规模以上工业产品销售率97.16%，比上年提高0.56个百分点。工业新产品产值比上年增长12.1%。

工业经济效益明显改善。在价格持续下降的情况下，全年规模以上工业企业实现销售收入67535亿元，比上年增长10.2%；企业盈亏相抵实现利润2202亿元，增长52%；亏损企业亏损额1300亿元，下降15.2%。工业企业经济效益综合指数99.3，比上年提高8.4个百分点。国有工业企业扭亏增盈工作出现了转折性变化，一批国有大中型亏损企业摆脱了困境，纺织、建材、有色、铁路、民航等行业实现了扭亏为盈，东北三省等一些老工业基地的国有大中型工业企业摆脱了持续多年的亏损状态。1999年，全国国有及国有控股企业盈亏相抵实现利润967亿元，比上年增长77.7%，是近5年来的最好水平；亏损企业亏损额851亿元，下降15.9%；年末产成品库存为3441亿元，比上年末增长2.2%。但是，1999年工业企业经济效益的改善带有一定的恢复性，一部分企业的效益还不理想，亏损企业的亏损额仍然比较大。

建筑业生产平稳增长，经济效益进一步好转。全社会建筑业完成增加值5450亿元，比上年增长4.6%。全国四级及四级以上建筑业企业实现利润121亿元，增长3.4%；税金总额322亿元，增长6.7%。施工房屋面积14.1亿平方米，比上年增加3877万平方米；竣工房屋面积6.7亿平方米，增加1501万平方米。建筑业亏损企业个数9221个，比上年减少391个。

地质勘查工作取得较好成绩。全年完成1:5万区域地质调查11.3万平方公里。新发现矿产185处。有41种矿产新增探明储量，其中石油6.6亿吨，天然气927亿立方米，原煤4亿吨。地质勘查完成机械岩心钻探工作量335万米。

四、固定资产投资

1999年，在国家继续实施积极财政政策、增发长期国债、增加投入的推动下，固定资产投资总体上继续保持增长趋势。全年全社会固定资产投资29876亿元，比上年增长5.2%。分经济类型看，国有及其他经济类型投资21719亿元，增长6.1%；集体经济投资4190亿元，与上年持平；居民个人投资3967亿元，增长6%。分投资管理渠道看，基本建设投资12619亿元，增长5.9%；更新改造投资4419亿元，下降2.2%；房地产开发投资4010亿元，增长11%。城市基础设施和居民住宅建设均有新的进展，农村电网改造取得积极成效。

投资结构继续改善。在国有及其它经济类型投资中，第一产业（含水利业）完成投资804亿元，比上年增长22.6%；第二产业完成投资7167亿元，下降0.9%；第三产业完成投资13748亿元，增长9.3%。

全国基本建设投资新增主要生产能力有：原煤开采2070万吨/年，大中型发电机组容量1703万千瓦，11万伏以上变电设备能力（含11万伏）6646万千伏安，其中城乡电网改造3234万千伏安，原油开采1618万吨/年，天然气开采24亿立方米/年，新建铁路主线正线交付运营里程1040公里，增建铁路复线交付运营里程1293公里，电气化铁路607公里，新建高速公路2672公里，新（扩）建万吨级港口码头年吞吐能力1869万吨，全国2002个县（市）进行了农村电网的改造，投产线路35.7万公里。

五、教育和科学技术

1999年，各级各类教育获得较大发展。高等教育招生大幅增长，高校管理体制改革取得重大进展；高等职业教育迈出发展步伐，普通高中招生增长较多。同时，素质教育、义务教育和扫盲教育稳步推进，学前教育、特殊教育受到重视；各级各类职业技术教育发展良好；社会力量办学继续发展。全年普通高等学校招生160万人，比上年增招51万人，在校生413万人；成人高等学校招生116万人，在校生306万人。全国研究生培养单位招生9万人，增招2万人，在校生23万人。全国普通高中招生396万人，增招37万人，在校生1050万人；各类中等职业技术教育学校招生481万人，在校生1443万人。全国初中学校招生2183万人，在校生5812万人，初中入学率达88.5%。小学招生2030万人，在校生13548万人，小学学龄儿童入学率达99.1%。特殊教育学校招生5万人，在校生37万人。幼儿园在园幼儿2326万人。全国各类成人技术培训学校培训学员10157万人次。全国扫除文盲 299 万人。

1999 年,国家进一步加大科教兴国战略的实施力度,推进技术创新,发展高科技,加快了科技产业化步伐。

科学研究和技术创新取得新进展。年末全国从事科技活动人员 271 万人,其中科学家和工程师 150 万人。全国科技活动经费支出总额为 1250 亿元,比上年增长 10.8%。全年国家组织了 663 项重点技术创新项目和 1329 项重点新产品试产,完成了 26 项重大技术装备的研制及鉴定验收。全年共取得省部级以上重大科技成果 2.95 万项,获国家奖励的成果 602 项。全年 4 次成功发射卫星。特别是成功发射了第一艘自行研制的“神舟”号宇宙飞船,标志着我国发展载人航天事业迈出了重要一步。全年受理国内外专利申请 134240 件,授权专利 100154 件,分别比上年增长 10%和 47.5%。

质量、标准化、计量建设和天气预报等项服务进一步加强。全国共有产品质量检验机构 5500 个,其中国家检测中心 229 个;共有法定计量技术机构 4393 个,全年强制检定计量器具 2168 万台件;制定、修订国家标准 900 项,其中强制性国家标准 172 项,新制定 477 项;全国共有城乡天气预报警报服务网发射站点 1118 个,卫星云图接收站点 277 个;共有地震台站 1285 个,遥测台网 28 个;共有 672 个海洋观测、监测站点,共获得 2086 万组海洋数据。测绘部门公开出版地图 1344 种,图书 310 种。

六、交通和邮电业

交通运输和邮电通信继续稳定增长。1999 年交通运输和邮电通信业完成增加值 4460 亿元,比上年增长 9.3%。

全年各种运输方式完成货物运输周转量 41170 亿吨公里,比上年增长 8.2%。其中,铁路 12841 亿吨公里,增长 2.6%;公路 5793 亿吨公里,上升 5.6%;水运 21857 亿吨公里,增长 12.6%;民航 42.3 亿吨公里,增长 26.5%。完成旅客运输周转量 11250 亿人公里,比上年增长 5.7%。其中,铁路 4131 亿人公里,增长 9.3%;公路 6145 亿人公里,增长 3.4%;水运 117.2 亿人公里,下降 2.5%;民航 857 亿人公里,增长 7.1%。沿海主要港口完成货物吞吐量 10.4 亿吨,比上年增长 13%。其中,外贸货物吞吐量 3.8 亿吨,比上年增长 11.8%。

邮电业务总量完成 3311 亿元,比上年增长 32.1%。全年新增局用交换机 2300 万门,总容量已达到 1.6 亿门。全国电话普及率达到 13 部/百人,比上年增加 2.5 部,其中城市电话普及率达到 28.4 部/百人,农村 79.8%的行政村通了电话。移动电话用户达到 3.5 部/百人。全国计算机互联网络用户达到 890 万户。

七、国内贸易

1999 年,在国家增加城镇中低收入居民收入、扩大消费信贷、取消一些限制消费的政策和银行连续下调利率等多种因素作用下,国内市场商品销售稳中趋活。全年社会消费品零售总额 31135 亿元,比上年增长 6.8%(如果考虑价格下降因素,实际增长 10.1%)。分城乡看,城市消费品零售额 19092 亿元,增长 7.1%;县及县以下消费品零售额 12043 亿元,增长 6.3%。分行业看,批发零售贸易业增长 7.1%,餐饮业增长 13.6%,其他行业增长 3.3%。生产资料市场交易有所回升,全国限额以上批发零售贸易业生产资料销售总额 9392 亿元,比上年增长 7.8%。各类商品交易市场成交活跃。

重点批发零售贸易企业经济效益仍然下降。全国 1300 家重点批发零售贸易企业商品销售收入净额 3356 亿元,比上年增长 1%;全年实现利润总额 12 亿元,下降 40%。

八、对外经济

1999 年,由于国家采取了包括提高出口退税率在内的一系列鼓励出口的政策,加上亚洲金融危机国家和地区经济的逐步复苏,我国外贸出口转降为升。全年进出口总额 3607 亿美元,比上年增长 11.3%。出口总额 1949 亿美元,增长 6.1%,其中一般贸易出口增长 6.6%,加工贸易出口增长 6.1%。进口总额 1658 亿美元,增长 18.2%。进出口相抵,贸易顺差 291 亿美元。出口产品结构有所调整,机电产品出口增长 14.7%,占出口总额的比重由上年的 36.5%上升到 39.5%。分地区看,对非洲和亚洲的出口分别增长 1.3%和 4.5%,对欧洲、北美洲和大洋洲的出口分别增长 6.1%、10.8%和 16%,对拉丁美洲的出口下降 1%。

外商直接投资下降。全年批准外商直接投资项目 17100 个,比上年下降 13.8%;外商直接投资实际到位资金 404 亿美元,下降 11.4%。

对外承包工程、劳务合作和设计咨询业务继续保持增长。全年签约 130 亿美元,比上年增长 10.4%;完成营业额 112 亿美元,增长 10.9%;年末在外劳务人员 38 万人,比上年末增加 3 万人。

国际旅游发展较快。全年入境游客人数 7280 万人次,比上年增长 14.7%,其中过夜旅游者 2704 万人次,增长 8%。入境游客中,外国游客 843 万人次,增长 18.6%;港、澳、台胞 6426 万人次,增长 14.2%。国际旅游外汇收入 141 亿美元,增长 11.9%。

九、金融、证券和保险业

1999 年,中国人民银行努力发挥货币政策的作用,采取降低利率和下调存款准备金率等措施,适当增加货币供应量,实现了年初确定的金融调控目标，积极支持了国民经济的发展。

货币供应量适度增长，货币流动性有所增强。根据国内金融机构人民币口径统计，年末广义货币(M2)为119898亿元，比上年末增长14.7%；狭义货币(M1)为45837亿元，增长17.7%；市场现金流通量(M0)为13456亿元，增加2251亿元，增长20.1%。存贷款稳定增加。全部金融机构各项存款余额108779亿元，比上年末增加13162亿元，增长13.7%。其中，企业存款余额37182亿元，增长14.5%；城乡居民储蓄存款余额59622亿元，增长11.6%，储蓄分流有所加快。各项贷款余额93734亿元，按可比口径计算，增长12.5%。其中，中长期贷款余额23968亿元，增长15.7%。

证券市场进一步规范、发展。全年在上海、深圳证券交易所发行A股98只，配股117只，共筹资877亿元，比上年增加103亿元；发行B股、H股共吸引外资6.1亿美元；发行A股可转换债券15亿元。全年通过发行、配售股票共筹集资金941亿元，比上年增长12%。年末境内上市公司(A、B、H股)数量由上年末的876家增加到976家，市价总值达到26471亿元，比上年末增长36%。全年共发行国债3715亿元，比上年增加404亿元。

保险事业不断发展壮大。全年保费收入1393亿元(含外资机构)，比上年增长10.2%。其中，财产险保费收入521亿元，寿险保费收入768亿元，健康险和意外伤害险保费收入104亿元。支付各类赔款及给付510亿元，其中财产险和短期人身险赔款318亿元，寿险给付192亿元。

十、文化、卫生和体育

文化事业较快发展。1999年末全国共有艺术表演团体2614个，文化馆2899个，公共图书馆2765个，博物馆1371个。广播综合人口覆盖率90.4%，电视综合人口覆盖率91.6%。全国有线电视用户7700万户。全年出版全国性和省级报纸201亿份，各类杂志29亿册，图书73亿册(张)。年末全国共有档案馆3733个，已开放各类档案4009万卷(件)。

卫生事业不断进步。年末全国共有卫生机构(含诊所)31万个，床位316万张，卫生技术人员446万人。全国共有卫生防疫、防治机构5900个，卫生技术人员22万人。妇幼保健机构2630个，卫生技术人员7.3万人。农村有医疗点的村数占总村数的90%，乡村医生和卫生员133万人。

体育事业稳步推进。在国内外的各项比赛中，我国运动健儿获得了92个世界冠军；16人50次创24项世界纪录。10人16次创7项亚洲记录；43人3队68次创52项全国记录。全民健身活动进一步开展。

十一、环境保护

1999年，环境保护工作进一步加强，环保事业加快发展。

年末全国环境保护系统共有11.6万人，各级环境监测站2111个，环境监测人员3.6万人。自然保护工作取得了新的成就，生态示范区建设试点单位总数已达154个；全国自然保护区达到1146个，其中国家级自然保护区达到137个；自然保护区总面积8813万公顷，占国土总面积的8.8%。环境法制建设取得新进展，执法力度进一步加大。到年末，已制定各类环境保护标准426项。年内设立的建设项目环境影响评价制度执行率达90.5%，当年投产的建设项目中，建有防治污染设施的占95%。全年完成环境污染限期治理项目12010个，总投资71亿元。全国536个城市建成了2364个烟尘控制区，面积达1.6万平方公里；431个城市中建成了2040个环境噪声达标区，面积达8975平方公里。

重点流域和区域污染防治工作继续推进。对滇池流域日排废水100吨以上的144家排污企业进行了限期治理，全流域共投入治理资金近3亿元。对巢湖流域日排废水100吨以上的109家排污企业进行了限期治理，全流域共投入治理资金2.23亿元。滇池和巢湖已基本实现全流域工业污染源达标排放的目标，水质有所好转。

污染物总量控制计划与跨世纪绿色工程规划的实施工作有序进行。至1999年11月底，已竣工项目525个，累计完成投资额680.4亿元。

但是，全国环境形势依然严峻，突出表现在生活和农业污染仍较严重，生态破坏的范围继续扩大，局部地区的破坏程度还在加剧。

十二、人口与人民生活

人口自然增长率继续下降。1999年全国出生人口1909万人，出生率为15.23‰；死亡人口810万人，死亡率为6.46‰；全年净增人口1099万人，自然增长率为8.77‰，比上年下降0.76个千分点。年末全国总人口为125909万人。其中，城镇人口38892万人，占30.9%；乡村人口87017万人，占69.1%。0—14岁人口比重为25.4%，15—64岁人口比重为67.7%，65岁以上老年人口比重为6.9%，老年人口达到8687万人。平均每户家庭人口为3.58人。

城乡居民生活水平继续提高。由于国家提高了国有企业下岗职工基本生活保障制度、失业保险制度和城镇居民最低生活保障制度“三条保障线”水平，适当增加了行政、事业人员的工资，使城镇居民收入水平明显提高。全年全国城镇居民人均可支配收入5854元，考虑价格下降因素，比上年实际增长9.3%。农村扶贫攻坚工作取得新成绩，全年又有800万贫困人口脱贫。

由于供求关系变化，农产品卖难，价格持续下跌，加上乡镇企业效益下降，农民收入增长减缓。全年农村居民人均纯收入 2210 元(其中，现金收入 1538 元)，考虑价格下降因素，实际增长 3.8%，增幅比上年低 0.5 个百分点。居民住房条件继续改善。全年城镇竣工住宅面积 5 亿平方米，农村竣工住宅面积 8.7 亿平方米。旅游成为居民新的消费时尚，全年全国出游 71900 万人次，比上年增长 3.6%；人均旅游消费支出为 227 元。

社会保障事业巩固提高。年末 93%的国有企业下岗职工进入再就业服务中心，其中 90%领到了基本生活费；全国有 9433 万职工和 2900 多万离退休人员参加了基本养老保险；有 9912 万人参加了失业保险；有 2100 万职工和离退休人员参加了大病医疗费用统筹和离退休人员医疗费用统筹，部分地区已进行了基本医疗保险制度改革。

社会福利事业有新的发展。年末全国各类社会福利院床位达 108 万张，收养 81 万人。城镇建立起各种社区服务设施 18 万个，其中社区服务中心 6572 个。全国 667 个城市、1682 个县已全部建立最低生活保障制度，共有 525.7 万人得到最低生活保障救济。全年销售社会福利彩票 91 亿元，筹集社会福利资金 20 亿元，接收社会捐赠 6 亿元。

注：

1. 本公报为初步统计数。
2. 香港和澳门特别行政区统计数据未包括在本公报中，分别由香港和澳门特别行政区政府发布。
3. 各项统计数据未包括台湾省。
4. 国内生产总值、各产业增加值绝对数按现价计算，增长速度按可比价格计算。

Statistical Communiqué of the People's Republic of China on the 1999 National Economic and Social Development

State Statistics Bureau

In 1999, facing the complicated domestic and international political and economic environment, people of all nationalities, under the correct leadership of the Central Party Committee and the State Council, implemented in real earnest a series of policies aiming at expanding domestic demand. Various difficulties were overcome, attention was focused on economic construction and cultural and ethical progress. New progress was achieved in economic and social development, various targets of development and reforms were met.

1. General Outlook

National economy kept steady growth. The gross domestic product (GDP) of the year was 8,205.4 billion yuan, up by 7.1 percent over the previous year. Of this total, the value-added of the primary industry was 1,421.2 billion yuan, up by 2.8 percent. The value-added of the secondary industry was 4,080.6 billion yuan, up by 8.1 percent. The value-added of the tertiary industry was 2,703.6 billion yuan, up by 7.5 percent. The overall productivity across all sectors of the economy was 11,677 yuan for the year, up by 6.3 percent over 1998.

The overall level of market prices continued to decline. The consumer prices of households for the year were down by 1.4 percent, and prices for most commodities were lower than those in the previous year. Analyzed by category of commodities, the prices for food declined by 4.2 percent; for clothing, down by 2.7 percent; for household appliance, down by 2.3 percent; and for transport and communication articles, down by 5.5 percent. However, the prices for service items went up 10.6 percent. The retail prices of commodities declined by 3 percent over 1998.

Work on employment was further strengthened. By the end of 1999, the total of employed people in China numbered 705.86 million, or 6.29 million more than at the end of 1998. Of this total, 210.14 million were employed in urban areas, an increase of 3.36 million persons over that at the end of 1998 (of which 39.4 million people were employed in private enterprises or self-employed in urban areas, an increase of 7.08 million). New progress was made in the implementation of re-employment project. The newly increased laid-off workers of state-owned enterprises were 5.64 million, while 4.92 million laid-off workers found new jobs through various measures, and another 320 thousand persons were either retired or died of natural causes. By the end of the year, the total number of laid-off workers of state-owned enterprises reached 6.5 million, or 400 thousand more than at the end of the previous year. By the end of 1999, the urban unemployment rate through unemployment registration was 3.1 percent, keeping the same level as that at the end of 1998.

The exchange rate of RMB was stable, and China's foreign exchange reserves continued to grow. By the end of 1999, the foreign exchange reserves reached 154.7 billion US dollars, an increase of 9.7 billion as compared with the figure at the end of 1998. The exchange rate stood at 1 US dollar = 8.2793 RMB yuan at the end of the year, a depreciation of 4 basic points.

Major problems that remained in economic performance and social development included: the lack of effective social demand, the still prominent irrational economic structure, the high pressure for employment, and the slow increase of farmers' income.

2. Agriculture

In 1999, overall progress was registered in agricultural production, and the planting structure of farm products was adjusted to some extent. The output of grain was basically stable. The output of grain for the whole year was 508 million tons, declined by 3.97 million tons over the previous year, or down by 0.8 percent. Of the total grain output, that of summer grain and early rice increased by 5.7 million tons. Influenced by severe drought in northern areas, the output of autumn grain declined by large margin.

Production of some of cash crops such as cotton, sugar, hemp and jute declined while that of others increased. Influenced by reduced planting areas, the output of cotton was 3.83 million tons, down by 14.9 percent as compared with that in the previous year, and the output of sugar was 84 million tons, down by 14.2 percent. Growth was seen in the output of oil-bearing crops, fruits, and tea. Output of oil-bearing crops was 26 million tons, up 12.4 percent over the previous year; of fruits, 61 million tons, or up 11.9 percent. The output of tea reached 680,000 tons, up 2.3 percent. The planting areas of vegetables continued to increase. The actual planting areas of the whole year were 13.11 million hectares, up 7 percent over the previous year. Continued growth was made in animal husbandry and fishing industry. The total meat production of the year was 59.53 million tons, up 4 percent, and the production of aquatic products was 41 million tons, up 5 percent.

New progress was achieved in afforestation. The total afforested area in 1999 was 4.8 million hectares, while attention was paid to converting farming land back into forests or grassland .

Farmland irrigation construction was further enhanced. Flood-controlling projects along large rivers were carried out smoothly, and the ability to protect agriculture from floods and drought was strengthened.

3. Industry and Construction

In 1999, governments at all levels made full efforts in implementing a series of policies on reform and development of state-owned enterprises set forth by the CPC. Substantial steps were taken in the reform and adjustment of state-owned enterprises, resulting in the improvement in the quality of industrial production.

The strategic reorganization of state-owned enterprises achieved initial result. The key sectors set up a number of large enterprise groups. The defense industry sector organized 10 large enterprise groups, each with different specialization such as nuclear energy, spacecraft, aircraft, shipping, weaponry and so on. The non-ferrous metal industry set up three large enterprise groups specializing in aluminum, in copper, lead and zinc and in rare metals. Another four large enterprise groups of the information sector were in the course of organization. The pace of structural adjustment and reorganization of enterprises was accelerated in textile, coal, metallurgy and defense sectors. Some of the enterprises that met necessary criteria began the debt-to-equity swap program, and their as-sets-liabilities ratio was improved.

The industrial production kept steady growth. In 1999, the total value-added of the industrial sector was 3,535.7 billion yuan, up by 8.5 percent over the previous year. The value-added of state-owned industrial enterprises and those non-state-owned industrial enterprises with an annual sales income over 5 million yuan (referred to as industrial enterprises above designated size hereafter) was 2,030.7 billion yuan, up by 8.9 percent. Of this total, the value-added created by state-owned enterprises and joint-ownership enterprises where state held the controlling share was 1,160.3 billion yuan, up 7.4 percent. The value-added of collective enterprises was 346.2 billion yuan, up 7 percent; of joint-stock enterprises, 298.6 billion yuan, up 11.2 percent; of enterprises invested by foreigners or investors from Hong Kong, Macao and Taiwan, 420.1 billion yuan, up 12.9 percent; and of other types of ownership, 77.5 billion yuan, up 13.3 percent. In terms of light and heavy industry, the value-added of light industry was 869 billion yuan, up by 8.3 percent, and that of heavy industry was 1,161.7 billion yuan, up by 9.3 percent.

Encouraging progress was scored in the adjustment of the structure of industry. Achievement was made in coal sector by closing mines and reducing production. Some 31,000 illegally operated and irrational small coalmines were shut down, the production of township enterprises reduced by 250 million tons, meeting the target set at the beginning of the year. The total reduced cotton spindles in textile sector reached 9.06 million, one year ahead of the planned timetable. Some small enterprises from metallurgy, construction material, non-ferrous metal and chemical sectors with outmoded equipment, backward technology, low-quality of products, heavy pollution and high-energy consumption were closed. The growth slowed down in the production of general consumption products and some machinery and electronic products whose supply exceeding demand. At the same time, output of some of the products which were in short supply on domestic markets increased; in particular, the development of hi-tech industry speeded up significantly. The growth of the production of microcomputers, mobile communication equipment, and program-controlled switchboards increased by 12 - 43.6 percent.

Production and marketing situation improved to some extent. The sales ratio of industrial enterprises above designated size was 97.16 percent, or 0.56 percentage points higher over the previous year. The output value of new industrial products was up 12.1 percent over the previous year.

Economic efficiency of the industrial sector improved. Under the situation of continued decline of prices, the sales income of industrial enterprises above designated size reached 6,753.5 billion yuan, up 10.2 percent, their profits totaled 220.2 billion yuan, up by 52 percent. The losses by loss-suffering enterprises stood at 130 billion yuan, down by 15.2 percent over that in the previous year. The overall efficiency index for industrial enterprises was 99.3 percent, or 8.4 percentage points higher than the figure for the previous year. Changes were seen in reducing losses and increasing profits in state-owned industrial enterprises. Some large and medium-sized state-owned enterprises got out of the difficult situation. Textile, construction material, non-ferrous metal, railway and civil aviation sectors made up the deficits and got surplus. Large and medium-sized state-owned enterprises in old industrial bases in the northeast three provinces cast off the situation of long years of loss-suffering. In 1999, the profits made by state-owned and state-holding enterprises was 96.7 billion yuan, up 77.7 percent, representing the best in the last five years. The losses of loss-suffering enterprises were 85.1 billion yuan, down by 15. 9 percent. By the end of the 1999, the inventory of manufactured products reached 344.1 billion yuan, up 2.2 percent. However, the improvement of the efficiency of industrial enterprises in 1999 had the feature of recovery, the efficiency of some of the enterprises was still unsatisfactory, and the total volume of losses by loss-suffering enterprises was still huge.

The construction industry developed steadily, and the economic efficiency was turning for the better. In 1999, the value-added of construction enterprises was 545 billion yuan, up by 4.6 percent over the previous year. The profits made by construction enterprises at and above grade four reached 12.1 billion yuan, up by 3.4 percent; the taxes turned over stood at 32.2 billion yuan, up by 6.7 percent. The total floor space of buildings under construction during the year was 1,410 million square meters, an increase of 38.77 million square meters. Floor space of buildings completed during the year was 670 million square meters, an increase of 15.01 million square meters. The numbers of loss-suffering enterprises of construction industry were 9,221, or 391 less as compared with that in the previous year.

Significant progress was achieved in geological prospecting. Geological survey was carried to cover 113,000 square meters of areas, the geological features of which were illustrated on 1:50,000 scale maps. Some 185 new mineral deposits were discovered. Forty-one minerals were found to have increased (or prospective) reserves, including 660 million tons of crude oil, 92. 7 billion cubic meters of natural gas and 400 million tons of coal. The geological prospecting enterprises completed a total of 3,350,000 meters of drilling.

4. Investment in Fixed Assets

In 1999, central government continued to carry out the active fiscal policies by issuing more long-term state treasury bond to strengthen input in infrastructures, bringing about the sustained growth of investment in fixed assets. The completed investment in fixed assets of the country in 1999 was 2, 987. 6 billion yuan, representing an increase of 5.2 percent over the previous year. In terms of different economic entities, the investment of state-owned units and other type of units was 2, 171.9 billion yuan, up by 6.1 percent. That of collective units was 419 billion yuan, keeping the same level as in the previous year. The investment of urban and rural residents was 396.7 billion yuan, up 6 percent. Analyzed by purposes, investment in capital construction was 1,261. 9 billion yuan, up by 5. 9 percent, that in technical updating and transformation reached 441. 9 billion uan, down by 2. 2 percent, and that in real estate development was 40. 1 billion yuan, up by 11 percent. New progress was made in the construction of city infrastructure facilities and residential buildings. Active results were also seen in the reconstruction of rural power grid.

Further improvement was scored in the investment structure. Among the investment of state-owned enterprises and other economic entities, the completed investment in the primary industry (including water conservancy) was 80. 4 billion yuan, up by 22. 6 percent. Investment in the secondary industry was 716. 7 billion yuan, down by 0. 9 percent. investment in the tertiary industry was 1,374. 8 billion yuan, up by 9. 3 percent.

The newly-increased annual production capacity in 1999 through capital construction projects included: 20. 7 million tons of coal mining, 17. 03 million kilowatts of power generation by large and medium-sized generators, 66. 46 million kilovolt-amperes of power transformer equipment each with a capacity of or over 110,000 kilovolts (of which, 32. 34 million kilovolt-amperes was updated power grid in urban and rural areas), 16. 18 million tons of oil extraction, and 2. 4 billion cubic meters of natural gas extraction. The year 1999 also saw the operation of 1,040 kilometers of new trunk railways, 1,293 kilometers of double-track railways, 607 kilometers of electrified railways, 2,672 kilometers of newly constructed express highways, and 18. 69 million tons of cargo-handling capacity of coastal harbors. Reconstruction of rural power grid was completed in about 2,002 counties, totaling 357,000 kilometers of power lines in operation.

5. Education and Science

In 1999, education of all levels and forms made big progress. The enrollment of higher education increased by a large margin, and the reform of the management system of higher education institutions made important advancement. The pace of vocational higher education speeded up, the enrollment of general senior high school students increased. At the same time, steadily development was scored in education aiming at improving the overall quality of students, in compulsory education and in elimination of illiteracy. Attention was also paid to preschool education and special education. Sound development was registered in various vocational education at all levels. Sustained development was seen in running education programs by non-government resources.

There were 4. 13 million enrolled undergraduate students in general universities, including 1. 6 million new entrants, or 510,000 new entrants more than the figure in 1998; 3. 06 million enrolled students in institutions of adult higher education, including 1. 16 million new entrants; and 230, 000 enrolled postgraduate students, including 90,000 new entrants, in universities or institutions that offered courses leading to postgraduate degrees, an increase of 20, 000. At the secondary education level, there were 10. 5 million students studying in ordinary senior secondary schools, including 3. 96 million new entrants, an increase of 370,000; 14. 43 million students in secondary vocational or technical schools of various types, including 4. 81 million new entrants. Students enrolled in junior secondary schools totaled 58. 12 million, including 21. 83 million new entrants, with an enrollment rate of 88. 5 percent, and pupils enrolled in primary schools numbered 135. 48 million, including 20. 3 million new entrants, with the enrollment rate of primary-school-age children being 99. 1 percent. Special education schools accommodated 370, 000 students, including 50, 000 new entrants. There were 23. 26 million children in kindergartens. The adult technical training schools offered courses to 101. 57million persons. A total of 2. 99 million people completed basic literacy courses in 1999.

In 1999, central government further carried out the strategy of revitalizing the country through science, technology and education, pushed forward the technical innovation, developed hi-tech industry and accelerated the pace of industrialization of science and technology.

Headway was made in scientific research and technical innovation. By the end of 1999, China had 2.71 ndlIion professionals and technicians engaged in scientific or technical activities, of whom 1.5 million were scientists or engineers. The expenditure on scientific and technological activities for the whole year was 125 billion yuan, up 10.8 percent over the previous year. In 1999, the state organized 663 key technical innovation projects and 1,329 key pilot production projects of new products. Another 26 key projects concerning the development and approval of major technical equipment were conducted. In 1999, China gained 29,500 key scientific results, of which 602 results received prizes from the state. The year 1999 also saw the successful launching of 4 satellites. The successful launch of China's first unmanned spacecraft "Shenzhou" designed and developed by Chinese scientists indicated significant step forward by China towards the eventual launching of astronaut-carrying spacecraft into space. A total of 134,240 applications for patents were received from domestic and overseas applicants, while 100,154 patents were authorized, up 10 percent and 47.5 percent respectively.

Further improvement was made in technical services such as quality inspection, standardization, metrology and weather forecast. By the end of 1999, there were altogether 5,500 institutions in China that were responsible for the inspection and supervision of the quality of manufactured products, including 229 state inspection centers. There were altogether 4,393 authorized measurement inspection institutions, which enforced compulsory inspection on 21.68 million measuring instruments. A total of 900 national standards of various types were formulated or amended, including 172 compulsory standards and 477 new standards.

The year 1999 also saw the operation of 1,118 urban and rural weather forecast service and transmission stations, and 277 satellite cloud map receiving stations throughout China. There were 1,285 seismology monitoring stations and 28 remote monitoring network stations. Some 20.86 million records of marine data were collected through 672 marine monitoring spots. Surveying and mapping departments published 1,344 kinds of maps and 310 kinds of books.

6. Transport, Posts and Telecommunications

Transport, posts and telecommunications registered steady development. The value-added of these sectors in 1999 was 446 billion yuan, an increase of 9.3 percent over the previous year.

Total volume of cargo transported by various means was 4,117 billion ton-kilometers, up 8.2 percent as compared with 1998. Of this total, the cargo transportation by railways was 1,284.1 billion ton-kilometers, up 2.6 percent; by highways, 579.3 billion ton-kilometers, up 5.6 percent; by waterways, 2,185.7 billion ton-kilometers, up 12.6 percent; and by airways, 4.23 billion ton-kilometers, up 26.5 percent. The volume of passenger transport was 1,125 billion passenger-kilometers, an increase of 5.7 percent. Of this total, the volume transported by railways was 413.1 billion passenger-kilometers, up by 9.3 percent; by highways, 614.5 billion passenger-kilometers, up 3.4 percent; by waterways, 11.72 billion passenger-kilometers, down by 2.5 percent; and by airways, 85.7 billion passenger-kilometers, up 7.1 percent. Major coastal ports handled 1.04 billion tons of cargo, including 380 million tons of merchandise for foreign trade, up 13 percent and 11.8 percent respectively.

The business transactions of postal and telecommunication services in 1999 totaled 331.1 billion yuan, up 32.1 percent over the previous year. The telephone office exchanges increased their capacity by 23 million gates, making the total capacity reaching 160 million gates. There were 13 telephones per 100 population in China, or 2.5 telephones more than the figure of the previous year (with 28.4 telephones per 100 urban inhabitants). About 79.8 percent of administrative villages in rural areas had access to telephone services. There were 3.5 mobile telephones per 100 population. Users of Internet service reached 8.9 million in China.

7. Domestic Trade

In 1999, sales of commodity at domestic market were stable and becoming brisk, as a result of various favorable factors, including policies on increasing the income of urban low-income households, expanding consumption loans and abolishing regulations that restrict consumption, and the consecutive cut of interest rate. In 1999, the total retail sales of consumer goods was 3,113.5 billion yuan, up 6.8 percent over the previous year (representing a real growth of 10.1 percent if price factor was deducted). In terms of urban and rural areas, the retail sales of consumer goods in urban areas reached 1, 909.2 billion yuan, up 7.1 percent, and the retail sales of consumer goods at and below county level was 1,204.3 billion yuan, up 6.3 percent. In terms of different sectors, the sales of the wholesale and retail establishments was up 7.1 percent, that of the catering industry was up 13.6 percent, and the sales of other sectors was up 3.3 percent. The sales at the market for means of production picked up. The total sales of means of production by wholesale and retail establishments above designated size were 939.2 billion yuan, up 7.8 percent. Transactions at fair markets were brisk.

The economic efficiency of key wholesale and retail enterprises continued to decline. The annual net sales of 1,300 state key wholesale and retail enterprises reached 335.6 billion yuan, up 1 percent over 1998, while their total profits for the year was 1.2 billion yuan, a drop of 40 percent over the previous year.

8. Foreign Economic Relations

In 1999, the central government adopted a series of policies on encouraging export, including raising the tax-refund on exports. At the same time, the economy of nations and regions that were once hit by the Asian financial crisis showed sign of recovery. As a result, China, s exports shifted from declining to increase. Total volume of exports and imports in 1999 reached 360.7 billion US dollars, up 11.3 percent over the previous year. The value of exports was 194.9 billion US dollars, up 6.1 percent. Of this total, the exports of general trade rose by 6.6 percent, and that of manufacturing trade increased by 6.1 percent. The value of import was 165.8 billion US dollars, up 18.2 percent, resulting in a trade surplus of 29.1 billion US dollars. The structure of exports was further adjusted; the exports of machinery and electronic products was up 14.7 percent, with its share in the total exports rising from 36.5 percent to 39.5 percent. In terms of destination, the exports to Africa and to Asia was up 1.3 percent and 4.5 percent respectively; that to Europe, North America and Oceania was up 6.1 percent, 10.8 percent and 16 percent respectively, while the exports to Latin America was down by 1 percent. Foreign direct investment declined. In 1999, 17,100 foreign direct investment projects was approved, down by 13.8 percent over the previous year. The actually utilized foreign capitals stood at 40.4 billion US dollars, down by 11.4 percent.

Growing momentum was kept in construction projects, labor projects, design and consultancy services contracted by China with foreign counterparts. In 1999, contracts were signed with the overseas involving 13 billion US dollars, up 10.4 percent over the previous year. The accomplished business revenue reached 11.2 billion US dollars, up 10.9 percent. By the end of 1999, 380,000 Chinese workers were working overseas, 30,000 persons more than the figure at the end of 1998.

Rapid growth was scored in international tourism. In 1999, China received 72.8 million tourists from overseas, up by 14.7 percent over the previous year, of whom 27.04 million tourists stayed for more than one night, up 8 percent. Of all tourists visiting China, 8.43 million were foreigners, up 18.6 percent, and 64.26 million were Chinese compatriots from Hong Kong, Macao and Taiwan, up 14.2 percent. Income of foreign exchange from tourism reached 14.1 billion US dollars, up 11.9 percent.

9. Banking, Securities and Insurance

In 1999, People's Bank of China made efforts to bring into full play of the monetary policy by adopting measures of lowering interest rates and the reserves of deposits of commercial banks and properly increasing the money supply. The target of monetary regulation set forth at the beginning of the year was achieved and it had advocated the economic growth.

Money supply increased properly, enhancing the liquidity of money to some extent. According to statistics from domestic financial institutions in terms of RMB, by the end of 1999, the money supply of broad sense (M2) was 11, 989.8 billion yuan, up 14.7 percent over the previous year, and that of narrow sense (Ml) was 4,583.7 billion yuan, up 17.7 percent. The cash money in circulation(M0) amounted to 1,345.6 billion yuan, an increase of 225.1 billion yuan or 20.1 percent. Savings deposits and loans increased steadily. Savings deposits in various forms in all banking institutions at the end of 1999 totaled 10,877.9 billion yuan, an increase of 1,316.2 billion yuan or 13.7 percent. Of this total, savings of enterprises accounted for 3,7l8.2 billion yuan, up 14.5 percent, and the savings deposits by urban and rural residents reached 5,962.2 billion yuan, up 11.6 percent. Diversification of savings deposits speeded up to some extent. The balance of various loans stood at 9,373.4 billion yuan, up 12.5 percent. Of this total, the long-term and medium-term loans totaled 2,396.8 billion yuan, up 15.7 percent.

Stock market was further standardized and developed. In 1999, 98 companies issued A shares and another 117 companies issued A shares rights at Shanghai and Shenzhen Stock Exchanges, with capital paid-in topped 87.7 billion yuan, an increase of 10.3 billion over 1998. The issue of B shares and H shares helped to draw 610 million US dollars worth of foreign capital. The issue of convertible A shares bonds totaled 1.5 billion yuan. The capitals raised through issuing of shares and rights were 94.1 billion yuan, up 12 percent over the previous year. The number of listed companies (with A, B and H shares) in China stock markets rose from 876 at the end of 1998 to 976 at the end of 1999, worth of 2,647.1 billion yuan, up 36 percent. The total issue of state treasury bonds reached 371.5 billion yuan, an increase of 40.4 billion yuan over the previous year.

Progress was made in insurance service. In l999, the insurance premium totaled 139.3 billion yuan (including foreign institutions), up 10.2 percent over the previous year. Of this total, the premium of property insurance was 52.1 billion yuan, that of life insurance was 76.8 billion yuan, and that of health and unforeseen accident insurance was 10.4 billion yuan. The insurance companies paid an indemnity of 51 billion yuan as reparations in insurance programs, of which the indemnity of property insurance and short-term life insurance was 31.8 billion yuan. Another 19'2 billion yuan was paid as reparations in life insurance programs.

10. Culture, Public Health and Sports

Cultural and art undertakings made rapid progress. By the end of 1999, there were 2,614 art-performing groups, 2,899 culture centers, 2,765 public libraries and 1,371 museums in China. Radio broadcasting stations covered 90.4 percent of the population, and the television transmitting and relaying stations covered 91.6 percent of the population. The cable television users reached 77 million. National and provincial newspapers issued 20.1 billion copies; magazines, 2.9 billion copies; and books, 7.3 billion copies. There were 3,733 archives in China where 40.09 million documents were made accessible to the public.

Continued development was made in public health undertakings. By the end of 1999, there were 310,000 health care institutions (including clinics), with a total of 3.16 million beds and 4.46 million health workers. China also had 5,900 anti-epidemic and disease prevention stations employing 220,000 health workers, and 2,630 maternal and child health-care institutions employing 73,000 health workers. Rural villages with medical-care stations made up 90 percent of all villages in China, employing 1,330,000 rural doctors and health workers.

Steady progress was scored in sports. In 1999, Chinese athletes won 92 world champions at national and international sport games. Sixteen athletes broke 24 world records on 50 occasions, 10 athletes broke 7 Asian records on 16 occasions, and 43 athletes and 3 teams broke 52 national records on 68 occasions. The National Fit-keeping Program was further promoted.

11. Environment Protection

Environment protection was further enhanced, and its development speeded up.

By the end of 1999, there were 116,000 people working in environment protection agencies in China. Some 2,111 environment monitoring stations were in operation employing 36,000 workers. New achievement was made in the protection of nature, as was illustrated by the pilot establishment of 154 ecological demonstration zones. China had 1,146 natural protection areas, covering 88.13 million hectares or 8.8 percent of the total land areas of the country, among which 137 were state-level natural protection areas. The legal construction for environment protection achieved new progress with further enforcement of environment-related laws. By the end of 1999, about 426 standards concerning environment protection were formulated. Among all construction projects started in 1999, 90.5 percent of them implemented the evaluation program on the impact of the projects in question against the environment. About 95 percent of all projects put into operation in 1999 had pollution control facilities. A total of 12, 010 projects against environment pollution were completed within the specified time frame during the year, absorbing a total investment of 7.1 billion yuan. Two thousand three hundred and sixty-four smoke/dust control zones were established in 536 cities, covering an area of 16,000 square kilometers; and there were another 2,040 zones covering 8,975 square kilometers in 431 cities, where the noise pollution was put under specified level.

Pollution prevention work continued in key river valleys and regions. Some 144 pollutant-discharging enterprises around Dianchi Lake with a daily discharge of over 100 tons of waste-water were requested to establish treatment measures within a specified time frame. An investment of 300 million yuan was put in the projects around the lake. Another 109 pollutant-discharging enterprises around Chaohu Lake with a daily discharge of over 100 tons of waste-water were also requested to establish treatment measures with a specified time frame, involving an investment of 223 million yuan. The discharges of industrial effluent around the Dianchi Lake and Chaohu Lake valleys had basically met the national environmental standards and the water quality improved.

The Program of Control of Aggregated Pollutants and China Trans-century Green Program were carried out smoothly. By the end of November 1999, 525 projects under such programs were completed, involving an investment of 68.04 billion yuan.

However, the environment condition for the whole country was still serious. The pollution from daily life and from agriculture was severe, and the scope of destroyed ecological environment continued to expand, with devastating results in certain areas.

12. Population and People's Life

The natural growth rate of population continued to decline. The year 1999 saw 19.09 million births with a crude birth rate of 15.23 per thousand, and 8.10 million deaths, representing a crude death rate of 6.46 per thousand. The net growth of population in 1999 was 10.99 million and the natural growth rate was 8.77 per thousand, or 0.76 per-thousand～points lower than that of 1998. By the end of 1999, the total population of China was 1,259.09 million. Of the total population, those living in urban areas were 388.92 million, accounting for 30.9 percent and those living in rural areas were 870.17 million, accounting for 69.1 percent. The proportion of population aged from 0 to 14 years was 25.4 percent, that aged 15-64 years was 67.7 percent. The proportion of population aged 65 and over was 6.9 percent with total aged population standing at 86.87 million. The average family size was 3. 58 persons.

The living standard of urban and rural households continued to improve. The state raised the level of the "three security systems": the basic living expenses for urban laid-off workers, the unemployment insurance system and the minimum living expense assurance system in urban areas, and increased the wages for staff and workers in administrative units or institutional agencies. The income of urban households increased. The annual per capita disposable income of urban households was 5,854 yuan in 1999, a real increase of 9.3 percent if change in prices was taken into consideration. New progress was registered in rural poverty-alleviation programs, another 8 million people cast off poverty. The growth of farmers' income slowed down due to the sustained decline of prices of farm produce as a result of the change in supply-demand relation and the difficulty in marketing farm produce, in addition to the deterioration of economic efficiency of township enterprises' The per capita net income of rural households was 2,210 yuan (with 1,538 yuan of cash income), a real growth of 3.8 percent if price factor was deducted, the growth rate was 0.5 percentage points lower as compared with that in the previous year. Housing condition continued to improve in both urban and rural areas. A total of 500 million square meters of new residential buildings were completed in urban areas, and 870 million square meters of new houses were built in rural areas in 1999. Tourism became the new consumption fashion for residents, and the year 1999 saw a total of 719 million domestic tourists, up 3.6 percent over the previous year. The per capita expenditure on tourism was 227 yuan.

Social security system was consolidated and improved. By the end of the year, about 93 percent of the laid-off staff and workers of state-owned enterprises entered the re-employment service center, and 90 percent of them got their basic living allowance. Some 94.33 million staff and workers and over 29 million retirees participated in the basic retirement security program, 99.12 million people participated in the unemployment insurance. Some 21 million staff and workers and retired pensioners participated in the general health care program for major diseases and general health care program. Reform on the basic health care insurance system was carried out in some regions.

Social welfare work made new achievement. There were 1.08 million beds in social welfare institutions of various types in China in 1999, with 810,000 inmates. The community service network continued to expand in urban areas, with 180,000 community service facilities established, including 6,572 community service centers. Minimum life guarantee system had been established in over 667 cities and 1,682 counties, from which 5,257,000 people received minimum life guarantee relief. In 1999, 9.1 billion yuan worth of social-welfare lottery tickets were issued, raising 2 billion yuan worth of funds, and donations from the society reached 600 million yuan.

Notes:

1) All figures in the Communiqué are preliminary statistics.

2) Statistics in the Communiqué do not include figures for Hong Kong SAR and Macao SAR, which will be released by the governments of Hong Kong SAN and Macao SAR.

3) Statistics in the Communiqué do not include figures of Taiwan Province.

4) Figures in value terms on gross domestic product and value-added of various sectors quoted in the Communiqué are at current prices, whereas growth rates are calculated at comparable prices.

1999 年度劳动和社会保障事业发展统计公报

劳动和社会保障部　国家统计局

1999 年，党中央、国务院对劳动保障工作高度重视，各级劳动保障部门坚决贯彻落实中央的各项方针、政策，继续以确保国有企业下岗职工基本生活、确保企业离退休人员养老金按时足额发放工作为重点，全面深化劳动和社会保障各项改革，为促进经济发展、维护社会稳定和深化国有企业改革做出了贡献，劳动和社会保障事业取得了新的进展。

一、劳动就业

就业总量继续增长，就业结构进一步改善。到年底，全国城乡共有从业人员 70586 万人，比上年增加 629 万人。其中，第一产业为 35364 万人，占 50.1 %；第二产业为 16235 万人，占 23 %；第三产业为 18987 万人，占 26.9 %。城镇从业人员为 21014 万人，比上年增加 336 万人。其中，城镇单位从业人员 12130 万人，比上年减少 566 万人。在城镇单位从业人员中，在岗职工人数 11773 万人，比上年减少 563 万人。其中，国有单位 8336 万人，城镇集体单位 1652 万人，其他单位 1785 万人。到年底，全国城镇登记失业率为 3.1%。

国有企业下岗职工基本生活保障和再就业工作成绩显著。到年底，全国企业（西藏未作统计）实有下岗职工 937 万人，比上年底增加 60 万人。其中，国有企业（含国有联营企业、国有独资公司）有下岗职工 652 万人，比上年底增加 42 万人。国有企业下岗职工中有 95%进入再就业服务中心。在进中心的下岗职工中，已有 94.4%的人签订了基本生活保障和再就业协议，有 90%的人领到了生活费。1999 年 7 月起将国有企业下岗职工基本生活费水平提高了 30%。全年共有 492 万国有企业下岗职工实现再就业，再就业率为 42%。

劳动力市场建设取得新进展。1999 年，劳动力市场科学化、规范化、现代化建设试点工作在全国 100 个大中城市全面铺开，劳动力市场信息网络建设迅猛发展。全国已建成 11 个省级劳动力市场信息网络监测中心，45 个试点城市已初步建成城区广域网。劳动力市场清理整顿工作继续深入，全国共有 20 个省、自治区和直辖市出台了劳动力市场管理的地方法规或行政规章。全年清理非法设立的职业中介机构 4000 多个，依法取缔严重违规的中介机构 500 多个。到年底，全国共有各类职业介绍机构 30685 所，全年为 1500 万人提供了职业介绍服务。

职业培训工作取得明显成效，劳动预备制度普遍推广。1999 年，全国共有 513 万失业人员和下岗职工参加了再就业培训，其中有 323 万人经过培训实现了再就业。创业培训试点城市从 3 个增加到 30 个，共有 30 万人参加了创业指导和创业培训。劳动预备制培训已在 27 个省、自治区、直辖市开展起来，全年共有 93 万城镇未能继续升学的初高中毕业生参加了劳动预备制培训。到年底，全国共有技工学校 4098 所，在校学生 156 万人。其中，国家级重点技工学校 297 所，高级技工学校 135 所。

职业技能鉴定工作有了新的进展。全年全国有 338 万人参加了职业技能鉴定，其中 292 万人获得职业资格证书。到年底，全国职业技能鉴定机构达到 6916 个，其中国家职业技能鉴定所 4202 个，地方职业技能鉴定站 1336 个，工人考核组织 1378 个。全国职业技能考评人员为 7.3 万人。

二、社会保险

（一）养老保险

城镇基本养老保险的覆盖面继续扩大。到年底，全国离退休、退职人员共有 3730 万人，比上年增长 3.8%。全国有 9502 万职工和 2984 万离退休人员参加了基本养老保险社会统筹，其中企业参保职工为 8859 万人，离退休人员为 2864 万人，分别比上年增长 4.5%和 5%。离退休人员的基本生活得到保障。通过加强基金征收、清理企业欠费、增加财政投入、动用基金积累等途径筹集资金，全国参保离退休人员的养老金基本做到了按时足额发放，同时补发历年拖欠的养老金 133.4 亿元。从 1999 年 7 月份起，为 2700 多万企业离退休人员调整了待遇水平，企业离休人员月人均增加 145 元，退休人员月人均增加 60 元。全年全国基本养老保险基金总收入 1965 亿元，总支出 1925 亿元。到年底，全国基本养老保险基金滚存结余 734 亿元。

城镇养老保险省级统筹进一步完善，养老保险管理服务的社会化步伐加快。1999 年，行业统筹移交地方管理后正在平稳运行。到年底，全国有 29 个省、自治区、直辖市实现了养老保险省级统筹或建立了省级调剂金制度，1403 万离退休人员实行了养老金社会化发放，社会化发放率达47%。

农村社会养老保险改革规范工作稳妥进行。到年底，全国31个省、自治区、直辖市76%的乡镇开展了农村社会养老保险工作，参保的农村人口达8000万人。

（二）医疗保险

城镇职工医疗保险改革取得新的突破。到年底，全国已有36个地级统筹地区和23个县级统筹地区正式实施基本医疗保险改革方案。全国参加基本医疗保险制度的职工469.8万人，退休人员124.1万人。全年基本医疗保险基金收入24.5亿元，支出16.5亿元，当年结余8亿元。参加职工大病医疗费用和离退休人员医疗费用社会统筹的人数为1471万人，基金收入65.1亿元，支出53.9亿元。到年底，职工大病统筹和离退休人员医疗费用社会统筹基金滚存结余49.6亿元。

（三）失业保险

失业保险覆盖面继续扩大。到年底，全国参加失业保险的人数为9852万人，比上年增长24.3%。全年失业保险基金收入125.2亿元。全年基金支出91.6亿元，其中向国有企业再就业服务中心调剂资金40.9亿元。到年底，失业保险基金滚存结余159.9亿元。1999年，各级失业保险经办机构平均每月为101万失业人员发放了失业保险金及其他失业保险待遇。从1999年7月份起，将失业保险金发放标准提高了30%。

（四）工伤、生育保险

工伤、生育保险改革继续深入进行。到年底，全国有1713个县（市）实行了工伤保险费用社会统筹，参保职工为3960.3万人，比上年增长4.7 %。全年工伤保险基金收入18.6亿元，支出11.9亿元，期末滚存结余41.7亿元。到年底，全国参加生育费用社会统筹的职工近3000万人，比上年增长8%。全年生育保险基金收入9.8亿元，支出6.6亿元，期末生育保险基金滚存结余13.6亿元。

（五）社会保险基金监督

社会保险基金监督工作取得成效，挤占挪用社会保险基金问题得到有效遏制。各级劳动保障行政部门加大基金监督力度，对挤占挪用社会保险基金的重大案件进行了查处，全年共清理回收养老、失业保险基金19.8亿元。

三、工资分配

1999年城镇在岗职工工资总额为9875亿元，比上年增长6.2%。其中国有单位7161亿元，上升5.1 %；城镇集体单位963亿元，下降5.8%；其他单位1752亿元，增长19.8%。1999年，全国城镇在岗职工平均工资为8346元，比上年增长11.6%，扣除价格因素，实际增长13.1%。其中，国有单位8543元，城镇集体单位5774元，其他单位9829元。

全国有30个省、自治区、直辖市建立并完善了最低工资保障制度，发布了最低工资标准。

企业工资改革稳步推进。到年底，全国有20个省、自治区、直辖市和计划单列市开展了工资指导线试点，1700户企业开展了工资集体协商试点，35个大中城市开展了劳动力市场工资指导价位制度试点，6700户企业进行了经营者年薪制试点。

四、劳动关系

劳动合同管理进一步完善。到年底，全国城镇国有企业、集体企业、外商投资企业实行劳动合同制度的职工人数为10088万人；城镇私营企业实行劳动合同制度的从业人员为612万人；签订劳动合同的个体工商户雇工人数为474.7万人；乡村集体企业实行劳动合同制度的从业人员为2326万人。全年各地报送劳动保障部门审核通过的集体合同19.4万份，涉及职工5980万人。下岗职工劳动关系进一步理顺。到年底，在出再就业服务中心的530.5万下岗职工中，有189.5万人解除或终止劳动合同，占35.7%。

劳动争议案件数量继续增加。全年全国各级劳动争议仲裁委员会共立案受理劳动争议案件12万件，涉及劳动者47.4万人，分别比上年增长28.3%和32.2 %。其中，集体劳动争议案件9043件，涉及劳动者31.9万人，分别比上年增长33.6%和27%。1999年，各级仲裁委员会审理结案11.7万件，当年结案率为97.7%。

五、劳动立法与监察

劳动保障立法取得明显进展。1999年1月，国务院颁布实施了《社会保险费征缴暂行条例》和《失业保险条例》。

劳动保障监察执法力度进一步加大。1999年，各地劳动保障监察机构深入开展社会保险扩面征缴和“两个确保”专项执法检查活动，督促28.8万户用人单位办理了社会保险登记，涉及职工1270万人，督促15.8万户用人单位缴纳养老、失业保险费56.6亿元，责令2569户用人单位为17.9万名下岗职工补发基本生活费5173.4万元。各地劳动保障监察机构深入开展巡视监察、举报专查、劳动保障年检等执法活动，全年共立案查处违反劳动保障法规案件20.8万件，其中查处群众举报案件9.1万件。全年年检用人单位88.5万户。通过监察执法，责令用人单位为431.6万名劳动者补签劳动合同，退还向劳动者非法收取的风险抵押金1亿元，补发劳动者工资等待遇10.6亿元，取缔非法职业中介机构4821户。到年底，全国组建劳动保障监察机构

3091 个，配备劳动保障监察员 4 万人。

注：香港、澳门特别行政区和台湾省统计数据未包括在本公报中。

Statistic Communiqué on 1999 Labor and Social Security Undertakings Development

Ministry of Labor and Social Security, State Statistics Bureau

In 1999, the Party Central Committee and State Council paid high attention to labor security work. Labor security sectors of each level firmly implemented each general and specific policies and kept on focusing on ensuring the basic living of laid-off staff and workers of state-owned enterprises and the full payment of pension to enterprise retiree. Each labor and social security reform has been deepened. Contributions have been made in promoting economic development, safeguarding social stability and deepening state-owned enterprise reforms. New progress has been made in labor and social security undertakings.

Ⅰ. Labor Employment

The total amount of employment kept on increasing and employment structure was further improved. By the end of the year, the total employed people were 705.86 million in towns and countries with 6.29 million more than that of previous year, in which 353.64 million were in the primary industry, accounting for 50.1%; 162.35 million in the secondary industry, accounting for 23%; 189.87 million in the tertiary industry, accounting for 26.9%. The employed people were 210.14 million in towns and cities with 3.36 million more than that of previous year, in which the employed people in the units of cities and towns were 121.30 million with 5.63 million less than that of previous year. Among the employed people in the units of cities and towns, the number of workers on the post was 117.73 million with 5.63 million less than that of previous year, in which 83.36 million were in state-owned units, 16.52 million collective-owned units, 17.85 million in other units. By the end of the year, the total registered unemployment rate was 3.1%.

Obvious progress has been made in the basic living security and re-employment work of laid-off staff and workers in state-owned enterprises. By the end of the year, the actual number of laid-off staff and workers in the enterprises of China (excluding Tibet) was 9.37 million with 0.60 million more than that of the end of previous year, in which 6.25 million were from state-owned enterprises (including state joint-owned enterprises, state-funded enterprises) with 0.42 million more than that of the end of previous year. 95% of laid-off staff and workers from state-owned enterprises has registered in re-employment service center. Among them, 94.4% have signed basic living security and re-employment agreement and 90% have got living expenses. From July 1999, the basic living expense level of laid off staff and workers of state-owned enterprises has been raised by 30%. There were 4.92 million laid off staff and workers of state-owned enterprises for the whole year got re-employed and the re-employment rate was 42%.

New progress has been made in labor force market construction. In 1999, the construction demonstration work of the scientification, standardization and modernization of labor force market started in 100 large and medium-size cities. The development of information network construction of labor force market was very fast. 11 information network monitoring centers of labor force market at provincial level have been established and the urban broad network in 45 demonstration cities has been established. The clean-up and strengthening work of labor force market kept on deepening. 20 provinces, autonomous regions and municipalities have issued local rules or administrative regulations with regard to labor market management. More than 4000 employment medium services have been cleaned up and 500 medium services that seriously broke the regulations has been suppressed according to law. By the end of the year, there were 30685 employment introduction services of various kind providing services to 15 million people in the whole year.

The employment training work has got obvious achievements. Labor preparatory system was promoted. In 1999, 5.13 million unemployed and laid-off staff and workers participated in re-employment training, in which 3.23 million got re-employed through training. Demonstration cities for pioneering work training were increased from 3 to 30. Altogether 0.30 million people participated in the guidance and training for pioneering work. Labor preparatory system training was conducted in 27 provinces, autonomous regions and municipalities. Altogether 0.93 million middle and high school graduates who could not go on further education participated in labor preparatory system training. By the end of the year, there were 4098 technical schools with 1.56 million students enrolled. Among them, 297 were state key technical schools and 135 were high technical schools.

Occupation technical ability appraisal work has got new progress. There were 3.38 million people participating in the occupation technical ability appraisal, in which 2.92 million got occupation qualification certificate. By the end of the year, there were 6,916 occupation technical ability appraisal institutes, in which 4,202 were state occupation technical ability appraisal institutes, 1,336 were local occupation technical ability appraisal stations and 1,378 workers assessment organizations. There were 73,000 occupation technical ability assessment and appraisal staff in the whole country.

Ⅱ. Social Insurance

1. *Pension Insurance*

The coverage of basic pension insurance in cities and towns kept on extending. By the end of the year, there were 37.30 million retired and resigned people altogether, up by 3.8% than that of previous year. There were 95.02 million staff and workers and 29.84 million retired and resigned people participating in social overall planning for basic pension insurance, in which 88.59 million were enterprises staff and workers and 28.64 million were retired and resigned people, up by 4.5% and 5% respectively than that of previous year. The basic living of the retired and the resigned got secured. Through strengthening fund collection, cleaning-up enterprise debt, increasing financial input and using fund accumulation, the full payment of pensions of the retired and the resigned was basically on time. At the same time, 13.34 billion yuan pensions owned for years were paid. From July 1999, the pension level of 27 million enterprise retired and resigned people has been adjusted with 145 yuan average increase per month per capita of the resigned and 60 yuan increase for the retired. The total income of basic pension insurance fund for the whole year was 196.5 billion yuan and the total disbursement was 192.5 billion yuan. By the end of the year, the total rolling savings of basic pension fund have reached to 73.4 billion yuan.

The overall planning for pension insurance of cities and towns at provincial level has been further improved. The socialization step of pension insurance management service has been speeded up. In 1999, the industrial overall planning went smoothly after being moved to local management. By the end of the year, 29 provinces, autonomous regions and municipalities has either realized pension overall planning or established adjustment fund system at provincial level. The socialization of pension disbursement of 14.03 million retired and resigned people was carried out. The rate of socialization disbursement was 47%.

The reform standard work of social pension insurance in countryside went smoothly. By the end of the year, 76% villages and towns has carried out social pension insurance work in 31 provinces, autonomous regions and municipalities. 80 million farmers have participated in it.

2. *Health Insurance*

The health insurance reform of staff and workers in cities and towns has got new breakthrough. By the end of the year, prefectural overall planning regions and 23 county-level overall planning regions have basically carried out health insurance reform measures. 4.698 million staff and workers and 1.241 million retired and resigned people have participated in basic health insurance system. The total income of basic health insurance fund for the whole year was 2.45 billion yuan and the disbursement was 1.65 billion yuan. The surplus of the year was 800 million yuan. The number of staff and workers participating in the overall planning of serious disease and the retired and resigned people participating in the overall planning of health care was 14.71 million. The income was 6.51 billion yuan and the disbursement was 5.39 billion yuan. By the end of the year, the rolling savings of social overall planning fund of serious illness planning of staff and workers and health care expenses of the retired and resigned have reached to 4.96 billion yuan.

3. *Unemployment Insurance*

The coverage of unemployment insurance kept on enlarging. By the end of the year, 98.52 million people have participated in unemployment insurance, up by 24.3% than that of previous year. The total income of unemployment insurance fund for the whole year was 12.52 billion-yuan and the total disbursement was 9.16 billion yuan, in which 4.09 billion yuan was transferred to the re-employment service centers of state-owned enterprises for adjustment fund. By the end of the year, the rolling savings of unemployment insurance fund have reached to 15.99 billion yuan. In 1999, the unemployment insurance transaction institutions disbursed unemployment insurance fee for 1.01 million unemployed people per month. From June 1999, the unemployment insurance disbursement standard was raised by 30%.

4. *Industrial Injury and Child-bearing Insurance*

Industrial injury and childbearing insurance reform kept on deepening. By the end of the year, 1713 counties (cities) have implemented the social overall planning for industrial injury insurance cost. 39.603 million staff and workers have participated in it, up by 4.7% than that of previous year. The total income of the industrial injury fund was 1.86 billion-yuan. The total disbursement was 1.19 billion-yuan. The rolling savings have reached to 4.17 billion yuan. By the end of the year, 30 million staff and workers have participated in the social overall planning for child-bearing cost, up by 8% than that of previous year. The income of childbearing insurance fund for the whole year was 0.98 billion-yuan and the disbursement was 0.66 billion yuan. The rolling savings have reached to 1.36 billion yuan.

5. *Supervision of Social Insurance Fund*

The supervision work of social insurance fund has got progress. The social insurance fund diversion problem was controlled. The labor security administrative departments at each level strengthened insurance fund supervision. The serious cases of social insurance fund diversion were investigated and prosecuted. 1.98 billion-yuan pension and unemployment insurance fund was collected back.

Ⅲ Wage Distribution

The total amount of wages of staff and workers on the post in cities and towns in 1999 were 987.5 billion yuan, up by 6.2% than that of previous year, in which 716.1 billion yuan were in state-owned enterprises, up by 5.1%; 96.3 billion yuan in collective units in cities and towns, down by 5.8%; 175.2 billion yuan in other units, up by 19.8%. In 1999, the average wages of staff and workers on the post were 8,346 yuan in cities and towns, up by 11.6% than that of previous year. The actual increase was 13.1% deducting the price factor, in which 8,543 yuan in state-owned enterprises, 5,774 yuan in collective units in cities and towns and 9,829 yuan in other units.

The minimum wages security system was established and improved in 30 provinces, autonomous regions and municipalities.

The enterprises wage reform was smoothly promoted. By the end of the year, wage-guide line demonstration was conducted in 20 provinces, autonomous regions and municipalities. The collective negotiation of wages demonstration was conducted in 1,700 enterprises. The wage-guide price system demonstration of labor market was conducted in 35 large and medium size cities. Annual wages system of managers was demonstrated in 6,700 enterprises.

Ⅳ Labor Relationships

Labor contract management was further improved. By the end of the year, 100.88 million staff and workers of state-owned enterprises, collective enterprises and foreign investment enterprises have signed labor contracts in cities and towns in the whole country. 6.12 million employee from private enterprises have signed labor contracts in cities and towns. 4.747

million employee of individual industrial and commercial business have signed labor contract. 23.26 million employees of collective enterprises in countries and villages have signed labor contract. 194,000 collective contracts were submitted to labor security departments for approval, involving 59.80 million staff and workers. The labor relationships of laid-off staff and workers were further straightened out. By the end of the year, the labor contracts of 1.895 million people among 5.305 million laid-off staff and workers in re-employment service centers were rescinded or terminated, accounting for 35.7%.

The number of labor dispute cases kept on increasing. Labor dispute arbitration committees at various levels accepted 120,000 labor dispute cases in the whole year, involving 474,000 laborers, up by 28.3% and 32.2% respectively than previous year, in which 9,043 were collective labor dispute cases, involving 319,000 laborers, up by 33.6% and 27% respectively than previous year. In 1999, arbitration committees at various levels accepted 117,000 cases with 97.7% winding up rate.

V Labor Legislation and Supervision

Labor security legislation got new progress. In January 1999, the State Council promulgated and implemented "Provisional Regulation on Social Insurance Fee Collection" and "Unemployment Insurance Regulation".

Labor security supervision enforcement was strengthened. In 1999, the labor insurance supervision institutions conducted thoroughly a special enforcement inspection activity of the overall collection of social insurance and "Two Guarantee". 288,000 units were urged to go through social insurance registration, involving 12.70 million staff and workers. 158,000 units were urged to pay 5.66 billion yuan insurance fee. 2,569 units were instructed to pay 51.734 million yuan basic living expenses to 179,000 laid-off staff and workers. Labor security supervision departments conducted various enforcement activities, such as inspection tour and supervision, reports investigation, labor security annual inspection. 208,000 cases against labor security regulations were put on record in the whole year, in which 91,000 cases were reported by the public. 885,000 units were inspected in the whole. Through supervision and inspection, the employers were urged to sign labor contracts with 4.316 million laborers, return the 100 million illegal risk deposit to the laborers and pay 1.06 billion yuan wages to the laborers. 4821 illegal employment media institutions were shut down. By the end of the year, 3,091 labor security institutions were established with 40,000 labor security inspectors.

(Note: The statistic data of Hong Kong SAR, Macao SAR and Taiwan province are not included in this communiqué).

附录一、台湾省主要社会经济指标
Annex 1 MAIN SOCIAL AND ECONOMIC INDICATORS IN TAIWAN PROVINCE

附录 1.1　面积和人口主要指标
Main Indicators of Area and Population

项　目	Item	1994	1995	1996	1997	1998
面积（万平方公里）	Area (10 000 sq. km)	3.6	3.6	3.6	3.6	3.6
年底人口数（万人）	Year-end Population (10 000 persons)	2117.8	2135.7	2152.5	2174.3	2192.9
男	Male	1090.7	1099.1	1106.6	1116.3	1124.3
女	Female	1027.1	1036.7	1045.9	1057.9	1068.5
出生率（‰）	Crude Birth Rate (‰)	15.3	15.5	15.2	15.1	12.4
死亡率（‰）	Crude Death Rate (‰)	5.4	5.6	5.7	5.6	5.6
婴儿死亡率（‰）	Infant Mortality Rate (‰)	5.9	5.8	5.8	5.7	6.3
妇女生育率(‰)	Fertility Rate (‰)	55.0	55.0	54.0	53.0	43.0
人口自然增长率(‰)	Natural Population Growth Rate (‰)	9.9	9.9	9.5	9.5	6.8
结婚率（‰）	Marriage Rate (‰)	8.1	7.5	7.9	7.7	6.7
离婚率（‰）	Divorce Rate (‰)	1.5	1.6	1.7	1.8	2.0
平均期望寿命（岁）	Life Expectancy at Birth (Year)					
男	Male	73.3	73.6	73.7	73.9	73.1
女	Female	79.5	79.6	79.7	79.9	79.2
人口的年龄构成（%）	Age-specific Distribution (%)					
0—14 岁	0—14	24.4	23.8	23.1	22.6	22.0
15—64 岁	15—64	68.2	68.6	69.0	69.3	69.8
65 岁及以上	65 and Over	7.4	7.6	7.9	8.1	8.3
非农户人口占总人口比率(%)	Non-agricultural Population as % of Total Population (%)	81.1	81.6	82.7	82.8	83.0
人口密度(人/平方公里)	Population Density (persons/sq. km)	585.3	590.3	594.9	603.9	606.0

附录 1.2　劳动力和就业状况
Labor Force and Employment

项　目	Item	1994	1995	1996	1997	1998
劳动力总人数（万人）	Labor Force (10 000 persons)	908.1	921.0	931.0	943.2	954.6
男	Male	559.5	565.9	566.2	573.1	578.0
女	Female	348.5	355.1	364.8	370.1	376.7
就业人数(万人)	Employment (10 000 persons)	893.9	904.5	906.8	917.6	928.9
男	Male	551.1	555.8	550.8	556.2	561.0
女	Female	342.8	348.7	356.0	361.3	367.9
就业人数部门构成（%）	Distribution of Employment by Industry (%)	100.0	100.0	100.0	100.0	100.0
农、林、渔、猎业	Agriculture, Forestry, Fishery and Hunting	10.9	10.5	10.1	9.6	8.8
工业	Industry					
采矿业	Mining and Quarrying	0.2	0.2	0.2	0.1	0.1
制造业	Manufacturing	27.8	27.1	26.7	28.0	28.1
电、煤气、水	Electricity, Gas, Water	0.4	0.4	0.4	0.4	0.4
建筑业	Construction	10.8	11.1	10.2	9.6	9.3
服务业	Services					
批发、零售及餐饮业	Wholesale and Retail Trade and Catering Services	21.0	21.2	21.8	21.7	22.0
运输、仓储和通信业	Transport, Storage, Communications	5.3	5.2	5.2	5.1	5.1
金融、保险和不动产业	Financing, Insurance & Real Estate	3.2	3.4	3.7	3.8	4.1
工商服务业	Business Services	2.4	2.5	2.6	2.6	2.8
公共行政、社会和个人服务业	Public Administration, Community, Social and Personal Services	20.3	20.9	19.1	19.0	19.1
失业人数(万人)	Unemployment (10 000 persons)	14.2	16.5	24.2	25.6	25.7
失业率（%）	Unemployment Rate (%)	1.6	1.8	2.6	2.7	2.7

附录 1.3 国民生产总值
Gross National Product

年 份 Year	国民生产总值 Gross National Product			人均国民生产总值 Per Capita Gross National Product	
	新台币亿元 (NT $100 million)	比上年增长%① Annual Growth Rate over the Preceding Year %①	亿 美元 (US $100 million)	新台币 元 NT $	美元 US $
1989	40293	8.0	1526	201402	7626
1990	44120	7.3	1641	218092	8111
1991	49278	6.0	1837	240909	8982
1992	54598	7.3	2170	264338	10506
1993	60281	6.6	2284	289141	10956
1994	65571	6.6	2478	311726	11781
1995	71109	6.3	2684	335182	12653
1996	77671	5.9	2829	363155	13225
1997	83965	6.3	2926	389135	13559
1998	89867	4.3	2686	412667	12333

注:①按 1991 年价格计算。

Note:①At 1991 constant prices.

附录 1.4 国内生产总值支出构成
Expenditures on Gross Domestic Product

单位: % %

年份 Year	国内生产总值 (新台币亿元) Gross Domestic Product (NT $ 100 million)	居民消费 Household Consumption Expenditure	政府消费 Government Consumption Expenditure	存货增加 Change in Stocks	固定资本形成 Gross Fixed Capital Formation	货物及服务输出 Exports of Goods and Services	减:货物及服务输入 Minus: Imports of Goods and Services
1989	39388.26	53.30	15.61	1.37	22.02	49.46	41.73
1990	43070.43	54.80	17.17	0.66	22.42	46.76	41.78
1991	48107.05	54.80	17.39	1.12	22.17	47.41	42.87
1992	53376.93	56.00	17.01	1.67	23.24	43.38	41.28
1993	58745.13	57.00	15.99	1.48	23.68	44.24	42.35
1994	63764.98	59.20	15.07	0.96	22.91	44.11	42.21
1995	68920.46	59.80	14.55	0.71	22.94	48.78	46.81
1996	74775.40	60.40	14.48	0.31	20.93	48.55	44.71
1997	81311.52	60.70	14.49	1.06	20.97	49.24	46.49
1998	87203.73	61.50	14.71	0.68	21.45	48.87	47.21

附录 1.5 国内生产总值及部门构成

Gross Domestic Product by Kind of Economic Activity

单位：%　　%

年　份 Year	国内生产总值 (新台币亿元) Gross Domestic Product (NT$ 100 million)	农　业 Agriculture Forestry, Hunting and Fishery	工　业 Industry	制造业 Manufacturing	电、煤气、水 Electricity Gas & Water	建筑业 Construction
1989	39388	4.9	42.3	34.6	2.9	4.5
1990	43070	4.2	41.2	33.3	2.8	4.7
1991	48107	3.8	41.1	33.3	2.7	4.7
1992	53378	3.6	39.9	31.7	2.7	5.0
1993	58745	3.7	39.0	30.5	2.7	5.3
1994	63765	3.6	37.3	29.0	2.6	5.3
1995	68920	3.6	36.3	28.1	2.6	5.2
1996	74775	3.3	35.5	27.9	2.5	4.8
1997	81312	2.7	34.9	27.7	2.4	4.4
1998	87204	2.7	34.1	27.1	2.3	4.1

附录 1.5 续表

Continued

年　份 Year	服务业 Services	商　业 Whole sale and Retail Trade, and HotelsRestaurants	运输仓储 Transport, Storage & Communications	金融保险不动产 Finance, Insurance, Real Estate & Business Services	政府部门 Government Services
1989	52.8	13.5	6.2	17.6	9.7
1990	54.6	14.2	6.2	18.2	10.6
1991	55.1	14.6	6.2	17.9	11.1
1992	56.5	15.0	6.3	18.7	11.0
1993	57.4	15.1	6.4	19.3	10.8
1994	59.2	15.4	6.6	20.9	10.6
1995	60.2	16.0	6.7	21.1	10.5
1996	61.2	16.3	6.8	21.6	10.6
1997	62.3	16.6	6.7	23.0	10.4
1998	63.2	17.1	7.0	23.0	10.3

附录 1.6　农业生产指数
Index of Agricultural Production

(1996=100)

年　份 Year	总指数 Total	种植业 Crops	林　业 Forestry	畜牧业 Livestock	渔　业 Fishery
1981	75.4	102.7	689.1	43.1	82.0
1986	84.5	96.6	642.8	59.9	100.9
1990	94.5	97.0	233.5	74.3	120.4
1991	95.9	99.5	218.7	80.9	111.4
1992	93.6	95.4	132.0	82.9	107.5
1993	99.3	101.9	137.8	86.5	114.2
1994	96.3	98.3	104.0	91.4	100.7
1995	99.8	100.3	121.4	96.0	104.9
1996	100.0	100.0	100.0	100.0	100.0
1997	98.7	101.6	112.5	92.6	102.1
1998	93.2	93.2	142.5	85.7	101.6

附录 1.7　工业生产指数
Index of Industrial Production

(1996 年=100)

年　份 Year	总指数 General	矿　业 Mining	制造业 Manufacturing	电、煤气、水 Electricity，Gas & Water	建筑业 Construction
1989	75.52	144.51	76.88	60.84	65.20
1990	75.39	126.81	76.37	65.10	65.61
1991	80.97	115.33	82.04	71.26	67.92
1992	84.54	110.55	85.23	75.78	79.56
1993	87.80	109.49	87.37	82.75	101.99
1994	93.60	109.94	92.37	89.24	126.36
1995	98.01	106.29	97.17	94.78	121.06
1996	100.00	100.00	100.00	100.00	100.00
1997	107.43	99.71	108.69	106.12	83.73
1998	110.26	77.99	111.25	114.23	84.17

附录 1.8　消费物价指数
Consumer Price Indices

(1996=100)

年　份 Year	总指数 General Index	食品类 Food	衣着 Clothing	居住 Housing	交　通 Transportation	医药保健 Medicines and Medical Care	教育娱乐 Education and Entertainment	杂　项 Miscellaneous
1992	87.3	84.1	97.6	87.4	95.2	93.7	80.3	90.8
1993	89.9	86.9	94.8	90.8	95.8	95.0	85.2	92.9
1994	93.6	92.5	94.3	94.6	96.2	96.8	89.6	95.4
1995	97.0	96.4	97.6	97.9	98.7	98.3	93.7	98.3
1996	100.0	100.0	100.0	100.0	100.0	100.0	100.0	100.0
1997	100.9	99.1	100.7	101.2	101.2	102.4	103.4	102.1
1998	102.6	103.5	95.6	102.4	100.1	103.3	106.5	103.9

附录二、国际劳工统计资料

Annex 2　STATISTICS DATA OF INTERNATIONAL LABOURER

附录 2.1 经济活动人口(1998 年)

Economically Active Population (1998)

单位：万人 10,000 persons

国家或地区 Countries or Areas		资料来源种类 Types of Data Sources	总人口 Total Population			15 岁及以上人口 15+			经济活动人口 Economically Active Population			
			合计 Total	男 Men	女 Women	合计 Total	男 Men	女 Women	年龄* Age	合计 Total	男 Men	女 Women
中国香港(1)	Hong Kong,China	B	657	330	327	542	270	272	15+	336	204	132
印度尼西亚	Indonesia	BA	20439	10172	10267	14197	6987	7210	15+	9273	5676	3597
日本	Japan	BA	12639	6188	6451	10728	5207	5520	15+	6793	4026	2767
韩国(2)	Korea,Rep. of	A	…	…	…	3525	1713	1811	15+	2139	1288	851
澳门(3)	Macau	BA	42	20	22	32(3)	15(3)	17(3)	14+	21	12	9
马来西亚(4)	Malaysia	BA	2218	1135	1083	1463	747	717	15—64	888	590	298
新加坡(5)	Singapore	BA	…	…	…	302	145	157	15+	193	113	81
泰国(1)(6)	Thailand	BA	6125	3055	3069	4503	2234	2269	13+	3335	1833	1503
摩洛哥(7)	Marocco	B	1496	737	758	1054	515	539	7+	514	391	122
津巴布韦(8)	Zimbabwe	BA	1179	565	614	673	317	356	15+	492	251	241
巴西(9)	Brazil	BA	15613	7644	7969	10803	5204	5598	10+	7521	4483	3038
加拿大(10)	Canada	BA	…	…	…	2399	1178	1221	12+	1563	853	710
哥伦比亚(11)	Colombia	B	1404	660	745	1016	463	552	15+	665	365	300
智利(1)(12)	Chile	BA	1490	737	752	1061	519	542	15+	585	390	196
墨西哥(13)	Mexico	BA	9568	4670	4898	6274	2993	3281	12+	3951	2618	1333
秘鲁(14)	Peru	BA	1620	780	840	1096	518	578	14+	741	416	325
美国(1)(15)	United States	BA	…	…	…	20522	9876	10646	16+	13767	7396	6371
西班牙(15)(16)	Spain	BA	3912	1903	2009	3253	1564	1690	16+	1627	988	638
法国(17)	France	E	5872	2859	3013	4829	2326	2504	15+	2644	1446	1198
德国(18)	Germany	BA	8201	3997	4204	6928	3343	3585	15+	3971	2258	1713
意大利(8)(16)	Italy	BA	5686	2768	2918	4814	2319	2495	15+	2289	1421	868
罗马尼亚	Romania	BA	2251	1102	1149	1820	881	938	15+	1158	630	528
俄罗斯联邦(19)	Russian Fed.	BA	14674	6882	7792	11772	.	.	15—72	6674	3527	3146
土耳其(1)(20)	Turkey	BA	…	…	…	4410	2175	2235	12+	2342	1663	679
乌克兰(21)	Ukraine	BA	5025	2334	2690	4060	1842	2219	15—70	2594	1276	1318
英国(15)(22)	United Kingdom	BA	5832	2873	2959	4606	2244	2361	16+	2871	1600	1272
澳大利亚(1)	Australia	BA	…	…	…	1477	727	750	15+	934	530	404
新西兰(23)	New Zealand	BA	379	187	192	293	143	150	15+	186	102	84

资料来源种类:A、人口普查;B、住户调查;BA、劳动力调查;E、官方估计数。

Types of Data Sources: A. Population census;B. Household survey;BA. Labour force survey;E. Official estimates.

*:为经济活动人口的年龄上限和(或)下限,如 15+表示 15 岁及以上人口,15—74 表示 15—74 岁人口。

*:The lower and/or upper age limits used for inclusion in the economically active population,examples: (15+) which means that persons aged 15 years and above are included, (15—74) meaning persons aged 15 to 74 years.

注:(1)不包括军人。(2)不包括外国居民和军人。(3)为 14 岁及以上人口。(4)就业的劳动力。(5)为 1998 年 6 月数据。(6)为 1998 年 8 月数据。经济活动人口也包括调查周内,年龄在 13 岁以上的人员,他们既非已就业、也非失业,而是在等待适宜的季节。这些人一般在家长或家庭其他成员所有或经营的农场或季节性商业企业中工作,属无报酬工人。(7)为城市地区人口,经济活动人口包括 7 岁及以上就业人口和 15 岁及以上失业人口。(8)为 1997 年数据。(9)为 1997 年 9 月数据,不包括朗多尼亚地区、阿克里州、亚马孙州、罗赖马地区、帕拉州和阿马帕地区的农村人口,这部分人口约占全国总人口的 2.5%;不包括随军家属。(10)不包括全日制军人和在保留地生活的土著人。(11)为波哥大、巴兰基亚、麦德林、卡利、布卡拉曼加、马尼萨莱斯和帕斯托 98 年 9 月的数据。(12)为 1998 年 10—12 月数据。(13)为 1998 年 4—6 月数据。(14)为 1998 年 7—9 月为临时数据;城市地区。(15)为 16 岁以上人口。(16)不包括应征士兵。(17)为 1998 年 1 月 1 日数据。(18)为 1998 年 4 月数据。(19)为 1998 年 10 月数据,总人口数据为官方 1998 年底的估计数。(20)为 1998 年 10 月数据。(21)为 1998 年 11 月数据。(22)为 1998 年 3—5 月数据。(23)1998 年 6 月;临时数据;常住人口中的非军事劳动力。

Notes: (1) Excluding armed forces. (2) Excluding resident forergners and the armed forces. (3) The persons aged 14 years and above are included. (4) Labour force employed. (5) The data of June,1998. (6) The data of August,1998. Economically active population figues also include persons who,during the survey week,were neither employed nor unemplyed,but were waiting for the appropriate season;such persons are usually unpaid workers in farms or business enterprises engaged by the head or any other member of the household. (7)Urban areas. And economically active population figures relate to employed persons aged 7 years and over and to unemployed persons ages 15 years and over. (8) The data of 1997. (9) The data of September, 1997. And excluding the rural population of Rondonia, Acre, Amazonas, Roraima, Para and Ampapa, which represents about 2.5 percent of the total population of the country. (10) Excluding full-time members of the armed forces and indigenous populations living on reserves. (11) The data relate Bogota, Barranquilla, Medellin, Cali, Bucaramanga, Manizales and pasto. (12) The data of Oct.-Dec.,1998. (13) The data of Apr.-Jun., 1998. (14) The temporary data of July-September, 1998; urban areas. (15) The persons aged 16 years and above are included. (16) Excluding comscripts. (17) The data of Jan 1, 1998. (18) The data of April, 1998. (19) The data of October,1998; total population data are official estimates of the end of the year 1998. (20) The data of October,1998. (21) The data of November,1998. (22) The data of March-May,1998. (23) The temporary data of June, 1998; Civilian, usually resident population.

资料来源:国际劳工组织《国际劳动统计年鉴》,1999 年。

Data sources: International Labour Office Yearbook of Labour Statistics,1999.

附录 2.2 就业总水平
Employment General Level

单位：万人　　　　10,000 persons

国家或地区	Countries or Areas	1990	1991	1992	1993	1994	1995	1996	1997	1998
中国[1][2][3][4]	China	63909	64799	65554	66373	67199	67947	68850	69600	69957
中国香港[5][6]	Hong Kong, China	271	275	274	280	287	291	301	314	320
印度[7][8][9][10]	India	2635	2673	2706	2718	2738	2799	2794	2825	.
印度尼西亚[11][12]	Indonesia	7585	7642	7810	7920	8011	8204	8570	8705[6]	8767[6]
日本[6][13]	Japan	6249	6369	6436	6450	6453	6457	6486	6557	6514
韩国[11][13]	Korea, Rep. of	1809	1861	1896	1925	1984	2038	2076	2105	1993
澳门[5][14][15]	Macau	16[16]	17[16]	17	17	17	18	20	20	20
马来西亚[5][17]	Malaysia	669	…	705	738	…	765	840	857	860
新加坡[6][18]	Singapore	154[19]	152	158	159	165	170	175	183	187
泰国[5][20][21]	Thailand	3084	3114	3238	3215	3209	3251	3223	3316	3214
阿尔及利亚[6]	Algerie	416	454	460	…	…	493	539	571[22]	…
摩洛哥[6][23]	Marocco	329	340	349	366	…	387	403	…	…
津巴布韦[5][24]	Zimbabwe	119	124	124	124	126	124	127	132	…
阿根廷[11][25]	Argentina	.	1031	1059	1066	1053	1035	1054	…	…
巴西[11][9][26][27]	Brazil	6210		6540[28]	6657	…	6963	6792	6933	…
加拿大[5][6]	Canada	1317	1292	1284	1301	1329	1351	1368	1394	1433
哥伦比亚[27][29][30]	Colombia	432	484[31]	505	533	541	549	545	570	565
智利[5][6][32]	Chile	446	454	477	499	499	503	530[33]	538	543
墨西哥[29][34]	Mexico	…	3053	…	3283	…	3388	3523	3739	3862
秘鲁[14][22][23]	Peru	.	.	.	.	.	.	613	674	683
美国[5][35]	United States	11879[36]	11772	11849[37]	12026	12306[28]	12490	12671	12956[28]	13146
西班牙[35][38]	Spain	1258	1261	1237	1184	1173	1204	1240	1276	1320
法国[6][10][39]	France	2240[1]	2244[1]	2233	2220	2202	2234	2249	2243	2271
德国[6][40]	Germany	.	3745	3694[16]	3638	3608	3605	3598	3581	3586
意大利[6][41][42]	Italy	2145	2160	2161	2043[43]	2012	2001	2009	2009	…
罗马尼亚[11][44]	Romania	1084	1079	1046[45]	1006	1091[46]	1115[46]	1094	1105	1085
俄罗斯联邦[47]	Russian Fed.	7532	7385	7107	6864	6479	6415[48]	6293	6002	5786
土耳其[5][25][29]	Turkey	1995	1945	1996	1991	2040	2138	2170	2082	2196
乌克兰[25][49]	Ukraine	2540[1]	2498[1]	2399[1]	2343[1]	2218[1]	2413	2411	2376	2300[50]
英国[35][51]	United Kingdom	2694	2640	2581	2551	2570	2597	2622	2668	2695
澳大利亚[5][6]	Australia	784	767	761	764	789	822	833	839	855
新西兰[5][6]	New Zealand	148	146	147	150	156	163	169	169	173

表中未注明的数据均为劳动力调查得到的全部从业人员数。

The data unmarked in the table are total employment from Labour Force Survey.

注：(1)为官方估计数。(2)不包括军人和离退休再就业人员。(3)整个国民经济。(4)每年 12 月。(5)就业的非军事劳动力。(6)15 岁及以上人口。(7)资料来源于与劳动有关的单位调查，为雇员人数。(8)雇员和自营业主。(9)公共部门和拥有 10 名及以上雇员的非农业私营部门。(10)每年 3 月。(11)10 岁及以上人口。(12)每年 5 月。(13)包括自卫队。(14)14 岁及以上人口。(15)为 2 月、5 月、8 月和 11 月的平均数。(16)5 月。(17)15－64 岁人口。(18)每年 6 月。(19)人口普查。(20)每年的第 3 次调查(8 月)。(21)13 岁及以上人口。(22)第 3 季度。(23)城市地区。(24)不包括在农村的小企业。(25)每年 10 月。(26)不包括朗多利亚地区、阿克里州、亚马孙州、罗赖马地区、帕拉州和阿马帕地区的农村人口。(27)每年 9 月。(28)此年后方法作了修改；严格地说，数据不能对比。(29)12 岁及以上人口。(30)7 个主要城市。(31)1991 年起，数据根据 1993 年普查结果估计得出。(32)每年第 4 季度。(33)样本设计作了修改。(34)每年第 2 季度。(35)16 岁及以上人口。(36)从 1990 年开始，数据根据 1990 年普查数据估计得出。(37)1992 年起采用的是 1990 年普查所用的行业分类。(38)不包括义务服兵役的人员。(39)1990 年和 1991 年：包括职业军人，但不包括义务服兵役的人员。(40)每年 4 月。(41)包括集体户的永久成员。(42)包括职业军人：不包括义务服兵役的人员。(43)方法作了修改；1993 年前：14 年前：14 岁及以上人口。(44)1990－1993 年为官方做计数，为就业的非军事劳动力，为每年 12 月 31 日数据。(45)1992 年前：国有和合作经济部门。(46)3 月：14 岁及以上人口。(47)15－72 岁人口：每年 10 月：1990、1991 年为官方估计数。(48)3 月。(49)15－70 岁人口。(50)11 月。(51)每年 3－5 月。

Notes: (1) The data are official estimates. (2) Excluding armed forces and reemployed retired persons. (3) Whole national economy. (4) Dec. of each year. (5) Civilian labour force employed. (6) Persons aged 15 years and over. (7) Labour-related establishment survey. (8) Employees and working proprietors. (9) Public sector and establishments of non-agricultural private sector with 10 or more persons employed. (10) March of each year. (11) Persons aged 10 years or over. (12) May of each year. (13) Including self-defence forces. (14) Persons aged 14 years and over. (15) The average of data in Feb., May, Aug., and Nov. (16) May. (17) Persons aged 15 to 64 years. (18) Jun. of each year. (19) Population census. (20) Third round (Aug.) of each year. (21) Persons aged 13 years and over. (22) Third quarter. (23) Urban areas. (24) Excluding small establishments in rural areas. (25) Oct. of each year. (26) Excluding rural population of Rondonia, Acre, Amazonas, Roraima, Para and Ampapa. (27) Sep. of each year. (28) Methodology revised; data not strictly comparable. (29) Persons aged 12 years and over. (30) 7 main cities of the country. (31) Beginning 1991: estimates based on the 1993 Census results. (32) The fourth quarter of each year. (33) Sample design revised. (34) Second quarter of each year. (35) Persons aged 16 years and over. (36) Beginning 1990: estimates based on 1990 census benchmarks. (37) Beginning 1992: 1990 Census industrial classification. (38) Excluding compulsory military service. (39) In 1990 and 1991: including professional army; excluding compulsory military services. (40) Apr. of each year. (41) Including permanent members of institutional households. (42) Including professional army; excluding compulsory military service. (43) Methodology revised; Prior to 1993: persons aged 14 years and over. (44) From 1990 to 1993, the data are official estimates; civillian labour force employed; 31st Dec. of each year. (45) Prior to 1992: state and cooperative sector. (46) March: persons aged 14 years and over. (47) Persons aged 15 to 72 years. (48) March. (49) Persons aged 15 to 70 years. (50) November. (51) Mar. to May of each year.

资料来源：国际劳工组织《国际劳动统计年鉴》，1999 年。

Data sources: International Labour Office "Yearbook of Labour Statistics", 1999.

附录 2.3 有酬从业人数

Number of Paid Employment

万人

10,000 persons

国家或地区 Countries or Areas		资料来源种类 Types of Data Sources	1992	1993	1994	1995	1996	1997	1998
中国(1)(2)	China	E	14792	14849	14849	14908	14845	14668	12337
中国香港(3)	Hong Kong,China	DA	246	245	253	251	256	248	232
印度(4)(5)(6)	India	DA	2706	2718	2738	2799	2794	2825	…
日本(7)(8)	Japan	BA	5119	5202	5236	5263	5322	5391	5368
韩国(7)	Korea,Rep. of	BA	1159	1175	1230	1274	1304	1323	1219
澳门(9)(10)(11)	Macau	BA	15	15	15	16	18	18	18
新加坡(7)(12)	Singapore	BA	136	138	142	150	149	159	161
埃及(10)(13)(14)	Egypt	BA	791(15)	820	854	871	.	…	…
津巴布韦(16)	Zimbabwe	DA	124	124	126	124	127	132	…
巴西(17)(18)(10)	Brazil	BA	3858	3947	.	4080	4106	4139	…
加拿大(7)(10)	Canada	BA	1091	1096	1118	1137	1141	1145	1180
哥伦比亚(19)(20)(21)	Colombia	BA	342	365	376	364	363	370	363
墨西哥(22)(20)	Mexico	BA	…	1810	…	1940	2076	2173	2325
秘鲁(9)(23)(24)	Peru	BA	.	.	.	.	91	96	107
美国	United States	DA	10860	11071	11416	11719	11961	12269	12583
西班牙(25)(26)	Spain	BA	868	869	863	894	928	971	1016
法国	France	E	1082	1061	1060	1074	1076	1078	.
德国(7)(27)	Germany	BA	.	.	.	3223	3219	3192	3188
罗马尼亚(7)	Romania	BA	.	.	688(28)	677(28)	682	675	647
土耳其(19)	Turkey	FA	380	398	420	441	462	507	…
乌克兰	Ukraine	DA	2135	2042	1919	1825	1414	1585	1513
英国(12)	United Kingdom	E	2193	2161	2170	2203	2235	2282	2368
澳大利亚(29)	Australia	DA	620	631	637	668	688	687	693

本表除中国香港为社会劳动者人数外,其余均为雇员人数。

All data in the table are number of employees except Hong Kong of China.

资料来源种类:BA:劳动力调查;DA:与劳动有关的单位调查;FA:保险记录;E:官方估计数。

Types of Data Sources: BA. Labour force survey;DA. Labour-related establishment survey;FA. Insurance records;E. Official estimates.

注:(1)国有单位、城镇集体单位和其他经济类型单位。(2)每年 12 月。(3)每年 12 月的最后一个完整的工作日。(4)公共部门和拥有 10 名及以上雇员的非农业单位。(5)包括自营业主。(6)每年 3 月。(7)15 岁及以上人口。(8)包括自卫队。(9)14 岁及以上人口。(10)非军事雇员。(11)为 2 月、5 月、8 月和 11 月的平均数。(12)每年 6 月。(13)12－64 岁人口。(14)为每年 5 月和 11 月的平均数。(15)5 月、6 月、9 月和 12 月。(16)不包括在农村的小企业。(17)10 岁及以上雇员。(18)不包括朗多尼亚地区、阿克里州、亚马孙州、罗赖马地区、帕拉州和阿马帕地区的农村人口。(19)每年 9 月。(20)12 岁及以上人口。(21)7 个主要城市。(22)每年第 2 季度。(23)城市地区。(24)第 3 季度。(25)16 岁及以上人口。(26)不包括义务服兵役的人员。(27)每年 4 月。(28)3 月;14 岁及以上人口。(29)1997 年前:不包括家庭服务;每年 5 月。

Notes: (1) State-owned units,urban collective-owned units and other ownership units. (2) Dec. of each year. (3) Last full working day of Dec. of each year. (4) Public sector and establishments of non-agricultural private sector with 10 or more persons employed. (5) Including working proprietors. (6) Mar. of each year. (7) Persons aged 15 years and over. (8) Including self-defence forces. (9) Persons aged 14 years and over. (10) Civillian employees. (11) The average of data in Feb., May, Aug., and Nov. (12) Jun. of each year. (13) Persons aged 12 to 64 years. (14) The average of data in May and Oct. of each year. (15) May, Jun., Sep., Dec. (16) Excluding small establishments in rural areas. (17) Employees of 10 years and over. (18) Excluding rural population of Rondonia, Acre, Amazonas, Roraima, Para and Ampapa. (19) Sep. of each year. (20) Persons aged 12 years and over. (21) 7 main cities of the country. (22) The second quarter of each year. (23) Urban areas. (24) The third quarter. (25) Persons aged 16 years and over. (26) Excluding compulsory military service. (27) April of each year. (28) March: persons aged 14 years and over. (29) Prior to 1997: excluding domestic services; May of each year.

资料来源:国际劳工组织《国际劳动统计年鉴》,1999 年。

Data sources: International Labour Office "Yearbook of Labour Statistics",1999.

附录 2.4 失业总水平

Unemployment General Level

万人　　　　10,000 persons

国家或地区	Countries or Areas	资料来源种类 Types of Data Sources	1990	1991	1992	1993	1994	1995	1996	1997	1998
中国(1)(2)	China	E	383.2	352.2	360.3	420.1	476.4	519.6	552.8	576.8	571.0
中国香港(3)	HK, China	BA	3.7	5.0	5.5	5.6	5.6	9.6	8.6	7.1	15.8
印度(2)(4)	India	FB	3463.2	3630.0	3675.8	3627.6	3669.2	3674.2	3743.0	3914.0	4009.0
印度尼西亚(5)(6)	Indonesia	FB	195.2	203.2	219.9	…	…	…	362.5	419.7	506.3
日本(3)	Japan	BA	134.0	136.0	142.0	166.0	192.0	210.0	225.0	230.0(3)	276.9(3)
韩国(3)	Korea, Rep. of	BA	45.4	43.6	46.5	55.0	48.9	41.9	42.5	55.6	146.3
澳门(4)(7)	Macau	BA	0.5(8)	0.5(8)	0.4	0.4	0.4	0.7	0.9	0.7	1.0
马来西亚(9)	Malaysia	BA	31.5	…	27.1	31.7	…	24.8	21.7	21.5	28.4
新加坡(3)(10)	Singapore	BA	2.6(11)	3.0	4.3	4.4	4.4	4.7	5.4	4.6	6.2
泰国(12)(13)	Thailand	BA	71.0	86.9	45.6	49.4	42.3	37.5	35.4	29.3	113.8
阿尔及利亚(3)	Algerie	E	115.6	126.1	148.2	151.9	166.0	210.5	…	231.1	…
埃及(14)(15)	Egypt	BA	134.6(16)	146.3(16)	141.6(17)	180.1	187.7	191.7	…	…	…
摩洛哥(3)(18)	Marocco	BA	60.1	69.5	65.0	68.1	…	111.2	87.1	…	…
阿根廷(5)	Argentina	BA	.	69.6	82.7	106.2	140.0	195.9	204.7	…	…
巴西(5)(19)(20)	Brazil	BA	236.8	…	457.3(21)	439.6	…	451.0	507.6	588.2	…
加拿大(3)(22)(23)	Canada	BA	116.4	149.2	164.0	164.9	154.1	142.2	146.9	141.4	130.5
哥伦比亚(20)(24)(25)	Colombia	BA	49.2	52.8(26)	50.9	45.0	44.4	52.5	74.0	78.6	99.8
智利(3)(27)	Chile	BA	26.9	25.4	21.7	23.4	31.1	24.8	30.2(28)	30.4	41.9
墨西哥(24)	Mexico	BA	…	69.5	…	81.9	…	167.74(29)	135.5(29)	98.5(29)	89.0
秘鲁(4)(18)(30)	Peru	BA	.	.	.	.	.	.	46.2	56.5	57.3
美国(31)	United States	BA	704.7(32)	862.8	961.3(33)	894.0	799.6(21)	740.4	723.6	673.9(21)	621.0
西班牙(31)	Spain	BA	244.1	246.4	278.9	348.1	373.8	358.4	354.0	335.7	306.0
法国(3)(34)	France	BA	220.5(35)	234.9(35)	259.1(35)	278.1	311.5	293.5	309.9	315.2	305.0
德国(3)(36)	Germany	BA	.	264.2	318.6(8)	379.9	416.0	403.5	347.3	389.0	384.9
意大利(3)	Italy	BA	262.1	265.3	279.9	233.5(37)	254.1	272.5	276.3	280.5	…
罗马尼亚(3)	Romania	BA	.	33.7(38)	92.9(38)	116.5(38)	97.1(39)	96.8(39)	79.1	70.6	73.2
俄罗斯联邦(40)(41)	Russian Fed.	BA	.	.	387.7	430.5	570.2	671.2	673.2(42)	805.8	887.6
土耳其(24)(41)	Turkey	BA	161.5	178.7	174.5	172.2	174.0	152.2	133.2	154.5	154.7
乌克兰(41)(43)	Ukraine	BA	.	.	.	.	.	143.7	199.8	233.0	293.7(44)
英国(31)(45)	United Kingdom	BA	197.4	241.4	276.9	293.6	273.6	245.4	233.6	203.4	176.6
澳大利亚(3)	Australia	BA	58.5	81.5	92.5	93.9	85.6	76.5	77.9	78.7	74.7
新西兰(3)	New Zealand	BA	12.5	16.8	17.0	15.9	14.0	11.2	11.2	12.3	13.9

资料来源种类:BA:劳动力调查;FB:就业机构记录;E:官方估计数。

Types of Data Sources: BA Labour force survey; FB Employment office records; E Official estimates.

注:(1)城市地区失业人员。(2)每年12月。(3)15岁及以上人口。(4)14岁及以上人口。(5)10岁及以上人口。(6)每年5月。(7)为2月、5月、8月、11月的平均值。(8)5月。(9)15－64岁。(10)每年6月。(11)人口普查。(12)每年第3次调查(8月)。(13)13岁以上人口。(14)12－64岁。(15)每年3月和11月的平均数。(16)12月。(17)3月,6月,9月和12月。(18)城市地区。(19)不包括朗多尼亚地区、阿克里州、亚马孙州、罗赖马地区、帕拉州和阿马帕地区的农村人口。(20)每年9月。(21)方法作了修改;严格地说,数据不能对比。(22)不包括在领地的居民和在保留地生活的土著居民。(23)不包括全日制军人。(24)12岁及以上人口。(25)7个主要城市。(26)从1991年起为1993年人口普查结果调整得出的。(27)每年第4季度。(28)样本设计作了修改。(29)第2季。(30)第3季。(31)16岁及以上人口。(32)1990年起为1990年普查数据所得的估计数。(33)1992年起为1990年普查所用的行业分类。(34)每年3月。(35)为官方估计数。(36)每年4月。(37)方法作了修改;1993年前指14岁及以上人口。(38)为每年12月的就业机构记录。(39)3月;14岁及以上人口。(40)15－72岁人口。(41)每年10月。(42)3月。(43)15－70岁。(44)11月。(45)每年3－5月。

Notes: (1) Unemployment in urban areas. (2) Dec. of each year. (3) Persons aged 15 years and over. (4) Persons aged 14 years and over. (5) Persons aged 10 years and over. (6) May of each year. (7) The average of data in Feb., May, Aug., and Nov. (8) May. (9) Persons aged 15 to 64 years. (10) June of each year. (11) Population census. (12) The third survey of each year (Aug.). (13) Persons aged 13 years and over. (14) Persons aged 12 to 64 years. (15) The average of data in Mar. and Nov. of each year. (16) Dec. (17) Mar., Jun., Sep. and Dec.. (18) Urban areas. (19) Excluding rural population of Rondonia, Acre, Amazonas, Roraima, Para and Ampapa. (20) Sep. of each year. (21) Methodology revised; data not strictly comparable. (22) Excluding residents of the Territories and indigenous persons living on reserves. (23) Excluding full-time members of the armed forces. (24) Persons aged 12 years and over. (25) 7 main cities of the country. (26) Beginning 1991: estimates based on the 1993 Census results. (27) The fourth quarter of each year. (28) Sample design revised. (29) The 2nd quarter. (30) The third quarter. (31) Persons aged 16 years and over. (32) Beginning 1990: estimates based on the 1990 Census results. (33) Beginning 1991: 1990 Census industrial classification. (34) March of each year. (35) The data are official estimates. (36) April of each year. (37) Methodology revised; prior to 1993: persons aged 14 years and over. (38) The record of employment agency in Dec. of each year. (39) March: persons aged 14 years and over. (40) Persons aged 15 to 72 years. (41) Oct. of each year. (42) March. (43) 15 to 70 years old. (44) November. (45) Mar. to May of each year.

资料来源:国际劳工组织《国际劳动统计年鉴》,1999年。

Data sources: International Labour Office "Yearbook of Labour Statistics", 1999.

附录 2.5 工资收入
Wages

国家或地区	Countries or Areas	资料来源种类*	调查对象 $	统计类别 Types of Statistics	单位 Units	1993	1994	1995	1996	1997	1998
中国[1]	China	CA	E	E.G./m.	元 Yuan	280.92	378.17	458.33	517.5	539.17	623.25
中国香港	HK,China	DA	W	R.T./d.j.	元 Dollars	256.8	290.5	307.3	333.0	369.1	394.9
中国香港	HK,China	DA	S	R.T./m.	元 Dollars	8168.9	9017.6	9861.4	10301.3	11177.8	11521.8
日本[2][3]	Japan	DA	E	E.G./m.	元 Yen	•	288400	291300	295600	298900	299100
韩国[4][5]	Korea,Rep. of	DA	E	E.G./m.	圆 Won	975.1	1099.0	1222.1	1367.5	1463.3	1426.8
澳门[6]	Macau	BA	A	E.G./m.	元 Patacas	4067	4476	4830	4925	5240	5063
新加坡	Singapore	FA	E	E.G./m.	元 Dollars	1917.7	2085.6	2218.6	2347.1	2480.3	2549
泰国[7][8]	Thailand	DA	E	R.T./m.	铢 Baht	5305	4970[9]	5761[9]	6252[9]	6742[9]	…
埃及[10][11]	Egypt	CA	W	E.G./w.s.	镑 Pounds	76	82	88	99	…	…
津巴布韦[12]	Zimbabwe	DA	E	E.G./m.	罗特西亚元 Dollars	1119.50	1314.60	1624.06	2165.88	3070.19	…
巴西	Brazil	FD	E	E.G./m.	雷亚尔 Reais	34434[4]	740723.6[4]	471.6[13]	558.4	612.5	…
加拿大[14]	Canada	DA	W	E.G./h.	元 Dollars	21.7	21.7	22.4	22.7	22.4	24.2
加拿大	Canada	DA	E	E.G./w.s.	元 Dollars	953.5	960.8	991.4	1039.1	1057.6	1111.8
哥伦比亚[15][16]	Colombia	BA	E	E.G./w.s.	比索 Pesos	199571	249460	287703	331358	403997	489968
智利[5][17]	Chile	DA	E	E.G./m.	比索 Pesos	120287[18]	144923	166385	185483	202561	217693
墨西哥	Mexico	BA	E	E.G./m.	比索 N. Pesos	1012.5	…	1238.8	1397.9	1679.2	1941.3[19]
秘鲁	Peru	DA	W	R.T./d.j.	新索尔 N. Soles	…	…	38.91	25.92[20]	29.43	37.57
美国[21]	United States	DA	W	E.G./h.	元 Dollars	10.83	11.12	11.43	11.82	12.28	12.78
西班牙	Spain	DA	E	E.G./h.	比塞塔 Pesetas	1109	1161	1216	1270	1318	1365
法国[11]	France	DA	W	E.G./h.	法郎 Frances	50.26	51.27	52.24	53.34	54.46	…
德国[22]	Germany	DA	W	E.G./h.	马克 Mark	23.93	17.37	17.97	18.62	18.85	19.04
意大利	Italy	FE	W	R.T./h.	里拉 Lire	120	123.6	127.5	101.8[23]	105.0	108.2
罗马尼亚	Romania	DA	E	E.G./m.	列伊 lei	76452	184719	275825	426038	843316	…
俄罗斯联邦	Russian Fed.	CA	E	E.G./m.	卢布 Roubles	•	•	472392	790210	950[24]	1050
土耳其[16]	Turkey	FA	E	E.G./d.j.	里拉 Liras	130063	185270	…	722689	1531763	…
乌克兰	Ukraine	CA	E	E.G./m.	格里夫纳 Hrivna	162.8[25]	1427.7[4]	7341.7[4]	125.8[26]	143.10	153.50
英国[27][28][29]	United Kingdom	DA	E	E.G./h.	镑 Pounds	7.83	8.02	8.32	8.72	9.13	9.54
澳大利亚[30][31]	Australia	DA	E	E.G./h.	元 Dollars	15.13	15.61	16.44	17.20	…	18.57
新西兰[32][33]	New Zealand	CA	E	E.G./h.	元 Dollars	15.08	15.22	15.51	15.99	16.68	17.10

*：资料来源种类 BA、劳动力调查；CA、与劳动有关的单位普查；DA、与劳动有关的单位调查；FA、保险记录；FE、集体合同。

*：Types of Data Sources：BA. Labour force survey；CA. Labour-related establishment census；DA. Labour-related establishment survey；FA. Insurance records；FE. Collective agreements.

$：调查对象：A：全部从业人员；E：雇员；S：薪给雇员；W：工资劳动者。

$：Survey Object：A：Total Employment；E：Employees；S：Salaried employees；W：Wage earners.

统计类别：E.G：收入；R.T：工资率；h.：每小时；d.j.：每天；w.s.：每周；m.：每月。

Types of Statistics：E.G.：Earnings；R.T.：Wage rates；h.：per hour；d.j.：per day；w.s.：per week；m.：per month.

注：(1)国有单位、城镇集体单位和其他所有制单位。(2)经常性现金收入。(3)私营部门：拥有 10 名及以上较固定雇员的单位；每年 6 月。(4)以千为单位。(5)包括家庭补助和实物支付的价值。(6)中位数。(7)正常工时的平均工资率。(8)每年 3 月。(9)不包括国营企业。(10)拥有 10 名及以上雇员的单位。(11)每年 10 月。(12)包括雇主缴纳的养老金、公积金和其他基金。(13)1995 年前：克鲁塞罗；1 雷亚尔约为 2750*1000 克鲁塞罗。(14)小时工资雇员。(15)7 个主要城市。(16)每年 9 月。(17)每年 4 月。(18)4 月起，样本设计和统计方法作了修改。(19)临时数据。(20)1996 年前，利马；6 月。1996 年起，城市地区；年平均值。(21)私营部门：生产工人、建筑工人和非管理型雇员。(22)包括直接由雇主支付的家庭补助。(23)小时工资率指数(1995 年 12 月的小时工资率=100)；1996 年前：1990 年=100。(24)采用新卢布，1 个新卢布=1000 个旧卢布。(25)以千为单位；1993 年前：卢布；1 卢布相当于 25 卡波瓦纳兹。(26)1996 年前：卡波瓦纳兹；1 格里夫纳相当于 100,000 卡波瓦纳兹。(27)4 月；不包括北爱尔兰。(28)支付成年人率的全日制雇员。(29)不包括超时给付。(30)全日制成年雇员，不包括管理人员。(31)每年 5 月。(31)每年 5 月。(32)拥有 2 名及以上全日制雇员的单位。(33)每年 2 月。

Notes：(1) State-owned units, urban collective-owned units and other ownership units. (2) Regular scheduled cash earning. (3) Private sector；establishments with 10 or more regular employees；June of each year. (4) Figures in thousands. (5) Including family allowances and the value of payments in kind. (6) Median. (7) Average wage rates for normal/usual hours of work. (8) March of each year. (9) Excluding public enterprises. (10) Establishments with 10 or more persons employed. (11) Oct. of each year. (12) Including employers contributions to pension, provident and other funds. (13) Prior to 1995：cruzeiros；1 real=approximately 2750×1000 cruzeiros. (14) Employees paid by the hour. (15) 7 main cities. (16) Sep. of each year. (17) April of each year. (18) Beginning April；sample design and methodology revised. (19) Temporary data. (20) Prior to 1996, Lima；June. Beginning 1996, Urban areas；annual averages. (21) Private sector：production and construction workers and non-supervisory employees. (22) Including family allowances paid directly by the employers. (23) Index of hourly wage rates (Dec. 1995 = 100)；prior to 1996：1990 = 100. (24) Rouble redenominated at 1 new rouble = 1000 old roubles. (25) Figues in thousands. Prior to 1993：roubles；1 rouble is equivalent to 25 karbobanets. (26) Prior to 1996：karbobanets：1 hrivna is equivalent to 100,000 karbovanets. (27) April；excluding Northern Ireland. (28) Full-time employees on adult rates of pay. (29) Excluding overtime payments. (30) Full-time adult non-managerial employees. (31) May of each year. (32) Establishments with the equivalent of more than 2 full-time paid employees. (33) Feb. of each year.

资料来源：国际劳工组织《国际劳动统计年鉴》，1999 年。

Data sources：International Labour Office "Yearbook of Labour Statistics", 1999.

附录 2.6 消费价格总指数
General Indices of Consumer Prices

(1990 = 100)

国家或地区	Countries or Areas	1990	1991	1992	1993	1994	1995	1996	1997	1998
中国	China	100.0	105.1	113.2	132.5	165.6	193.5	209.5	215.4	213.7
中国香港	Hong Kong, China	100.0	111.1	121.8	132.6	144.1	157.3	167.1	177.0	181.9
印度(1)	India	100.0	114.0	127.4	135.5	149.5	164.5	179.6	192.5	217.7
印度尼西亚	Indonesia	100.0	109.3	117.5	129.0	139.9	153.2	165.3	176.2	149.6
日本	Japan	100.0	103.2	104.9	106.3	107.1	107.0	107.1	109.0	109.6
韩国	Korea, Rep. of	100.0	109.3	116.2	121.8	129.3	135.1	141.8	148.1	159.2
澳门(2)	Macau	100.0	109.6	118.0	125.9	133.8	145.3	152.3	157.5	157.9
马来西亚	Malaysia	100.0	104.3	109.3	113.1	117.4	121.4	125.6	129.0	135.8
新加坡	Singapore	100.0	103.4	105.8	108.2	111.5	113.5	115.1	117.3	117.1
泰国	Thailand	100.0	105.7	110.0	113.7	119.5	126.4	133.8	141.2	152.7
阿尔及利亚	Algerie	100.0	125.5	164.3	199.8	263.1	337.9	406.7	431.3	458.2
埃及	Egypt	100.0	119.8	136.2	152.6	164.9	178.7	191.6	200.4	207.5
摩洛哥	Marocco	100.0	108.0	114.2	120.1	126.3	134.0	138.0	139.4	143.3
津巴布韦	Zimbabwe	100.0	123.3	175.2	223.6	273.4	335.1	406.9	483.6	636.9
阿根廷(3)	Argentina	100.0	271.7	339.3	375.3	391.0	404.2	404.8	407.0	410.7
巴西	Brazil	1.78(4)	9.51	100.0	2027.0	100.0(5)	166.0	192.2	205.5	212.0
加拿大	Canada	100.0	105.6	107.2	109.1	109.3	111.7	113.5	115.3	116.4
哥伦比亚(6)	Colombia	100.0	130.4	166.9	202.9	250.0	302.4	363.6	432.1	520.2
智利	Chile	100.0	121.8	140.6	158.5	176.6	191.1	205.2	217.8	228.9
墨西哥	Mexico	100.0	122.7	141.7	155.5	166.3	224.5	301.7	364.0	422.0
秘鲁	Peru	100.0	509.5	884.2	1313.7	1625.5	1806.4	2015.1	2187.3	2346.0
美国	United States	100.0	104.2	107.3	110.6	113.4	116.6	120.0	122.8	124.7
西班牙	Spain	100.0	105.9	112.2	117.3	122.9	128.6	133.2	135.9	138.3
法国	France	100.0	103.2	105.7	107.9	109.7	111.6	113.8	115.2	116.0
德国	Germany	·	100.0	105.0	109.7	112.7	114.7	116.3	118.5	119.6
意大利	Italy	100.0	106.3	111.7	116.7	121.4	127.7	132.8	135.5	138.0
罗马尼亚	Romania	100.0	274.5	310.4(7)	1105.4	2617.1	3461.4	4804.7	12241	19474
俄罗斯联邦	Russian Fed.	·	100.0	1629.4	15869	64688	192521	284429	326484	416814
土耳其	Turkey	100.0	165.9	282.2	468.8	967.0	1872.3	339.1(5)	629.8	1163.0
乌克兰(4)	Ukraine	·	·	100.0	4834.9	47923	228471	411775	477190	527663
英国	United Kingdom	100.0	105.9	109.8	111.6	114.3	118.2	121.1	124.9	129.2
澳大利亚	Australia	100.0	103.2	104.3	106.1	108.1	113.2	116.1	116.4	117.3
新西兰	New Zealand	100.0	102.6	103.7	105.1	106.9	110.9	113.4	114.8	116.2

注：(1)产业工人。(2)不包括房租。(3)布宜诺斯艾利斯，大都市地区。(4)代替以前数列的新数列(1992 年=100)。(5)代替以前数列的新数列(1994 年=100)。(6)低收入组。(7)代替以前数列的新数列(1991 年=100)。

Notes: (1) Industrial workers. (2) Excluding "Rent". (3) Buenos Aires, metropolotan area. (4) New series (base 1992 = 100) replacing former series. (5) New series (base 1994 = 100) replacing former series. (6) Low income group. (7) New series (base 1991 = 100) replacing former series.

资料来源：国际劳工组织《国际劳动统计年鉴》，1999 年。

Data sources: International Labour Office "Yearbook of Labour Statistics", 1999.

附录 2.7 致命职业伤害率
Rates of Fatal Occupational Injuries

国家或地区 Countries or Areas		资料类型 Types of Data	伤害的类型 Types of Injuries	资料来源种类 Types of Data Sources	1992	1993	1994	1995	1996	1997	1998
中国香港(1)	Hong Kong,China	a	1	F	0.10	0.117	0.104	0.098	0.110	0.098	…
印度	India	a	1	FF	0.33	0.32	0.44	0.40	0.32	0.34	…
日本(2)(3)	Japan	c	1	DA	0.01	0.01	0.01	…	…	…	…
韩国(4)	Korea,Rep. of	b	2	FA	0.34	0.32	0.37	0.34	0.33	0.33	0.29
马来西亚(4)	Malaysia	b	2	FA	•	•	0.08	0.11	0.13	0.18	0.15
新加坡(5)	Singapore	a	1	FF	0.150	0.140	0.120	0.105	0.117	0.156	0.142
泰国(4)	Thailand	b	2	FA	0.245	0.292	0.192	0.194	0.177	0.171	0.154
埃及(1)(6)	Egypt	a	1	FF	0.14	0.11	0.12	0.11	0.09	0.11	…
摩洛哥	Marocco	a	1	FA	0.270	0.275	0.235	0.214	0.452	0.302	0.225
津巴布韦(7)(8)	Zimbabwe	b	1	FA	0.18	0.21	0.19	0.21	…	…	…
巴西(4)	Brazil	a	2	FA	0.160	0.160	0.135	0.168	0.140	0.111(9)	…
加拿大(7)	Canada	a	2	FA	0.0780	0.0688	0.0647	0.0655	0.0609	0.0705	…
哥伦比亚(1)	Colombia	b	1	FA	0.107	0.117	0.141	0.077	…	…	…
美国	United States	a	1	CA	0.005	0.005	0.005	0.005	0.005	0.005	…
西班牙	Spain	b	1	FA	0.1214	0.1100	0.1063	0.1007	0.0979	0.1006	0.0972(9)
法国(10)	France	a	1	FA	0.071	0.060	0.056	0.049	0.053	…	…
德国(1)	Germany	a	2	FA	0.070	0.080	…	…	…	…	…
意大利(1)	Italy	b	2	FA	0.102	0.090	0.077	0.078	0.074	0.079	…
罗马尼亚(1)	Romania	a	1	FF	0.07	0.08	0.07	0.07	0.08	0.08	0.08(9)
俄罗斯联邦(11)	Russian Fed.	a	1	DA	0.131	0.139	0.133	0.138	0.154	0.148	0.142
土耳其(7)	Turkey	b	1	FA	0.468	0.381	0.283	0.208	0.322	0.290	…
乌克兰	Ukraine	a	1	FF	0.126	0.116	0.120	0.116	0.109	0.099	0.102
英国(12)(13)	United Kingdom	a	1	FF	0.013	0.012	0.010	0.011	0.010	0.010	…
澳大利亚	Australia	a	2	FA	0.07	0.07	0.07(14)	0.06(14)	0.05(14)	…(14)	…
新西兰(15)	New Zealand	a	2	FA	0.045	0.053	…	…	…	…	…

资料来源种类:CA:与劳动有关的单位普查。DA:与劳动有关的单位调查。F:行政记录及其他相关来源;FA:保险记录;FF:劳动监察记录。

Types of Data Sources: CA: Labour-related establishment census; DA: Labour-related establishment survey; F: Administrative records and related sources; FA: Insurance records; FF: Labour inspectorate records.

伤害的类型:1、报告的伤害;2、赔偿的伤害。

Types of Injuries: 1: Reported injuries; 2: Compensated injuries.

资料类型:a. 每 1000 名雇员;b. 每 1000 名受保险人;c. 每 100 万个工时。

Types of Data: a. Per 1,000 persons employed; b. Per 1,000 persons insured; c. Per 1,000,000 hours worked.

注:(1)包括通勤事故。(2)拥有 100 名及以上正式雇员的单位。(3)不包括一般建筑。(4)包括通勤事故和职业病。(5)体力劳动者。(6)拥有 50 名及以上雇员的单位。(7)包括职业病。(8)年度结束于所示年的 3 月。(9)临时数据。(10)在年内得到赔偿的伤害事故。(11)没有包括所有经济活动。(12)年度起始于所示年的 4 月;1994 年前:不包括北爱尔兰。(13)不包括道路交通事故。(14)不包括维多利亚和澳大利亚首府地区。(15)年度起始于所示年的 7 月。

Notes: (1) Including commuting accidents. (2) Establishments with 100 or more regular employees. (3) Excluding general construction. (4) Including commuting accidents and occupational diseases. (5) Manual workers. (6) Establishments with 50 or more employees. (7) Including occupational diseases. (8) Year ending in March of the year indicated. (9) Provisional data. (10) Accidents recognized for compensation during the year. (11) Totals do not cover all economic activities. (12) Year beginning in Apr. of the year indicated; prior to 1994: excluding Northern Ireland. (13) Excluding road traffic accidents. (14) Excluding Victoria and Australian Capital Territory. (15) Year beginning in July of the year indicated.

资料来源:国际劳工组织《国际劳动统计年鉴》,1999 年。

Data sources: International Labour Office Yearbook of Labour Statistics,1999.

附录 2.8 罢工和闭厂停工涉及的工人数
Workers Involved in Strikes and Lockouts

单位：千人 1,000 persons

国家或地区	Countries or Areas	资料来源种类 Types of Data Sources	1990	1991	1992	1993	1994	1995	1996	1997	1998
中国香港(1)(2)(3)	Hong Kong,China	FG	1.5	0.1	1.8	1.5	0.1	1.3	1.8	0.4	0.6
印度(4)(5)	India	H	1307.9	1342.0	1252.2	953.9	846.4	989.7	939.3	981.3	1105.7(6)
印度尼西亚	Indonesia	H	31.2	64.5	143.0	103.5	147.7	126.9	221.2	145.6	…
日本(1)(7)	Japan	FG	84.3	52.8	109.3	64.0	49.0	37.5	23.2	47.2	…
韩国(1)	Korea,Rep. of	FG	133.9	175.1	105.0	108.6	104.3	49.7	79.0	43.9	146.1
马来西亚(1)(8)	Malaysia	FG	98.5	4.2	6.1	2.4	2.3	1.7	1.0	0.8	1.8
新加坡	Singapore	FG	0.0	0.0	0.0	0.0	0.0	0.0	0.0	0.0	0.0
泰国	Thailand	H	4.3	10.0	8.3	6.2	8.1	16.8	8.7	11.9	…
阿尔及利亚	Algerie	FG	301.7	71.6	113.1	120.3	240.0	132.8	127.4	77.6	53.4
埃及(1)	Egypt	FG	2.4	1.1	0.0	1.0	5.5	5.9	1.5	0.7	…
摩洛哥(8)	Marocco	FG	21.3	40.6	30.9	46.3	32.0	26.0	29.4	27.8	…
巴西(1)(8)	Brazil	FG	14243.0	16805.0	3496.7	…	3806.5	…	…	…	…
加拿大(1)(9)	Canada	FG	270.5	253.3	149.9	101.8	80.9	149.2	281.8	257.7	232.9
哥伦比亚(10)	Colombia	FG	20.3	…	23.6	9.9	…	…	…	…	…
智利(1)(8)	Chile	FG	25.0	45.9	25.3	25.1	16.2	24.7	25.8	…	…
墨西哥(11)(12)(13)	Mexico	FG	49.3	64.9	91.4	31.7	27.1	12.2	10.5	9.4	10.8
秘鲁(14)	Peru	FG	258.2	180.7	114.6	41.4	63.0	28.2	36.2	19.2	17.3
美国(15)(16)	United States	H	184.9	392.0	363.8	181.9	322.0	191.5	272.7	338.6	386.8
西班牙(1)(17)	Spain	FG	977.0	1983.8	5192.1	1076.8	5437.4	573.5	1087.8	650.6	680.6
法国(18)	France	FG	18.5	18.8	16.3	19.9	18.0	43.5	11.4	12.2	10.1
德国(1)(19)	Germany	FG	…	…	…	132.6	400.7	183.3	165.7	13.5	4.3
意大利	Italy	H	1634.0	2952.2	3178.0	4384.0	2614.0	445.0	1689.4	737.3	435.4
罗马尼亚(8)	Romania	FG	•	•	4.1	22.5	69.2	38.3	59.8	52.0	119.7
俄罗斯联邦(20)	Russian Fed.	FG	99.5	237.7	357.6	120.2	155.3	489.4	663.9	887.3	530.8
土耳其(8)	Turkey	FG	166.3	165.0	62.2	6.9	4.8	199.9	5.5	7.0	11.5
乌克兰	Ukraine	FG	130.9	175.9	181.6	260.4	126.3	57.6	171.4	116.4	98.7
英国(2)(21)	United Kingdom	H	298.2	176.0	148.0	385.0	107.0	174.0	364.3	130.0	92.7
澳大利亚(22)	Australia	H	729.9	1181.6	871.5	489.6	265.1	344.3	577.7	315.4	348.3
新西兰(22)	New Zealand	FG	50.0	52.0	26.8	21.3	16.0	32.1	42.3	7.6	15.2

资料来源种类：FG：劳动关系记录；H：专门数据搜集。

Types of Data Sources：FG：Labour relations records；H：Special data collection.

注：(1)不包括间接涉及的工人。(2)包括涉及人数少于10名工人或持续时间少于一天的停工(只要超过100个工作日不工作)。(3)不包括国营部门。(4)不包括涉及人数少于10名工人的停工。(5)不包括政治性和声援性罢工。(6)临时数据。(7)不包括持续时间少于半天的停工。(8)仅罢工。(9)至少持续半天且误工10天以上的罢工。(10)包括公务和非法停工。(11)仅指所示年开始的罢工。(12)不包括间接涉及的工人和职责重大岗位的工人；仅指工会会员。(13)不包括地方管辖的企业。(14)仅罢工；私营部门。(15)于所示年开始的停工。(16)不包括涉及人数少于1000名工人且持续时间少于一整天和一个轮班的停工。(17)1990年前：仅罢工；不包括巴斯库。(18)局部罢工(只涉及一个单位)；不包括农业和公共行政；每月罢工涉及的工人月平均数；一次罢工代表一个企业在罢工。(19)包括持续时间少于一天的停工(只要超过100个工作日不工作)；不包括公共行政。(20)不包括持续时间少于1天的停工。(21)不包括政治性罢工。(22)不包括不工作时间少于10个工作日的停工。

Notes：(1) Excluding workers indirectly invovled. (2) Including stoppages involving fewer than 10 workers or lasting less than one day if 100 or more workdays not worked. (3) Excluding public sector. (4) Excluding work stoppages involving fewer than 10 workers. (5) Excluding political and sympathetic strikes. (6) Provisional data. (7) Excluding work stoppages lasting less than half a day. (8) Strikes only. (9) Strikes lasting at least half a day with more than 10 days lost. (10) Including paros (public service and illegal stoppages). (11) Strikes only, beginning in the year indicated. (12) Excluding workers indirectly involved and workers in positions of trust; union members only. (13) Excluding enterprises covered by local jurisdiction. (14) Strikes only; private sector. (15) Work stoppages beginning in the year indicated. (16) Excluding stoppages involving fewer than 1,000 workers and lasting less than a full day or shift. (17) Prior to 1990: strikes only; excluding the Basque country. (18) Localized strikes (the call to strike concerns only one establishments); excluding agriculture and public administration; monthly average of workers involved in strikes in progress each month; one strike represents one establishment on strike. (19) Including work stoppages lasting less than one day only if more than 100 workdays not worked; excluding public administration. (20) Excluding work stoppages lasting less than one day. (21) Excluding political strikes. (22) Excluding work stoppages in which less than 10 workdays not worked.

资料来源：国际劳工组织《国际劳动统计年鉴》，1999年。

Data sources：International Labour Office "Yearbook of Labour Statistics", 1999.

附录 2.9 罢工和闭厂停工日比率

Rates of Days Not Worked because of Strikes and Lockouts

单位：每千工人

Per thousand workers

国家或地区 Countries or Areas		资料来源种类 Types of Data Sources	比率类型 Types of Rates	1990	1991	1992	1993	1994	1995	1996	1997	1998
中国香港(1)(2)	Hong Kong, China	FG	1	1.4	0.1	1.3	6.4	0.1	0.4	1.0	0.3	0.5
韩国	Korea, Rep. of	FG	1	•	•	132.1	111.3	120.7	30.8	68.5	33.6	119.1
墨西哥(3)(4)	Mexico	FG		32.4	25.0	17.5	58.1	50.5	106.5	66.7	53.4	…
美国(5)(6)	United States	H	3	0.02	0.02	0.01	0.01	0.02	0.02	0.02	0.01	0.02
西班牙(7)	Spain	FG	2	207.7	359.8	512.1	180.9	535.1	121.0	127.4	143.9	97.0
芬兰	Finland	FH	1	462.0	238.0	40.0	11.0	331.0	547.0	11.2	47.8	60.5
德国(8)(9)	Germany	FG	1	•	•	•	4.5	0.6	1.3	0.6	0.0	…
希腊	Greece	H		11839.5	2952.1	1357.7	782.2	317.0	211.3	354.4	180.7	…
匈牙利(10)	Hungary	H	1	•	2.5	1.3	1.7	9.9	94.3	0.9	0.8	0.2
波兰	Poland	FG	1	•	•	•	63.0	58.0	6.0	8.0	3.0	…
罗马尼亚(11)	Romania	FG	2	•	•	2.5	13.4	56.1	34.4	24.0	29.9	…
俄罗斯联邦(12)	Russian Fed.	FG	1	•	•	28.2	3.6	12.4	23.3	70.4	111.0	56.1
英国(1)(13)	United Kingdom	H	1	•	•	•	•	13.0	19.0	58.0	10.0	12.0
澳大利亚(14)	Australia	H		217.0	265.0	147.0	100.0	76.0	79.0	131.0	75.0	72.0

资料来源种类：FG：劳动关系记录；FH：雇主组织或工人组织的记录；H：专门数据搜集。

Types of Data Sources: FG: Labour relations records; FH: Records from employers' or workers' organization; H: Special data collection.

比率类型：(1)每 1000 名雇员；(2)每 1000 名从业人员；(3)其他。

Types of Rates: (1) Per 1,000 employees; (2) Per 1,000 persons employed; (3) Other.

注：(1)包括涉及人数少于 10 名工人或持续时间少于一天的停工(只要超过 100 个工作日不工作)。(2)不包括国营部门。(3)仅指所示年开始的罢工。(4)不包括地方管辖的企业。(5)不包括涉及人数少于 1000 名工人且持续时间少于一整天和一个轮班的停工。(6)不工作时间按有效工作时间的百分比计。(7)1990 年前：仅罢工；不包括巴斯库。(8)包括持续时间少于一天的停工(只要超过 100 个工作日不工作)。(9)不包括公共行政。(10)1991－1995 年：不工作时间为 800 小时及以上的停工；1996 年起：涉及人数为 10 名及以上工人的停工。(11)仅罢工。(12)不包括持续时间少于 1 天的停工。(13)不包括政治性罢工。(14)不包括不工作时间少于 10 个工作日的停工。

Notes: (1) Including stoppages involving fewer than 10 workers or lasting less than one day if 100 or more workdays not worked. (2) Excluding public sector. (3) Strikes only, beginning in the year indicated. (4) Excluding enterprises covered by local jurisdiction. (5) Excluding stoppages involving fewer than 1,000 workers and lasting less than a full day or shift. (6) Time not worked as percentage of available work time. (7) Prior to 1990: strikes only; excluding the Basque country. (8) Including work stoppages lasting less than one day only if more than 100 workdays not worked. (9) Excluding public administration. (10) 1991—1995: Work stoppages in which 800 hours or more not worked; beginning 1996: stoppages involving 10 workers or more. (11) Strikes only. (12) Excluding work stoppages lasting less than a day. (13) Excluding political strikes. (14) Excluding work stoppages in which less than 10 workdays not worked.

资料来源：国际劳工组织《国际劳动统计年鉴》，1999 年。

Data sources: International Labour Office "Yearbook of Labour Statistics", 1999.

附录 2.10 工会会员人数
Trade Union Membership

国家或地区	Countries or Areas	年份 Year	会员人数(千人) Union Membership (thousands)	年份 Year	会员人数(千人) Union Membership (thousands)	增减(%) Change in Membership (%)
中国	China	1995	103996	1985	85258	22.0
香港	Hong Kong	1994	562	1985	368	53.0
中国台湾	Taiwan，China	1995	3146	1987	2100	49.8
印度	India	1991	6100	1980	5917	3.1
印度尼西亚	Indonesia	1995	1000			
日本	Japan	1996	12410	1985	12418	－0.1
韩国	Korea，Rep. of	1995	1615	1985	1004	60.8
马来西亚	Malaysia	1995	706	1986	606	16.6
新加坡	Singapore	1995	235	1984	201	16.9
泰国	Thailand	1995	416	1985	234	77.3
埃及	Egypt	1995	3313	1985	2721	21.8
肯尼亚	Kenya	1995	500	1985	700	－28.6
摩洛哥	Marocco	1994	290			
南非	South Africa	1995	3154	1985	1391	126.7
津巴布韦	Zimbabwe	1995	250	1985	162	54.4
阿根廷	Argentina	1995	3200	1986	3262	－1.9
巴西	Brazil	1991	15205			
加拿大	Canada	1993	4128	1985	3730	10.7
哥伦比亚	Colombia	1995	840	1985	877	－4.2
智利	Chile	1993	684	1985	361	89.6
墨西哥	Mexico	1991	7000	1989	9500	－26.3
秘鲁	Peru	1991	442			
美国	United States	1995	16360	1985	16996	－3.7
西班牙	Spain	1994	1606	1985	835	92.3
法国	France	1995	1758	1985	2555	－31.2
德国	Germany	1995	9300	1991	11676	－20.3
意大利	Italy	1994	6392	1985	6860	－6.8
罗马尼亚	Romania	1993	3700	1991	4000	－7.5
俄罗斯联邦	Russian Fed.	1996	42356			
土耳其*	Turkey	1995	2667	1987	1493	
乌克兰	Ukraine	1995	21850	1985	26000	－16
英国	United Kingdom	1995	7280	1985	9739	－25.2
澳大利亚	Australia	1995	2440	1985	2793	－12.6
新西兰	New Zealand	1995	362	1986	680	－46.7

*：计算会员人数的标准变化了。

*：The basis for calculating union membership changed over time.

资料来源：国际劳工组织《1997－98年世界劳动报告》。

Data sources：International Labour Office “World Labour Report 1997－98”.

附录 2.11　工会入会率及变化情况

Change in Trade Union Density

%

国家或地区 Countries or Areas		年份 Year	入会率 Union membership as a percentage of			时期 Period	入会率的增减(百分比) Change in Density (In %)		
			非农业劳动力 Non-agricultural labour force	工资和薪金劳动者 Wage and salary earners	正规部门的工资劳动者 Formal sector wage earners		非农业劳动力 Non-agricultural labour force	工资和薪金劳动者 Wage and salary earners	正规部门的工资劳动者 Formal sector wage earners
中国	China	1995	54.7	91.9①	70.0	85—95	—7.8	4②	
香港	Hong Kong	1994	18.5	22.4		85—94	30.8	33.7	
中国台湾	Taiwan, China	1995	27.9	33.1		87—95	—7.6	—22.8	
印度	India	1991	5.4		22.8	80—91	—18.2		—14.0
印度尼西亚	Indonesia	1995	2.6	3.4	4.8				
日本	Japan	1995	18.6	24.0		85—95	—17.7	—16.7	
韩国	Korea, Rep. of	1995	9.0	12.7		85—95	4.7	2.4	
马来西亚	Malaysia	1995	11.7	13.4		86—95	—13.4		
新加坡	Singapore	1995	13.5	15.9		84—95	—20.4	—18.1	
泰国	Thailand	1995	3.1	4.2	5.2	85—95	—7.4	—2.5	
埃及	Egypt	1995	29.6	38.8		85—95	—23.9	—9.1	
肯尼亚	Kenya	1995	16.9		33.3	85—95	—59.6		—44.2
摩洛哥	Morocco	1994	4.8						
南非	South Africa	1995	21.8	40.9	51.9	85—95	40.7	130.8	127.3
津巴布韦	Zimbabwe	1995	13.9		21.7	85—95	20.1		41.6
阿根廷	Argentina	1995	25.4	38.7	65.6	86—95	—47.9	—42.6	
巴西	Brazil	1991	32.1	43.5	66.0				
加拿大	Canada	1993	31.0	37.4		85—93	—0.6	1.8	
哥伦比亚	Colombia	1995	7.0		17.0	85—95	—37.3		
智利	Chile	1993	15.9		33.0	85—93	37.2		
墨西哥	Mexico	1991	31.0	42.8	72.9	89—91	—42.7	—28.2	
秘鲁	Peru	1991	7.5		18.3				
美国	United States	1995	12.7	14.2		85—95	—15.2	—21.1	
西班牙	Spain	1994	11.4	18.6		85—94	56.2	62.1	
法国	France	1995	6.1	9.1		85—95	—47.4	—37.2	
德国	Germany	1995	29.6	28.9		91—95	—3.5	—17.6	
意大利	Italy	1994	30.6	44.1		85—94	—7.0	—7.4	
罗马尼亚	Romania	1993	40.7			91—93	—19.8		
俄罗斯联邦	Russian Fed.	1996	74.8						
土耳其	Turkey	1995	22.0	33.7					
英国	United Kingdom	1995	26.2	32.9		85—95	—27.2	27.7	
澳大利亚	Australia	1995	28.6	35.2		85—95	—29.6	—29.6	
新西兰	New Zealand	1995	23.2	24.3		86—95	—50.7	—55.1	

资料来源:国际劳工组织《1997—98 年世界劳动报告》。

Data sources: International Labour Office World Labour Report 1997—98.

注:①根据工会调查数据计算;1985 年为 88.4%②原中国工运研究所《中国工会十大以来发展概况》,1988 年 5 月版,第 9 页。

Notes: ①Calculating according to the data from the Trade Union's Survey; It's 88.4% in 1985. ②The former China Worker Movement Institute, "The General Situation of Development since the 10th China Trade Union", May of 1988, page 9。

附录 2.12 集体合同覆盖率[1]

Collective Bargaining Coverage Rates

国家或地区 Countries or Areas		年份 Year	集体合同覆盖的雇员比例(%) Proportion of Employees by Collective Agreements (%)
中国	China	1995	15.1
中国台湾	Taiwan, China	1995	3.4
印度[2]	India	1995	<2
日本	Japan	1994	25.0
马来西亚	Malaysia	1995	2.6
菲律宾	Philippines	1995	3.7
新加坡	Singapore	1996	18.8
泰国	Thailand	1995	26.7
肯尼亚	Kenya	1995	35.0
津巴布韦	Zimbabwe	1995	25.0
阿根廷[3]	Argentina	1995	72.9
加拿大	Canada	1996	37.0
智利	Chile	1995	12.7
美国	United States	1995	11.2
丹麦[3]	Denmark	1996	55.0
西班牙	Spain	1996	82.0
法国[3]	France	1995	90.0
德国	Germany	1996	90.0
希腊	Greece	1994	90.0
匈牙利	Hungary	1995	45.0
英国	United Kingdom	1994	25.6
澳大利亚	Australia	1995	65.0
新西兰	New Zealand	1995	23.1

注:(1)集体合同覆盖率是正规部门集体合同覆盖雇员的比例。(2)覆盖了不到2%的全部劳动力(包括非正规部门的工人)。(3)估计数。

Notes: (1) Collective bargaining coverage rate is the proportion of employees covered by collective agreements in the formal sector. (2) Less than 2% of the total workforce (including informal sector workers) is covered. (3) Estimate.

资料来源:国际劳工组织《1997－98年世界劳动报告》。

Data sources: International Labour Office "World Labour Report 1997－98."

附录 2.13　社会保护覆盖面(1996 年)
Social Protection Coverage(1996)

%

国家或地区 Countries or Areas		老、弱、残 Old-age, Invalidity and Survivors		工伤 Employment Injury		医疗保健 Sickness and Health Care		失业救济 Unemployment Benefit		家庭救济 Family Benefits	
		受保护例[1] Protect-ed	缴费比例[2] Contri-buting	受保比例 Protect-ed	缴费比例 Contri-buting	受保比例 Protect-ed	缴费比例 Contri-buting	受保比例 Protect-ed	缴费比例 Contri-buting	受保比例 Protect-ed	缴费比例 Contri-buting
中国	China	7.2	3.2	2.5	…	…	…	…	…	n/a[3]	n/a
印度尼西亚	Indonesia	0.7	1.6	…	…	0.3	…	n/a	n/a	…	…
巴基斯坦[4]	Pakistan	3.1	…	3.1	…	3.1		n/a	n/a	n/a	n/a
新加坡[5]	Singapore	81.2	69.7	…	…	76.6	100.0	n/a	n/a	n/a	n/a
泰国	Thailand	…	…	5.8[6]	…	8.0[6]	…	n/a	n/a	n/a	n/a
苏丹	Sudan	1.5	3.9	1.5	0.1	…	n/a	n/a	n/a	n/a	n/a
加拿大	Canada	…	81.2[7]	40.6[8]	…	100	…	50.7	95.4	44.0	…
哥伦比亚	Colombia	0.9	…	8.1	…	61.5	…	n/a	n/a	…	…
智利	Chile	39.7	83.2	26.5	66.9	59.8	76.8	21.6	…	…	…
墨西哥	Mexico	10.6	32.2	10.6	32.1	12.3		10.1	…	n/a	n/a
美国[9]	United States	52.8	…	…	…	12.4	…	…	…	n/a	n/a
西班牙	Spain	36.5	85.6	33.5	…	99.3	84.4	22.6	50.4	…	…
德国[6]	Germany	58.4	…	8.4	…	62.4	…	…	…	…	…
匈牙利	Hungary	…	79.9	…	79.9	38.3	79.9	…	79.9	…	…
波兰	Poland	…	77.2	…	77.2	…	…	…	77.2	…	77.2
葡萄牙	Portugal	41.7	84.3	41.5	84.3	41.5	84.3	28.4	84.3	66.4	84.3
斯洛伐克	Slovakia	57.7	81.9	…	81.9	100	…	45.5	86.3	…	…
瑞典	Sweden	27.8[9]	…	79.7[6]	…	79.7[6]	…	…	…	…	…
瑞士[10]	Switzerland	54.0	…	27.9	…	99.0	…	…	…	…	…
土耳其	Turkey	…	16.2	…	…	…	16.2	…	…	…	…
澳大利亚	Australia	…	…	16.4	…	100.0	…	…	…	…	…

注:(1)受保护比例:受保护人数占总人口的比率。(2)缴费比例:缴费人数占劳动力人口的比例。(3)n/a:该项社会保障项目不存在。(4)受保护人数包括赡养人口(21 岁以下的孩子,21 岁以上的未婚女儿及老年父母)。(5)受保护人数为 12 月 31 日数据。(6)为 1993 年数据。(7)年平均受保护人数与(1995 年)全年总缴费人数相同。(8)年平均受保护人数与全年雇员人数相同。(9)为 1995 年数据。(10)为 1992 年数据。

Notes: (1) Protected: Protected persons as a percentage of total population. (2) Contibuting: Contributors as a percentage of labour force. (3) n/a: Social security scheme does not exist. (4) Number of protected persons includes dependants (children younger than 21, unmarried daughters over 21, elderly parents.) (5) Refers to number of protected persons at 31 Dec. of year indicated. (6) Data 1993. (7) The average annual number of protected persons corresponds to (1995) total annual number of contributors. (8) The average annual number of protected persons corresponds to the total number of employees. (9) Data 1995. (10) Data 1992.

资料来源:国际劳工组织《2000 年世界劳动报告》。

Data sources: International Labour Office "World Labour Report 2000."

附录 2.14　城市就业人口中非正规部门就业人口的比率
Urban Informal Sector Employment Rates

%

国家或地区 Countries or Areas		调查年份 Year of Survey	合计 Total	男 Male	女 Female
印度	India	1993	44.2	…	…
印度尼西亚(1)	Indonesia	1995	20.6	19.1	22.7
巴基斯坦(2)	Pakistan	1992	67.1	65.9	80.6
菲律宾(3)	Philippines	1995	17.0	15.8	19.4
泰国(4)	Thailand	1994	76.8	75.3	78.6
泰国	Thailand	1994	47.6	46.1	49.4
肯尼亚(5)	Kenya	1995	58.1	…	…
摩洛哥(2)	Morocco	1988	28.2	…	…
南非	South Africa	1995	17.4	11.1	26.4
阿根廷(5)	Argentina	1995	45.7	…	…
巴西(5)	Brazil	1995	48.2	…	…
哥伦比亚(6)	Colombia	1996	53.4	53.5	53.4
哥伦比亚(5)	Colombia	1995	51.5	…	…
智利(2)	Chile	1997	30.3	31.9	27.4
墨西哥(7)	Mexico	1996	27.4	28.1	26.2
墨西哥(5)	Mexico	1995	54.0	…	…
秘鲁(2)	Peru	1997	51.9	47.7	57.5
波兰	Poland	1995	12.8	14.3	11.0
斯洛伐克(5)	Slovakia	1996	19.2	25.0	10.9
土耳其(2)	Turkey	1993	15.0	…	…
乌克兰	Ukraine	1997	4.9	4.5	5.3

注：(1)城市和农村地区；仅制造业。(2)不包括农业。(3)仅首都地区。(4)城市和农村地区。(5)城市和农村地区，不包括农业。(6)十个大城市地区。(7)大城市；不包括农业。

Notes: (1) Urban and rural areas; manufacturing only. (2) Excluding agriculture. (3) Capital region only. (4) Urban and rural areas. (5) Urban and rural areas; agriculture excluded. (6) Ten metropolitan areas. (7) Large cities; agriculture excluded.

资料来源：国际劳工组织《2000 年世界劳动报告》。

Data sources: International Labour Office "World Labour Report 2000".

罢工和闭厂停工 罢工指一组或一组以上的工人，为执行或抵制要求或表达不满，或支持其他工人的要求或不满，而作出的临时性停工。

闭厂停工是一名或一名以上的雇主，为执行或抵制要求或表达不满，或支持其他雇主的要求或不满，而作出的一个或一个以上就业地点的全部或部分临时性停业，或阻止雇员的正常工作。

罢工涉及的工人：罢工直接涉及的工人，指直接参与停止工作的工人。罢工间接涉及的工人是指所牵涉企业的雇员或所牵涉群体的自营就业工人，他们没有直接参与但由于罢工而被迫停止工作。

闭厂停工涉及的工人：闭厂停工直接涉及的工人是指所牵涉企业的雇员中，与这场劳资纠纷有直接关系并因这次闭厂而被迫停止工作的雇员。闭厂停工间接涉及的工人是指所牵涉企业的雇员中，与这场劳资纠纷没有直接关系但也因这次闭厂而被迫停止工作的人员。

罢工和闭厂停工日比率一般是根据每 1000 名工人停工天数计算的。

工会 是主要由雇员组成的将为其会员进行收入和就业状况谈判作为主要活动内容的组织，包括工人组织和职业协会。一般集体谈判是他们的主要活动，但如果该工会有其他方法提高和保护会员的就业状况和收入水平或雇主不同他们谈判，则集体谈判可不作为工会的主要活动。在北欧，艺术家、医生、建筑师、律师，甚至足球运动员都组成他们自己的雇员协会。这些协会可能或可能不代表他们的会员进行集体谈判，但他们都履行维护会员的就业和收入权益的职能。根据各国的实际这样的组织包括在我们的统计中，但不包括自雇人员的组织。在西欧和北欧集体谈判的覆盖面通常比工会的覆盖面宽的多。反过来在其他许多国家集体谈判的覆盖面低于工会的覆盖面（当工会覆盖面由有酬就业者占就业人口比例计算时）。未被雇主承认的组织未从我们工会的统计中剔除。

入会率 表示工会会员占适龄劳动力的比例。原则上，没有合法加入工会的群体不在入会率计算之列。在许多国家，高级文职人员、军人、警务官员、保安人员、教师或国家公务员不允许加入工会。入会的合法性因时间和国家的不同而不同，严格运用一个计算入会率的标准去作国家间比较是极端困难的，几乎不可能。

目前，有三个基准指标用于计算入会率：工资和薪金劳动者、非农业劳动力、正规部门的工资劳动者。

工资和薪金劳动者即所有以工资和薪金收入为生活来源的劳动者，包括在公共部门就业和政府服务机构工作的人员。入会率统一以会员占同一年里的工薪收入者的比例计算得出（更常见的是以某一年的平均数或年底数为基数）。工会会员人数一般不包括自营就业者、失业者和退休人员。尽管许多工会（至少在欧洲）对失业工人和退休劳动力保留会籍，但在计算标准入会率时要求将这部分人数从活动会员中扣除。

非农业劳动力的规模是根据国际劳工组织、经合组织和世界银行的有关数据估算得出的。非农业劳动力通常被认为是工会的主要工作范围。用非农业劳动力作为计算工会覆盖率分母的主要优点是：几乎所有国家该数据都是可利用的。

在一些国家——特别是非洲、南亚和部分拉美国家——只有正规部门的就业人口数据。因此存在计算工会覆盖率的第三个分母：正规部门的工资劳动者。

非正规部门的就业者 非正规部门就业人口由以下职业和地位分组的就业人数估算得出：自营就业者、无报酬的家庭工人、农场工人；收入低于最低工资收入线的人员；就业于拥有 10 人以下雇员的小企业的人员；每周只工作几小时或未签定正式合同的工人。

集体谈判覆盖率 集体谈判覆盖率表明被集体协议覆盖的雇员比例。由于数据来源不同，在比较各国数据时必须谨慎。集体谈判覆盖率仅涉及正规部门。

社会保护覆盖面 社会保护覆盖面涉及两个方面：受保人和缴费人。

受保人是指自身权利受保护的个人，他们在意外事故发生时获得有以自己名义的获益或者由第三者（如被监护人）获益引发获益的权利。关于对老年、伤残人士的保险待遇，受保人的数据涉及自身权利的个体。对于遗属、职业伤害、疾病、健康和家庭计划，受保人的数据可能也包括被监护人，因为他们也有资格受益。

Explanatory Notes of Main Statistical Indictors

Economically Active Population Comprising all persons of either sex who furnish the supply of labour for the production of goods and services during a specified time-reference period. It should include members of the armed forces and the civilian economically active population which may be subdivided as employed and unemployed. In general, the data on Economically Active Population do not include students, persons occupied solely in domestic duties in their own households, members of collective households, inmates of institutions, retired persons, persons living entirely on their own means, and persons wholly dependent upon others. Two useful measures of the Economically Active Population are the usually active population measured in relation to a long reference period such as a year, and the currently active population, or, equivalently, the labour force measured in relation to a short reference period such as one day or one week.

The Employed Comprising all persons above a specific age who during a specified brief period, either one week or one day, were in the following categories.

(a) *Paid employment*: (1) "at work": persons who during the reference period performed some work for wage or salary, in cash or in kind; (2) "with a job but not at work": persons who, having already worked in their present job, were temporarily not at work during the reference period and had a formal attahment to their job. Members of the armed forces and apprentices who received pay in cash or in kind should be considered in paid employment.

(b) *Self-employment*: (1) "at work"; persons who during the reference period performed some work for profit or family gain, in cash or in kind; (2) "with an enterprise but not at work": persons with an enterprise, which may be a business enterprise, a farm or a service undertaking, who were temporarily not at work during the reference period for any specific reason. Employers, own-account workers, members of producers' cooperatives and unpaid family workers should be considered as in self-employment.

The Unemployed Comprising all persons above a specified age who during the reference period were: (1) Without work, i. e. were not in paid employment or self-employment; (2) Currently available for work, i. e. were available for paid employment or self-employment; (3) Seeking work, i. e. had taken specific steps in a specified reference period to seek paid employment or self-employment. The specific steps may include registration at an employment exchange; application to employers; checking at working-places; etc.

Wages The concept of earnings, as applied in wages statistics, relates to remuneration in cash and in kind paid to employmees, as a rule at regular intervals, for time worked or work done together with remuneration for time not worked, such as for annual vacation, other paid leave or holidays. Earnings exclude employers' contributions in respect of their employees paid to social security and pension schemes and also the benefits received by employees under these schemes.

Wage rates should include basic wages, cost-of-living allowances and other guaranteed and regularly paid allowances, but exclude overtime payments, bonuses and gratuities, family allowances and other social security payments made by employers. Ex gratia payments in kind, supplementary to normal wage rates, are also excluded.

Employees include wage earners and salaried employees. Wage earners relates to manual or prodution workers; salaried employees relates to non-manual workers.

International comparisons should take into account differences between countries in the prices of consumer goods and services, as well as the need for a common currency and appropriate exchange rates, while analyses of wage changes over time should take into account changes in the relevant consumer prices during that time.

Consumer Price Index The purpose of a Consumer Price Index (CPI) is to measure changes over time in the general level of prices of goods and services that a reference population acquire, use or pay for consumption.

CPIs are used for a variety of purposes, including: (1) general economic and social analysis and policy derermination; (2) negotiation or indexation, or both, by government (notably of taxes, social security benefits, civil service remuneration and pensions, licence fees, fines and public debt interest or principal) and in private contracts (e. g. wages, salaries, insurance premia and service charges) and in judicial decisions (e. g. alimony payments); (3) establishing the real relationship between money and the goods or services for which it can be exchanged (e. g. for the deflation of current value aggregates in the national accounts and of retail sales); (4) price movement comparisons done for business purposes, including inflation accounting.

All kinds of commodity prices and service costs, applied to compute CPIs, should be collected from all types of important markets.

Weights, of all kinds of commodity and service applied to compute CPIs, mainly accord to household survey data.

Sub-indices may be based on prices of food, clothing, shelter, fuel, drugs, transportation fares, doctors' and dentists' fees, and other goods and services that people buy for day-to-day living, etc.

The Laspeyres Formula is adopted to calculate CPIs by mostly countries and areas, and the Paasche Formula by few countries.

Occupational Injuries Including deaths, personal injures and diseases resulting from work accidents.

Work accidents are accidents occurring at or in the course of work which may result in death, personal injury or disease, including: (1) Accidents sustained during working hours, at or near working place, or any place where the worker would not have been except for his employment; (2) Accidents sustained within reasonable periods before and after working hours in connection with transporting, cleaning, preparing, securing, conserving, storing and packing work tools or clothes; (3) Accidents sustained while on the direct way between the place of work and — a. the employee's principal or secondary residences; or b. the place where the employee usually takes his meals; or c. the place where he usually receives his remuneration.

The national definitions on work accidents differ from these, mainly in the related coverage: some are only limited to certain types of workers (employees, insurants, full-time workers, etc.), some may be limited to certain branches of economic activity, establishments employing more than a certain number of workers, etc.

Rates of fatal occupational injuries is a main analitic index applied in occupational injuries statistics, most often expressed as rates per 1,000 employees, per 1,000 persons insured, per 1,000,000 hours worked or per 1,000 years of 300 days each.

Strikes and Lockouts A *strike* is a temporary work stoppage effected by one or more group of workers with a view to enforcing or resisting demands or expressing grievances, or supporting other workers in their demands or grievances.

A *lockout* is a total or partial temporary closure of one or more places of employment, or the hindering of the normal work cativities of employees, by one or more employers with a view to enforcing or resisting demands or expressing grievances, or supporting other employers in their demands or grievances.

Workers involved in a strike: Workers directly involved in a strike are those who participated directly by stopping work. Workers indirectly involved in a strike are those employees of the establishments involved, or self-employed workers in the group involved, who did not participate directly by stopping work but who were prevented from working because of the strike.

Workers involved in a lockout: workers directly involved in a lockout are those employees of the establishments involved who were directly concerned by the labour dispute and who were prevented from working by the lockout. Workers indirectly involved in a lockout are those employees of the establishments involved who were not directly concerned by the labour dispute but who were prevented from working by the lockout.

Rates of days not worked because of strikes and lockouts are generally calculated in terms of the number of days not worked per 1,000 workers.

Trade Unions A trade union is an organization, consisting predominantly of employees, the principle activities of which include the negotiation of pay and conditions of employment for its members. The definition includes workers' organizations and professional associations. In general, collective bargaining is their main activity. But it's not true by the fact that some groups have other means of promoting and defending the employment and income interests of their members, or because employers do not negotiate with them. In Northern Europe, professional groups such as artists, doctors, architects, lawyers or even football players form their own employee associations. These associations may, or may not, have negotiated collectively on behalf of their members. They do, however, express the employment and income interests of those members. Such organizations are included in our statistics in accordance with national practice. However, self-employed members are excluded. In Western and Northern Europe bargaining coverage is usually much wider than union coverage, whereas in most other countries bargaining coverage is lower than union coverage (when union coverage is calculated as a proportion of all wage and salary earners in employment). Organizations which are not recognized by the employer are not excluded from our statistics on union representation.

Trade Union Density Trade Union Density expresses trade union membership as a proportion of the eligible workforce. Ideally, groups who are not legally permitted to join a union should be excluded from the calculation of union density statistics. In many countries, senior civil servants, the armed forces, police officers, security staff, teachers or domestic servants are not permitted to join a union. The eligibility to join a union shifts over time and across countries, and the strict application of such a criterion for calculating union density rates would make comparion across countries extremely difficult if not impossible.

At present, there are three baselines for the calculation of union density rates: wage and salary earners, the non-agricultural labour force and the formal wage sector.

Wage and salary earners refer to all people who earn their living on wages or salaries, including those who are employed in the public sector or work in government service. Normally, union density rates are standardized by calculating union membership as a proportion of the wage and salary earners in the same year (preferably on the basis of some annual average, or end-of-year data). Where possible, the union membership data exclude self-employed, unemployed and retired workers. Although many unions, at least in Europe, retain membership of unemployed workers and those that have retired from the labour force, the calculation of standardized density rates requires their their number to be subtracted from the "active membership".

The size of the non-agricultural labour force is estimated on the basis of ILO, OECD and World Bank data. The non-agricultural labour force is often regarded as the unions' main domain. The main advantage of using the non-agricultural labour force as the denominator for calculating union density rates is that data is available for almost all countries.

Finally, in some countries-in particular Africa, South Asia and parts of Latin America-employment data are only available for *the formal wage sector*. Thus, this sector constitutes the third common denominator the calculation of union density rates.

Informal Sector Employment The data of *informal sector employment* is estimated from employment data grouped by occupation and status such as self-employed, no-paid homeworkers, farm workers, or persons who earn less than the-lowest-earning line, or persons who work in small enterprises with 10 or less employees, or workers who only work several hours each week or do not sign the formal contacts.

Collective Bargaining Coverage Rate The *collective bargaining coverage rate* shows the proportion of employees covered by collective agreements. The sources of the data differ and therefore caution is necessary when comparing data across countries. Collective bargaining coverage rates only concern the formal sector.

Social Protection Coverage Social protection coverage refers to two sections: protected persons and contributors.

Protected persons are individuals protected in their own right who, when a contingency arises, acquire a right to a benefit in their own name or give rise to a benefit which will be acquired by a third person (i.e. dependent). With respect to old-age and invalidity benefits, the number of protected persons refers to individuals covered in their own right. For survivor, employment injury, sickness, health and family programmes, the number of protected persons may also include dependents, as they too are entitled to benefits.